Jean Lanau - Président

Localisation des Tables			qualité
Charte de qualité : 7 engagements			rotoques
Classement des Tables	21-23	31 Nouveau Site www.tables-auberges.com	
Trophée Tables & Auberges de France	24	32-33 Présentation type des établissements	
		34 et 317	Fiches Qualité

INDEX ALPHABETIQUE DES VILLES pages 11-19
CARTE FRANCE ADMINISTRATIVE page 35
INDEX DES DEPARTEMENTS pages 37-315

CHARTE DE QUALITÉ DES TABLES & AUBERGES DE FRANCE

PRÉAMBULE
Le label national des Tables & Auberges de France a pour mission la valorisation et la promotion, en France et à l'étranger, du savoir-faire des professionnels indépendants qui exercent leur activité au sein d'un restaurant ou d'un hôtel ou hôtel-restaurant à l'exclusion des chaînes intégrées.

SECTION I : PROFESSIONNALISME
Article I : Le professionnel doit être diplômé* et expérimenté dans le secteur de l'Hôtellerie Restauration tout en faisant preuve d'un réel professionnalisme (savoir-faire, propreté des locaux, accueil et service).

*dérogation si le professionnel a plus de 5 ans d'exploitation confirmée dans le même établissement et bénéficiant d'une bonne notoriété locale ou régionale.

Article II : Le professionnel agréé est en conformité avec la règlementation en vigueur : hygiène et sanitaire, cuisines, sécurité-incendie, affichage des prix...

Article III : Dans le domaine de la restauration, les préparations des plats sont assurées par le professionnel (bénéficiant d'une bonne image et notoriété) qui privilégie, au mieux, les produits de qualité ainsi que les sauces "maison". Pour une meilleure information auprès de la clientèle, la restauration est présentée à travers trois types de cuisine : Table du Terroir (cuisine régionale traditionnelle), Table Gastronomique (cuisine faisant preuve de créativité) ou Table de Prestige (cuisine remarquable par sa qualité exceptionnelle).

Les serviettes et le nappage sont en tissu de qualité (sauf exception pour les tables en bois massif de caractère ou celles en terrasse).

Article IV : L'appellation commerciale Hostellerie de France (classement minimum 2 étoiles) est réservée aux établissements hôteliers afin de mieux promouvoir, dans le guide national, les Chambres Tout Confort (équipées de Bain ou douche avec WC et télévision).

Article V : Le personnel de l'établissement doit être qualifié et offrir le meilleur accueil et services aux clients.

SECTION II : PRESTATIONS DE L'ETABLISSEMENT
Article VI : L'établissement bénéficie, autant que possible, d'une bonne intégration dans son environnement immédiat afin d'éviter toutes nuisances sonores, visuelles ou olfactives trop importantes.

Article VII : Les différents services de l'établissement doivent être en parfait état de propreté et d'un bon état général d'entretien.

Article VIII : Les aménagements extérieurs, la décoration intérieure, les traitements (sol, murs, plafond) et le mobilier offrent un style harmonieux à l'établissement quel que soit son standing.

Article IX : Le professionnel agréé accepte le principe des visites inopinées afin de garantir à la clientèle l'image de marque des Tables & Auberges de France.

	PAGES		
01 - Ain	37	197	50 - Manche
02 - Aisne	39	200	51 - Marne
03 - Allier	41	201	52 - Haute Marne
04 - Alpes de Haute-Provence	43	202	53 - Mayenne
05 - Hautes Alpes	45	203	54 - Meurthe et Moselle
06 - Alpes Maritimes	47	204	55 - Meuse
07 - Ardèche	57	206	56 - Morbihan
08 - Ardennes	59	208	57 - Moselle
09 - Ariège	61	211	58 - Nièvre
10 - Aube	63	212	59 - Nord
11 - Aude	65	214	60 - Oise
12 - Aveyron	71	215	61 - Orne
13 - Bouches du Rhône	75	217	62 - Pas de Calais
14 - Calvados	81	218	63 - Puy de Dôme
15 - Cantal	85	220	64 - Pyrénées Atlantiques
16 - Charente	87	225	65 - Hautes Pyrénées
17 - Charente-Maritime	89	228	66 - Pyrénées Orientales
18 - Cher	91	232	67 - Bas Rhin
19 - Corrèze	93	235	68 - Haut Rhin
20 - Corse	95	243	69 - Rhône
21 - Côte d'Or	97	247	70 - Haute Saône
22 - Côte d'Armor	103	249	71 - Saône et Loire
23 - Creuse	107	251	72 - Sarthe
24 - Dordogne	109	252	73 - Savoie
25 - Doubs	111	255	74 - Haute Savoie
26 - Drôme	113	259	75 - Paris
27 - Eure	117	265	76 - Seine Maritime
28 - Eure et Loir	120	269	77 - Seine et Marne
29 - Finistère	122	275	78 - Yvelines
30 - Gard	124	283	79 - Deux Sèvres
31 - Haute Garonne	130	285	80 - Somme
32 - Gers	148	287	81 - Tarn
33 - Gironde	150	289	82 - Tarn et Garonne
34 - Hérault	152	290	83 - Var
35 - Ille et Vilaine	156	296	84 - Vaucluse
36 - Indre	160	299	85 - Vendée
37 - Indre et Loire	163	302	86 - Vienne
38 - Isère	167	303	87 - Haute Vienne
39 - Jura	171	306	88 - Vosges
40 - Landes	173	309	89 - Yonne
41 - Loir et Cher	175	311	90 - Territoire de Belfort
42 - Loire	179	311	91 - Essonne
43 - Haute Loire	180	312	92 - Hauts de Seine
44 - Loire Atlantique	181	312	93 - Seine St Denis
45 - Loiret	185	313	94 - Val de Marne
46 - Lot	186	314	95 - Val d'Oise
47 - Lot et Garonne	187	315	98 - Monaco
48 - Lozère	193	315	974 - Ile de la Réunion
49 - Maine et Loire	195		

Sous toutes ses formes, notre énergie est à votre service.

Chauffage

Buanderie

Chauffe-terrasses

Piscine

Cuisine...

BUTAGAZ
C'est pour vous qu'on innove.

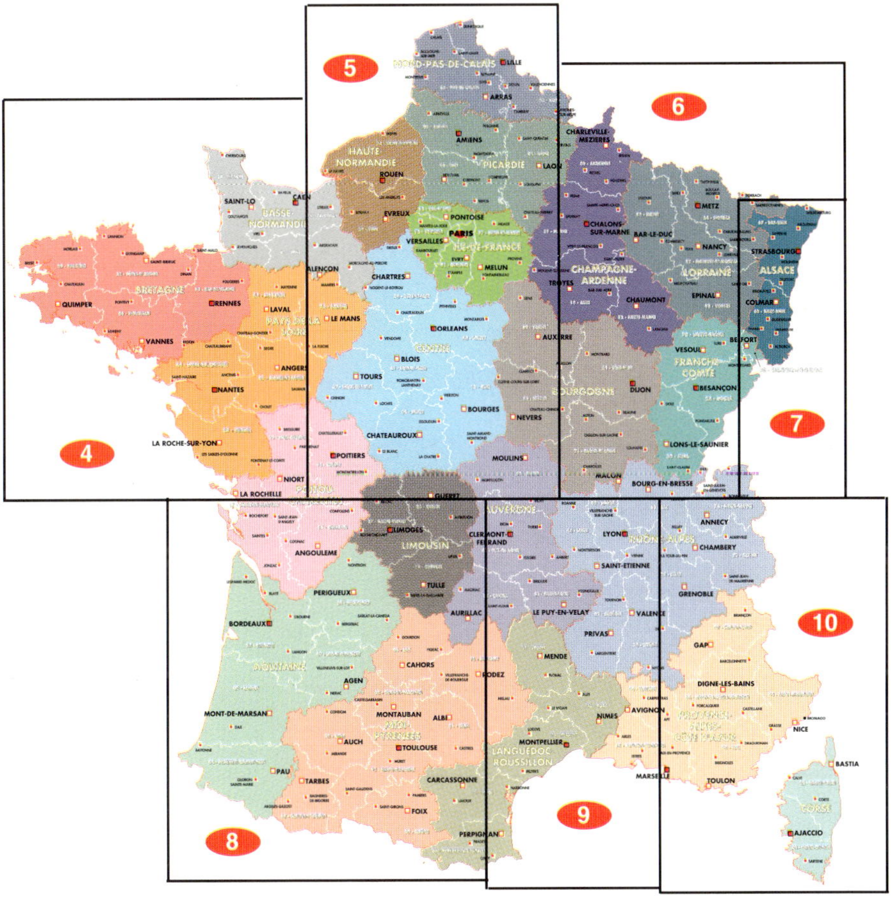

1 cm = 30 km

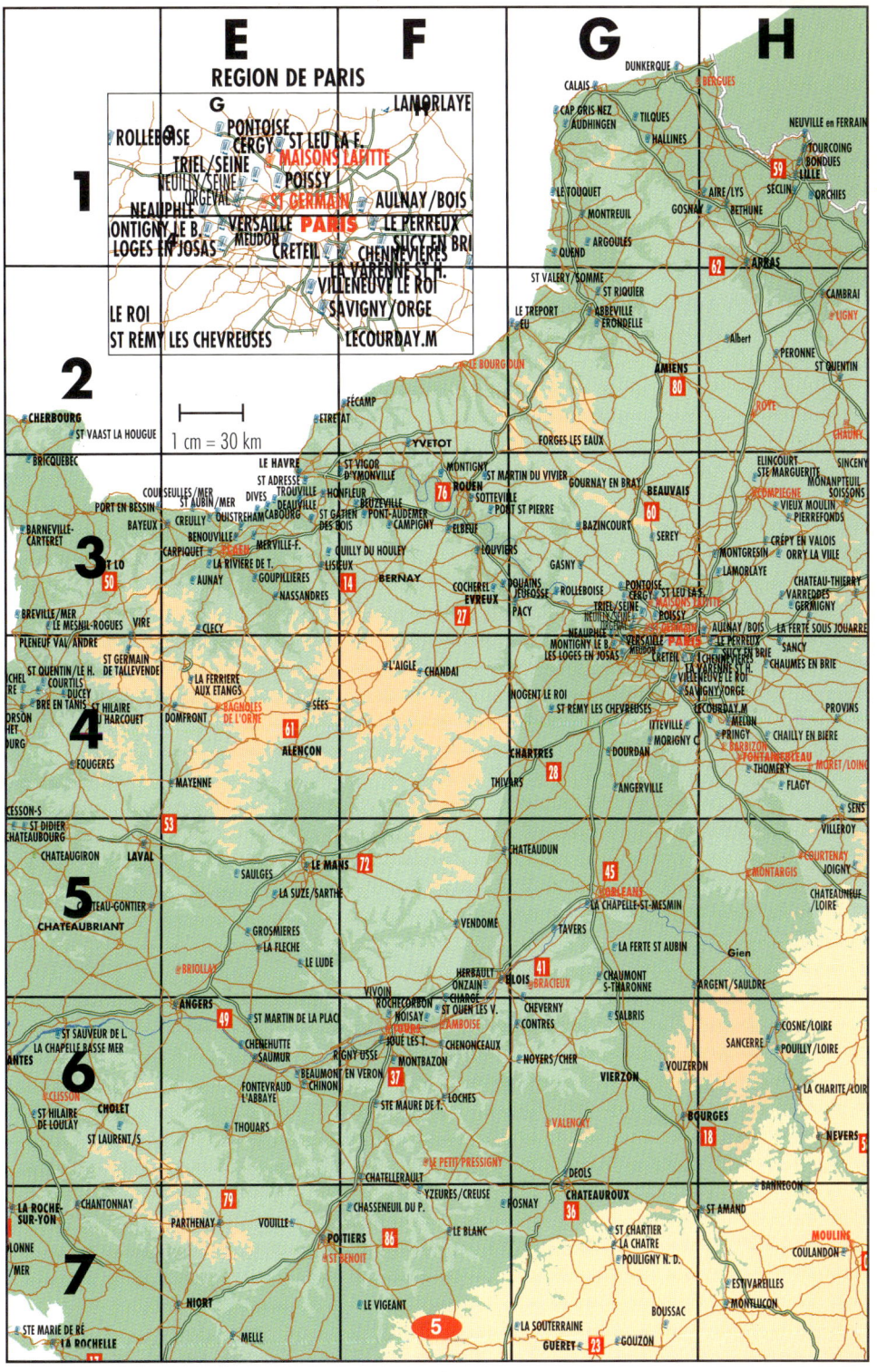

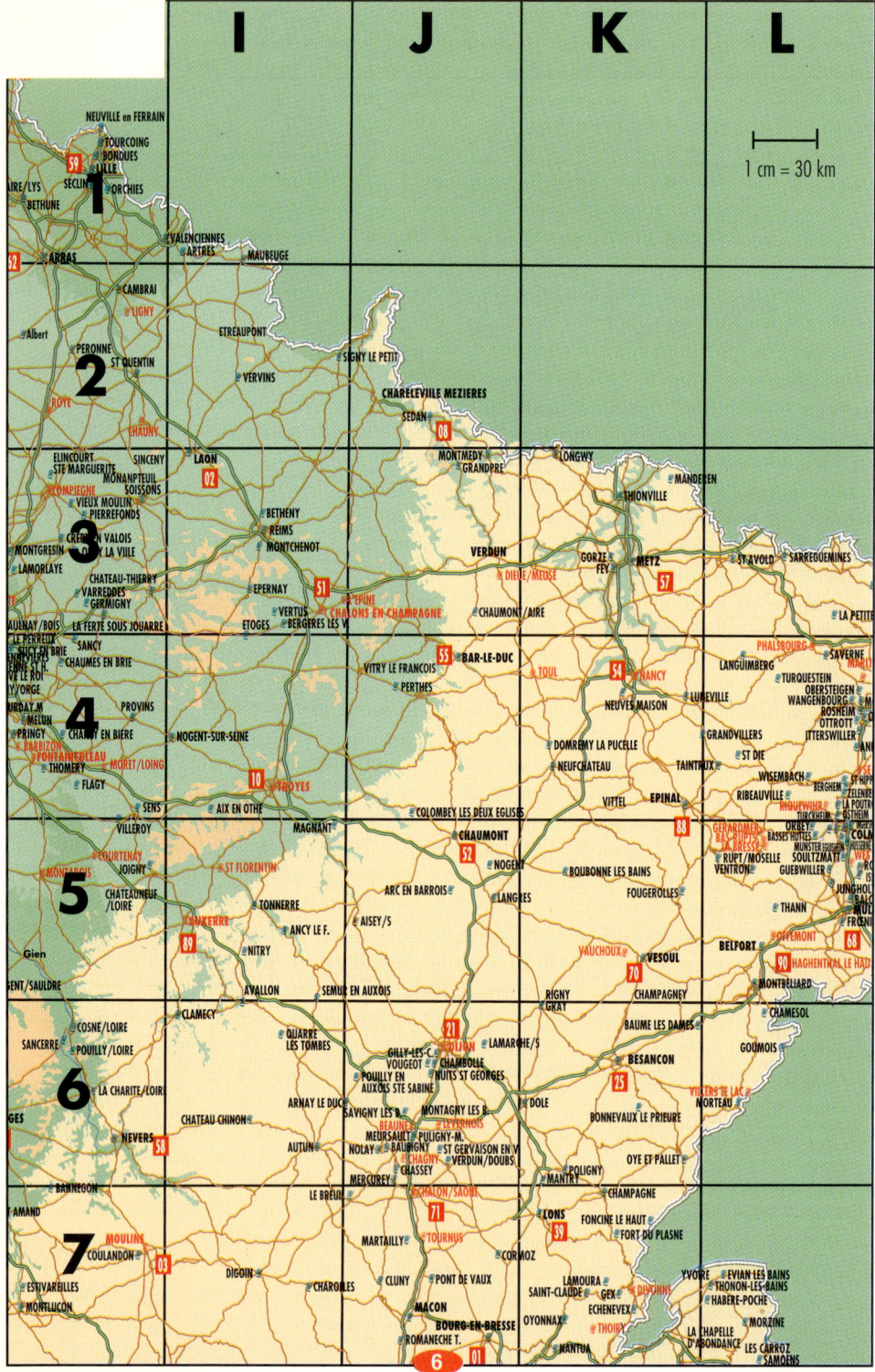

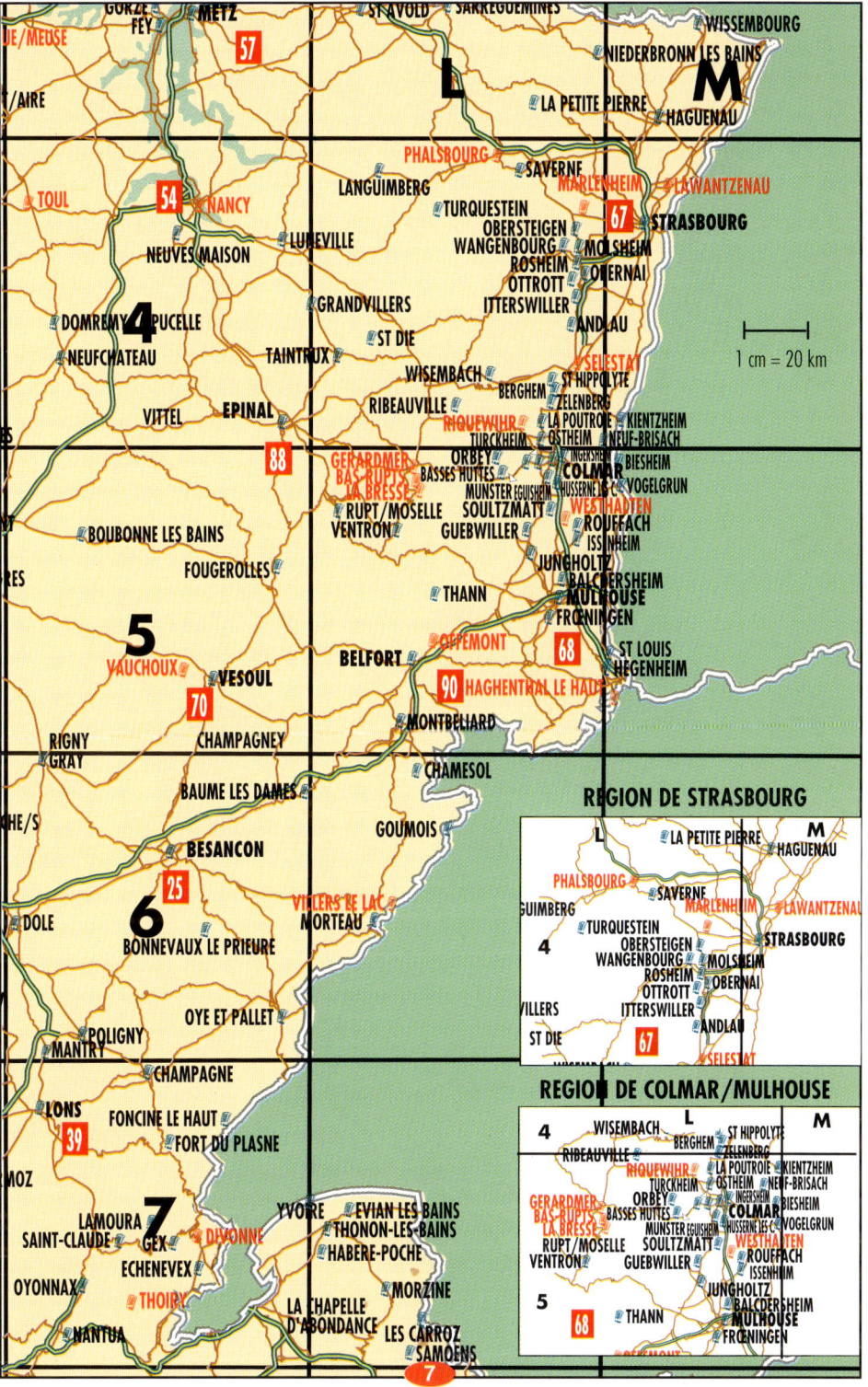

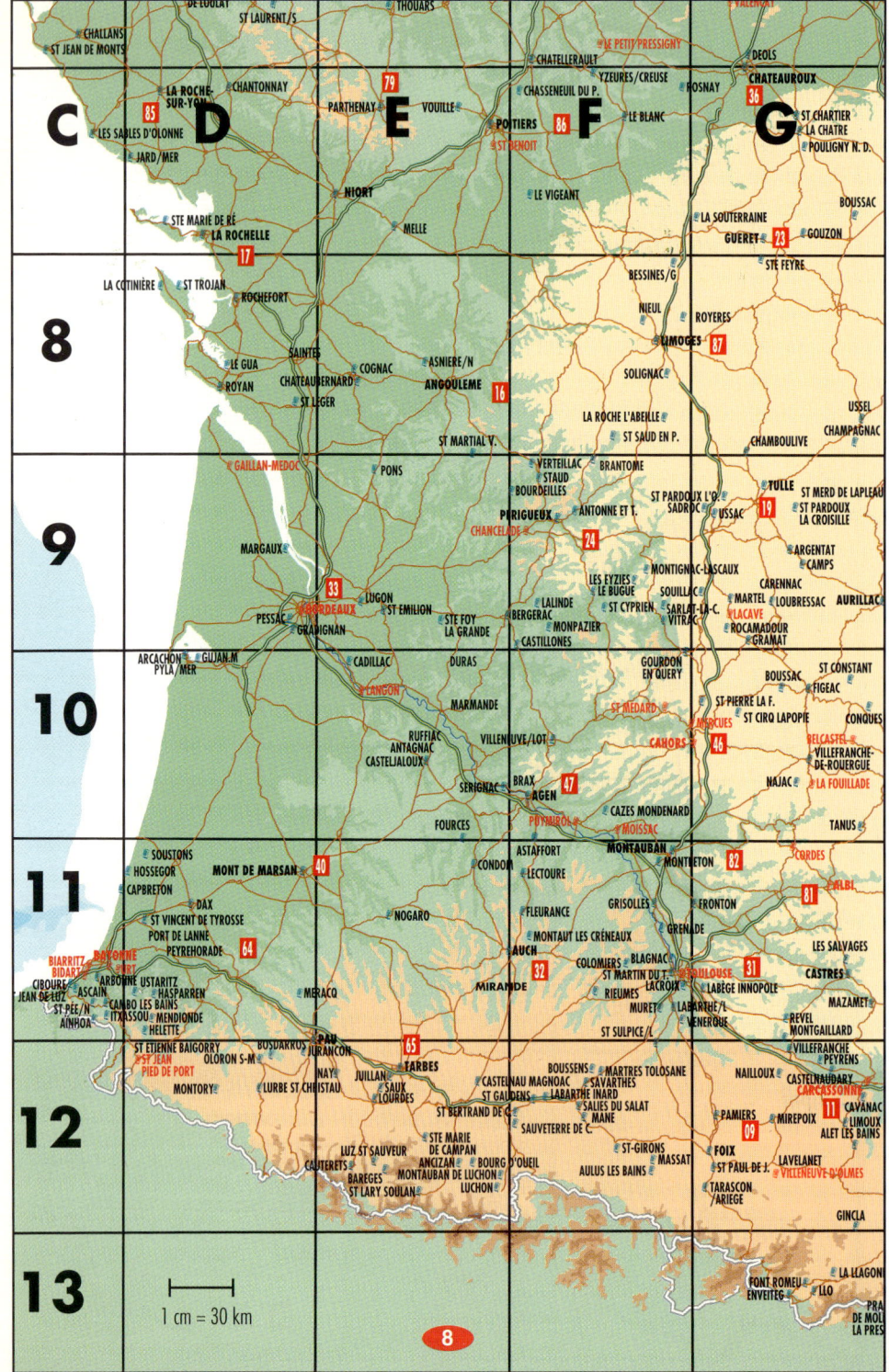

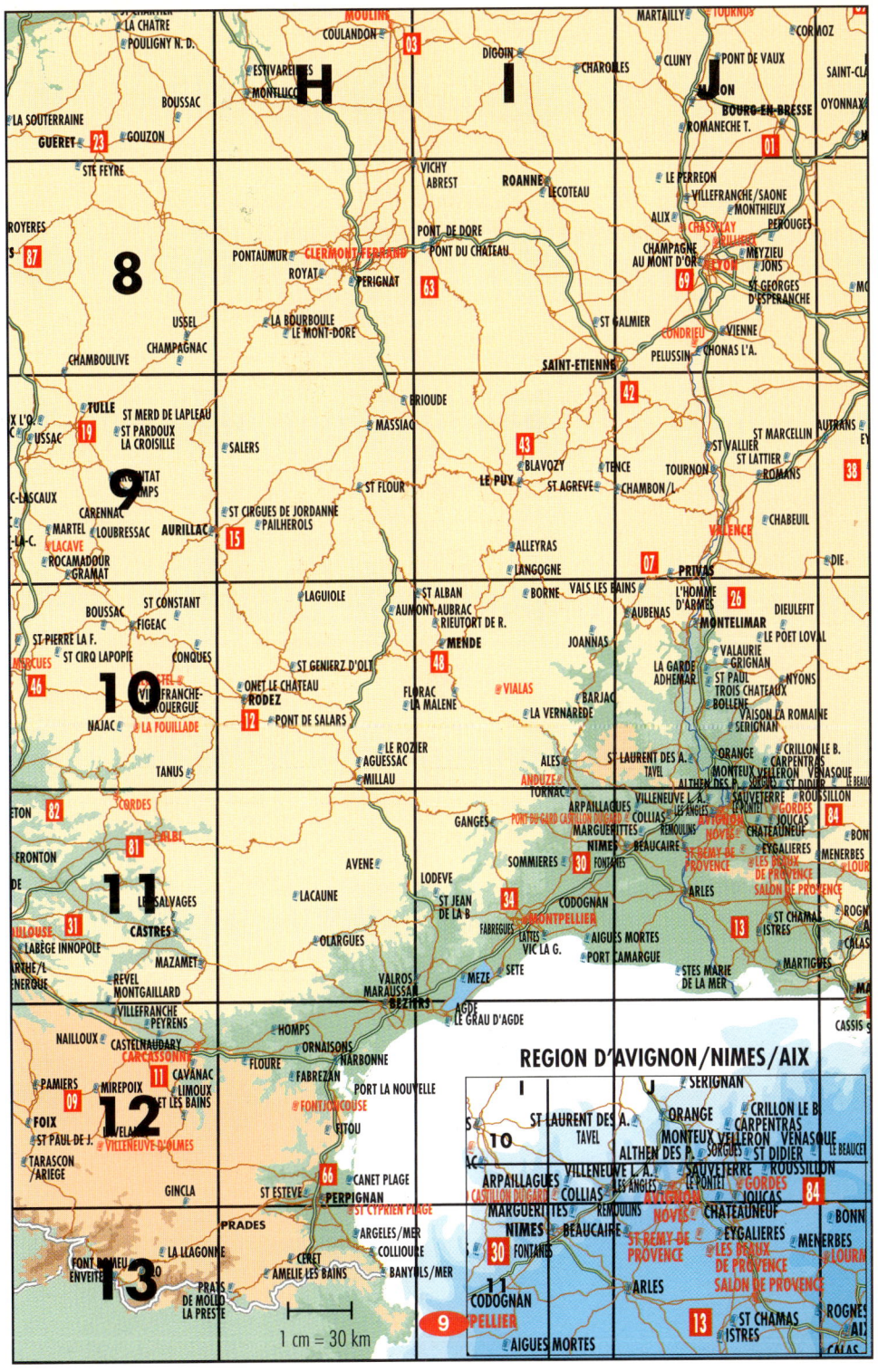

A

ABREST 03200 p41
AGAY 83530 p290
AGEN 47000 p189
AGUESSAC 12520 p71
AIGUES MORTES 30220 p125
AINHOA 64250 p220
AIRE SUR LA LYS 62120 p217
AIX EN OTHE 10160 p63
AIX EN PROVENCE 13100 p75
AIX LES BAINS 73100 p252
AJACCIO 20000 p95
ALBERT 80300 p285
ALBERTVILLE 73200 p252
ALBI 81000 p287
ALET LES BAINS 11580 p65
ALIX 69380 p243
ALLEVARD LES BAINS 38580 p167
ALLEYRAS 43580 p180
ALPE D'HUEZ 38750 p167
ALTHEN DES PALUDS 84210 p296
AMBOISE 37400 p163
AMIENS 80000 p285
AMPUS 83111 p290
ANCY LE FRANC 89160 p309
ANDUZE - TORNAC 30140 p126
ANDUZE 30140 p125
ANGERVILLE 91670 p311
ANNECY 74000 p255
ANTIBES 06600 p47
ANTONNE 24420 p109
APT 84400 p296
ARC EN BARROIS 52210 p201
ARCACHON 33120 p151
ARGELES SUR MER 66700 p228
ARGENT SUR SAULDRE 18410 p91
ARGENTAT 19400 p93
ARGOULES 80120 p285
ARLES 13631 p76
ARNAY LE DUC 21230 p97
ASCAIN 64310 p220
ASNIERES/NOUERE 16290 p87
ASTAFFORT 47220 p189
AUBENAS 07200 p57
AUCH 32003 p149
AUDINGHEN 62179 p217
AULNAY/BOIS 93600 p312

A

AULUS LES BAINS 09140 p61
AUMONT-AUBRAC 48130 p193
AUNAY/ODON 14260 p81
AURILLAC 15000 p85
AUSSOIS 73500 p252
AUTUN 71400 p249
AUXERRE 89006 p309
AVALLON 89200 p309
AVIGNON 84000 p296
AVIGNON-LE PONTET 84130 p296

B

BADEN 56870 p206
BAGNOLES DE L'ORNE 61140 p215
BALDERSHEIM 68390 p235
BANDOL 83150 p290
BANNEGON 18210 p91
BARBIZON 77630 p269
BARCELONNETTE 04400 p43
BAREGES 65120 p225
BARJAC 30430 p126
BAUBIGNY 21340 p97
BAUME LES DAMES 25110 p111
BAYEUX 14400 p81
BAYONNE 64100 p220
BAZINCOURT/EPTE 27140 p117
BEAUCAIRE 30300 p126
BEAUMONT EN VÉRON 37420 p163
BEAUNE-CHOREY LES BEAUNE 21200 p97
BELCASTEL 12390 p71
BELFORT 90000 p311
BÉNODET 29950 p123
BÉNOUVILLE 14970 p81
BERGERAC 24100 p109
BERGERES LES VERTUS 51130 p200
BERGHEIM 68750 p235
BERGUES 59380 p212
BESSINES SUR GARTEMPE 87250 p303
BETHUNE 62400 p217
BEUZEVILLE 27210 p117
BIARRITZ 64200 p220
BIDART 64210 p220
BIOT 06410 p47
BLAGNAC 31700 p132
BLAVOZY 43700 p180
BLOIS 41000 p175

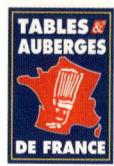

B

- BONDUES 59910 p212
- BONNEVAL SUR ARC 73480 p252
- BONNEVAUX LE PRIEURÉ 25620 p111
- BONNIEUX 84480 p296
- BORDEAUX 33000 p151
- BOURBONNE LES BAINS 52400 p201
- BOURG D'OUEIL 31110 p132
- BOUSSAC 23600 p107
- BOUSSENS 31360 p133
- BRACIEUX 41250 p175
- BRANTOME 24310 p109
- BRÉE EN TANIS 50170 p197
- BREST 29200 p123
- BRICQUEBEC 50260 p197
- BRIOLLAY 49125 p195

C

- CABOURG 14390 p81
- CAEN 14000 p81
- CAGNES SUR MER 06800 p47
- CAHORS 46000 p186
- CALAS 13480 p77
- CAMBO LES BAINS 64250 p220
- CAMBRAI 59403 p212
- CAMPIGNY 27500 p117
- CANNES 06406 p47
- CAP D'ANTIBES 06160 p48
- CAPBRETON 40130 p173
- CARCASSONNE 11000 p65
- CARENNAC 46110 p186
- CARNAC 56340 p206
- CARQUEIRANNE 83320 p291
- CASSIS 13260 p77
- CASTELJALOUX - ANTAGNAC 47700 p191
- CASTELJALOUX 47700 p190
- CASTELNAU MAGNOAC 65230 p225
- CASTELNAUDARY 11400 p65
- CASTILLON DU GARD 30210 p126
- CAUTERETS 65110 p226
- CAVALAIRE/MER 83240 p291
- CÉRET 66400 p228-229
- CERGY 95000 p314
- CESSON SÉVIGNÉ 35510 p157
- CHAGNY 71150 p249
- CHAILLY EN BIERE 77390 p269
- CHALLANS 85300 p299
- CHALON/SAÔNE 71100 p249

C

- CHALONS EN CHAMPAGNE 51000 p200
- CHAMBERY LE VIEUX 73000 p253
- CHAMBOLLE-MUSIGNY 21220 p97
- CHAMESOL 25190 p111
- CHAMONIX MONT BLANC 74402 p255
- CHAMOUSSET 73390 p253
- CHAMPAGNE AU MONT D'OR 69410 p243
- CHANCELADE 24650 p109
- CHANDAI 61300 p215
- CHANTONNAY 85110 p299
- CHASSELAY 69380 p243
- CHASSEY LE CAMP 71150 p249
- CHATEAU-GONTIER 53200 p202
- CHATEAU-THIERRY 02400 p39
- CHATEAUBERNARD 16100 p87
- CHATEAUBOURG 35221 p157
- CHATEAUGIRON 35410 p157
- CHATEAUNEUF/LOIRE 45110 p185
- CHATELLERAULT 86100 p302
- CHAUFFAYER 05800 p45
- CHAUMES EN BRIE 77390 p269
- CHAUMONT 52000 p201
- CHAUMONT/AIRE 55260 p204
- CHAUMONT/THARONNE 41600 p176
- CHAUNY 02300 p39
- CHENEHUTTE TRÈVES CUNAULT 49350 p195
- CHENNEVIERES 94430 p313
- CHENONCEAUX 37150 p164
- CHERBOURG 50100 p197
- CHEVERNY 41700 p176
- CHINON 37500 p164
- CHOLET 49300 p195
- CHONAS L'AMBALLAN 38121 p167
- CIBOURE 64500 p221
- CLAMECY 58500 p211
- CLECY 14570 p82
- CLERMONT-FERRAND 63000 p218
- CLISSON 44190 p181
- CLUNY 71250 p249
- COCHEREL 27120 p118
- CODOGNAN 30920 p127
- COLLIAS 30210 p127
- COLMAR 68000 p236
- COLOMBEY LES DEUX EGLISES 52330 p201
- COMBOURG 35270 p157

www.tables-auberges.com • réservation gratuite (0% de commission)

C

COMPIEGNE 60200 p214
CONDRIEU 69420 p244
CONQUES 12320 p71
CONTRES 41700 p176
CORDES/CIEL 81170 p287
CORMOZ 01560 p37
CORPS LA SALETTE 38970 p167
COULANDON 03000 p41
COUR CHEVERNY 41700 p176
COURCHEVEL 73120 p253
COURTENAY-LES QUATRE CROIX 45320 p185
COURTILS 50220 p197
CRILLON LE BRAVE 84410 p297
CROSMIERES 72220 p251
CRUSEILLES-LES AVENIÈRES 74350 p255

D

DEOLS 36130 p161
DIEUE/MEUSE 55320 p204
DIEULEFIT 26220 p113
DIGNE LES BAINS 04000 p43
DIGOIN 71160 p249
DIJON 21000 p97-98
DIVES/MER 14160 p82
DIVONNE LES BAINS 01220 p37
DOLE 39100 p171
DOMFRONT 61700 p215
DOUAINS 27120 p118
DOURDAN 91410 p311
DRAGUIGNAN 83300 p291
DUCEY 50220 p198
DUNKERQUE 59140 p212
DURAS 47120 p192

E

ECHENEVEX 01170 p37
EGUISHEIM 68420 p236
ELINCOURT STE MARGUERITE 60157 p214
EMBRUN 05200 p45
ENVEITG 66760 p229
EPERNAY 51200 p200
ERONDELLE 80580 p285
ERQUY 22430 p103
ESTIVAREILLES 03190 p41
ETREAUPONT 02580 p39
ETRETAT 76790 p265
EU 76260 p265
EYBENS 38320 p168
EZE VILLAGE 06360 p48-49

F

FABRÈGUES 34690 p153
FABREZAN 11200 p66
FAYENCE 83440 p291
FÉCAMP 76400 p265
FEY 57420 p208
FIGEAC 46100 p186
FITOU 11510 p67
FLAGY 77940 p269
FLOURE 11800 p67
FOIX 09000 p61
FONT ROMEU 66120 p230
FONTAINEBLEAU 77300 p269
FONTANES 30250 p127
FONTJONCOUSE 11360 p67
FORCALQUIER 04300 p43
FORT DU PLASNE 39150 p171
FOUGEROLLES 70220 p247
FOURCÈS 32250 p149
FROENINGEN 68720 p236
FRONTON 31620 p133

G

GAILLAN-MEDOC 33340 p151
GAP 05000 p45
GÈMENOS EN PROVENCE 13420 p77
GÉRARDMER 88400 p306-307
GERMIGNY 77910 p269
GINCLA 11140 p68
GORDES 84220 p297
GORZE 57680 p208
GOSNAY 62199 p217
GOUMOIS 25470 p112
GOUPILLIÈRES 14210 p83
GOURDON EN QUERCY 46300 p186
GOUZON 23230 p107
GRAMAT 46500 p187
GRAY 70100 p247
GRENADE 31330 p134
GRENOBLE 38000 p168

G

- GRESSE EN VERCORS 38650 p168
- GRÉSY SUR ISÈRE 73460 p253
- GRIGNAN 26230 p113
- GRIMAUD VILLAGE 83310 p291
- GUEBWILLER 68500 p237
- GUILLESTRE 05600 p45
- GUJAN-MESTRAS 33470 p151

H

- HABERE POCHE 74420 p255
- HAGENTHAL LE HAUT 68220 p237
- HALLINES 62570 p217
- HEGENHEIM 68220 p237
- HENNEBONT 56700 p206
- HERBAULT 41100 p177
- HOMPS 11200 p68
- HONFLEUR 14600 p83
- HUSSEREN LES CHATEAUX 68420 p238

I-J

- ILE DE BREHAT 22870 p103
- ILE DE GROIX 56590 p206-207
- ILE DE PORQUEROLLES-HYERES 83400 p291
- INGERSHEIM 68040 p238
- ISSENHEIM 68500 p238
- ITTERSWILLER 67140 p232
- ITXASSOU 64250 p222
- JEUFOSSE 78270 p275
- JOIGNY 89300 p309
- JONS 69330 p244
- JOUCAS-GORDES 84220 p297
- JOUÉ LÈS TOURS 37300 p164
- JUAN LES PINS 061600 p49
- JUILLAN-TARBES 65290 p226
- JUNGHOLTZ 68500 p238

K-L

- KIENTZHEIM 68240 p238
- L'AIGLE 61303 p215
- L'ÉPINE 51460 p200
- LA BAULE 44504 p181
- LA BRESSE 88250 p307
- LA CHAPELLE BASSE MER 44450 p182
- LA CHAPELLE D'ABONDANCE 74360 p255
- LA CHARITE/LOIRE 58400 p211
- LA COTINIÈRE (ILE D'OLÉRON) 17310 p89

L

- LA FERRIERE AUX ETANGS 61450 p215
- LA FERTÉ SOUS JOUARRE 77260 p270
- LA FLECHE 72200 p251
- LA FOUILLADE-NAJAC 12270 p71
- LA GARDE ADHEMAR 26130 p113
- LA LLAGONNE 66210 p230
- LA MALENE 48210 p193
- LA MOTTE 83920 p291
- LA PALUD SUR VERDON 04120 p43
- LA PETITE PIERRE 67290 p232
- LA ROCHE L'ABEILLE 87800 p303
- LA SOUTERRAINE 23300 p107
- LA TURBIE 0632051 p50
- LA VARENNE ST HILAIRE 94210 p313
- LA VERNAREDE 30530 p128
- LA WANTZENAU 67610 p232
- LABARTHE/LEZE 31860 p134
- LABEGE-INNOPOLE 31676 p134
- LACAUNE 81230 p287
- LACAVE 46200 p187
- LACROIX FALGARDE 31120 p134
- LAGUIOLE 12210 p71
- LALINDE EN PÉRIGORD 24150 p109
- LAMARCHE/SAÔNE 21760 p98
- LAMOURA 39310 p171
- LANGOGNE 48300 p193
- LANGON 33210 p151
- LANGRES 52200 p201
- LANGUIMBERG 57810 p209
- LANTOSQUE 06450 p50
- LAON 02000 p39
- LAPOUTROIE 68650 p239
- LE BEAUCET 84210 p297
- LE BLANC 36300 p161
- LE BOURG DUN 76740 p265
- LE BOURGET DU LAC 73370 p253
- LE BUGUE EN PÉRIGORD 24260 p109
- LE CHAMBON/LIGNON 43400 p180
- LE COTEAU 42120 p179
- LE COUDRAY MONTCEAUX 91830 p312
- LE CROISIC 44490 p183
- LE GRAU D'AGDE 34300 p153
- LE GUA 17600 p89
- LE HAVRE 76600 p265
- LE LAVANDOU 83980 p292
- LE LUC EN PROVENCE 83340 p292

L

LE LUDE 72800 p251
LE MANS 72000 p251
LE MONT DORE 63240 p218
LE PERRÉON 69460 p244
LE PERREUX/MARNE 94170 p313
LE PETIT PRESSIGNY 37350 p165
LE POËT LAVAL 26160 p113
LE PRADET 83220 p292
LE TIGNET 06530 p51
LE TREPORT 76470 p265
LE VIGEANT 86150 p302
LES ANGLES 30133 p128
LES BAUX DE PROVENCE 13520 p78
LES DEUX ALPES 38860 p168
LES EYZIES DE TAYAC 24620 p109
LES HOUCHES 74310 p255
LES ISSAMBRES 83380 p292-293
LES LOGES EN JOSAS 78350 p276
LES SALVAGES-CASTRES 81100 p288
LEVERNOIS 21200 p98
LIGNY EN CAMBRÉSIS 59191 p212
LILLE 59000 p212
LIMOGES 87000 p303
LIMOUX 11303 p68
LISIEUX 14100 p83
LLO-SAILLAGOUSE 66800 p230
LOURDES 65100 p226
LOURMARIN 84160 p297
LOUVIERS 27400 p118
LUCHON 31110 p135-136-137
LUCHON - MONTAUBAN DE LUCHON 31110 p137
LURBE ST CHRISTAU 64660 p222
LYON 69005 p244-245

M

MACON 71000 p250
MAISONS LAFITTE 78600 p276
MANDELIEU LA NAPOULE 06210 p51
MANE 31260 p137
MARGAUX 33460 p151
MARLENHEIM 67520 p233
MARSEILLE 13007 p78
MARTAILLY LES BRANCION 71700 p250
MARTEL 46600 p187
MARTRES TOLOSANE 31220 p136
MASSIAC 15500 p85

MAUBEUGE 59600 p212
MEGÈVE 74120 p255-256
MELLE 79500 p283
MELUN 77000 p270
MENERBES 84560 p298
MENTON 06500 p51
MÉRACQ 64410 p222
MERCUÈS 46090 p187
MERCUREY 71640 p250
MERIBEL 73550 p254
MERVILLE 31330 p136
MERVILLE-FRANCEVILLE 14810 p83
METZ 57000 p209
MEUDON 92190 p312
MEURSAULT 21190 p98-99
MEYZIEU 69330 p245
MEZE 34140 p154
MIRANDE 32300 p149
MIREPOIX 09500 p61
MISSILLAC 44780 p183
MOELAN/MER 29350 p123
MOISSAC 82200 p289
MOLINES EN QUEYRAS 05350 p45
MOLSHEIM 67120 p233
MONACO 98000 p315
MONAMPTEUIL 02000 p39
MONESTIER 24240 p110
MONT-ST-MICHEL 50170 p198
MONTAGNY LES BEAUNE 21200 p99
MONTARGIS 45200 p185
MONTAU LES CRENEAUX 32810 p149
MONTAUBAN 82000 p289
MONTAUROUX 83440 p293
MONTBAZON 37250 p165
MONTBETON-MONTAUBAN 82290 p289
MONTCHENOT 51500 p200
MONTÉLIMAR 26200 p113
MONTHIEUX 01390 p37
MONTIGNAC-LASCAUX 24290 p110
MONTIGNY 76380 p266
MONTIGNY LE BRETONNEUX 78180 p277-278
MONTMEDY 55600 p205
MONTORY 64470 p222
MONTPELLIER 34000 p154-155
MORESTEL 38510 p168
MORET/LOING 77250 p271

M

- **MORZINE** 74110 p256
- **MOUGINS** 06250 p51
- **MOULINS** 03000 p41
- **MOUSTIERS STE MARIE** 04360 p43
- **MULHOUSE** 68100 p239
- **MUNSTER** 68140 p239
- **MUR DE BRETAGNE** 22530 p103
- **MURET** 31600 p139

N

- **NAILLOUX** 31560 p140
- **NAJAC** 12270 p72
- **NANCY** 54000 p203
- **NANTES** 44000 p183
- **NAY** 64800 p223
- **NEUF-BRISACH** 68600 p240
- **NEUILLY/SEINE** 92200 p312
- **NEUVES MAISONS** 54230 p203
- **NEVACHE** 05100 p46
- **NEVERS** 58000 p211
- **NICE** 06300 p51-52-53
- **NIEUL** 87510 p304
- **NIMES** 30900 p128
- **NIORT** 79000 p283
- **NITRY** 89310 p310
- **NOGARO** 32110 p149
- **NOGENT** 52800 p201
- **NOGENT LE ROI** 28210 p121
- **NOGENT/SEINE** 10400 p63
- **NOHANT** 36400 p161
- **NOIRMOUTIER** 85330 p299
- **NOLAY** 21340 p100
- **NOVES** 13550 p78
- **NUITS ST GEORGES** 21700 p100
- **NYONS** 26110 p114

O

- **OBERNAI** 67210 p233
- **OFFEMONT** 90300 p311
- **OLARGUES** 34390 p155
- **ONET LE CHATEAU** 12850 p72
- **ORANGE** 84100 p298
- **ORBEY** 68370 p240
- **ORGEVAL** 78630 p278
- **ORLÉANS** 45000 p185
- **ORNAISONS** 11200 p69
- **ORRY LA VILLE-MONTGRESIN** 60560 p214
- **OTTROTT LE HAUT** 67530 p233
- **OUILLY DU HOULEY** 14590 p84
- **OUISTREHAM** 14150 p84
- **OYE ET PALLET** 25160 p112
- **OYONNAX** 01100 p38

P

- **PACE** 35740 p158
- **PAILHEROLS** 15800 p85
- **PARIS** 75000 p259-265
- **PAU** 64000 p223
- **PEILLON VILLAGE** 06440 p53
- **PELUSSIN** 42410 p179
- **PÉRIGUEUX** 24000 p110
- **PERONNE** 80200 p286
- **PÉROUGES** 01800 p38
- **PERPIGNAN** 66000 p230-231
- **PERROS GUIREC** 22700 p104
- **PERTHES** 52100 p201
- **PESSAC** 33600 p151
- **PHALSBOURG** 57370 p209
- **PLANCOËT** 22130 p104
- **PLANGUENOUAL** 22400 p104
- **PLÉRIN** 22190 p104
- **POISSY** 78300 p279
- **POITIERS** 86000 p302
- **POLIGNY** 39800 p171
- **PONS** 17800 p89
- **PONT AUDEMER** 27500 p118
- **PONT DE DORE** 63920 p218
- **PONT DE SALARS** 12290 p72
- **PONT DE VAUX** p38
- **PONT DU CHATEAU** p218
- **PONT ST PIERRE** p119
- **PONTAUMUR** 63380 p219
- **PONTORSON** 50170 p198
- **PORNICHET** 44380 p183
- **PORT CAMARGUE** 30240 p128
- **PORT DE LANNE** 40300 p173
- **PORT EN BESSIN** 14520 p84
- **PORT GRIMAUD** 83310 p293
- **PORT LA NOUVELLE** 11210 p69
- **POUILLY EN AUXOIS** 21320 p101
- **POUILLY/LOIRE** 58150 p211
- **POULIGNY NOTRE DAME** 36160 p161
- **PRA-LOUP** 04400 p43

P

PRATS DE MOLLO LA PRESTE 66230 p231
PRINGY-PONTHIERRY 77310 p272
PRIVAS 07000 p57
PROVINS 77160 p272
PULIGNY-MONTRACHET 21190 p101
PUYMIROL 47270 p192
PYLA/MER 33115 p152

Q

QUARRÉ LES TOMBES 89630 p310
QUEND 80120 p286
QUENZA 20122 p95
QUIMPER 29000 p123

R

REIMS 51100 p200
REMOULINS 30210 p129
REVEL 31250 p141
RIBEAUVILLE 68150 p240
RIEUMES 31370 p142
RIEUTORT DE RANDON 48700 p193
RILLIEUX LA PAPE 69140 p245
RIQUEWIHR 68340 p240
ROCAMADOUR 46500 p187
ROCHECORBON 37210 p165
ROGNES 13840 p178
ROLLEBOISE 78270 p279
ROMANÈCHE THORINS 71570 p250
ROQUEBRUNE 06190 p53
ROQUEFORT LES PINS 06330 p53
ROUEN 76000 p266-268
ROUFFACH 68250 p241
ROUSSILLON 84220 p298
ROYAN 17200 p89
ROYE 80700 p286
ROYERES 87400 p304
RUPT/MOSELLE 88360 p307

S

SABLES D'OR LES PINS 22240 p105
SADROC 19270 p93
SALBRIS 41300 p177
SALERS 15140 p85
SALIES DU SALAT 31260 p142
SALON DE PROVENCE 13300 p78
SAMOËNS 74340 p256
SANCERRE 18300 p91
SANCY LES MEAUX 77580 p272

S

SARLAT 24200 p110
SAULGES 53340 p202
SAUMUR 49400 p195
SAUVETERRE 30150 p129
SAUVETERRE DE COMMINGES 31510 p143
SAVIGNY LES BEAUNE 21420 p101
SAVIGNY/ORGE 91600 p312
SECLIN 59113 p213
SÉES 61500 p216
SELESTAT 67600 p233
SERIGNAC/GARONNE 47310 p192
SERIGNAN DU COMTAT 84830 p298
SERRE-CHEVALIER 1400 05240 p46
SETE 34200 p155
SEVRIER 74320 p257
SIGNY-LE-PETIT 08380 p59
SIX FOURS LES PLAGES 83140 p293
SOLIGNAC 87110 p305
SOMMIERES 30250 p129
SORGUES 84700 p298
SOUSTONS 40140 p173
ST AGREVE 07320 p57
ST ALBAN/LIMAGNOLE 48120 p194
ST AUBIN/MER 14750 p84
ST AVÉ 56890 p207
ST AVOLD 57500 p209
ST BENOIT BOURG-POITIERS 86280 p302
ST BERTRAND DE COMMINGES 31510 p143
ST CAST 22380 p105
ST CHAMAS 13250 p79
ST CHARTIER 36400 p162
ST CIRGUES DE JORDANNE 15590 p86
ST CIRQ LAPOPIE 46330 p187
ST CLAUDE 39200 p172
ST CONSTANT 15600 p86
ST CYPRIEN 66750 p231
ST DIDIER 35220 p158
ST DIDIER-CARPENTRAS 84210 p298
ST EMILION 33330 p152
ST ETIENNE 42000 p179
ST ETIENNE DE BAÏGORRY 64430 p223
ST FLORENT 20217 p95
ST FLORENTIN 89600 p310
ST GALMIER 42330 p179
ST GATIEN DES BOIS 14130 p84
ST GAUDENS 31800 p144
ST GENIEZ D'OLT 12130 p72

S

ST GEORGES D'ESPÉRANCHE 38790 p169
ST GERMAIN EN LAYE 78100 p279
ST GERVAIS EN VALLIÈRE 71350 p250
ST GIRONS 09200 p62
ST HILAIRE DE LOULAY 85600 p300
ST HILAIRE DU HARCOUET 50600 p199
ST HIPPOLYTE 68590 p241
ST JEAN CAP FERRAT 06230 p54
ST JEAN DE LA BLAQUIERE 34700 p156
ST JEAN DE LUZ 64500 p223
ST JEAN DE MONTS 85160 p300
ST JEAN DE MONTS-OROUET 85160 p301
ST JEAN PIED DE PORT 64220 p223
ST LARY SOULAN 65170 p227
ST LATTIER 38840 p169
ST LAURENT/SÈVRE 85290 p301
ST LÉGER 17800 p89
ST LEU LA FORET 95320 p314
ST LOUIS 68300 p241
ST MALO 35400 p158-159
ST MARC/MER 44600 p184
ST MARCELLIN 38160 p169
ST MARTIN DE LA PLACE 49160 p196
ST MARTIN DU TOUCH 31300 p143
ST MARTIN DU VIVIER 76160 p268
ST MÉDARD - CATUS 46150 p187
ST MERD DE LAPLEAU 19320 p94
ST NAZAIRE 44600 p184
ST OUEN 93400 p312
ST OUEN LES VIGNES 37530 p165
ST PARDOUX L'ORTIGIER 19270 p94
ST PAUL DE JARRAT 09000 p62
ST PAUL TROIS CHATEAUX 26130 p114
ST PEE/NIVELLE 64310 p224
ST PIERRE LAFEUILLE 46090 p188
ST POL DE LÉON 29250 p123
ST QUENTIN/LE HOMME 50220 p199
ST REMY DE PROVENCE 13210 p79
ST RÉMY LES CHEVREUSE 78470 p280
ST SAUD EN PÉRIGORD 24470 p110
ST SULPICE/LEZE 31410 p143
ST TROPEZ 83990 p293
ST VAAST LA HOUGUE 50550 p199
ST VALÉRY/SOMME 80230 p286
ST VALLIER/RHONE 26240 p115
ST VIGOR D'YMONVILLE 76430 p268
ST VINCENT DE TYROSSE 40280 p173

S

STE FEYRE-GUÉRET 23000 p107
STE MARIE DE CAMPAN 65710 p227
STE MARIE DE RÉ 17740 p89
STE MAURE DE TOURAINE 37800 p165
STE MAXIME 83120 p294
STES MARIES DE LA MER 13460 p80
STRASBOURG 67000 p234
SUCY EN BRIE 94370 p313

T

TAINTRUX 88100 p307
TALLOIRES 74290 p257
TANNERON 83440 p294
TARBES 65000 p227
TAVEL 30126 p130
TENCE 43190 p180
THANN 68800 p242
THÉOULE/MER 06590 p54
THIVARS 28630 p121
THOIRY 01710 p38
THOMERY 77810 p273
THONON LES BAINS 74200 p257
THOUARS 79100 p283
TIGNES 73320 p254
TOUL 54200 p203
TOULON 83000 p294
TOULOUSE 31000 p144-145-146
TOURCOING 59200 p213
TOURNON/RHONE 07302 p58
TOURNUS 71700 p250
TOURS 37200 p165-166
TOURTOUR 83690 p295
TREBEURDEN 22560 p105
TREGUIER 22220 p105
TRIEL/SEINE 78510 p281
TRIGANCE 83840 p295
TROYES 10000 p63
TURQUESTEIN 57560 p210

U

URIAGE LES BAINS 38410 p169
URT 64240 p224
USSAC 19270 p94
USTARITZ 64480 p224

V

VALENÇAY 36600 p162
VALENCE 26000 p115
VALENSOLE 04210 p43
VALLOIRE-LA SETAZ 73450 p254
VALS LES BAINS 07600 p58
VANNES 56000 p207
VARREDDES 77910 p273
VAUCHOUX 70170 p247
VENASQUE 84210 p298
VENCE 06140 p55
VENERQUE 31810 p146
VENTRON 88310 p308
VERDUN/LE DOUBS 71350 p250
VERTEILLAC 24320 p110
VIALAS 48220 p194
VIC LA GARDIOLE 34110 p156
VICHY 03200 p41
VIEUX MOULIN 60350 p214
VILLARD DE LANS 38250 p169
VILLEFRANCHE DE ROUERGUE 12200 p73
VILLEFRANCHE LAURAGAIS 31290 p146-148
VILLEFRANCHE/MER 06230 p55
VILLEFRANCHE/SAONE 69400 p245
VILLENEUVE D'OLMES 09300 p62
VILLENEUVE LE ROI 94290 p313
VILLENEUVE LES AVIGNON 30400 p130
VILLEROY 89100 p310
VILLERS LE LAC 25130 p112
VITRAC/SARLAT 24200 p110
VITTEL 88800 p308
VIVOIN 72170 p251
VOUGEOT 21640 p101
VOUZERON 18330 p91

W-X-Y-Z

WANGENBOURG-OBERSTEIGEN 67710 p234
WESTHALTEN 68250 p242
WISEMBACH 88520 p308
YVETOT 76190 p268
YVOIRE 74140 p258
YZEURES/CREUSE 37290 p166
ZELLENBERG 68340 p242
ZONZA 20124 p96

ILE DE LA REUNION p315

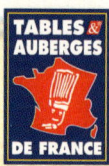

La Charte de qualité avec ses sept engagements :
The Charter of quality with its seven commitments

1. Des professionnels de Métier
   Professionals of technique

2. Produits de qualité faits maison
   Home-made products of quality

3. Classement national des Tables (qualité de la cuisine, l'accueil, service en salle, cadre et aménagements) :
   National Filing of Tables (cooking's quality, welcome, service, setting and fittings out)

   Rouge : Table de Prestige
   Red : Prestigious Table
   Bleue : Table Gastronomique
   Blue : Gastronomic Table
   Vert : Table de Terroir
   Green : Traditionnal Table

4. Environnement privilégié des établissements
   Priviligied environment of the establishments

5. Aménagements extérieurs et intérieurs de qualité
   Outside and inside fittings out of quality

6. Sélection et Contrôles qualité des Tables & Auberges de France
   Selection and Checking of quality of the Tables & Auberges de France

7. Tous les hôtels (classement minimum 2 étoiles) équipés de **toutes** les chambres Tout confort (Bain ou Douche avec WC et télévision) bénéficient du label Hostellerie de France
   All the hotels (minimum 2 stars classifying) with all the rooms equiped All comfort (Bath or shower with WC and TV) have the stamp of the French Hosting Industry

Charme & Authenticité des Tables Rouges
Charm & Authenticity of Red Tables

Le meilleur de la Gastronomie Française
The best of French Gastronomy

Charme & Authenticité des Tables Bleues
Charm & Authenticity of Blue Tables

Festivals des Saveurs
Festivals of flavours

Charme & Authenticité des Tables Vertes
Charm & Authenticity of Green Tables

Le goût de la tradition
The flavour of tradition

Trophée 2001
Catégories de Tables sélectionnées par la clientèle
(ayant reçues le plus de suffrages)

Catégorie Table de Prestige

Restaurant Taillevent
15, rue Lamennais
75008 Paris

Catégorie Table Gastronomique

Restaurant A la Ville de Lyon
7, rue des Piques
57000 Metz

Catégorie Table de Terroir

Restaurant La Marmitière
38, rue du Port
34140 Mèze

National charter of the "Tables & Auberges de France"

Introduction
The national Mark "Tables & Auberges de France" is reserved to independent contractors involved in activities within an establishment (restaurant or hotel-restaurant), outside of the larger food-chain-networks.

Section I : Code of conduct

Article I : Professionals should be experienced and graduated* in the branch of the Hosting and Catering Industry, while showing high standards in their professional skills, their ability to create quality dishes, as well as the cleanliness, reception and service staff of their establishment.
* Unless the candidate can confirm a five - year experience in one establishment, as well as a true regional or local reputation.
Article II : Once accepted, members are expected to strictly abide by official rules regulations concerning the following : hygiene, sanitation, cooking areas, fire regulations and the displaying prices.
Article III : It is the responsability of the contractor to ensure the highest possible quality of fresh regional products, and home made specialities.
Article IV : Qualified service staff should offer a friendly and helpful service to customers.

Section II : Liability of the Establishment

Article V : The establishment should be located in a quiet, pleasant area, thus avoiding pollution caused by sound or smell.
Article VI : The restaurant's various facilities (eating areas and lavatories) should be thoroughly cleaned and maintained. There should be napkins and tablecloths of a good quality material, except for characteristic solid wooden tables or terrasse areas.
Article VII : Outdoors amenities, interiors, building materials (ground, walls, ceilings) and furnitures should be of a consistent style with the establishment's status.
Article VIII : Members are subject to unexpected controls, which guarantee the "Tables & Auberges de France" quality to its customers.

Reglamentación Nacional de "Tables & Auberges de France"

Preámbulo

La marca nacional de "Tables & Auberges de France" tiene por misión la valorización y la promoción, en Francia y en el extranjero, de la buena mano de profesionales independientes que ejercen su actividad en el seno de un restaurante o de un hotel-restaurante a la exclusión de las cadenas.

Sección I : Profesionalismo

Artículo I : El profesional debe ser diplomado* y experimentado en el sector Hostelería Restauración haciendo prueba de un real profesionalismo (buena mano, limpieza de locales, acogida y servicio).
* derogación si el profesional tiene más de 5 años de explotación confirmada en el mismo establecimiento, beneficiando de una real notoriedad local o regional.
Artículo II : El profesional habilitado está en conformidad con la reglamentación vigente : higiene y sanitario, cocinas, seguridad-incendio, anunciación de precios...
Artículo III : En el dominio de la restauración las preparaciones de los platos son aseguradas por el profesional (beneficiando de una buena imagen y notoriedad) que privilegia, lo mejor posible, los productos de calidad, así como las salsas caseras. Para una mejor información a la clientela, la restauración es presentada a través de 3 tipos de cocina : Table du Terroir (cocina regional tradicional), Table Gastronomique (cocina de manifiesta creatividad) o Table de Prestige (notable cocina por su calidad excepcional). Las servilletas y la mantelería son de un tejido de buena calidad (salvo las mesas de madera maciza de estilo o aquellas que están en terraza).
Artículo IV : La denominación comercial Hostellerie de France (clasificación mínima 2 estrellas) es reservada a los establecimientos hoteleros a fin de promover mejor, en la guía nacional, las Habitaciones Todo Confort (equipadas con baño o ducha con retrete y televisión).
Artículo V : El personal del establecimiento debe estar capacitado y ofrecer la mejor acogida y servicio a los clientes.

Sección II : Prestaciones del Establecimiento

Artículo VI : El establecimiento en lo posible, logra una buena integración con su entorno a fin de evitar posibles molestias sonoras, visuales u olfativas importantes.
Artículo VII : Los diferentes servicios del establecimiento deben estar en perfecto estado de conservación general y de aseo.
Artículo VIII : Las instalaciones exteriores, la decoración interior, los tratamientos (suelo, paredes, techo) y el mobiliario presentan un estilo armonioso con el establecimiento, cualquiera sea su categoría.
Artículo IX : El profesional habilitado, acepta el principio de visitas imprevistas a fin de garantizar a su clientela la imagen de marca de "Tables & Auberges de France".

NATIONALE CHARTA DER " TABLES & AUBERGES DE FRANCE "

Präambel

Das nationale Zeichen der "Tables & Auberges de France" dient der Valorisierung und der Verkaufsförderung, in Frankreich und im Ausland, des Könnens der selbstständigen Unternehmen, die ihre Tätigkeit in Restaurants bzw. Gasthöfen außerhalb der Restaurantsketten ausüben.

Abschnitt I : Berufstüchtigkeit

Paragraph I : Der Betreiber muß ein abgeschlossenes Studium* und Erfahrung auf dem Gebiet der Hotel-und Gastronomiewirtschaft besitzen. Er muß darüberhinaus eine echte Berufstüchtigkeit nachweisen können (Know How, Sauberkeit der Räumlichkeiten, Qualität des Empfangs und Service.)
* mit Ausnahme derjenigen, die mehr als fünf Jahre Erfahrung im selben Haus und eine echte lokale u. regionale. Bekanntheit nachweisen können.
Paragraph II : Der zugelassene Gastwirt übt seinen Beruf in Übereinstimmung mit den gültigen gesetzlichen Regelungen hinsichtlich Hygiene, Gesundheit, Küche, Feuersicherheit, Preisgestaltung aus.
Paragraph III : Auf dem Gebiet des Gaststättewesens wird die Zubereitung der Speisen vom Betreiber selbst durchgeführt, (was dem guten Image und seinem Ruf zugutekommt) wobei er hochwertige Erzeugnisse und hausgemachte Soßen bevorzugt. Zur besseren Information der Kundschaft wird das Gaststättewesen anhand von drei Küchentypen dargestellt: Ländliche Tafel (regionale traditionelle Küche), Gastronomische Tafel (kreative Küche) oder Tafel von Prestige (bemerkenswerte Küche von außerordentlicher Qualität). Servietten und Tischtücher sind aus hochwertigem Stoff (mit Ausnahme der Tische aus stilvollem Massivholz oder der Terrassentische).
Paragraph IV : Die Handelsbezeichnung " Hostellerie de France " (Klassifizierung von mindestens 2 Sternen) wird den Hotels vorbehalten, um im nationalen Führer die Zimmer " Tout Confort " (mit Bad od. Dusche, WC und Fernsehen ausgestattet) zu fördern.
Paragraph V : Das Bedienungspersonal muß geschult sein und den Gästen besten Empfang und Kundenservice bieten.

Abschitt II : Durch den Gasthofbetrieb zu erbringende Leistungen

Paragraph VI : Der Gasthofbetrieb ist in seinem unmittelbaren Umfeld gut integriert, d. h. er hat Lärm, sichtbare Störungen und schlechte Gerüche soweit es geht, zu vermeiden.
Paragraph VII : Die verschiedenen Räumlichkeiten des Gasthofs müssen in einem einwandfreien Zustand der Sauberkeit und allgemein gut gepflegt sein.
Paragraph VIII : Die äußeren Anlagen, die Innenausstattung, die Beschaffenheit der Fußböden, Wände, Decken und Möbel müssen in einem harmonischen Zusammenhang zueinander stehen, welchen Standard der Gasthof auch immer hat.
Paragraph IX : Der autorisierte Gastwirt akzeptiert das Prinzip der unangemeldeten Kontrollen, um der Kundschaft die Qualitätsgarantie der "Tables & Auberges de France" zu gewährleisten.

Kwaliteitsnormen van de " Tables & Aubergеs de France "

INLEIDING

" Tables & Auberges de France " is een franse kwaliteitsnorm. Deze norm heet als missie het opwaarderen en promotie maken van de bekwaamheid van onafhankelijke bedrijven als restaurants, hotels of hotel / restaurants in frankrijk en in het buitenland. Degene die aangesloten zijn bij een keten komen niet in aanmerking voor deze norm.

HOOFDSTUK 1 : BEROEPSBEKWAAMHEID

ARTIKEL I : De vakman moet een beroepsdiploma gehaald hebben en moet restaurant-en hotel ervaring hebben (met bekwaamheid, hygiëne in de zaken, ervaring in de ontvangst en service).
*Behalve als de vakman al meer dan 5 jaar ervaring heeft in hetzelfde bedrijf en een goede reputatie en lokale of regionale bekendheid heeft.
Artikel II : De vakman moet aan alle regelingen voldoen, betreffende gezondheid, hygiëne, keuken, veiligheids-en brandregelingen, het aanplakken van de prijzen…
Artikel III : In het restaurant worden de gerechten klaagemaakt door de vakman zelf (met een goede reputatie en bekendheid) die ook de voorkeur geeft aan kwaliteitsprodukten en eigen gemaakte sausen. Voor een betere informatie voor de klanten zijn de restaurants in 3 types verdeeld : " Table de Terroir " (traditionele lokale keuken), " Table Gastronomique " (keuken die creatieve gerechten serveert), " Table de Prestige " (keuken herkenbaar aan zijn uitzonderlijke kwaliteit). De tafelkleden en servetten zijn van kwaliteitsstof(bij uitzondering van eikenhoutentafels of terrastafels).
Artikel IV : De naam " Hostellerie de France " (classificatie van minimum 2 sterren) is gereserveerd voor hotels zodat ze betere promotie kunnen maken in de nationale gids van de " Chambres Tout Confort " (kamers met alle comfort ; met badkamer of douche, met toilet en televisie).
Artikel V : Het personeel moet goede bekwaamheid hebben en de ontvangst en service aan de klanten is heel belangrijk.

HOOFDSTUK 2 : WAT HET BEDRIJF AANBIED

Artikel VI : Het bedrijf ligt, als het enigszins mogelijk is, in een goed gelegen omgeving zodat er geen storingen zijn aan buren van lawaai enz.
Artikel VII : Alle afdelingen van het bedrijf moeten altijd schoon zijn en het materiaal in goede staat van werken.
Artikel VIII : De buiteninrichtingen, de binnendecoratie, het behang of de kleur van de verf (vloer, muren en plafond) en de meubels bieden een harmonieuse stijl aan het bedrijf wat ook zijn standing is.
Artikel IX : De eigenaar gaat akoord met het principe van onverwachte bezoeken voor een controle om te zien of alle regelingen die verbonden zijn aan de norm " Tables & Auberges de France " gerespecteerd worden.

Carta di qualità di " Tables e Auberges de France "

Premessa
Il marchio " Tables e Auberges de France " vuole innanzitutto valorizzare e promuovere in Francia e all'estero il " savoir-faire " dei professionisti indipendenti che esercitano le loro attività in un ristorante, o in un albergo ristorante al di fuori di una catena alberghiera integrata.

Sezione n°1 Capacità professionali

Articolo primo : il professionista deve essere in possesso di un diploma* e avere una buona esperienza nel campo alberghiero e nel settore della Ristorazione, deve dare prova di grandi competenze ed efficienza (" savoir-faire ", locali ben tenuti puliti e curati, accoglienza e servizio della clientela).
*Derogazione se il professionista ha piu di 5 anni di esperienza svolta nello stesso stabilimento, o se é conosciuto a livello locale o regionale
Articolo secondo : Il professionista autorizzato é in conformità con le leggi in vigore : igienico sanitarie, quelle riguardanti la cucina, le norme di sicurezza antincendio e i prezzi affissi.
Articolo terzo : Nel campo della Ristorazione, la preparazione dei cibi incombe al professionista (che gode di una certa notorietà) il quale avrà cura di scegliere prodotti di qualità e preparazioni della casa.
Ci avviciniamo alla clientela proponendo tre tipi di cucina : Table de Terroir (cucina tradizionale regionale) , Table Gastronomique (il cuoco fa prova di talenti creativi e di inventiva) , Table de Prestige (Cucina estremamente raffinata).
La biancheria da tavola é di qualità (tranne per i tavoli di legno massiccio o per i tavoli in terrazza).
Articolo quarto : La denominazione commerciale " Hostellerie de France " (minimo due stelle) é riservata esclusivamente agli stabilimenti alberghieri in modo da promuovere nella guida nazionale le camere dotate di tutti i confort (con bagno, doccia, WC, televisore).
Articolo quinto : Il personale deve essere qualificato e offrire al cliente il massimo, l'accoglienza e il servizio deve essere all' altezza.

Sezione n° 2 (seconda) : Prestazioni dello stabilimento.

Articolo sesto : Lo stabilimento deve integrarsi armoniosamente nel territorio circostante, in modo da evitare fastidi o problemi legati ai rumori o agli odori.
Articolo settimo : Tutti i servizi del locale saranno estremamente puliti, tenuti con cura e in ottimo stato di manutenzione.
Articolo ottavo : L'aspetto esterno dell'edificio, la decorazione e l'arredamento degli interni (pavimenti, pareti, soffitti) saranno di buon gusto, piacevoli e accoglienti, e questo a prescindere dal suo standing.
Articolo nono : Il professionista autorizzato accetta il principio delle visite improvvise, come prova di garanzia per la clientela rispetto all'immagine di marca di " Tables & Auberges de France ".

Un partenariat naturel

**TABLES & AUBERGES DE FRANCE POUR LA PROMOTION DES PROFESSIONNELS ET DES PRODUITS DU TERROIR
EURO-TOQUES POUR LA DÉFENSE DES PRODUITS DU TERROIR**

Pourquoi Euro-Toques ?

Jamais une Association comme EURO-TOQUES n'a été aussi légitime ni aussi nécessaire qu'aujourd'hui. Qui, mieux que les cuisiniers et les producteurs, peut défendre la matière qu'il travaille, le produit sain, frais, naturel, ancré dans sa région et cultivé proprement ?

Depuis douze ans, 2500 Cuisiniers européens luttent pour maintenir la spécificité de leurs meilleurs produits et la diversité de leurs patrimoines culinaires. Leur pouvoir est réel. Euro-Toques, association reconnue officiellement par la Présidence de la Commission Européenne de Bruxelles, s'adresse aux décideurs et elle a la possibilité de faire pression sur les groupes financiers de l'agro-alimentaire.

Les Grands thèmes d'EURO-TOQUES

La névrose alimentaire

La question de l'origine des produits est au cœur des préoccupations de la société : aliments génétiquement modifiés, substituts chimiques, édulcorants, agriculture malade, etc…

Euro-toques est nécessairement impliqué

Les scandales et les interrogations se succèdent. Nous sommes directement concernés. Plus que jamais, il faut restaurer la vertu du produit, et de ceux qui le travaillent, c'est à dire les Cuisiniers.

Euro-Toques a les moyens de défendre le goût

Pour la défense des valeurs d'authenticité et du terroir depuis 12 ans, l'Association a un réel pouvoir au sein de la Communauté Européenne à Bruxelles au travers de son lobbying-technique et politique auprès de la Commission Européenne.

Euro-Toques s'engage pour un futur à visage humain

La défense du terroir n'est pas une démarche passéiste. Elle est tournée vers le futur quand le progrès propose des avancées respectables. Nous sommes pour l'échange des idées et le partage des savoir-faire. La défense du métier de cuisinier passe par l'ouverture et la vigilance.

EURO-TOQUES a besoin de vous

Ce n'est pas une Association promotionnelle ou un Syndicat de plus.

Science sans conscience n'est que ruine de l'âme… Dans le monde agro-alimentaire où le scientifique dépasse souvent la matière et joue au quotidien avec la vie des consommateurs, Euro-Toques agit pour ne pas subir.

Goût et Sécurité…

La cuisine doit s'adapter à notre époque. Devenons créatifs, utilisons les nouvelles technologies, soyons ouverts aux cultures voisines mais préservons nos belles traditions régionales et adaptons-les au goût actuel. Demain, cueillir le produit sain qui a le meilleur goût sera la sauvegarde de notre métier.

**EURO-TOQUES France - 14 bis, rue Daru - 75008 Paris
Tél. 01 47 64 50 70 - Fax 01 47 64 15 61**

NOUVEAU SITE / New Web Site

www.tables-auberges.com

Cliquez sur vos Envies :
Click on your desire

Vacances, repas de fêtes, voyages d'affaires, séminaires, week-end... avec des tarifs promotionnels, les recettes des Chefs et des forfaits découvertes

Holidays, fests diners, business travels, week-ends... with special prices, recipes of the Chefs and set prices

Découvrez toutes les Saveurs & Sites de France au fil des quatre saisons

Discover all the Savours and French Sites

Une sélection de 1300 hôtels et restaurants : Bonnes Tables, Auberges de caractère & Hostellerie de France

A selection of 1300 hotels and restaurants : Good Tables, Inns of character and French Hosting Industry

---

**Partez l'esprit tranquille :
RESERVATION GRATUITE DE VOS ETAPES PARTOUT EN FRANCE
(0% de commission)**
Le Site du voyageur Gourmand et malin !

Presentation of the establishments

TENCE (43190) (P9-I9)

HOSTELLERIE PLACIDE ★ ★ ★

Table gastronomique

A 50 km de Saint Etienne et du Puy en Velay. - Route d'Annonay - Véronique & Pierre Marie PLACIDE - Tél. : 04 71 59 82 76 Fax : 04 71 65 44 46 - placide@hostellerie-placide.fr - www.hostellerie-placide.fr Fermeture : 15/11-15/03 ; lundi et mardi hors saison. Menus de 85 F à 300 F. Menu enfant : 60 F. Petit déjeuner : 60 F.17 chambres de 400 F à 500 F. Demi pension : 400 F. Etape VRP : 400 F

Dans le calme d'un village du Velay, cet ancien relais de diligences vous propose des nuits paisibles dans des chambres spacieuses. C'est une étape idéale pour une cuisine de goûts qui privilégie le terroir, la qualité et la créativité. Spécialités : terrine de foie gras à la lie de myrtilles, toasts à la farine de lentilles. Animaux acceptés avec supplément : 50 F.
Chambres avec bain ou douche +WC+TV : Toutes.
Terrasse, jardin, parking privé, salle restaurant de caractère, salle de séminaires, chèques vacances

In the quietness of the village of Velay, this ancient relay of stagecoachs offers peaceful nights in spacious bedrooms. It is an ideal stop for a delicious cooking that is promotes traditional products, quality and creativity.
En la calma de un pueblo del Velay, esta antigua parada de diligencias le brinda noches tranquilas en habitaciones espaciosas. Es una etapa ideal para una cocina que hace resaltar los gustos del terruño, la calidad y la creatividad. Los animales pagan un suplemento: 50 f.
In der Ruhe eines Dorfs von Velay, bietet Ihnen diese alte Poststation friedliche Nächte in geräumigen Zimmern. Es ist eine ideale Etappe für eine geschmackvolle Küche, die Land, Qualität und Kreativität bevorzugt.

1. Situation of the town (go to the page 9 frame I9)
2. Zip code (n° department 43 and town Tence)
3. Hotel classifying
4. Table classifying
5. Main informations
6. Presentation in English, Spanish and German
7. General presentation of the establishment
8. Equipments and provisions of service
9. Credit card accepted :   (Diner's Club International : Official Partner)
10. Spoken languages

www.tables-auberges.com → réservation gratuite (0% de commission)

Présentation type des établissements

① TENCE (43190) (P9-19) ② ③ **HOSTELLERIE PLACIDE** ★ ★ ★ ④ **Table gastronomique**

A 50 km de Saint Etienne et du Puy en Velay. - Route d'Annonay - Véronique & Pierre Marie PLACIDE - Tél. : 04 71 59 82 76
Fax : 04 71 65 44 46 - placide@hostellerie-placide.fr - www.hostellerie-placide.fr Fermeture : 15/11-15/03 ; lundi et mardi hors saison.
⑤ Menus de 85 F à 300 F. Menu enfant : 60 F. Petit déjeuner : 60 F.17 chambres de 400 F à 500 F. Demi pension : 400 F. Etape VRP : 400 F.

⑦ Dans le calme d'un village du Velay, cet ancien relais de diligences vous propose des nuits paisibles dans des chambres spacieuses. C'est une étape idéale pour une cuisine de goûts qui privilégie le terroir, la qualité et la créativité. Spécialités : terrine de foie gras à la lie de myrtilles, toasts à la farine de lentilles. Animaux acceptés avec supplément : 50 F.
Chambres avec bain ou douche +WC+TV : Toutes.
Terrasse, jardin, parking privé, salle restaurant de caractère, salle de séminaires, chèques vacances ⑧

⑥ In the quietness of the village of Velay, this ancient relay of stagecoachs offers peaceful nights in spacious bedrooms. It is an ideal stop for a delicious cooking that is promotes traditional products, quality and creativity.

En la calma de un pueblo del Velay, esta antigua parada de diligencias le brinda noches tranquilas en habitaciones espaciosas. Es una etapa ideal para una cocina que hace resaltar los gustos del terruño, la calidad y la creatividad. Los animales pagan un suplemento: 50 f.

In der Ruhe eines Dorfs von Velay, bietet Ihnen diese alte Poststation friedliche Nächte in geräumigen Zimmern. Es ist eine ideale Etappe für eine geschmackvolle Küche, die Land, Qualität und Kreativität bevorzugt.

⑨ ⑩

---

① Localisation de la ville (se reporter à la page 9 cadre 19)

② Code postal (n° département 43 et ville)

③ Classement hôtel

④ Classement de la table

⑤ Principales informations

⑥ Présentation en Anglais, Allemand et Espagnol

⑦ Présentation générale de l'établissement

⑧ Equipements et Prestations de l'établissement

⑨ Cartes bancaires acceptées :   (Diner's Club International : Partenaire Officiel)

⑩ Langues parlées

VOS COMMENTAIRES ET VOS APPRÉCIATIONS, LES PLUS OBJECTIFS, SONT LES BIENVENUS

Your comments and appreciations, the most objective, are welcome - Sus comentarios y sus apreciaciones, los más objetivos, son bienvenidos Ihre Kommentare und Beurteilungen, so objektiv wie möglich, sind uns willkommen.

 Table de prestige
 Table gastronomique
 Table de Terroir

	Très satifaisant Excellent Muy satisfactorio Sehr Zufriedenstellend	Satisfaisant Good Satisfactorio Zufriedenstellend	Peu satisfaisant Unsatisfactory Poco satisfactorio wenig Zufriedenstellend	Pas du tout satisfaisant Bad No satisfactorio ganz und gar nicht Zufriedenstellend
Accueil *Reception - Acogida - Empfang*	❏	❏	❏	❏
Service en salle *Service Staff - Servicio en sala - Bedienung*	❏	❏	❏	❏
Cuisine: qualité de la Table *Cooking/quality : - Cocina : calidad de la Comida : - Küche : Qualität der Tische :*	❏	❏	❏	❏
Qualité / Prix *Quality/price - Calidad/Precio - Qualität/Preis*	❏	❏	❏	❏
Aménagements, cadre, Agrément et calme *Fitting out, laying out, quietness - Instalaciones, ambiente, atracción y calma - Einrichtungen, Rahmen, Annehmlichkeiten, Ruhe*	❏	❏	❏	❏
Propreté générale *Hygiene - Limpieza general - Sauberkeit*	❏	❏	❏	❏

Le classement national du restaurant Table de Terroir, Table Gastronomique ou Table de Prestige vous semble-t-il cohérent et correspondre aux prestations offertes ?   ❏ oui   ❏ non

Nom de l'établissement - ....
Name of the establishment - Nombre del establecimiento - Name des Hauses :

Ville .... **Code Postal** ....
City - Ciudada - Stadt   *Post Code - Código postal - Postleitzahl*

Date de votre passage dans cet établissement ....
Date of the visit to the establishment - Fecha de su paso por este establecimiento - Datum Ihres Aufenthalts

Votre adresse - *Your address - Su dirección - Ihre Adresse*

Nom Prénom .... **N°/Rue** ....
Name Firstname - Apellido nombre - Name Vorname   *Road - Calle - Straße/Nr*

Ville .... **Code Postal** .... **Pays** ....
City - Ciudad - Stadt   *Post Code - Código postal - Postleitzahl*   *Country - País - Land*

Fédération des Tables & Auberges de France - 2, rue Lanternières BP 47 - 31 012 Toulouse cédex 06

Tables & Auberges de France se réserve le droit d'exploiter les informations collectées conformément à la loi Informatique et Liberté du 6 01 1978. Droit d'accès, de retrait et de modifications garantis

01 - Ain	26 - Drôme	51 - Marne	76 - Seine Maritime
02 - Aisne	27 - Eure	52 - Haute Marne	77 - Seine et Marne
03 - Allier	28 - Eure et Loir	53 - Mayenne	78 - Yvelines
04 - Alpes de Haute-Provence	29 - Finistère	54 - Meurthe et Moselle	79 - Deux Sèvres
05 - Hautes Alpes	30 - Gard	55 - Meuse	80 - Somme
06 - Alpes Maritimes	31 - Haute Garonne	56 - Morbihan	81 - Tarn
07 - Ardèche	32 - Gers	57 - Moselle	82 - Tarn et Garonne
08 - Ardennes	33 - Gironde	58 - Nièvre	83 - Var
09 - Ariège	34 - Hérault	59 - Nord	84 - Vaucluse
10 - Aube	35 - Ille et Vilaine	60 - Oise	85 - Vendée
11 - Aude	36 - Indre	61 - Orne	86 - Vienne
12 - Aveyron	37 - Indre et Loire	62 - Pas de Calais	87 - Haute Vienne
13 - Bouches du Rhône	38 - Isère	63 - Puy de Dôme	88 - Vosges
14 - Calvados	39 - Jura	64 - Pyrénées Atlantiques	89 - Yonne
15 - Cantal	40 - Landes	65 - Hautes Pyrénées	90 - Territoire de Belfort
16 - Charente	41 - Loir et Cher	66 - Pyrénées Orientales	91 - Essonne
17 - Charente-Maritime	42 - Loire	67 - Bas Rhin	92 - Hauts de Seine
18 - Cher	43 - Haute Loire	68 - Haut Rhin	93 - Seine - St Denis
19 - Corrèze	44 - Loire Atlantique	69 - Rhône	94 - Val de Marne
20 - Corse	45 - Loiret	70 - Haute Saône	95 - Val d'Oise
21 - Côte d'Or	46 - Lot	71 - Saône et Loire	98 - Monaco
22 - Côte d'Armor	47 - Lot et Garonne	72 - Sarthe	
23 - Creuse	48 - Lozère	73 - Savoie	974 - Ile de La Réunion
24 - Dordogne	49 - Maine et Loire	74 - Haute Savoie	
25 - Doubs	50 - Manche	75 - Paris	

www.tables-auberges.com ➔ réservation gratuite (0% de commission)

01. AIN

CORMOZ (01560) (P6-J7) — AUBERGE DU GRAND RONJON

Table de Terroir

D996 Au Nord de Bourg en Bresse (23 km). - Le Grand Ronjon - Pierre Emmanuel GUYON - Tél. : 04 74 51 23 97 - Fax : 04 74 51 28 86 - auberge.du.grand.ronjon@wanadoo.fr - www.acom.fr/grand-ronjon Fermeture : Mardi soir, mercredi et dimanche soir. - Menus de 97 F à 235 F

En plein coeur de la campagne bressane, dans le cadre d'une exploitation agricole familiale en activité, venez découvrir une table qui se veut authentique et généreuse avec une cuisine raffinée élaborée à partir de produits frais locaux. Spécialités : Matefaim à l'épaule de porc au four, pigeon rôti à l'étuvée de choux, volaille à la crème et aux morilles, quenelle de brochet sauce écrevisses, gâteau de foie de volailles. Animaux restaurant, accès handicapés restaurant. Membre Eurotoques.

Terrasse, jardin, parking privé, salle restaurant de caractère, salle de séminaires.

In the heart of the Bressane countryside, in an active farmhouse, come to discover an authentic and refined cooking made with fresh local products.

En pleno centro del campo bresano, en el ambiente de una explotación familiar en actividad, venga a descubrir una mesa auténtica y generosa resultado de una cocina refinada, elaborada con productos frescos locales.

Entdecken Sie im Herzen der bressanischen Landschaft, im Rahmen eines ländliches Familienbetriebes, einGasthaus, das sich mit einer rafffiniert erstellten Küche, zubereitet aus frischen Produkten der Region, authentisch und großzügig gibt.

DIVONNE LES BAINS (01220) (P6-K7) — CHÂTEAU DE DIVONNE ★★★★

Table de prestige

115 Rue des Bains - Tél. : 04 50 20 00 32 - Menus de 290 F à 510 F. Menu enfant : 120 F. Petit déjeuner : 100/150 F. 30 chambres de 570 F à 2010 F. Demi pension : 470 F.

ECHENEVEX (01170) (P6-K7) — AUBERGE DES CHASSEURS ★★★

Table gastronomique

Naz Dessus - A 2 km de Gex - Tél. : 04 50 41 54 07 - Menus de 165 F à 295 F. Menu enfant : 80 F. 15 chambres de 450 F à 800 F.

MONTHIEUX (01390) (P9-J8) — HÔTEL LE GOLF DU GOUVERNEUR ★★★★

Table gastronomique

A 5 km de Saint André de Corcy. - Château de Breuvil - Tél. : 04 72 26 42 00 - Menus de 195 F à 350 F. Menu enfant : 90 F. 53 chambres de 460 F à 900 F

 **01.** **AIN**

OYONNAX (01100) (P6-K7)   HÔTEL LES GRANDES ROCHES - RESTAURANT LES FEUILLANTINES ★ ★ ★
Table gastronomique

Rue de la Grande Roche - Tél. : 04 74 77 27 60 - Menus de 95 F à 195 F. Menu enfant : 50 F.
38 chambres de 335 F à 440 F

PÉROUGES (01800) (P9-J8)   OSTELLERIE DU VIEUX PÉROUGES ★ ★ ★
Table gastronomique

A 35 km de Lyon. A 42 sortie N°7. - Place du Tilleul - Tél. : 04 74 61 00 88 - Menus de 200 F à 440 F. Menu enfant : 100 F.
28 chambres de 420 F à 1100 F

PONT DE VAUX (01190) (P6-J7)   HOTEL RESTAURANT LE RAISIN ★ ★
Table gastronomique

A 20 km de Macon et de Tournus. - 2 Place Michel Poizat - Gilles CHAZOT - Tél. : 03 85 30 30 97 - Fax : 03 85 30 67 89 - hotel.leraisin@wanadoo.fr - Fermeture : 06/01-06/02, Dimanche soir hors saison et lundi. - Menus de 120 F à 330 F. Menu enfant : 70 F. Petit déjeuner : 45 F.18 chambres de 310 F à 350 F. Etape VRP de 360 F à 400 F.

C'est dans le cadre chaleureux et convivial de leur auberge de caractère que Gilles CHAZOT et son équipe se feront un plaisir de préparer pour vous leur cuisine de qualité. Spécialités : volailles de Bresse, grenouilles fraîches, crêpes parmentier. Vins de Bourgogne, Beaujolais, Maconnais.
Chambres avec bain ou douche +WC+TV : Toutes.
Parking privé, garage fermé, salle restaurant de caractère, salle de séminaires, chèques vacances, animaux.

In a convivial and warm setting, Gilles CHAZOT and his team will be glad to cook you their specialities of quality.

En el ambiente cálido y convivial de su original posada, Gilles CHAZOT y su equipo tendrán el placer de prepararle su cocina de calidad.

In einem warmen und freundlichen Rahmen freuen sich Gilles CHAZOT und sein Team, für Sie ihre Spezialitäten zuzubereiten.

THOIRY (01710) (P6-K7)   RESTAURANT LES CÉPAGES
Table de prestige

A 15 km de Genève - Village - Tél. : 04 50 20 83 85 - Menus de 200 F à 390 F - Menu enfant : 90 F

Charme & Authenticité

www.tables-auberges.com ➡ réservation gratuite (0% de commission)

AISNE

CHATEAU-THIERRY (02400) (P5-H3) — HÔTEL-RESTAURANT ILE DE FRANCE ★★★

Table gastronomique

Route de Soissons - Tél. : 03 23 69 10 12 - Menus de 120 F à 450 F. Menu enfant : 70 F. Petit déjeuner : 45 F. 50 chambres de 270 F à 400 F. Demi pension : 410 F. Etape VRP : 395 F

CHAUNY (02300) (P5-H2) — LA TOQUE BLANCHE ★★★

Table de prestige

A 30 km de Saint Quentin. - 24 Avenue Victor Hugo - Tél. : 03 23 39 98 98
Menus de 170 F à 395 F. Menu enfant : 85 F. Petit déjeuner : 60 F - 6 chambres de 310 F à 495 F

ETREAUPONT (02580) (P6-I2) — LE CLOS DU MONTVINAGE-AUBERGE DU VAL DE L'OISE ★★

Table de Terroir

A 7 km de Vervins. - 8 Rue Albert Ledant - Tél. : 03 23 97 40 18 / 03 23 97 91 10 - Menus de 70 F à 225 F. Petit déjeuner : 52 F. 20 chambres de 300 F à 460 F

LAON (02000) (P6-I3) — HÔTEL DE LA BANNIÈRE DE FRANCE ★★★

Table gastronomique

11 Rue Franklin Roosevelt - Tél. : 03 23 23 21 44 - Menus de 95 F à 330 F. Menu enfant : 50 F. Petit déjeuner : 42 F. 18 chambres de 260 F à 285 F. Demi pension de 380 F à 435 F. Etape VRP de 370 F à 380 F

MONAMPTEUIL (02000) (P5-H3) — AUBERGE DU LAC ★★

Table de Terroir

A 15 km de Laon et de Soissons. - 1 Rue du Moulinet - Tél. : 03 23 21 63 87 - Menus de 90 F à 210 F. Petit déjeuner : 35 F. 5 chambres de 190 F à 300 F

Le Goût de l'authenticité

ALLIER

ABREST (03200) (P9-I8) — LA COLOMBIÈRE

Table de Terroir

A 5 km de Vichy. - Route de Thiers - Tél. : 04 70 98 69 15 - Menus de 96 F à 290 F (à partir de 160 F dimanche et fêtes) Petit déjeuner : 36 F. 4 chambres de 265 F à 325 F (2 pers.)

COULANDON (03000) (P5-H7) — LE CHALET - LE MONTÉGUT ★★★

Table gastronomique

A 6 km de Moulins - Tél. : 04 70 44 50 08 - Menus de 115 F à 250 F. Menu enfant : 60 F. 28 chambres de 310 F à 560 F

ESTIVAREILLES (03190) (P5-H7) — HOSTELLERIE LE LION D'OR ★★

Table gastronomique

A 10 km de Montluçon. - 23 Route de Paris - Robert MICHEL - Tél. : 04 70 06 00 35 - Fax : 04 70 06 09 78 - Fermeture : 5/02-26/02 ; dimanche soir et lundi. - Menus de 105 F à 272 F. Menu enfant : 85 F. Petit déjeuner : 35 F. 10 chambres de 180 F à 240 F. Demi pension de 240 F à 265 F. Etape VRP : 285 F

Cette Hostellerie de caractère, située sur un grand parc avec étang, au coeur de la campagne bourbonnaise, vous accueille chaleureusement. Le patron, Chef de Cuisine vous propose une cuisine classique et régionale. Spécialités : gratin de homard au parfum des sous bois, filet de boeuf à la moutarde pourpre de Saint Pourçain.
Chambres avec bain ou douche +WC+TV : Toutes.
Terrasse, jardin, parking privé, garage fermé, salle restaurant de caractère, salle de séminaires, chèques vacances, animaux

🇬🇧 This inn of caracter, located in the heart of the country-side is warmly welcoming you. The boss, the chef is offering a classical and regional cooking.

🇪🇸 Esta Hostelería original, situada en un gran parque con estanque, en el corazón del campo borboneo te acoge calurosamente. El dueño, Jefe de Cocina le propone una cocina clásica y regional.

🇩🇪 Dieses charaktervolle Gasthaus mitten auf dem Land empfängt Sie ganz herzlich. Der Wirt und gleichzeitig Küchenchef bietet Ihnen eine klassische und regionale Küche.

MOULINS (03000) (P5-H7) — HÔTEL DE PARIS - RESTAURANT JACQUEMART ★★★

Table de prestige

21 Rue de Paris - Tél. : 04 70 44 00 58 - Menus de 150 F à 450 F. Menu enfant : 90 F. 27 chambres de 350 F à 800 F

VICHY (03200) (P9-H8) — RESTAURANT L'ALAMBIC

Table gastronomique

8 Rue Nicolas Larbaud - Tél. : 04 70 59 12 71 - Menus de 160 F à 280 F. Menu enfant : 90 F

# ALPES DE HAUTE PROVENCE

DIGNE LES BAINS (04000) (P10-L10) — HÔTEL DU GRAND PARIS ★★★★

A 80 km d'Aix en Provence. - 19 Boulevard Thiers - Tél. : 04 92 31 11 15 - Menus de 150 F à 440 F. Menu enfant : 95 F. Petit déjeuner : 65 F. 29 chambres de 430 F à 850 F. Demi pension de 480 F à 590 F. Etape VRP de 440 F à 480 F

FORCALQUIER (04300) (P10-K11) — LE LAPIN TANT PIS

10 Avenue Saint Promasse - Tél. : 04 92 75 38 88 - Menus de 185 F à 225 F

LA PALUD/VERDON (04120) (P10-K11) — HÔTEL DES GORGES DU VERDON ★★★

A 70 km de Manosque et Digne les Bains - Tél. : 04 92 77 38 26 - Menus de 120 F à 170 F. Menu enfant : 60 F. 28 chambres de 450 F à 900 F

MOUSTIERS STE MARIE (04360) (P10-K11) — LA BASTIDE DE MOUSTIERS ★★★★

A 48 km de Manosque. - Chemin de Quinson - Tél. : 04 92 70 47 47 - Menus de 230 F à 295 F. Petit déjeuner : 85 F. 12 chambres de 900 F à 1750 F

PRA-LOUP (04400) (P10-L10) — LE PRIEURÉ ★★★

Les Molanes - A 7 km de Barcelonnette - Tél. : 04 92 84 11 43 - Menus de 90 à 220F - Menu enfant : 45F - Petit déjeuner : 42F 14 chambres de 300 F à 480 F. Demi pension de 320 F à 395 F. Etape VRP de 320 F à 360 F

VALENSOLE (04210) (P10-K11) — HOSTELLERIE DE LA FUSTE ★★★

La Fuste D4 - A 6 km de Manosque - Tél. : 04 92 72 05 95 - Menus de 260 F à 480 F. Menu enfant : 130 F. 12 chambres de 650 F à 900 F

BARCELONNETTE (04400) (P10-L10) — HÔTEL AZTECA ★★★

3 Rue François Arnaud BP 41 - Tél. : 04 92 81 46 36 - 27 chambres de 290 F à 580 F. Petit déjeuner : 50 F

Tourisme & Gastronomie

HAUTES ALPES

CHAUFFAYER (05800) (P10-K9) — HÔTEL CHÂTEAU DES HERBEYS ★★★

A 28 km de Gap et 70 km de Grenoble. - Route Napoléon - Tél. : 04 92 55 26 83 - 10 chambres de 400 F à 700 F. Petit déjeuner : 55 F.Demi pension de 400 F à 600 F. Etape VRP de 400 F à 450 F

EMBRUN (05200) (P10-L10) — LES BARTAVELLES ★★★

Le Clos des Pommiers CROTS - Tél. : 04 92 43 20 69 - Menus de 98 F à 215 F. Menu enfant : 70 F. 43 chambres de 285 F à 480 F

GAP (05000) (P10-K10) — RESTAURANT LE PATALAIN

2 Place Ladoucette - Tél. : 04 92 52 30 83 - - Menus de 96 F à 205 F. Menu enfant : 70 F

GUILLESTRE (05600) (P10-L10) — RESTAURANT L'EPICURIEN

A 30 km de Briançon - Tél. : 04 92 45 20 02 - Menus de 135 F à 220 F. Menu enfant : 50 F

MOLINES EN QUEYRAS (05350) (P10-L9) — HOTEL RESTAURANT LE COGNAREL ★★

Au Sud-Est de Briançon (70 km). - Le Coin de Molines Rte d'Italie - Jean-Claude CATALA - Tél. : 04 92 45 81 03 - Fax : 04 92 45 81 17 cognarel@imaginet.fr - www.cognarel.com Fermeture : 22/04-30/05 ; 30/09-18/12 ; lundi (restaurant). - Menus de 120 F à 198 F. Menu enfant : 55 F. Petit déjeuner : 45 F.25 chambres de 265 F à 561 F. Demi pension de 336 F à 396 F. Etape VRP de 280 F à 336 F.

Au coeur du Parc naturel régional du Queyras, à 2000 m d'altitude, à mi-chemin entre la Provence et le Dauphiné, vous savourerez des spécialités alliant la générosité de la cuisine traditionnelle à la légèreté de la cuisine nouvelle. Spécialités : magret de canard au miel du Queyras, fumeton des Alpes mariné à l'italienne, salade aux quichets provençaux, escalope de foie gras frais.
Terrasse, jardin, parking privé, salle restaurant de caractère, salle de séminaires, chèques vacances, animaux, handicapés restaurant, petit déjeuner buffet

At a height of 2000 m, in the heart of the natural park of Queyras, this establishment offers specialities mixing traditional and modern cooking.

En el corazón del Parque Natural del Queyras, a 2000 m de altitud, a medio camino entre la Provenza y el Dauphiné, usted podrá saborear las especialidades de la Casa, que une la copiosa cocina tradicional a una cocina moderna, más liviana.

Im Naturpark von Queyras, zwischen der Provence und dem Dauphiné, kosten Sie die Spezialitäten, die die Ergiebigkeit der traditionellen mit einer neuen leichten Küche verbindet.

 # HAUTES ALPES

NEVACHE (05100) (P10-L9) — LE CHALET D'EN HÔ ★★★

A 20 km de Briançon. - Hameau des Chazals - Didier BAUDOUX - Tél. : 04 92 20 12 29 - Fax : 04 92 20 59 70
chaletenho@aol.com ; www.chalet-en-ho.com Fermeture : 16/04-8/06 ; 16/09-26/10 ; 4/11-21/12.
Menus de 80 F à 120 F. Menu enfant : 55 F.13 chambres de 300 F à 680 F

Au coeur de la vallée de la Clarée, cet hôtel de charme vous propose ses 13 chambres douillettes et confortables. Dans un cadre rustique et chaleureux, vous découvrirez une cuisine de tradition alpine et provençale, un programme de sorties nature et des soirées au coin du feu. Accès libre au sauna et jaccuzzi. Spécialités : terrine de foies de volaille et sa confiture d'oignons, magret de canard au miel et aux épices, boeuf des mariniers du Rhône, mousse de courgettes à l'ail et au basilic.
Chambres avec bain ou douche +WC+TV : Toutes.
Terrasse, jardin, parking privé, salle restaurant de caractère, salle de séminaires, chèques vacances, animaux hôtel, handicapés hôtel

In the heart of the Clarée valley, this charming hotel offers you its 13 cosy rooms. In a rustic and warm setting, you will enjoy a traditionnal cooking and evening in front of fireplace.

En el corazón del valle de la Clarée, este encantador hotel le propone 13 habitaciones confortables. En un ambiente rústico y caluroso, usted descubrirá una cocina de tradición alpina y provenzal, un programa con "salidas naturaleza" y noches al amor de la lumbre. Acceso libre al sauna y jacuzzi.

Im Herzen des Clarée Tals bietet Ihnen dieses charmante Hotel 13 gemütliche und komfortable Zimmer. Genießen Sie eine traditionelle Küche und Abende am Feuer in einfacher und herzlicher Atmosphäre. Sauna und Wirlpool gratis.

SERRE-CHEVALIER 1400 (05240) (P10-L9) — HÔTEL CHRISTIANIA ★★★

La Salle les Alpes - A 8 km de Briançon - Tél. : 04 92 24 76 33 - Menus de 130 F à 160 F. Menu enfant : 50 F. Petit déjeuner : 50 F. 26 chambres de 380 F à 600 F. Demi pension de 395 F à 480 F. Etape VRP de 320 F à 340 F

Le Guide des quatre saisons

ALPES MARITIMES

ANTIBES (06600) (P10-L11) — RESTAURANT LE ROMANTIC

5 Rue du Docteur Rostan - Bernard & Gisèle CORDIER - Tél. : 04 93 34 59 39 - Fax : 04 93 34 59 39
contact@le-romantic.fr - www.le-romantic.fr Fermeture : 12/12-27/12 ; mardi, mercredi midi.
Menus de 100 F à 200 F. Menu enfant : 80 F.

Dans un cadre chaleureux et une ambiance sympathique, Bernard et Gisèle vous réserveront un service attentionné et vous feront partager une cuisine de qualité. Spécialités : croustade de moules à la riviera, mignon de cochon aux airelles baies roses et champignons, pot au feu de la mer cuit dans sa croûte, suprême de rascasse braisé à l'antiboise. Salle restaurant de caractère, chèques vacances, climatisation, animaux restaurant

Bernard and Gisèle will give you the best welcome and make you savour their specialities, in a warm setting and a pleasant ambiance.

En un ambiente cálido y simpático, Bernard y Gisèle le brindarán un atento servicio y le harán compartir una cocina de calidad.

Ein angenehmer Rahmen in sympathischer Atmosphäre erwarten Sie bei Bernard und Gisèle, die Sie bestens in ihrem Restaurant miteiner hervorragenden Küche bewirten.

ANTIBES (06600) (P10-L11) — HÔTEL MAS DJOLIBA ★★★

29, Avenue de Provence - Tél. : 04 93 34 02 48 - 13 chambres de 450 F à 720 F. Petit déjeuner : 55 F.

BIOT (06410) (P10-M11) — AUBERGE DU JARRIER

A 18 km de Nice. - 30 Passage Bourgade - Tél. : 04 93 65 11 68
Menus de 180 F à 350 F. Menu enfant : 90 F

CAGNES SUR MER (06800) (P10-M11) — LE CAGNARD ★★★

Haut de Cagnes - A8 ou RN 98. - Rue Sous Barri - Tél. : 04 93 20 73 21 - - Menus de 330 F à 520 F. Menu enfant : 200 F.
25 chambres de 900 F à 2500 F

CANNES (06406) (P10-L11) — HÔTEL MARTINEZ RESTAURANT LA PALME D'OR ★★★★

73 La Croisette - Tél. : 04 92 98 73 00 - Menus de 295 F à 850 F.
393 chambres de 1300 F à 4800 F

CANNES (06400) (P10-L11) — RESTAURANT LA VILLA DES LYS - HÔTEL MAJESTIC ★★★★

14 La Croisette - Tél. : 04 92 98 77 41 - Menus de 280 F à 780 F. Menu enfant : 160 F. Petit déjeuner : 140 F.
305 chambres de 1290 F à 4900 F

 ALPES MARITIMES

CANNES (06400) (P10-L11) — NEAT RESTAURANT

11 Square Mérimée - Tél. : 04 93 99 29 19 - Menus de 240 F à 600 F

 Table gastronomique

CANNES (06400) (P10-L11) — HÔTEL VICTORIA ★★★★

Rond Point Duboys d'Angers - Tél. : 04 92 59 40 00 - 25 chambres de 480 F à 1575 F

CAP D'ANTIBES (06160) (P10-L11) — HÔTEL BEAU SITE ★★★

A 2,5 km d'Antibes. - 141 Boulevard Kennedy - Jean-Louis CLARION - Tél. : 04 93 61 53 43 - Fax : 04 93 67 78 16
hbeausit@clubinternet.fr - Fermeture : 25/10-15/02. - 30 chambres de 340 F à 700 F. Petit déjeuner : 55 F.

Dans le cadre prestigieux et paradisiaque du Cap d'Antibes, situé à 600m des plages, l'Hôtel Beau-Site vous accueille dans un lieu agréable avec ses 30 chambres et vue sur la mer, la montagne ou le jardin, sa piscine, son parking privé...A proximité vous pourrez profiter d'activités diverses telles-que tennis, golf ou plongée.
Chambres avec bain ou douche +WC+TV : Toutes.
Terrasse, jardin, parking privé, garage fermé, piscine d'été, salle de séminaires, climatisation, TV satellite, animaux, accés handicapés

In the prestigious and delightful surroundings of the Cap d'Antibes, situated about 600m from the beaches, the Hotel Beau-Site welcomes you in a pleasant and cosy place, with its 30 air-conditionned rooms and their views of sea, mountain or garden, the swimming-pool,private parking... Near every leisure: tennis, golf, sea-sports

En el ambiente prestigioso y paradisiaco del Cap d'Antibes, situado a 600 m de las playas, el Hotel Beau-Site le acoge en un lugar agradable con sus 30 habitaciones, vista al mar, la montaña o al jardin, piscina, aparcamiento privado de coches... En las cercanías, usted podrá practicar tenis, golf o submarinismo.

In grandioser und paradisischer Lage des Cap d'Antibes, 600 m vom Strand entfernt, empfangt Sie das Hôtel Beau-Site an diesem angenehmen Ort mit Schwimmbad, privatem Parkplatz und 30 klimatisierten Zimmern mit Sicht aufs Meer, auf die Berge oder auf den Garten. Ganz in der Nähe können Sie verschiedenen Freizeitaktivitäten nutzen.

EZE VILLAGE (06360) (P10-M11) — CHÂTEAU EZA ★★★★

A 7 km de Monaco. - Rue de la Pise - Tél. : 04 93 41 12 24 - Menus de 250 F à 550 F. Petit déjeuner : offert.
10 chambres de 2000 F à 4000 F

Table gastronomique

 # ALPES MARITIMES

EZE VILLAGE (06360) (P10-M11)   L'HERMITAGE DU COL D'EZE ★★

Table de Terroir

A 10 km de Nice et de Monaco. - 1951 Grande Corniche - Gaspard BÉRARDI - Tél. : 04 93 41 00 68 - Fax : 04 93 41 24 05
www.ezehermitage Fermeture : 1/12-30/01 (hôtel) ; 15/10-15/02 (restaurant) ; lundi midi et vendredi midi. - Menus de 100 F à 190 F.
Menu enfant : 65 F. Petit déjeuner : 30 F.14 chambres de 190 F à 340 F. Demi pension de 230 F à 280 F. Etape VRP : 340 F

Situé sur la grande corniche, à l'entrée du parc départemental avec vue panoramique sur la mer et les Alpes du Sud, cet établissement provençal avec parc et piscine privés vous offre une cuisine régionale soignée. Spécialités : carré d'agneau aux gousses d'ail en chemises, grillade de boeuf aux herbes, lapin au pistou, saumon fumé artisanal tranché main. Chambres avec bain ou douche +WC+TV : Toutes.
Terrasse, jardin, parking privé, piscine d'été, salle restaurant de caractère, chèques vacances, TV satellite, animaux hôtel, accès handicapés restaurant

🇬🇧 Located on the big ledge, at the gates of the departemental park with a panoramic view on the sea and on the Alps of the south, this provencial establishment with private park and swimming-pool is offering a carefully done regional cooking.

🇪🇸 Situado en la gran cornisa, a la entrada del parque departemental, con vista panorámica al mar y a los Alpes del Sur, este establecimiento provenzal con parque y piscina privados, le ofrece una esmerada cocina regional.

🇩🇪 Auf einer Steilküste mit Rundblick auf Meer und südliche Alpen, bietet Ihnen dieses provenzalische Haus, mit Park und Privatswimmbad, eine regionale gepflegte Küche.

JUAN LES PINS (06160) (P10-L11)   BELLES RIVES ★★★★

Table de prestige

33 Boulevard E. Baudoin CAP D'ANTIBES - Tél. : 04 93 61 02 79 - Menus de 190 F à 490 F. Menu enfant : 95 F.
13 chambres de 700 F à 3200 F

JUAN LES PINS (06160) (P10-L11)   HÔTEL JUANA RESTAURANT LA TERRASSE ★★★★

Table de prestige

La Pinède - Avenue G. Gallice - Tél. : 04 93 61 08 70 - Menus de 290 F à 680 F.
45 chambres de 750 F à 2550 F

JUAN LES PINS (06160) (P10-L11)   HÔTEL SAINTE VALÉRIE ★★★

Table de Terroir

Rue de l'Oratoire - Tél. : 04 93 61 07 15 - Menus à partir de 135 F. Menu enfant : 70 F. Petit déjeuner : 60 F.
30 chambres de 580 F à 960 F. Demi pension de 485 F à 675 F

 # ALPES MARITIMES

LA TURBIE (06320) (P10-M11) — HOSTELLERIE JÉRÔME

 Table de prestige

A 5 km de Monaco. - 20 Rue Comte de Cessole - Bruno CIRINO - Tél. : 04 92 41 51 51 - Fax : 04 92 41 51 50
Fermeture : 6/11-23/12 ; lundi et mardi l'hiver, tous les midis sauf le dimanche l'été (restaurant).
Menus de 160 F à 240 F. Menu enfant : 90 F. Petit déjeuner : 80 F. 5 chambres de 480 F à 890 F

Au pied du trophée des Alpes, cette authentique demeure du XVIIIème siècle, entièrement rénovée est une oasis de paix : pergola, terrasse, fresques et mobilier XVIIIème décorent agréablement chambres et salles de réception. La cuisine est signée Bruno Cirino. Spécialités : pigeonneau aux olives et cèpes, tarte potagère aux langoustines, cannéloni au chocolat amer.
Chambres avec bain ou douche +WC+TV : Toutes.
Terrasse, salle restaurant de caractère, animaux

🇬🇧 At the foot of the Alpes' trophy, this authentic house of the XVIII century, all renovated, is an haven of peace : pergola, terrace, fresco and furniture of XVIII century decorate rooms and dining rooms. The cooking is signed by Bruno Cirino.

🇪🇸 A los pies del Trofeo de los Alpes, esta auténtica morada del siglo XVIII, totalmente renovada es un oasis de paz : pérgola, terraza, cuadros y mobiliario del siglo XVIII adornan agradablemente las habitaciones y las salas de recepción. La cocina lleva el sello de Bruno Cirino.

🇩🇪 Dieses authentische, komplett renovierte Haus aus dem 18. Jh., am Fuße der Alpentrophäe, ist eine Oase der Ruhe: Pergola, Terrasse, Fresken und Möbel aus dem 18. Jh. dekorieren auf angenehme Weise die Zimmer und Empfangssäle.

LANTOSQUE (06450) (P10-M10) — HOSTELLERIE DE L'ANCIENNE GENDARMERIE ★★★

Table gastronomique

A 45 km de Nice. - Le Rivet - Solveig WINTHER - Tél. : 04 93 03 00 65 - Fax : 04 93 03 06 31 - solveig.winther@wanadoo.fr
Fermeture : 1/10-1/04. Lundi. - Menus de 145 F à 285 F. Menu enfant : 85 F. Petit déjeuner : 55 F.
8 chambres de 400 F à 750 F. Demi pension de 435 F à 585 F.

Luxe, raffinement, calme et détente sont les atouts de cette maison située dans l'arrière pays niçois près des Gorges de la Vézubie avec une vue splendide sur les montagnes. C'est également un prestigieux rendez-vous gastronomique. Spécialités : saumon norvégien fumé maison, estoufade d'escargots aux champignons sauvages, soufflé chaud aux framboises.
Chambres avec bain ou douche +WC+TV : Toutes.
Terrasse, jardin, parking privé, piscine d'été, salle restaurant de caractère, chèques vacances, animaux

🇬🇧 Luxury, refinement, calm and relaxation are the advantages of this house located near the Gorges de la Vézubie with a marvelous view on the mountains. It is also a prestigious gastronomic cooking.

🇪🇸 Lujo, refinamiento, calma, esparcimiento son las cualidades que dan éxito a esta casa ubicada en las tierras profundas de Nice, cerca de las Gargantas del Vézubie, con una vista espléndida de las montañas. Es también una prestigiosa cita gastronómica.

🇩🇪 Luxus, Feinheit, Ruhe und Entspannung sind die Trümpfe dieses Hauses im Hinterland von Nizza mit einzigartigem Blick auf die Berge, wo Sie eine hervorragende Gastronomie erwartet.

ALPES MARITIMES 06

LE TIGNET (06530) (P10-L11) — AUBERGE CHANTEGRILL
Table gastronomique

A 6 km de Grasse direction lac de St Cassien. - Route de Draguignan - Jean-Pierre ROSTAIN - Tél. : 04 93 66 12 33 - Fax : 04 93 66 02 31 - restaurant.chantegrill@wanadoo.fr - Fermeture : 1/11-30/11 ; lundi hors saison. - Menus de 98 F à 230 F. Menu enfant : 75 F.

Cette auberge de campagne de type provençal est située à quelques kilomètres du lac de Saint Cassien et à 5 mn de Grasse. Jean-Pierre ROSTAIN et toute l'équipe vous réservent le meilleur accueil et vous proposent leur cuisine gastronomique et traditionnelle à base des meilleurs produits. Spécialité : salade de petits filets de rougets à la provençale, feuilleté de ris et rognons de veau à la ciboulette, foie gras de canard maison, gibier en saison.
Terrasse, jardin, parking privé, salle restaurant de caractère, salle de séminaires, climatisation, animaux restaurant

🇬🇧 Jean-Pierre ROSTAIN and his team will give you the best welcome and offer you their gastronomic and traditional cooking made with the best products.

🇪🇸 Esta mesón de campo tipo provenzal está situada a algunos kilómetros del lago de Saint Cassien y a 5 min. de Grasse. Jean-Pierre ROSTAIN y todo su equipo le brindarán una agradable acogida y le harán descubrir su cocina gastronómica y tradicional, hecha con productos de gran calidad.

🇩🇪 J.-P. ROSTAIN und sein Team empfangenSie herzlich und bewirten Sie mit Ihrer gastronomischen und traditionellen Küche aus besten Erzeugnissen.

MANDELIEU LA NAPOULE (06210) (P10-L11) — ERMITAGE DU RIOU ★★★★
Table gastronomique

Ermitage du Riou - 10 km de Cannes - Tél. : 04 93 49 95 56 - Menus à partir de 240 F. Menu enfant : 85 F.
41 chambres do 735 F à 1795 F

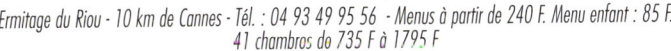

MENTON (06500) (P10-M11) — PRINCESS ET RICHMOND ★★★

617 Promenade du Soleil - Tél. : 04 93 35 80 20 - 46 chambres de 350 F à 600 F

MOUGINS (06250) (P10-L11) — MOULIN DE MOUGINS ★★★★
Table de prestige

Avenue Notre Dame de Vie - Tél. : 04 93 75 78 24 - Menus de 550 F à 740 F. Petit déjeuner : 90 F.
7 chambres de 850 F à 1800 F

MOUGINS (06250) (P10-L11) — LES MUSCADINS ★★★★
Table gastronomique

A 5 km de Cannes. - 18 Boulevard Courteline - Tél. : 04 92 28 28 28 - Menus de 185 F à 250 F. Menu enfant : 120 F. Petit déjeuner : 100 F. 11 chambres de 950 F à 2200 F. Demi pension : 245 F.

NICE (06300) (P10-M11) — RESTAURANT L'UNIVERS

54 Boulevard Jean Jaurès - Tél. : 04 93 62 32 22 - - Menus de 110 F à 350 F

www.tables-auberges.com ➡ réservation gratuite (0% de commission)

# ALPES MARITIMES

NICE (06007) (P10-M11) — RESTAURANT CHANTECLER- HÔTEL NEGRESCO ★★★★
 Table de prestige

37, Promenade des Anglais - Tél. : 04 93 16 64 00 - Menus de 260 F(midi seulement) à 590 F. Petit déjeuner : 140 F. 141 chambres de 1400 F à 2850 F

NICE (06300) (P10-M11) — RESTAURANT L'ANE ROUGE
 Table gastronomique

7 Quai des Deux Emmanuel - Tél. : 04 93 89 49 63 - Menus de 208 F à 345 F. Menu enfant : 100 F

NICE (06100) (P10-M11) — AUBERGE DE THÉO
 Table de Terroir

52 Avenue Cap de Croix - Christophe MANSI MATTHO - Tél. : 04 93 81 26 19 - Fax : 04 93 81 51 73 - www.auberge-de-theo.com Fermeture : 20/08-10/09 ; lundi ; dimanche soir hors saison. - Menus de 120 F à 200 F.

Privilégiant l'accueil autant que la qualité de la cuisine, Théo Mansi, son épouse Evelyne et leur fils Christophe, ont fait de leur restaurant une véritable institution de la cuisine italienne à la pointe d'accent nissart. Dans un décor rustique et chaleureux aux murs recouverts d'objets médiévaux, vous pourrez apprécier une cuisine traditionnelle qui n'exclue pas la fantaisie à laquelle le campagnard Théo laisse libre cours (viandes et poissons grillés, beignets de fleurs de courgettes, filet de loup à la romane, scialiatielli aux gambas et rouquette, les succulentes pâtes aux cèpes, la tagliata à la fiorentina). Cuisine de consensus ultra copieuse, carte des vins avec des vins de Provence, une belle sélection italienne ainsi qu'une carte de millésimés de 1er choix sont les plus de cette maison de charme.

Terrasse, salle restaurant de caractère, salle de séminaires, chèques vacances, climatisation, animaux, accès handicapés

Théo Mansi, his wife Evelyne and their son Christophe have made of their restaurant a real institution of Italian cooking. In rustic and warm decorate you will enjoy a traditional cooking which doesn't exclude fantasy. Copious cooking, wine card with Provencal and Italian wines and a card of first choice vintage are the plus of this charming house.

Privilegiando tanto la acogida como la calidad de la cocina, Théo Mansi, su esposa Evelyne y su hijo Christophe, han hecho de su restaurante una verdadera institución de la cocina italiana. En un ambiente rústico y caluroso con paredes recubiertas con objetos medievales, usted podrá apreciar una cocina tradicional donde la fantasía campesina de Théo no tiene límites (carnes y pescados asados, las suculentas pastas con setas ...). Una cocina ultra copiosa, una carta de vinos con vinos de Provenza, una excelente selección italiana y una carta con el año de la cosecha de primera calidad, aumentan el encanto de esta casa.

Théo Mansi, seine Frau Evelyne und ihr Sohn Christophe haben ihr Restaurant zu einer echten Einrichtung von italienischer Küche werden lassen, wo Empfang genauso in den Vordergrund gestellt wird wie qualitative Kochkunst. In rustikalem und warmem Dekor mit mittelalterlichen Gegenständen, können Sie eine traditionelle Küche kosten, wobei der Chefkoch Théo der Phantasie freien Lauf lässt. Reichhaltige Küche, Weinkarte mit provenzalischen und italienischen Weinen als auch Weine erstklassigen Jahrgangs, die diesem charmantem Haus eine besondere Note geben.

# ALPES MARITIMES

NICE (06000) (P10-M11) — A L'HOSTELLERIE DU PETIT PALAIS ★★★

17 Avenue Emile Bieckert - Tél. : 04 93 62 19 11 - 25 chambres de 490 F à 700 F

PEILLON VILLAGE (06440) (P10-M11) — AUBERGE DE LA MADONE ★★★

Table gastronomique

A 19 km au Sud-Est de Nice. - 3 Place A. Arnulf - Famille MILLO - Tél. : 04 93 79 91 17 - Fax : 04 93 79 99 36
cmillo@club-internet.fr - Fermeture : 7/01-31/01, 20/10-20/12 ; mercredi. - Menus de 230 F à 350 F. Menu enfant : 90/100 F.
Petit déjeuner : 70 F. 19 chambres de 500 F à 980 F. Demi pension de 600 F à 850 F.

Un site unique en pleine campagne provençale où de grandes possibilités de balades s'offrent à vous. Au pied de ce délicieux village perché, l'Auberge de la Madone commande l'entrée, depuis 3 générations. Christian MILLO avec sa sœur Marie-Josée et son fils Thomas sont les gardiens du bien recevoir et de la gastronomie du terroir. Spécialités : petite daurade grillée au fenouil et confit d'agrumes du mentonnais, tourte de blettes et herbes fines, pétales de foie gras au jus de truffes. Annexe : Auberge du Pourtail (1*) : chambres de 240 F à 420 F. Chambres avec bain ou douche +WC+TV : Toutes. Terrasse, jardin, parking privé, salle restaurant de caractère, salle de séminaires, tennis, canal+, TV satellite

🇬🇧 Facing a fortified village from the XII th century and in the heart of the countryside, this establishment offers quietness and many different specialities. You will also be able to hike. Another establishment is run by the same Chef : Inn of pourtail rooms from 240 F to 400 F.

🇪🇸 Un lugar único en pleno campo provenzal con numerosas posibilidades de paseos. A los pies de este encantador pueblo que reposa sobre una cresta rocosa, el Auberge de la Madone dirige la entrada desde hace 3 generaciones. Christian MILLO con su hermana Marie-Josée y su hijo Thomas son los guardianes de la recepción y de la gastronomía regional. Anexo : Auberge du Pourtail (1*) : habitaciones de 240 F a 420 F.

🇩🇪 Ein einzigartiger Ort mit Blick auf ein Burgdorf (12.Jh.) und auf einen felsigen Vorsprung mitten in der Provence. Zahlreiche Wanderungsmöglichkeiten. Nebenbetrieb: Auberge du Pourtail (1*) Zimmer von 240F bis 400 F.

ROQUEBRUNE CAP MARTIN (06190) (P10-M11) — VISTA PALACE HÔTEL - RESTAURANT LE VISTAERO ★★★★

Table de prestige

A 4 km de Monaco. - Grande Corniche - Tél. : 04 92 10 40 00 - Menus de 345 F à 595 F. Petit déjeuner : 150 F.
68 chambres de 950 F à 7200 F.

ROQUEFORT LES PINS (06330) (P10-M11) — AUBERGE DU COLOMBIER ★★★

Table de Terroir

A 25 km de Nice. - Route Départementale N°2085 - Tél. : 04 92 60 33 00 - Menus de 150 F à 225 F. Menu enfant : 90 F.
Petit déjeuner : 50 F. 20 chambres de 240 F à 800 F. Demi pension : 195 F

 # ALPES MARITIMES

ST JEAN CAP FERRAT (06230) (P10-M11) — GRAND-HÔTEL DU CAP-FERRAT ★★★★

 Table de prestige

A 20 km de Nice et Monaco. - 71 Boulevard du Général de Gaulle - Michel A. GALOPIN - Chef : M. Jean-Claude GUILLON - Tél. : 04 93 76 50 50 Fax : 04 93 76 04 52 marketin@grand-hotel-cap-ferrat.com - www.grand-hotel-cap-ferrat.com Fermeture : 3/01-1/03. Menu à 580 F. Menu enfant : 160 F.53 chambres de 1200 F à 15000 F.

Le privilège d'une vue irréelle sur la Méditerranée, la douce fraîcheur d'une pinède où cigales et plantes provençales ont trouvé refuge. Le restaurant gastronomique Le Cap, une véritable tradition d'un pays où la cuisine inventive du chef reste sous l'influence des saveurs et des parfums de Provence. Ce palace entouré de la beauté d'une nature luxuriante surplombe la mer comme la proue d'un navire. Spécialités : trois petites salades de homard, scampis et langoustines. Chambres avec bain ou douche+WC+TV : Toutes.
Terrasse, jardin, parking privé, garage fermé, piscine d'été, piscine d'hiver, salle restaurant de caractère, salle de séminaires, tennis, canal+, climatisation, ascenseur, TV satellite, accès handicapés

🇬🇧 Breathtaking views of the Mediterranean or a view over perfumed pinewoods, shrubs and local flowers found in the area. The gourmet restaurant Le Cap, in great gastronomic traditions, features dishes of extraordinary flavours. The Belle-Epoque-style palace surrounded by the beauty of its natural environment, is elevated like the bow of a ship on the sea. Chef : M. Jean-Claude GUILLON.

🇪🇸 El privilegio de una vista irreal del Mediterráneo, el frescor de un pinar donde las cigarras y plantas provenzales han encontrado refugio. El restaurante gastronómico Le Cap, la legitima tradición de un país donde la cocina inventiva del jefe queda bajo la influencia de los sabores y perfumes de la Provenza. Este palacio con la belleza de una naturaleza luxuriante domina el mar, como la proa del navío. Jefe de cocina : M.Jean-Claude GUILLON

🇩🇪 Atemberaubende Aussicht auf das Mittelmeer , die milde Frische von Kiefern oder Zikaden und provenzalischen Pflanzen. Das Feinschmeckerrestaurant Le Cap - eine echte Tradition eines Landes, wo die einfallsreiche Küche des Chefkochs unter dem Einfluß des provenzalischen Geschmacks und Dufts steht. Dieses Luxushotel , umgeben von der Schönheit der blühenden Natur, umragt das Meer wie das Bug eines Schiffes.

ST JEAN CAP FERRAT (06230) (P10-M11) — HÔTEL LE PANORAMIC ★★★

A 9 km de Nice et Monaco - 3 Avenue Albert 1er - Tél. : 04 93 76 00 37 - 20 chambres de 600 F à 740 F. Petit déjeuner : 60 F

THÉOULE SUR MER (06590) (P10-L11) — MIRAMAR BEACH HÔTEL - L'ETOILE DES MERS ★★★★

Table gastronomique

A 10 km de Cannes. - 47 Avenue de Miramar - Tél. : 04 93 75 05 05 - Menus de 180 F à 395 F. Menu enfant : 75 F. 60 chambres de 630 F à 1760 F

 # ALPES MARITIMES

VENCE (06140) (P10-M11) — HÔTEL FLORÉAL ★★★ Table de Terroir

A 20 km de Nice. - 440 Avenue Rhin et Danube - Katia & Gérard CARON - Tél. : 04 93 58 64 40 - Fax : 04 93 58 79 69
hotel.floreal@wanadoo.fr - www.hotel-floreal.com - Ouvert toute l'année. - Menus à la carte. Menu enfant : 60 F. Petit déjeuner : 50/75 F
44 chambres de 290 F à 780 F. Appartement de 680 F à 1380 F. Demi pension de 365 F à 560 F. Etape VRP de 395 F à 430 F.

Situé entre mer et montagne, à 300 m de la cité historique et à 5 mn de St Paul de Vence, l'hôtel vous propose des chambres calmes et confortables. Le bar, le grill et le restaurant vous attendent face à la piscine chauffée. Possibilité de pêche et promenade avec bateau de l'hôtel.
Spécialités : grillades de poissons et viandes au feu de bois l'été, cuisine niçoise provençale et de la mer.
Chambres avec bain ou douche +WC+TV : Toutes.
Terrasse, jardin, parking privé, , piscine d'été, salle de séminaires, chèques vacances, climatisation, ascenseur, TV satellite, animaux, accès handicapés restaurant, petit déjeuner buffet

🇬🇧 Located between sea and mountains, to 300 metres of the historic site an a 5 minutes of Saint Paul de vence, this establishment offers spacious rooms, quiet and comfortable. The bar, the grill room and the restaurant are waiting for you in the backyard with view on the heated pool. Possibilities of fishing and to go on a tour with the hotel's boat.

🇪🇸 Ubicado entre el mar y la montaña, a 300 metros de la ciudad histórica y a 5 minutos de Saint Paul de Vence, este hotel le propone habitaciones tranquilas y confortables. El bar, la parrilla y el restaurante le esperan frente a la piscina climatizada. Posibilidad de pesca y paseo en el lago con un barco del hotel.

🇩🇪 Zwischen Meer und Bergen, 300 m von der historischen Altstadt und 5 Min. von St. Paul de Vence, bietet Ihnen dieses Haus geräumige, ruhige und komfortable Zimmer. Die Bar, der Grillplatz und das Restaurant erwarten Sie am Garten mit Blick auf das geheizte Schwimmbad. Fischen und Bootsfahrten möglich.

VILLEFRANCHE SUR MER (06230) (P10-M11) — HÔTEL LA FLORE RESTAURANT LE FLEURON ★★★ Table de Terroir

A 5 km de Nice. - 5 Boulevard Princesse Grace de Monaco - Tél. : 04 93 76 30 30 - Menus de 155 F à 400 F. Menu enfant : 75 F.
31 chambres de 300 F à 1160 F

Charme & Authenticité

 # ARDÈCHE

AUBENAS (07200) (P9-J10) — RESTAURANT LE CHAT QUI PÊCHE

N104 Sud de Privas. - 6 Place de la Grenette - Isabelle MATHELIER - Tél. : 04 75 93 87 49 - Fax : 04 75 93 87 49
Fermeture : 20/12-1/04 ; mardi et mercredi hors saison. - Menus de 98 F à 180 F. Menu enfant : 40 F.

Aménagé dans une maison du XVIIème siècle, ancienne abbaye de bénédictines, cet établissement vous réservera un accueil chaleureux et convivial et vous fera partager ses spécialités : fricassée d'escargots de Bourgogne aux morilles, pavé de turbot sauce au beurre de citron, boeuf du limousin, foie gras frais de canard, desserts maison. Vins d'Ardèche et Côtes du Rhône.

Terrasse, salle restaurant de caractère, chèques vacances, animaux

This establishment, built in a house of the XVIIth century, used to be an abbey. You will be given a cordial and warm welcome and will taste many specialities.

Acondicionado en una casa del siglo XVII, este establecimiento, anciana abadía de benedictinos, le brindará una cálida y convivial acogida. Usted podrá compartir las especialidades de la Casa.

In einer alten Benediktinerabtei eingerichtet, bietet Ihnen dieses Gasthaus aus dem 17. Jahrhundert einen freundlichen und herzlichen Empfang und möchte mit Ihnen seine Spezialitäten teilen.

PRIVAS (07000) (P9-J9) — LA CHAUMETTE ★★★

A 40 km de Valence - Avenue du Vanel - Tél. : 04 75 64 30 66 - Menus de 115 F à 250 F. Menu enfant : 80 F. Petit déjeuner : 47 F.
36 chambres de 250 F à 450 F. Demi pension de 340 F à 360 F. Etape VRP : 350 F

ST AGREVE (07320) (P9-I9) — DOMAINE DE RILHAC ★★

"Rilhac" - Tél. : 04 75 30 20 20 - Menus de 135 F à 430 F. Menu enfant : 80 F.
6 chambres de 400 F à 500 F

ARDÈCHE

TOURNON SUR RHONE (07302) (P9-J9) — LE CHÂTEAU ★ ★ ★

 Table de Terroir

A 18 km de Valence. - 12 Quai Marc Seguin - Tél. : 04 75 08 60 22 - Menus de 125 F à 255 F. Menu enfant : 55 F. Petit déjeuner : 92 F. 14 chambres de 300 F à 390 F. Demi pension de 350 F à 420 F. Etape VRP : 325 F

VALS LES BAINS (07600) (P9-J10) — LE VIVARAIS ★ ★ ★

 Table gastronomique

A 65 km de Valence - Tél. : 04 75 94 65 85 - Menus de 168 F à 268 F. Menu enfant : 65 F. 47 chambres de 285 F à 550 F

VALS LES BAINS (07600) (P9-J10) — RESTAURANT GUY ROJON DOMAINE DU CHÂTEAU CLÉMENT

 Table gastronomique

La Chataigneraie - Guy ROJON - Tél. : 04 75 87 40 13 - Fax : 04 75 87 40 22 Fermeture : 1/01-15/10 (hôtel) ; dimanche soir et lundi hors saison. - Menus de 140 F à 300 F. Menu enfant : 70 F.

Cet établissement est situé sur un parc de 3 ha, sur les hauteurs de Vals les Bains, à 500 mètres des thermes. Le restaurant, avec vue sur le Château Clément vous propose une cuisine traditionnelle et généreuse aux saveurs locales. Le château du XIXéme siècle est en cours de rénovation et sera aménagé en hôtel dès la saison prochaine. Spécialités : filet de boeuf au parfum de chèvre, gratin de queues d'écrevisses, ravioles au foie gras, gratin aux fruits de mer, mousse aux deux chocolats praliné feuilletine.
Terrasse, jardin, parking privé, salle restaurant de caractère, salle de séminaires, chèques vacances, climatisation, animaux, accés handicapés

This establishment is situated on a grounds of 3 ha, overhanging Vals Les Bains, at 500 meters of the spa with view on the Ardèche valley. The restaurant, with view on the Château Clément offers a traditional and local cooking. The castle of the 19th C. will be fited out in hotel the next season.

Este establecimiento está situado en un parque de 3 ha., en las alturas de Vals les Bains, a 500 m de las termas, con vista al valle del Ardèche. El restaurante con vista al Castillo Clément le propone una cocina tradicional y copiosa con sabores locales. El castillo del siglo XIX está en curso de renovación y será habilitado como hotel a partir de la temporada que viene.

Dieser Herrensitz befindet sich auf einer 3 ha grossen Parkanlage auf der Anhöhe Vals les Bains , 500 m von den Thermalbädern entfernt, mit Aussicht auf das Tal der Ardèche. Das Restaurant mit Sicht auf das Château Clément bietet Ihnen eine traditionelle und großzügige Küche. Dieser Herrensitz des 19. Jh. wird gerade renoviert und ab der nächsten Saison in ein Hotel umgebaut sein.

ARDENNES

SIGNY-LE-PETIT (08380) (P6-12) — **HÔTEL DU LION D'OR - RESTAURANT LA HULOTTE** ★★★ *Table gastronomique*

A 40 km de Charleville Mézières. - Place de l'Eglise - Blandine BERTRAND - Tél. : 03 24 53 51 76 - Fax : 03 24 53 36 96
perso.wanadoo.fr/la-hulotte - www.la-hulotte.com Fermeture : 15/12-15/01 ; 1/07-15/07 ; mardi et mercredi. - Menus de 125 F à 440 F.
Menu enfant : 60 F. Petit déjeuner : 50 F. 12 chambres de 380 F à 680 F. Demi pension de 340 F à 525 F. Etape VRP : 390 F.

Aux confins des Ardennes françaises, à proximité de la Belgique et au pied de l'église fortifiée, cet ancien Relais de Poste entièrement rénové vous réservera un accueil personnalisé et se fera un plaisir de vous faire partager sa cuisine gourmande.
Spécialités : estouffade forestière, duo de foie gras et les confits de fleurs, glaces de fleurs.
Chambres avec bain ou douche +WC+TV : Toutes.
Terrasse, parking privé, salle restaurant de caractère, salle de séminaires, chèques vacances, TV satellite, animaux, accès handicapés

🇬🇧 At the edge of the french Ardennes, two steps from Belgium, this ancient postal's relay entirely renovated will reserve you a personal welcome and will be glad to make you savour its sweet cooking.

🇪🇸 En los confines de las Ardennes francesas, a dos pasos de Bélgica y al pie de la iglesia fortificada, esta antigua Parada del Correo completamente renovada, le brindará una acogida personalizada y tendrá el placer de hacerle compartir su cocina para golosos.

🇩🇪 An der Grenze zu den französischen Ardennen, bei Belgien, werden Sie persönlich in dieser alten, neu renovierten Poststation empfangen, wo man sich freut, mit Ihnen eine Schlemmerküche zu teilen.

Saveurs & sites de France

ARIÈGE

AULUS LES BAINS (09140) (P8-F12) — HOSTELLERIE DE LA TERRASSE ★★★
Table gastronomique

A 30 km au Sud Est de Saint Girons D618+D32 - Avenue Principale - Rose AMIEL - Tél. : 05 61 96 00 98 - Fax : 05 61 96 01 42
Fermeture : 10/10 -30/04. - Menus de 80 F à 180 F. Menu enfant : 50 F. Petit déjeuner : 45 F.
14 chambres de 250 F à 400 F. Demi pension de 280 F à 350 F.

L'Hostellerie de la Terrasse est une maison qui a vu le jour en 1900. Située en bordure de la rivière, dans un petit village de montagne, à 800 mètres d'altitude, elle offre un confort de 3 étoiles dans un style ancien. La carte vous propose les meilleurs produits du terroir préparés selon les règles de l'art avec des produits frais et un grand choix de vins. Spécialités : palets de Saint Jacques et de gambas, rissolé de foie gras de canard. Chambres avec bain ou douche +WC+TV : Toutes.
Terrasse, jardin, parking privé, salle restaurant de caractère, salle de séminaires, canal+, animaux hôtel, accés handicapés restaurant

🇬🇧 The Hostellerie de la Terrasse is a house born in 1900. At an altitude of 800 metres, close to a river, Andorra and Spain, come to this establishment and appreciate light and gastronomic cooking. The comfort is equivalent to 3 stars. Menus are made with best traditional products. Wide range of great wines.

🇪🇸 La Hostellerie de la Terrasse es una casa que vió la luz en el año 1900. Situada a orillas del rio, en un pequeño pueblo de montaña, a 800 metros de altitud, brinda en un estilo anciano el confort de 3 estrellas. La carta propone los mejores productos de la región preparados según las reglas del arte, frescos y con una gran elección de vinos.

🇩🇪 L' Hostellerie de la Terrasse wurde im Jahr 1900 gegründet und befindet sich in einem kleinen Bergdorf in 800 m Höhe an einem Bach. Es erwarten Sie ein 3-Sterne Komfort und beste Landprodukte nach Hausrezepten zubereitet mit einer großen Auswahl an Weinen.

FOIX (09000) (P8-G12) — RESTAURANT LE SAINTE MARTHE
Table gastronomique

21, rue Noël Peyrevidal - Tél. : 05 61 02 87 87 - Menus de 145 F à 260 F. Menu enfant : 70 F - Membre Eurotoques

MIREPOIX (09500) (P8-G12) — HOTEL LA MAISON DES CONSULS ★★★

A 25 km de Pamiers et 35 km de Foix. - 6 Place Maréchal Leclerc - Bernard GARCIA - Tél. : 05 61 68 81 81 - Fax : 05 61 68 81 15
pyrene@afatvoyages.fr - www.maisondesconsuls.com - Ouvert toute l'année.
8 chambres de 450 F à 690 F.

La Maison des Consuls est une demeure historique située sur la place médiévale qui fait la renommée de Mirepoix. Les chambres sont très confortables, avec chacune un style, du XVème au contemporain. Le petit déjeuner est servi dans une superbe salle rustique ouvrant sur une petite cour verdoyante et calme. Restaurant à proximité : Restaurant et Café Llobet face à la cathédrale.
Terrasse, garage fermé, salle restaurant de caractère, salle de séminaires, chèques vacances,canal+, climatisation, TV satellites, animaux

🇬🇧 La Maison des Consuls is an historic house situated on the medieval place which is famous in Mirepoix. Rooms are comfortable with their own style, from the 15th C. to the contemporary. breakfast is served in a rustic room looking onto a little greenery garden;

🇪🇸 La Maison des Consuls es una morada histórica situada en la famosa plaza medieval de Mirepoix. Las habitaciones son muy cómodas, cada una con un estilo, del siglo XV al contemporáneo. El desayuno es servido en una magnífica sala rústica que da a un pequeño patio verde y tranquilo. Restaurante en las cercanías : Restaurante y Café Llobet frente a la catedral.

🇩🇪 La Maison des Consuls ist ein geschichtsträchtiges Haus, auf einem mittelalterlichen Platz gelegen, der in Mirepoix allerseits bekannt ist. Die Zimmer sind sehr komfortabel mit individuellem Stil vom 15 Jh. bis zur Gegenwart. Das Frühstück wird in einem prächtig rustikalem Raum mit Blick auf einen kleinen grünen Hof serviert.

# ARIÈGE

ST GIRONS (09200) (P8-F12) — HÔTEL EYCHENNE ★★★ Table gastronomique

8 Avenue Paul Laffont - Tél. : 05 61 04 04 50 - Menus de 140 F à 325 F. Menu enfant : 70 F. Petit déjeuner : 50 F.
42 chambres de 300 F à 600 F. Demi pension de 380 F à 465 F

ST PAUL DE JARRAT (09000) (P8-G12) — AUBERGE LA CHARMILLE ★★ Table gastronomique

A 6 km de Foix. - 25 Quartier Saint Antoine - Tél. : 05 61 64 17 03 - Menus de 95 F à 200 F. Menu enfant : 45 F. Petit déjeuner : 37 F.
10 chambres de 260 F à 280 F. Demi pension à 240 F. Etape VRP à 300 F

VILLENEUVE D'OLMES (09300) (P8-G12) — LE CASTRUM Table de prestige

Le Laouzet - A 3 km de Lavelanet - Tél. : 05 61 01 35 24 - Menus de 129 F à 320 F. Menu enfant : 70 F.
8 chambres de 350 F à 1000 F

La passion de notre métier

AUBE

AIX EN OTHE (10160) (P6-I4) — **AUBERGE DE LA SCIERIE** ★★★

La Vove - A 30 km de Troyes - Tél. : 03 25 46 71 26 - Menus de 87 F à 260 F. Menu enfant : 70 F.
14 chambres de 405 F à 545 F

NOGENT SUR SEINE (10400) (P6-I4) — **AUBERGE DU CYGNE DE LA CROIX**

N 19 ou D 951. - 22 Rue des Ponts - Tél. : 03 25 39 91 26 - Menus de 85 F à 200 F. Petit déjeuner : 35 F - Membre Eurotoques

TROYES (10000) (P6-I4) — **RESTAURANT LE CLOS JUILLET**

22 Boulevard du 14 Juillet - Tél. : 03 25 73 31 32 - Menus de 160 F à 320 F. Menu enfant : 80 F

TROYES (10000) (P6-I4) — **HÔTEL DE LA POSTE - RESTAURANT LES GOURMETS** ★★★★

35 Rue Emile Zola - Tél. : 03 25 73 05 05 - Menus de 140 F à 185 F.
32 chambres de 495 F à 950 F

TROYES (10000) (P6-I4) — **ROYAL HÔTEL** ★★★

22 Boulevard Carnot - Tél. : 03 25 73 19 99 - Menus de 125 F à 265 F. Menu enfant : 75 F.
37 chambres de 355 F à 560 F

Le Goût de l'authenticité

www.tables-auberges.com ➔ réservation gratuite (0% de commission)

AUDE

ALET LES BAINS (11580) (P8-G12) — HOSTELLERIE DE L'EVÊCHÉ ★★

A 9 km de Limoux, 32 km de Carcassonne D118. - Avenue Nicolas Pavillon - Christian LIMOUZY - Tél. : 04 68 69 90 25
Fax : 04 68 69 91 94 - climouzy@aol.com - Fermeture : Ouvert de Pâques à fin octobre. - Menus de 120 F à 250 F. Menu enfant : 50 F
Petit déjeuner : 40 F. 33 chambres de 175 F à 360 F. Demi pension : de 280 F à 320 F.

Aménagé dans l'ancien palais épiscopal du 14éme siècle, l'Hostellerie de l'Evêché vous offre son confort dans le calme d'un parc de 3 ha. Conditions spéciales pour enfants. Plats et spécialités régionales à emporter. Spécialité : cassoulet au confit de canard. Vins : Blanquette de Limoux, Fitou. Terrasse, jardin, parking privé, salle restaurant de caractère, salle de séminaires, chèques vacances, animaux, accés handicapés restaurant

Converted from the former episcopal palace, the Hostellerie de l'Evêché offers comfort, quietness and regional cooking in large grounds. Special terms for children. Meals of regional specialities , possibility of take away.

La Hostellerie de l'Evêché, antiguo palacio episcopal del siglo XIV, rodeado de un parque de 3 hectáreas, le ofrece su calma y confort. Condiciones especiales para los niños. Platos y especialidades regionales para llevar.

Im ehemaligen bischöflichen Palast eingerichtet, bietet Ihnen das Hotel L'Evêché seinen Komfort in der Ruhe eines 3ha großen Parks. Spezialbedingungen für Kinder. Speisen und regionale Spezialitäten zum Mitnehmen.

CARCASSONNE (11000) (P8-G12) — HÔTEL DE LA CITÉ ★★★★

Place de l'Eglise - Tél. : 04 68 71 98 71 - Menus de 160 F à 650 F. Menu enfant : 45 F
61 chambres de 950 F à 3200 F

CARCASSONNE (11000) (P8-G12) — HÔTEL MONTSÉGUR - RESTAURANT LANGUEDOC ★★★

32 Allée d'Iéna - Tél. : 04 68 25 31 41 - Menus de 135 F à 245 F. Menu enfant : 70 F. Petit déjeuner : 49 F.
21 chambres de 325 F à 495 F

CASTELNAUDARY (11400) (P8-G12) — HOTEL-RESTAURANT CENTRE ET LAURAGAIS ★★★

31 Cours de la République - Jean-Jacques CAMPIGOTTO - Tél. : 04 68 23 25 95 - Fax : 04 68 94 01 66
Fermeture : 7/01-10/02 ; dimanche soir d'octobre à pâques. - Menus de 92 F à 280 F. Menu enfant : 55 F.
Petit déjeuner : 30 F. 16 chambres de 220 F à 320 F. Demi pension de 290 F à 310 F. Etape VRP de 290 F à 310 F

Venez découvrir le charme de cet hôtel rénové situé au centre ville. Vous y dégusterez une cuisine régionale de qualité : cassoulet, saumon cru mariné, foie gras, pigeon aux cèpes. Vins : Fitou, Corbières, Minervois. A noter également le restaurant Le Four avec ses grillades au feu de bois et son cassoulet (Domaine de Gay Tel : 04 68 23 25 96).
Chambres avec bain ou douche +WC+TV : 1 à 10 - 12-14-15-16-17. Terrasse, garage fermé, salle restaurant de caractère, chèques vacances, animaux, accés handicapés restaurant

This renovated hotel, situated in Castelnaudary's down town offers a regional cooking of quality. Also : The restaurant Le Four with grills on a wood fire (Domaine de Gay Tel : 04 68 23 49 96).

Venga a descubrir el encanto de este hotel renovado, ubicado en el centro de la ciudad. Usted podrá saborear una cocina regional de calidad. A tener en cuenta : el restaurante Le Four con sus carnes asadas a la parrilla y su cassoulet (especie de fabada) (Domaine de Gay Tél : 04 68 23 49 96).

Entdecken Sie den Zauber dieses renovierten Hotels in der Stadtmitte, wo sie eine regionale Küche von Qualität kosten können. Ebenfalls zu beachten : das Restaurant Le Four mit seinem gegrillten Fleisch und Cassoulet (Domaine de Gay Tel : 04 68 23 49 96).

 **AUDE**

FABREZAN (11200) (P9-H12) — LE CLOS DES SOUQUETS

A 8 km de Lézignan-Corbières - Avenue de Lagrasse - Philippe JULIEN - Tél. : 04 68 43 52 61 - Fax : 04 68 43 56 76 clossouquets@infonie.fr - Fermeture : 1/11-29/03 ; dimanche. - Menus de 100 F à 185 F. Petit déjeuner : 45 F. 5 chambres de 290 F à 395 F. Demi pension de 670 F à 785 F

Venez découvrir cette ancienne cave rénovée située au milieu des Corbières. Le meilleur accueil vous sera réservé. Pour votre détente, deux piscines et un jardin sont à votre disposition. Spécialités : poissons grillés, lotte aux gambas, huitres chaudes au Chardonney, carpaccio de thon cru. Très belle carte de vins régionaux : Corbières, Minervois, Fitou, Côtes du Languedoc...

Chambres avec bain ou douche +WC+TV : Toutes.

Terrasse, jardin, parking privé, , piscine d'été, , salle restaurant de caractère, animaux acceptés

🇬🇧 Come to discover the ancient renovated cellar, located in the heart of Corbières. A warm welcome will be reserved to you. For your relaxation 2 swimming pools and a garden are at your disposal. Large range of regional wine.

🇪🇸 Venga a descubrir esta vieja bodega renovada, situada en el medio de los Corbières. Usted tendrá una muy buena acogida. Para su esparcimiento, 2 piscinas y un jardín están a su disposición. Excelente carta de vinos regionales.

🇩🇪 Entdecken Sie diesen alten renovierten Weinkeller mitten in den Corbières. Sie werden dort bestens empfangen und zur Entspannung stehen Ihnen zwei Schwimmbäder und ein Garten zur Verfügung. Große Auswahl regionaler Weine.

La passion de notre métier

www.tables-auberges.com ➔ réservation gratuite (0% de commission)

AUDE

FITOU (11510) (P9-H12) — AUBERGE DE LA TOUR

Table gastronomique

A 10 km de Leucate, de Salse et 29 km de Perpignan. - RN9 - Josette & Daniel AUBER - Tél. : 04 68 45 66 90 - Fax : 04 68 45 65 97 - daniel.auber@wanadoo.fr - Fermeture : 18/10-9/12 ; 2/01-13/02 ; dimanche soir, lundi et mardi midi hors saison. Menus de 158 F à 390 F. Menu enfant : 80 F. Petit déjeuner : 42 F.6 chambres de 320 F à 590 F. Etape VRP : 320 F

Rare dans la région, une auberge au bord d'une grande voie routière où l'on se plait à fidéliser la clientèle locale et les gourmands de passage. Le répertoire s'inspire de tous les meilleurs produits de la région. Vous y découvrirez une cuisine régionale, gastronomique et créative élaborée par un artisan cuisinier. Spécialités petits encornets farcis d'une fine ratatouille aux queues de langoustines, jus de leur cuisson, relevé de soja ; galette de pieds de cochon aux marrons, sauce au maury ; concerto pour piano de Frédéric Chopin, mousse au chocolat blanc à la noix de coco, crème anglaise à la pistache. Membre Eurotoques.
Chambres avec bain ou douche +WC+TV : Toutes (minibar).
Terrasse, parking privé, salle restaurant de caractère, salle de séminaires, chèques vacances, animaux, accès handicapés restaurant

Rare in the region, an inn bordered by a long road where we enjoy the local customers and the discerning passing through. The repertoire is inspired by all the best products of the region. You will discover a traditional, gastronomic and creative cooking made by an artisan cook.

Raro en la región, una hostería al borde de una gran ruta donde la clientela local y los golosos de paso son fieles. Usted descubrirá una cocina regional, gastronómica y creativa elaborada por un cocinero artesano que se inspira con los mejores productos de la región.

Dieses Gasthaus befindet sich an einer großen Verbindungsstrecke, was recht selten für diese Region ist. Man legt großen Wert auf treue Kunden und Feinschmecker auf Durchreise.

FLOURE (11800) (P9-H12) — HÔTELLERIE DU CHÂTEAU DE FLOURE ★★★

Table gastronomique

A 9 km de Carcassonne. - 1 Allée Gaston Bonheur - Tél. : 04 68 79 11 29 - Menus de 230 F à 280 F. Menu enfant : 95 F Petit déjeuner : 65 F. 17 chambres de 490 F à 1490 F. Demi pension de 495 F à 695 F

FONTJONCOUSE (11360) (P9-H12) — AUBERGE DU VIEUX PUITS

Table de prestige

A 25 km de Narbonne - Tél. : 04 68 44 07 37 - Menus de 175 F à 350 F. Menu enfant : 70 F

AUDE

GINCLA (11140) (P8-G13) — HOSTELLERIE DU GRAND DUC ★★

A 25 km de Quillan et 14 km d'Axat. - 2 Route de Boucheville - Martine & Bruno BRUCHET - Tél. : 04 68 20 55 02 Fax : 04 68 20 61 22 - host-du-grand-duc@ataraxie.fr - Fermeture : 11/11-31/03 ; mercredi midi hors saison (restaurant) Menus de 135 F à 270 F. Menu enfant : 72 F. Petit déjeuner : 42 F.12 chambres de 320 F à 380 F. Demi pension de 340 F à 380 F

M. et Mme BRUCHET vous réserveront un accueil chaleureux et sympathique dans leur établissement situé au coeur des châteaux cathares. Vous flânerez un peu le temps d'admirer le décor pierre et bois de cette demeure de caractère avant de passer à table et de découvrir la cuisine du terroir. Spécialités : baignade de sépiole au fitou, escalope de foie frais aux cèpes.
Chambres avec bain ou douche +WC+TV : Toutes.
Terrasse, jardin, parking privé, salle restaurant de caractère, chèques vacances, animaux

🇬🇧 Mr and Mrs BRUCHET will welcome you in their friendly and likeable establishment and make you appreciate their specialities. You will aslo be able to relax and admire the setting made in wood and stones in this residence of character before discovering the regional cooking.

🇪🇸 El Sr. y la Sra. BRUCHET le brindarán una cálida y simpática acogida en su establecimiento, ubicado en el corazón de los castillos cátaros. Usted podrá admirar la decoración en piedra y madera de esta morada original, antes de pasar a la mesa y descubrir los agradables sabores de una cocina local.

🇩🇪 Das Ehepaar BRUCHET empfängt Sie ganz herzlich in ihrem Haus mitten in den Karthager Burgen. Bummeln Sie ein wenig durch dieses charaktervolle Haus, bewundern Sie den Dekor aus Stein und Holz, bevor Sie zu Tisch gehen und die regionale Küche entdecken.

HOMPS (11200) (P9-H12) — AUBERGE DE L'ARBOUSIER

10 km de Lézignan, 30 km de Narbonne et Carcassonne.- 50 Avenue de Carcassonne - Virginie ROSADO - Tél. : 04 68 91 11 24 Fax : 04 68 91 12 61 - Fermeture : Vacances février, novembre, lundi en juillet/Août, dimanche soir et mercredi hors saison. - Menus de 85 F à 220 F. Menu enfant : 50 F. Petit déjeuner : 35 F.7 chambres de 230 F à 350 F. Demi pension de 220 F à 260 F. Etape VRP : 350 F

Virginie et son équipe vous réservera le meilleur accueil dans cet ancien chai rénové, situé au calme, sur le bord du Canal du Midi et saura vous régaler de ses spécialités : tarte aux figues fraîches (saison), filet de rouget, fricassée de lotte aux cèpes. Produits régionaux : vins, muscats, fromages.
Chambres avec bain ou douche +WC+TV : 21-22-24.
Terrasse, parking privé, garage fermé, salle restaurant de caractère, animaux

🇬🇧 Virginie and her team will reserve you the best welcome in this ancien renovated wine storehouse, located in a quiet place on the borders of the Canal du Midi. You will savour traditional specialities.

🇪🇸 Virginie y su equipo le brindarán una agradable acogida en esta vieja bodega renovada, situada a orillas del Canal du Midi y le harán saborear sus especialidades. Productos regionales : vinos, moscateles, quesos.

🇩🇪 Virginie und ihre Mitarbeiter empfangen Sie bestens in ihrem alten renovierten Weinlager, in ruhiger Lage, am Ufer des Canal du Midi und verwöhnen Sie mit ihren Spezialitäten.

LIMOUX (11303) (P8-G12) — GRAND HÔTEL MODERNE ET PIGEON ★★★

1 Place du Général Leclerc - Tél. : 04 68 31 00 25 - Menus de 160 F à 235 F. Menu enfant : 75 F. 19 chambres de 350 F à 550 F

AUDE

ORNAISONS - NARBONNE (11200) (P9-H12)   LE RELAIS DU VAL D'ORBIEU ★★★   Table gastronomique

Entre Narbonne (14 km) et Lézignan - Route Départementale 24 - Agnès & Jean-Pierre GONZALVEZ - Tél. : 04 68 27 10 27
Fax : 04 68 27 52 44 - info@relaisvaldorbieu.com - www.relaisvaldorbieu.com - Fermeture : 1/12-31/01 ; déjeuner de Novembre à Avril. Menus de 195 F à 395 F.
Menu enfant : 95 F. Petit déjeuner : 80 F. 20 chambres de 450 F à 750 F, 6 appts de 750 F à 1450 F. Demi pension de 595 F à 795 F. Etape VRP de 390 F à 490 F

A deux pas de Narbonne et de la Méditerranée, le Relais du Val d'Orbieu vous propose un espace de calme privilégié. Jardins et terrasses ombragés permettent un séjour ou une halte agréable. Une table et une cave renommées s'ajouteront à votre plaisir. Spécialités : petits calamars farcis à l'anis et légumes du jardin, selle d'agneau rôtie, carré chocolat, poire au caramel de Banyuls.
Chambres avec bain ou douche +WC+TV : Toutes. Terrasse, jardin, parking privé, piscine d'été, salle restaurant de caractère, salle de séminaires, tennis, TV satellites, animaux, accès handicapés

🇬🇧 Close to Narbonne and the Mediterranean seaside, the Relais du Val d'Orbieu offers much entertainment, refined cooking and an excellent list of great wine.

🇪🇸 A dos pasos de Narbonne y del Mediterráneo, Le Relais du Val d'Orbieu le propone un lugar privilegiado y calmo. Jardines y terrazas a la sombra permiten una estancia o una parada agradable. Una mesa y una bodega famosas se añaden a vuestro placer.

🇩🇪 Unmittelbar bei Narbonne und dem Mittelmeer, ist das Relais du Val d'Orbieu ein privilegierter Ort der Ruhe, wo Ihnen Gärten und schattige Terrassen einen angenehmen Aufenthalt verschaffen. Die bekannte Tafel und der Weinkeller sorgen für zusätzlichen Genuss.

PORT LA NOUVELLE (11210) (P9-H12)   HÔTEL MÉDITERRANÉE ★★★   Table de Terroir

A 25 km de Narbonne. - Boulevard Saint Charles B.P. 92 - René CASTAING - Tél. : 04 68 48 03 08 - Fax : 04 68 48 53 81
aude.hotel@wanadoo.fr - www.hotelmediterranee.com Fermeture : 5/01-31/01 ; vendredi soir (restaurant). - Menus de 75 F à 195 F.
Menu enfant : 45 F. Petit déjeuner : 35/42 F. 30 chambres de 240 F à 510 F. Demi pension de 260 F à 390 F. Etape VRP de 300 F à 340 F

L'hôtel a pour seul horizon la plage et la mer. Le restaurant, face à la mer vous propose une terrasse ensoleillée où vous pourrez déguster : poissons, coquillages, bourride d'anguilles, bouillabaisse, soupe de poissons, cassolette de baudroie. Vins : Rochère.
Chambres avec bain ou douche +WC+TV : Toutes.
Terrasse, garage fermé, salle restaurant de caractère, salle de séminaires, chèques vacances, canal+, climatisation, ascenseur, animaux

🇬🇧 Facing the sea and the beach this hotel-restaurant offers many specialities that can be tasted on a sunny terrace.

🇪🇸 El hotel tiene como único horizonte la playa y el mar. El restaurante, frente al mar le propone una terraza soleada donde usted podrá saborear las especialidades de la Casa.

🇩🇪 Das Hotel hat als einzigen Horizont Strand und Meer. Das Restaurant mit Blick aufs Meer, bietet Ihnen eine sonnige Terrasse, wo sie allerlei Spezialitäten kosten können.

AVEYRON

AGUESSAC (12520) (P9-H10) — HOTEL-RESTAURANT LE RASCALAT ★★

Table de Terroir

A 8 km de Millau. - Nationale 9 - Didier RAMONDENC - Tél. : 05 65 59 80 43 - Fax : 05 65 59 73 90
Fermeture : 15/01-21/01; 15/11-21/11 ; mardi et mercredi. - Menus de 115 F à 240 F. Menu enfant : 50 F. Petit déjeuner : 45 F.
16 chambres de 320 F à 380 F. Demi pension : 330 F. Etape VRP : 350 F

Situé près des Gorges du Tarn et des Grands Causses, cet établissement aménagé dans un ancien moulin vous proposera des menus du terroir et vous fera déguster ses spécialités : agneau à la broche, foie gras en terrine, saumon fumé maison…
Chambres avec bain ou douche +WC+TV : Toutes.
Terrasse, jardin, parking privé, garage fermé, piscine d'été, salle restaurant de caractère, salle de séminaires, chèques vacances, animaux, accés handicapés restaurant

Close to the Gorge of the Tarn and the Grands Causses this establishment used to be a mill and offers different regional specialities.

Ubicado cerca de las Gargantas del Tarn y de las grandes Mesetas calcáreas, este establecimiento, acondicionado en un anciano molino le propondrá menús con productos locales. Usted podrá saborear sus especialidades.

Ganz in der Nähe der Schluchten des Tarn und den Grands Causses liegt dieses Gasthaus in einer ehemaligen, restaurierten Mühle. Es erwarten Sie dort die Spezialitäten der typisch regionalen Küche.

BELCASTEL (12390) (P8-G10) — HÔTEL-RESTAURANT DU VIEUX PONT ★★★

Table de prestige

A 25 km de Rodez - Tél. : 05 65 64 52 29 - Menus de 150 F à 380 F. Menu enfant : 80 F.
7 chambres de 420 F à 500 F

CONQUES (12320) (P8-G10) — DOMAINE DE CAMBELONG ★★★

Table gastronomique

Le Moulin - A 35 km de Rodez - Tél. : 05 65 72 84 77 - Menus de 195 F à 250 F. Menu enfant : 90 F. Petit déjeuner : 70 F.
10 chambres de 550 F à 950 F. Demi pension de 980 F à 1480 F

CONQUES (12320) (P8-G10) — HÔTEL SAINTE FOY ★★★★

Table gastronomique

Le Bourg - A 40 km de Rodez - Tél. : 05 65 69 84 03 - Menus de 100 F à 350 F. Menu enfant : 85/100 F.
17 chambres de 490 F à 1150 F

LA FOUILLADE-NAJAC (12270) (P8-G10) — HÔTEL LONGCOL ★★★

Table de prestige

A 7 km de Najac - Route de Monteils lieu-dit "Long Col" D.638 - Tél. : 05 65 29 63 36 - Menus de 210 F à 295 F. Menu enfant : 95 F.
19 chambres de 650 F à 1090 F

LAGUIOLE (12210) (P9-H10) — GRAND HÔTEL AUGUY ★★★

Table gastronomique

2 Allée de l'Amicale - Tél. : 05 65 44 31 11 - Menus de 180 F à 350 F. Menu enfant : 70 F. Petit déjeuner : 45 F
22 chambres de 270 F à 475 F. Demi pension de 315 F à 425 F. Etape VRP de 400 F à 500 F

AVEYRON 12

NAJAC (12270) (P8-G10) — L'OUSTAL DEL BARRY ★★
Table gastronomique

A 22 km de Villefranche de Rouergue. - Place du Faubourg - Tél. : 05 65 29 74 32 - Menus de 140 F à 260 F. Menu enfant : 65 F. 20 chambres de 220 F à 420 F

ONET LE CHATEAU (12850) (P9-H10) — HOSTELLERIE DE FONTANGES ★★★
Table gastronomique

A 2 km de Rodez. - Route de Conques - Tél. : 05 65 77 76 00 - Menus de 90 F à 250 F. Menu enfant : 55 F. 46 chambres de 200 F à 700 F

PONT DE SALARS (12290) (P9-H10) — HOTEL-RESTAURANT LES VOYAGEURS ★★
Table de Terroir

A 25 km de Rodez. - 1 Avenue de Rodez - Pierre GUIBERT - Tél. : 05 65 46 82 08 - Fax : 05 65 46 89 99 hotel-des-voyageurs@wanadoo.fr - Fermeture : 22/01-1/03, dimanche soir et lundi (hors saison). - Menus de 65 F à 225 F. Menu enfant : 55 F. Petit déjeuner : 34 F. 27 chambres de 220 F à 310 F. Demi pension de 230 F à 270 F. Etape VRP : 270 F

Situé dans la région des lacs du Levezou, Pierre GUIBERT et son équipe vous proposent au sein de leur établissement (tenu depuis 3 générations) un accueil privilégié, le confort, la tradition et une cuisine traditionnelle de qualité avec des spécialités régionales pied de porc braisé au Marcillac, écrevisses à l'américaine (juillet, août et septembre). Grande carte de Bordeaux et de Bourgogne.
Chambres avec bain ou douche +WC+TV : Toutes. Terrasse, parking privé, garage fermé, salle restaurant de caractère, salle de séminaires, chèques vacances, animaux, accès handicapés restaurant

In the region of the Levezou lakes, Pierre GUIBERT and his team offer a traditional and regional cooking of quality. This establishment (run by 3 generations) has a privileged welcome, comfort, and a list of great wine.

Situado en la región de los lagos del Levezou, Pierre GUIBERT y su equipe le proponen en el seno de su establecimiento (tenido desde hace 3 generaciones) una acogida privilegiada, confort, tradición y una cocina tradicional de calidad con sus especialidades regionales.

Bei den Seen von Levezou bietet Ihnen Pierre GUIBERT und sein Team in ihrem Haus (seit 3 Generationen betrieben) einen herzlichen Empfang, Komfort, Tradition und eine ausgezeichnete, traditionelle Küche mit regionalen Spezialitäten.

ST GENIEZ D'OLT (12130) (P9-H10) — HOSTELLERIE DE LA POSTE ★★
Table de Terroir

Place du Général de Gaulle - Isabelle CAULIER - Tél. : 05 65 47 43 30 - Fax : 05 65 47 42 75 Fermeture : 1/01-28/02. - Menus de 68 F à 250 F. Petit déjeuner : 39 F. 50 chambres de 175 F à 500 F. Demi pension : 260 F / 290 F. Etape VRP : 260 F / 290 F

Hôtel de charme situé dans une station verte de vacances. Dans une ambiance chaleureuse et raffinée, vous y dégusterez une cuisine gastronomique traditionnelle. Spécialités : palette de foie gras rive gauche, dos de sandre gratiné aux cèpes du pays, grenadin de veau au parfum de coing, poire pochée au vin rouge.
Chambres avec bain ou douche +WC+TV Toutes.
Terrasse, jardin, parking privé, piscine d'été, , salle restaurant de caractère, salle de séminaires, chèques vacances, canal+,ascenseur, animaux

Charming hotel situated in a green station of holiday. In a warm and refined atmosphere you will discover a gastronomic and traditional cooking.

Encantador hotel situado en el verdor de una estación de vacaciones. En un ambiente caluroso y delicado, usted podrá saborear una cocina gastronómica tradicional.

Charmantes Hotel in einem Luftkurort. In gemütlichem und vornehmem Ambiente kosten Sie eine traditionelle Feinschmeckerküche.

AVEYRON

VILLEFRANCHE DE ROUERGUE (12200) (P8-G10)   **LE RELAIS DE FARROU** ★ ★ ★

Route de Figeac - Tél. : 05 65 45 18 11 - Menus de 130 F à 230 F. Menu enfant : 72 F. Petit déjeuner : 48 F. 26 chambres de 265 F à 470 F. Demi pension de 315 F à 415 F. Etape VRP : 370 F

Table gastronomique

BOUCHES DU RHONE

AIX EN PROVENCE (13090) (P10-K11) — LE PIGONNET ★★★★

Table gastronomique

5 Avenue Pigonnet - Tél. : 04 42 59 02 90 - Menus de 270 F à 340 F. Menu enfant : 150 F.
52 chambres de 700 F à 1600 F

AIX EN PROVENCE (13100) (P10-K11) — RESTAURANT CHEZ MAXIME

Table gastronomique

Près de l'Hôtel de Ville. A 30 km de Marseille. - 12 Place Ramus - Félix MAXIME - Tél. : 04 42 26 28 51 - Fax : 04 42 26 74 70
Fermeture : 15/01-31/01 ; Dimanche et Lundi midi - Menus de 98 F à 270 F.

Venez découvrir un cadre très agréable sur une place animée en zone piétonne, à l'ombre d'un platane tricentenaire où les terrasses de restaurants sont côte à côte comme une place de village, au coeur de la ville. Spécialités : tian de légumes rôtis aux saveurs d'ail doux et basilic à la mozarella et tapenade, arlequin de boeuf et de veau aux aubergines provençales, viandes exceptionnelles… Vins : carte de plus de 500 références.
Terrasse, salle restaurant de caractère, climatisation

Come to discover a pleasant setting in an animated square in a pedestrian zone, on the shade of a three-huntred-year-old, where terraces side-by-side as a village square, in the heart of the town.

Venga a descubrir el agradable ambiente de una animada plaza en zona peatonal, a la sombra de un plátano (300 años) donde las terrazas están una al lado de la otra como una plaza de pueblo, en el corazón de la ciudad. Vinos : carta de más de 500 referencias.

Entdecken Sie ein äußerst angenehmes Ambiente auf einem belebten Platz der Fußgängerzone, im Schatten einer 300-jährigen Platane, wo die Restaurantterrassen nebeneinander liegen wie ein Dorfplatz inmitten der Stadt.

AIX EN PROVENCE (13100) (P10-K11) — HÔTEL SAINT-CHRISTOPHE ★★

Table de Terroir

A proximité de l'Office du Tourisme, à 200 m de la gare. - 2 Avenue Victor Hugo - Jean-Paul BONNET - Tél. : 04 42 26 01 24
Fax : 04 42 38 53 17 - saintchristophe@francemarket.com - www.francemarket.com/st_christophe Fermeture : Lundi (restaurant). - Menus de 119 F à 179 F. Menu enfant : 49 F. Petit déjeuner : 50 F.58 chambres de 400 F à 625 F. Demi pension de 540 F à 690 F. Etape VRP 540 F à 690 F

La Brasserie Léopold vous accueillera dans un cadre paisible et confortable et vous fera découvrir sa cuisine avec ses spécialités provençales parmi lesquelles vous pourrez déguster choucroute de la mer, bourride, grand aïoli et petits farcis, poissons grillés… Vins des côteaux d'Aix.
Chambres avec bain ou douche +WC+TV : Toutes.
Terrasse, garage fermé, salle de séminaires, canal+, climatisation, ascenseur, TV satellites, animaux hôtel, accès handicapés

The establishment will welcome you in a calm and friendly atmosphere. You will be able to savour provencal specialities.

La Brasserie Léopold le acogerá en un ambiente tranquilo y confortable y le hará descubrir las especialidades provenzales de su cocina. Vinos de Aix.

Die Gaststätte Leopold empfängt Sie in einem ruhigen und friedlichen Rahmen. Entdecken Sie dort eine Küche mit Spezialitäten aus der Provence.

BOUCHES DU RHONE

ARLES (13200) (P9-J11) — RESTAURANT LA PAILLOTTE

Table de Terroir

28 Rue du Docteur Fanton - Jean-Claude TELL - Tél. : 04 90 96 33 15 - Fax : 04 90 96 56 14
Fermeture : 23/11-23/12. Jeudi midi & Samedi midi en saison. Jeudi toute la journée hors saison. - Menus : 96 F. Menu enfant : 50 F.

Situé en plein coeur de la vieille ville d'Arles, le restaurant La Paillotte s'est spécialisé dans la cuisine régionale. Spécialités : filets de rougets au beurre d'ail, aïoli provençal, marmite du pêcheur... Spécialités provençales.
Terrasse, salle restaurant de caractère, chèques vacances, animaux restaurant

🇬🇧 La Paillotte is situated in the heart of the old city of Arles and is specialized in regional cooking.

🇪🇸 En pleno centro de la ciudad vieja de Arles, el restaurante La Paillote especialista en cocina regional, le hará saborear sus platos. Especialidades provenzales.

🇩🇪 Entdecken Sie die regionale Küche des Restaurants La Paillotte im Herzen der Stadt Arles.

ARLES (13631) (P9-J11) — HÔTEL JULES CÉSAR ★★★★

Table gastronomique

9 Boulevard des Lices BP 116 - Michel ALBAGNAC - Tél. : 04 90 52 52 52 - Fax : 04 90 52 52 53 - julescesar@calva.net   GDS:WB
www.hotel-julescesar.fr Fermeture : 1/11-23/12. - Menus de 210 F à 420 F. Menu enfant : 65 F. Petit déjeuner : 90 F.
56 chambres de 750 F à 2650 F.

Autrefois, couvent de carmélites, aujourd'hui hôtel de caractère alliant une ambiance de charme aux services d'une hôtellerie moderne. C'est un lieu idéal de séjour. Vous y apprécierez les jardins du cloître et provençal et la piscine (chauffée de pâques à octobre). Le restaurant Lou Marques séduira plus d'un gourmet. Spécialités : Baudroie a l'aigo sau, risotto de saint jacques ou homard aux truffes, papeton d'aubergine et tomate confite.
Chambres avec bain ou douche +WC+TV : Toutes. Terrasse, jardin, parking privé, garage fermé, piscine d'été, salle restaurant de caractère, salle de séminaires, climatisation, TV satellites, accés handicapés

🇬🇧 Former convent this hotel allies charm and modernity. It is an ideal place to stay. You will enjoy the cloister's gardens and the swimming-pool (heated from Easter to october). The restaurant Lou Marques will seduce all the epicures.

🇪🇸 En otro tiempo, convento de carmelitas, hoy un hotel original que une un ambiente encantador a los servicios de una hostelería moderna. Este es el lugar ideal para una estancia. Usted apreciará los jardines provenzal y del claustro, la piscina (climatizada desde Pascua hasta octubre). El restaurante Lou Marques encantará a más de un gastrónomo.

🇩🇪 Früher ein Kamelitenkloster, heute ein charaktervolles Hotel, das eine charmante Atmosphäre mit einem modernen Hotelgewerbe verbindet. Ein idealer Aufenthaltsort. Genießen Sie hier den Klostergarten und das Schwimmbad (von Ostern bis Oktober beheizt). Das Restaurant Lou Marques überzeugt jeden Feinschmecker mit seinen Spezialitäten.

BOUCHES DU RHONE

CALAS (13480) (P10-K11) — AUBERGE BOURRELLY ★★★

A 12 km d'Aix en Provence. - Place Albert A - Roger BOURRELLY - Tél. : 04 42 69 13 13 - Fax : 04 42 69 13 40 - bourrelly@wanadoo.fr - www.aubergebourrelly.com Fermeture : Vacances février, Toussaint ; samedi midi, dimanche soir et lundi hors saison. - Menus de 198 F à 390F. Menu enfant : 100F. Petit déjeuner : 55 F.11 chambres de 400F à 500 F. Appartements : 800 F. Demi-pension de 450 F à 700F. Etape VRP : 440F

Au cœur d'un charmant village, cette belle bastide provençale, blottie sous des arbres centenaires, entourée de fleurs et de terrasses a conservé son charme d'antan. Après le repos dans ses chambres et suites où se marient harmonieusement raffinement du décor et confort moderne, vous dégusterez une cuisine traditionnelle gastronomique axée sur la Provence. Spécialités : brandade de morue, petits farcis provençaux, dos de loup, artichauts barigoules, tartines de rougets, foie gras, carré d'agneau… A proximité vous pourrez profiter d'un golf (à 5 mn), terrains de tennis et centre équestre.
Chambres avec bain ou douche +WC+TV : Toutes. Terrasse, jardin, parking privé, , piscine d'été, salle restaurant de caractère, chaînes satellites, animaux, accés handicapés restaurant

10 mn from Aix-en-Provence, at the heart of a charming village, is this beautiful Provençal family estate. Hundred year old trees, flowers and terraces surround this auberge creating a truly splendid setting. After the night in the rooms and suites where the decoration and the modern confort are refined, you will eat a traditional provencal cuisine. Nearby you will find a golf (5mn), tennis courts, horse riding center

En el corazón de un lindo pueblo, esta bella quinta provenzal, rodeada de árboles centenarios, flores y jardines ha conservado el encanto de antaño. Luego de un descanso en sus habitaciones y apartamentos, donde el delicado ambiente se une armoniosamente al confort moderno, usted podrá saborear una cocina tradicional gastronómica cuyo centro es la Provence. Usted podrá aprovechar de un golf (a 5 mn.), de campos de tenis y de un centro ecuestre.

Dieses provenzalische Gasthaus befindet sich im Herzen eines charmanten Dorfes und wird von hundertjährigen Bäumen, Blumen und Terrassen umgegeben, wodurch eine herrliche Atmosphäre geschaffen wird. Nachdem Sie sich in den Zimmern oder Suits ausgeruht haben, wo ein einfallsreiches Dekor mit modernem Komfort harmoniert, werden Sie eine traditionell provenzalische Küche genießen.

CASSIS (13260) (P10-K12) — RESTAURANT ROMANO

A 23 km de Marseille. - Port de Cassis - Tél. : 04 42 01 08 16 - Menus : 135 F. Menu enfant : 65 F

GÉMENOS EN PROVENCE (13420) (P10-K12) — RESTAURANT LE FER À CHEVAL

A 20 km de Marseille. - Place de la Mairie - Loïc BULLONES - Tél. : 04 42 32 20 97 - Fax : 04 42 32 23 27 - www.feracheval.com Fermeture : 6/08-26/08. dimanche soir, mardi soir, mercredi. - Menus de 115 F à 170 F. Menu enfant : 70 F

Situé au cœur du village de Gémenos, cet ancien Relais de Poste du XVIIème vous fera découvrir une cuisine provençale gastronomique dans une ambiance chaleureuse et authentique. Deux salles indépendantes sous de larges voûtes, grande cheminée en pierre.
Spécialités : noix de saint jacques sautées déglacées provençale, ravioles coraillées. Vins Bandol, Domaine Salettes.
Terrasse, salle restaurant de caractère, salle de séminaires, animaux

Located in the heart of village Gémenos, this ancient postal relay from the XVIIth century will let you savour a gastronomic cooking from Provence in a warm and authentic ambiance. Two separate rooms under larges vaults, a large fireplace.

Ubicado en el corazón del pueblo de Gémenos, esta antigua Parada del Correo del siglo XVII le hará descubrir una cocina provenzal gastronómica, en un ambiente caluroso y auténtico. Dos salas independientes bajo un techo abovedado, gran chimenea de piedra. Vinos : Bandol, Domaine Salettes.

Mitten im Dorf von Gémenos entdecken Sie in dieser alten Poststation aus dem 17.Jh. eine gastronomische Küche der Provence in einer warmen und authentischen Atmosphäre. Zwei unabhängige Säle unter breiten Gewölben, großer Steinkamin.

# BOUCHES DU RHONE

LES BAUX DE PROVENCE (13520) (P9-J11) — OUSTAU DE BAUMANIÈRE ★★★★

A 15 km d'Arles - Tél. : 04 90 54 33 07 - Menus de 520 F à 790 F. Menu enfant : 200 F. Petit déjeuner : 120 F. 27 chambres de 1100 F à 2500 F. Demi pension : supplément de 820 F

LES BAUX DE PROVENCE (13520) (P9-J11) — LA CABRO D'OR ★★★★

A 15 km d'Arles - Tél. : 04 90 54 33 21 - 31 chambres de 720 F à 1920 F. Petit déjeuner : 85 F. Demi pension : supplément de 400 F

MARSEILLE (13007) (P10-K11) — RESTAURANT MICHEL
6 Rue des Catalans - Tél. : 04 91 52 30 63 - Menus à la carte uniquement (en moyenne 350 F/pers.)

MARSEILLE (13001) (P10-K11) — SAINT FERREOL'S HÔTEL ★★★
19 Rue Pisançon - Tél. : 04 91 33 12 21 - 19 chambres de 300 F à 530 F

NOVES (13550) (P9-J11) — AUBERGE DE NOVES ★★★★

A 12 km d'Avignon. A7 sortie Avignon sud. - Route de Châteaurenard - Tél. : 04 90 24 28 28 Menus de 230 F à 535 F. Menu enfant : 140 F. 23 chambres de 895 F à 1995 F

ROGNES (13840) (P10-K11) — RESTAURANT LES OLIVARELLES

A 25 km d'Aix en Provence et de Salon de Provence. - Route de Saint Christophe - Tél. : 04 42 50 24 27 Menus de 105 F à 320 F. Menu enfant : 80 F

SALON DE PROVENCE (13300) (P10-K11) — ABBAYE DE SAINTE CROIX ★★★★

Val de Cuech - Tél. : 04 90 56 24 55 - Menus de 250 F à 595 F. Menu enfant : 130 F. 24 chambres de 840 F à 2500 F

SALON DE PROVENCE (13300) (P10-K11) — LE MAS DU SOLEIL ★★★★

38 Chemin Saint Côme - Tél. : 04 90 56 06 53 - - Menus de 180 F à 650 F. Petit déjeuner : 70 F. 10 chambres de 650 F à 1500 F

www.tables-auberges.com ➔ réservation gratuite (0% de commission)

BOUCHES DU RHONE

ST CHAMAS (13250) (P9-J11)

RESTAURANT LE RABELAIS

Au Sud de Salon de Provence (15 km). - 8/10 rue Auguste Fabre - Evelyne & Pierre PAGLIAZZO - Tél. : 04 90 50 84 40
Fax : 04 90 50 78 49 - Fermeture : Vacances scolaires Février (15 jours) ; 16/08-2/09 ; samedi midi, dimanche soir et lundi.
Menus de 119 F à 290 F. Menu enfant : 80 F

Dans un cadre du XVIIème siècle, au coeur d'un village typique provençal entre falaises et troglodytes, Le Rabelais vous attend et vous fera partager sa cuisine harmonieuse, empreinte de traditionalisme légèrement relevé d'un accent provençal. Jardin d'olivier, fontaine, tonnelle arborée. Gibier en saison. Festival de la truffe de Janvier à Mars. Spécialités : gâteau de brandade de morue, tapenade et crème d'ail, bouillabaisse et bourride sur commande, tatin de foie gras au jus de truffes crémé. Vins : côteaux d'Aix et toutes régions (3 cartes dans l'année). Terrasse, jardin, salle restaurant de caractère, salle de séminaires, climatisation, animaux, accés handicapés

Le Rabelais welcomes you in a setting of the XVIIth century, in the heart of a typical provencal village between cliffs and troglodyte. You will taste an harmonious, traditional and regional cooking between cliffs and troglodyte, an influence of traditionalism lightly upbringing of provencal accent. Olive trees garden, fontain, shady arbour, games during the season.

En un escenario siglo XVII, en el corazón de un típico pueblo provenzal entre acantilados y trogloditas, Le Rabelais le espera y le hará compartir su armoniosa cocina, marcada de tradicionalismo y de un ligero toque provenzal. Jardin de olivos, fuente, glorieta arbolada. Productos de la caza (durante la estación). Festival de la trufa de Enero a Marzo. Vinos de Aix y de todas regiones (3 listas en el año).

In einem Dekor aus dem 17.Jh., inmitten eines typischen Dorfs der Provence, erwartet Sie Le Rabelais mit seiner harmonischen Küche mit Tradition geprägt mit einem Anhauch der Provence verfeinert. Olivengarten, Springbrunnen, Gartenlaube. Trüffelfestspiele von Januar bis März.

ST REMY DE PROVENCE (13210) (P9-J11)

HOSTELLERIE DU VALLON DE VALRUGUES ★★★★

Sortie autoroute Cavaillon. A 20 km d'Avignon. - Chemin de Canto Cigalo - Jean-Michel GALLON - Tél. : 04 90 92 04 40
Fax : 04 90 92 44 01 - vallon.valrugues@wanadoo.fr - www.valrugues-cassagne.com Fermeture : 28/01-24/02. - Menus de 195 F à 520 F. Menu enfant : 120 F. Petit déjeuner : 110 F.38 chambres de 880 F à 1750 F. Demi pension de 1940 F à 2810 F/2 pers.15 suites et appartements de 2680 F à 5700 F. Demi pension de 3740 F à 6760 F/2 pers.

Un prestigieux établissement doté de tous les loisirs avec une belle table dont la renommée n'est plus à faire ! Splendide salle à manger aux décors de marbres en trompe-l'oeil, grande terrasse ombragée de mûriers. Ne passez pas dans les Alpilles sans faire une halte dans ce temple de l'art de vivre. Spécialités : pigeonneau de Provence en cocotte, fevettes et petits oignons nouveaux à la crème jus de cuisson à la sarriette, tranche d'ananas rôti à la gousse de vanille et glace à la feuille de rose.
Chambres avec bain ou douche +WC+TV : Toutes. Petit déjeuner buffet
Terrasse, jardin, parking privé, piscine d'été, salle restaurant de caractère, salle de séminaires, tennis, climatisation, ascenseur, TV satellites, animaux, accés handicapés

This prestigious establishment is renowned for its cooking, equipped with all leisure facilities, his magnificent restaurant hall decoration and architecture (marbre setting, large shady terrace). Do not go to Alpilles without a stop in this temple of living-art.

Prestigioso establecimiento lleno de distracciones, con una mesa de conocida reputación. Espléndido comedor con una decoración que imita el mármol, gran terraza bajo la sombra de moreras. No pase por las Alpilles sin hacer un alto en este templo del arte de vivir.

Eine hervorragendes Haus mit allen Freizeitmöglichkeiten und einer Küche, die nichts mehr zu beweisen hat. Wunderschöner Speisesaal im Dekor unechten Marmors, große von Maulbeerbäumen überschattete Terrasse. Fahren Sie nicht in diese Region, ohne an diesem Tempel der Lebenskunst anzuhalten.

ST RÉMY DE PROVENCE (13210) (P9-J11)

RESTAURANT ALAIN ASSAUD

A 20 km d'Avignon. - 13 Boulevard Marceau - Tél. : 04 90 92 37 11 - Menus de 150 F à 230 F. Menu enfant : 80 F

BOUCHES DU RHONE

ST RÉMY DE PROVENCE (13210) (P9-J11) — LE MAS DES CARASSINS ★★★

A 20 km d'Avignon, Arles ou Cavaillon - 1, chemin Gaulois - Tél. : 04 90 92 15 48 - 14 chambres de 385 F à 560 F. Petit déjeuner : 60 F

STES MARIES DE LA MER (13460) (P9-J11) — AUBERGE LA LAGUNE ★★★

A 45 km d'Arles. - Route d'Arles - Philippe GARDEREAU - Tél. : 04 90 97 84 34 - Fax : 04 90 97 72 37 - lagune13@aol.com - francemarket.com/lagune Fermeture : Mardi soir et mercredi hors saison (restaurant) - Menus de 150 F à 220 F. Menu enfant : 60 F. Petit déjeuner : 50 F (en salle supplément : 10 F). 20 chambres de 420 F à 650 F. Demi pension de 410 F à 525 F. Etape VRP : 390 F

Dans un cadre enchanteur où l'eau joue un rôle apaisant, les chambres marient style camarguais et confort moderne qui vous permettront des séjours au calme dans une ambiance sympatique et conviviale. Animaux acceptés avec supplément. Spécialités : fondue camarguaise (taureau et ses 7 sauces), gibier en saison, saumon mariné et fumé par nos soins, paupiette de carrelet à la crème de safran.
Chambres avec bain ou douche +WC+TV : Toutes. Petit déjeuner buffet. Terrasse, jardin, parking privé, piscine d'été, chèques vacances, TV satellites, animaux, accès handicapés

In an enchanted setting where water has a relaxing role, rooms combine the style of Camargue and modern comfort which offers you calm stays in a friendly atmosphere.

Encantador lugar donde el agua ejerce una accion calmante. En las habitaciones de esta hostelería, el estilo camargués se une al confort moderno, brindándole temporadas tranquilas, en un ambiente simpático y amistoso. Los animales pagan un suplemento.

An diesem bezaubernden Ort, wo Wasser eine wohltuende Rolle einnimmt, kombinieren die Zimmer den camarguaisischen Stil mit modernem Komfort, was Ihnen einen beruhigenden Aufenthalt in sympatischem und geselligem Ambiente ermöglicht. Tiere mit Aufpreis gestattet.

Tourisme & Gastronomie

 **CALVADOS**

AUNAY SUR ODON (14260) (P5-E3) — SAINT MICHEL ★★

A 25 km de Caen. - 6/8 Rue de Caen - Tél. : 02 31 77 63 16 - Menus de 75 F à 220 F. Menu enfant : 50 F. Petit déjeuner : 35 F.
7 chambres de 150 F à 240 F. Demi pension de 185 F à 250 F. Etape VRP de 250 F à 280 F

BAYEUX (14400) (P5-E3) — LE LION D'OR ★★★

71 Rue Saint Jean - Tél. : 02 31 92 06 90 - Menus de 100 F à 230 F. Menu enfant : 80 F.
25 chambres de 450 F à 630 F

BÉNOUVILLE (14970) (P5-E3) — LE MANOIR D'HASTINGS ★★★★

A 8 km de Caen. - 18 Avenue Côte de Nacre - Tél. : 02 31 44 62 43 - Menus de 125 F à 390 F. Menu enfant : 60 F.
15 chambres de 350 F à 800 F

CABOURG (14390) (P5-E3) — GRAND HÔTEL DE CABOURG ★★★★

20 km de Caën - Promenade Marcel Proust - Tél. : 02 31 91 01 79 - Menus de 240 F à 290 F. Menu enfant : 90 F.
70 chambres de 750 F à 1450 F

CABOURG (14390) (P5-E3) — HÔTEL LE CABOURG ★★★

A 20 km de Caen. - 5 Avenue de la République - Tél. : 02 31 24 42 55 - 9 chambres de 320 F à 500 F. Petit déjeuner : 45 F.

CAEN (14000) (P5-E3) — RESTAURANT LA BOURRIDE

15 Rue Vangueux - Michel BRUNEAU - Tél. : 02 31 93 50 76 - Fax : 02 31 93 29 63
Fermeture : 2/01-24/01, 18/08-4/09 ; dimanche et lundi. - Menus de 250 F à 600 F. Menu enfant : demi tarif

La Bourride. C'est dans le vieux Caen. C'est, dans une rue piétonne, une maison complètement exquise qui date du XVIIème siècle. On s'installe autour d'une très jolie table, dans une salle où rien ne cache les vieilles pierres qui dégagent une atmosphère chaleureuse, tranquille. On prend le temps de regarder les poutres anciennes avant de se pencher sur la carte. Elle est si belle et si riche, produits de la terre et de la mer, que l'on hésite. Mais Françoise revient qui conseille habilement et qui, sommelière experte, aide à choisir vins ou un de ces cidres rares qu'elle a su dénicher.
Salle restaurant de caractère, salle de séminaires, animaux, accès handicapés

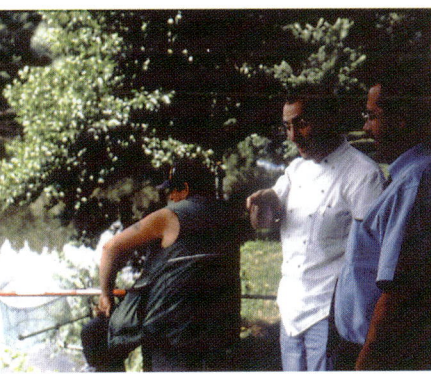

🇬🇧 La Bourride it is on the old Caen. It is in a pedestrian street, a beautiful house dated from the 17th C.Come to discover the warm welcome of Françoise Bruneau and the beautiful dining room with old stones and former beams. A rich card with traditional and sea products and rare ciders.

🇪🇸 La Bourride está en el viejo Caen. En una calle peatona, se destaca una delicada casa del siglo XVII con su bonito frente de entramado y toba, fiel representante de la tradición regional. Françoise Bruneau le acogerá alrededor de una encantadora mesa, en una sala con vigas antiguas y viejas piedras que dan una atmósfera cálida y tranquila. Rica carta con productos de la tierra y del mar. Françoise bodeguera experta, le ayudará a elegir vinos o una de sus raras sidras.

🇩🇪 La Bourride befindet sich in der Altstadt Caens. in der Fussgängerzone. Dieses äußert exquisite Fachwerkhaus datiert aus dem 17. Jh. Françoise Bruneau heisst Sie in dem netten Restaurant herzlich willkommen, wo die alten Steinmauern und Balken eine warme und ruhige Atmosphäre ausstrahlen. Reichhaltige Speisekarte von klassischen Produkten bis Meeresprodukten. Françoise berät Sie bekonnt bei der Auswahl an Weinen und seltenem Cidre.

14 CALVADOS

CLECY (14570) (P5-E3) — AUBERGE DU CHALET DE CANTEPIE

Table gastronomique

A 35 km de Caen. - Cantepie - Patrick CHARPENTIER - Tél. : 02 31 69 88 88 - Fax : 02 31 69 66 72
auberge.cantepie@wanadoo.fr - Fermeture : Dimanche soir et lundi hors saison. - Menus de 98 F à 189 F. Menu enfant : 65 F

Au coeur de la Suisse Normande, auberge typiquement normande tant par sa décoration que son service en costume régional. Cuisine fine et raffinée axée autour des produits du terroir. Spécialités : petite salade tiède de boudin et pommes flambée au Calvados, tripes au cidre, ris de veau en brioche, turban de sole farci à la Saint-Jacques, le Bourdelot. Restaurant galerie (exposition permanente de la saga Pissarro, sculptures de Philippe Gabriel Debois).
Terrasse, jardin, parking privé, salle restaurant de caractère, chèques vacances, animaux, accés handicapés

🇬🇧 In the heart of Swiss Normandy you will appreciate a regional cooking, in a typical inn decorated in the Norman style. Refined cooking made with traditional products.

🇪🇸 En el corazón de la Suiza Normande, una posada típicamente normanda tanto por su decoración, como por su personal de servicio en indumentaria regional. Refinada cocina hecha con productos locales. Restaurante-galería (exposición permanente de la saga Pissarro, esculturas de Philippe Gabriel Debois).

🇩🇪 Im Herzen der Normannischen Schweiz, charakteristisches Gasthaus, wegen seinem Dekor und seiner regionalen Tracht. Feine, erlesene Küche aus Landprodukten. (Permanente Ausstellung der Saga Pissaros).

DIVES SUR MER (14160) (P5-E3) — RESTAURANT GUILLAUME LE CONQUÉRANT

Table de Terroir

A 21 km de Caen. - 2 Rue d'Hastings - Nelly MARIE - Tél. : 02 31 91 07 26 - Fax : 02 31 91 07 26
Fermeture : 25/06-2/07 ; 26/11-25/12 ; dimanche soir et lundi. - Menus de 98 F à 232 F. Menu enfant : 65 F

Cet ancien Relais de Poste du XVIème siècle, à l'architecture typique, vous réservera le meilleur accueil et vous fera partager une cuisine de terroir. Aux beaux jours, vous profiterez de la grande cour et de la terrasse.
Spécialités : poissons, cuisine à base de pommes et pommeau.
Terrasse, salle restaurant de caractère, animaux, accés handicapés

🇬🇧 This ancient Post relay of the XVI century, will give the best accueil and you will be able to enjoy a traditional cooking.

🇪🇸 Esta antigua Parada del Correo del siglo XVI, con su típica arquitectura le brindará una excelente acogida y le hará compartir una cocina regional.

🇩🇪 Dieses alte Postgebäude aus dem 16. Jh. mit charakteristischer Architektur bereitet Ihnen einen herzlichen Empfang und bietet Ihnen eine regionale Küche. An schönen Tagen können Sie von dem großen Hof und der Terrasse profitieren.

CALVADOS

GOUPILLIÈRES (14210) (P5-E3) — AUBERGE DU PONT DE BRIE ★★

25 km au Sud de Caen, 6 km au Nord de Thury Harcourt. - "Halte de Grimbosq" - Thierry COTTAREL - Tél. : 02 31 79 37 84 Fax : 02 31 79 87 22 - Fermeture : 17/12 -8/02 ; lundi ; mardi hors saison. - Menus de 90 F à 240 F. Menu enfant : 50 F. Petit déjeuner : 35 F.7 chambres de 270 F à 360 F. Demi pension : de 275 F à 310 F

Sur les bords de l'Orne, cet établissement situé au calme, en lisière de forêt, vous offre un restaurant de charme et vous propose une cuisine légère et inventive dans un cadre raffiné, élégant et chaleureux. Spécialités : ballottine de pigeonneau farci au foie gras, jambonnette de poulet à la fondue de pommes.
Chambres avec bain ou douche +WC+TV : 7-8-9-10.
Terrasse, parking privé, garage fermé, salle restaurant de caractère, chèques vacances, animaux

At the edge of the Orne, this establishment located in a quiet place, at the edge of the forest, is offering a charming restaurant and offer a light and inventive cooking, refined, elegant and friendly.

A orillas del Orne, este establecimiento, situado en un lugar calmo, lindero a un bosque, le ofrece un encantador restaurante. Usted podrá saborear una cocina liviana y llena de imaginación, en un ambiente cálido y elegante.

Am Ufer der Orne, an einer Waldlichtung ruhig gelegen, bietet Ihnen das Restaurant eine leichte und ideenreiche Küche in einem feinen, eleganten und gemütlichen Rahmen.

HONFLEUR (14600) (P5-E3) — RESTAURANT LE CHAMPLAIN

6 Place Hamelin - Tél. : 02 31 89 14 91 - Menus de 98 F à 128 F

HONFLEUR (14600) (P5-E3) — HOSTELLERIE LECHAT ★★★

A 15 km de Deauville. - Place Sainte Catherine - Tél. : 02 31 14 49 49 - Menus de 149 F à 239 F. Menu enfant : 75/95 F. 23 chambres de 360 F à 850 F

HONFLEUR (14600) (P5-E3) — LE CHEVAL BLANC ★★★

2 Quai des Passagers - Tél. : 02 31 81 65 00 - 32 chambres de 449 F à 1100 F. Petit déjeuner compris

LISIEUX (14100) (P5-E3) — AZUR HÔTEL ★★★

15 Rue au Char - Tél. : 02 31 62 09 14 - 15 chambres de 300 F à 480 F. Petit déjeuner : 50 F

MERVILLE-FRANCEVILLE (14810) (P5-E3) — CHEZ MARION ★★★

A 5 km de Cabour. - 10 Place de la Plage - Tél. : 02 31 24 23 39 - Menus de 98 F à 250 F. Menu enfant : 60 F. Petit déjeuner : 45 F. 14 chambres de 260 F à 630 F. Demi pension de 290 F à 450 F. Etape VRP : 400 F

 # CALVADOS

OUILLY DU HOULEY (14590) (P5-E3) — RESTAURANT DE LA PAQUINE

A 10 km de Lisieux - Tél. : 02 31 63 63 80 - Menus de 178 F à 350 F

OUISTREHAM (14150) (P5-E3) — LE NORMANDIE ★★

A 12 km de Caen. - 71 Avenue Michel Cabieu - Tél. : 02 31 97 19 57 - Menus de 95 F à 359 F. Menu enfant : 55 F. 22 chambres de 250 F à 350 F

PORT EN BESSIN (14520) (P5-E3) — CHÂTEAU LA CHENEVIÈRE ★★★★

A Commes - Tél. : 02 31 51 25 25 - Menus de 180 F à 420 F. Menu enfant : 85 F. 21 chambres de 890 F à 2290 F

ST AUBIN SUR MER (14750) (P5-E3) — LE CLOS NORMAND LES PIEDS DANS L'EAU ★★

A 18 km de Caen. - 2 Promenade Guynemer - Françoise & Alain DELABARRE - Tél. : 02 31 97 30 47 - Fax : 02 31 96 46 23 closnormand@compuserve.com - www.closnormandhotel.com Fermeture : 1/11-1/04. - Menus de 78 F à 295 F. Menu enfant : 60 F. Petit déjeuner : 40 F. 31 chambres de 280 F à 460 F. Demi pension de 310 F à 365 F. Etape VRP de 320 F à 350 F

Venez découvrir cet établissement situé sur la digue face à la mer, avec sa terrasse au dessus du sable, abritée par des baies vitrées. Françoise et Alain sauront vous régaler de leurs spécialités : choucroute de la mer à la crème de ciboulette, jambonette de canard marinée au cidre, fruits de mer, délice aux 2 chocolats.
Chambres avec bain ou douche +WC+TV : Toutes.
Terrasse, jardin, parking privé, salle restaurant de caractère, salle de séminaires, chèques vacances, animaux, accès handicapés.

🇬🇧 Facing the sea, you will eat on the terrace, which is above the sand, sheltered by picture window, of this establishment. Françoise and Alain will be glad to make you savour their specialities.

🇪🇸 Venga a descubrir este establecimiento ubicado en el dique, frente al mar, con una terraza justo encima de la playa protegida de la arena por un ventanal. Françoise y Alain le harán saborear sus especialidades.

🇩🇪 Entdecken Sie dieses Haus mit Blick aufs Meer und seiner Terrasse gleich über dem Sand von großen Glaswänden geschützt. Françoise und Alain verwöhnen Sie mit ihren Spezialitäten.

ST GATIEN DES BOIS (14130) (P5-E3) — LE CLOS SAINT-GATIEN ★★★

Situé entre Deauville, Trouville et Honfleur (8 km). - 4 Rue des Bricoleurs - Tél. : 02 31 65 16 08 - Menus de 100 F à 390 F Menu enfant : 70 F. 60 chambres de 360 F à 860 F

CANTAL 15

AURILLAC (15000) (P8-G9) — GRAND HÔTEL SAINT PIERRE-LE POMMIER D'AMOUR ★★★
Table gastronomique

16 Cours Monthyon - Tél. : 04 71 48 00 24 - Menus de 88 F à 280 F. Menu enfant : 45 F. Petit déjeuner : 45 F. 35 chambres de 320 F à 680 F. Demi pension : 335 F. Etape VRP de 360 F à 410 F

AURILLAC (15000) (P8-G9) — GRAND HÔTEL DE BORDEAUX ★★★

2 Avenue de la République - Tél. : 04 71 48 01 84 - 33 chambres de 340 F à 590 F

MASSIAC (15500) (P9-H9) — GRAND HÔTEL DE LA POSTE ★★
Table de Terroir

26 Avenue du Général de Gaulle - Tél. : 04 71 23 02 01 - Menus de 75 F à 180 F. Menu enfant : 45 F. Petit déjeuner : 40 F. 32 chambres de 260 F à 440 F. Demi pension de 285 F à 320 F. Etape VRP : 310 F

PAILHEROLS (15800) (P8-H9) — AUBERGE DES MONTAGNES ★★
Table de Terroir

A 15 km de Vic sur Cère ; au Nord d'Aurillac. - André COMBOURIEU - Tél. : 04 71 47 57 01 - Fax : 04 71 49 63 83 aubdesmont@aol.com - www.auberge-des-montagnes.com Fermeture : 7/10-20 /12 (ouvert week-end de la Toussaint) ; mardi hors saison. - Menus de 80 F à 130 F. Menu enfant : 50 F. Petit déjeuner : 40 F.21 chambres de 230 F à 285 F. Demi pension de 225 F à 285 F. Etape VRP : 280 F

Une auberge de charme dans un village typique et tranquille. Un petit coin de paradis pour le repos, la gastronomie, le bien-être, les activités et la convivialité. C'est tout le charme d'autrefois au coeur de notre temps, des toits de lauzes, des murs épais et une grande cheminée où il fait bon se blottir. Spécialités : pavé de boeuf, pounti, truite saumonée feuilletée, tourte à l'oie, chou farci, truffade. Vin Côtes d'Auvergne.
Chambres avec bain ou douche +WC+TV : Toutes. Terrasse, jardin, parking privé, , piscine d'été, piscine d'hiver, salle restaurant de caractère, salle de séminaires, chèques vacances, animaux, accés handicapés

This region is the ideal place if you are fond of authenticity and nature above the cantalien volcano. You will taste, in this establishment, a cooking in harmony with the rustic environment.

Una encantadora posada en un pueblo típico y tranquilo. Un pequeño rincón de paraíso para el descanso, la gastronomía, el bienestar, las actividades y la convivencia. Todo el encanto de antaño en el corazón de nuestro tiempo, techos de Lauzes, gruesas paredes y una gran chimenea para acurrucarse.

Ein scharmantes Gasthaus in einem typischen und ruhigen Dorf. Ein kleines Stück Paradies für Erholung, Gastronomie, Wohlbefinden, Aktivitäten und Gastlichkeit. Der ganze Scharm von früher mitten in unserer Zeit, Schieferdächer, dicke Mauern und ein großer, gemütlicher Kamin.

SALERS (15140) (P9-H9) — RESTAURANT LES TEMPLIERS HÔTEL LE GERFAUT ★★★
Table de Terroir

A 48 km d'Aurillac - Tél. : 04 71 40 71 35 / 04 71 40 75 75 - Menus de 69 F à 180 F. Menu enfant : 40 F. Petit déjeuner : 40 F. 25 chambres de 220 F à 490 F. Demi pension de 250 F à 325 F. Etape VRP : 280 F

CANTAL — 15

ST CIRGUES DE JORDANNE (15590) (P9-H9) — LES TILLEULS ★★

A 15 km au Nord d'Aurillac. - Yvette FRITSCH - Tél. : 04 71 47 92 19 - Fax : 04 71 47 91 06 - hoteltilleuls@aol.com
Fermeture : Dimanche soir et lundi hors saison. - Menus de 80 F à 250 F. Menu enfant : 35 F. Petit déjeuner : 35 F.
14 chambres de 250 F à 300 F. Demi pension de 250 F à 270 F. Etape VRP : 260 F

Au coeur du Parc des Volcans d'Auvergne, Yvette FRITSCH et son fils vous accueillent dans leur demeure de style (une des meilleures tables de la région) avec beaucoup de jovialité et vous proposent une carte qui reflète les produits du terroir. Spécialités : magret de canard au miel de pissenlit, côte de porc au cantal et aux morilles. Grand éventail de vins.
Chambres avec bain ou douche +WC+TV : Toutes.
Terrasse, jardin, parking privé, garage fermé, piscine d'été, , salle restaurant de caractère, salle de séminaires, chèques vacances, animaux, accès handicapés restaurant

🇬🇧 Yvette FRITSCH and his son will cordialy welcome you in their establishment (one of the best table of the region) situated in the heart of the Volcano Park of Auvergne. You will savour there traditional cooking, made with local products.

🇪🇸 En el corazón del Parque de los Volcanes en Auvergne, Yvette FRITSCH y su hijo le acogen jovialmente en su establecimiento (una de las mejores mesas de la región) y le propondrán una carta a base de productos locales. Gran variedad de vinos.

🇩🇪 Mitten im Park der Vulkane der Auvergne, heißen Sie Yvette FRITSCH und ihr Sohn herzlich in ihrem Haus willkommen (einer der besten Tische der Region). Mit sehr viel Fröhlichkeit bieten Sie Ihnen eine Speisekarte an, die die regionalen Produkte wiederspiegeln.

ST CONSTANT (15600) (P8-G10) — AUBERGE DES FEUILLARDIERS

A 4 km de Maurs et 25 km de Figeac. - Pierre & Sylvie RATIER - Tél. : 04 71 49 10 06 - Fax : 04 71 49 11 43 -
Fermeture : 5/02-19/02 ; 22/08-5/09 ; mercredi hors saison. - Menus de 85 F à 285 F. Menu enfant : 60 F. Petit déjeuner : 45 F.
12 chambres de 130 F à 260 F

Venez faire une étape gourmande dans un petit village calme au coeur de la chataigneraie cantalienne. Dans un cadre chaleureux, vous dégusterez une cuisine savoureuse et inventive. Une très belle carte des vins accompagnera votre repas. Spécialités : plats à la châtaigne en saison, fricassée de ris d'agneau aux tagliatelles de légumes, darne de saumonette poêlée, coulis de poivrons au curry, suprême de pintade aux fruits des mendiants, chariot de fromages...
Chambres avec bain ou douche +WC+TV : 4-5-6-7-8-9.
Jardin, salle de séminaires, animaux restaurant

🇬🇧 Come to have a gastronomic halt in this little village located in the heart of a forest in the district of Cantal. You will discover a regional cooking of quality. Large choice of wine.

🇪🇸 Deténgase para una etapa golosa en un pueblito tranquilo, en el corazón del Cantal castañar. En un ambiente caluroso, usted podrá descubrir una cocina sabrosa e inventiva, acompañada con una excelente lista de vinos.

🇩🇪 Kommen und machen Sie einen Gourmetabstecher in diesen ruhigen, kleinen Ort im Herzen eines kantalonischen Kastanienwaldes. Genießen Sie eine geschmackvolle und einfallsreiche Küche, zur der eine sehr schöne Auswahl an Weinen serviert wird.

 **CHARENTE**

ASNIERES SUR NOUERE (16290) (P8-E8) — LE MOULIN DU MAINE BRUN ★★★

"La Vigerie" - A 10 km d'Angoulême - Tél. : 05 45 90 83 00 - Menus de 102 F à 205 F. Menu enfant : 55 F.
20 chambres de 590 F à 750 F

CHATEAUBERNARD (16100) (P8-E8) — L'ECHASSIER ★★★

A10 sortie St jean d'Angély ou Pons. - 72 Rue de Bellevue - Tél. : 05 45 35 01 09 - Menus de 128 F à 330 F. Menu enfant : 70 F.
21 chambres de 370 F à 510 F

Charme & Authenticité

 # CHARENTE-MARITIMES

LA COTINIÈRE ILE D'OLÉRON (17310) (P8-D8)　**L'ECAILLER** ★★★

A 2 km de Saint Pierre d'Oléron. - 65 Rue du Port - Tél. : 05 46 47 10 31 - Menus de 111 F à 399 F. Menu enfant : 61 F. Petit déjeuner : 46 F - 8 chambres de 375 F à 499 F. Demi pension de 410 F à 490 F

LE GUA (17600) (P8-D8)　**LE MOULIN DE CHALONS** ★★★

A 10 km de Royan. - 2 Rue du Bassin - Tél. : 05 46 22 82 72 - Menus de 165 F à 380 F. Menu enfant : 60 F. Petit déjeuner : 70 F. 15 chambres de 360 F à 550 F. Demi pension de 410 F à 550 F. Etape VRP : 380 F

PONS (17800) (P8-E9)　**HÔTEL DE BORDEAUX** ★★

A 20 km de Saintes. - 1 Avenue Gambetta - Tél. : 05 46 91 31 12 - Menus de 90 F à 290 F. Petit déjeuner : 40 F. 15 chambres de 220 F à 250 F

ROYAN (17200) (P8-D8)　**LE RELAIS DE LA MAIRIE**

1, rue du Chay - Tél. : 05 46 39 03 15 - Menus de 90 F à 190 F. Menu enfant : 48 F

ST LÉGER (17800) (P8-D8)　**LE RUSTICA**

Entre Saintes et Pons. - Le Grand Village - Francis BOUÉ - Tél. : 05 46 96 91 75 - Fax : 05 46 96 91 75
Fermeture : 14/02-28/02 ; 12/11-26/11 ; dimanche soir, lundi, mardi midi hors saison. - Menus de 89 F à 249 F. Menu enfant : 45 F. Petit déjeuner : 26 F. 4 chambres de 180 F à 250 F. Demi pension à 290 F. Etape VRP à 280 F

A la campagne, dans un cadre rustique et chaleureux, venez apprécier une cuisine généreuse de qualité. Spécialités : salade d'avocat aux crustacés sauce cognac, feuilleté de bar rôti aux épices douces, pavé de la garrigue. Grand choix de vins. Terrasse, parking privé, salle restaurant de caractère, salle de séminaires, animaux

🇬🇧 In the country side, in a rustic and warm setting, come to appreciate the generous cooking of quality large range of wines.

🇪🇸 En el campo, en un ambiente rústico y cálido, venga a apreciar una cocina generosa de calidad. Gran elección de vinos.

🇩🇪 Auf dem Land in einer rustikalen und warmen Umgebung, genießen Sie die großzügige, hervorragende Küche. Große Weinauswahl.

STE MARIE DE RÉ (17740) (P4-D7)　**ATALANTE** ★★★

Port Notre Dame - Tél. : 05 46 30 22 44 - Menus de 130 F à 240 F. Menu enfant : 80 F. 65 chambres de 435 F à 1160 F

CHER

ARGENT SUR SAULDRE (18410) (P5-G5) — RELAIS DE LA POSTE ★★★

Table gastronomique

D940 Au nord de Bourges. A 17 km de Gien. - 3 Rue Nationale - Tél. : 02 48 73 60 25 - Menus de 95 F à 340 F. Menu enfant : 65 F. 10 chambres de 195 F à 320 F

BANNEGON (18210) (P5-H7) — MOULIN DE CHAMÉRON ★★★

Table gastronomique

A 22 km de Saint Amand Montrond - Tél. : 02 48 61 83 80 - Menus de 130 F à 200 F. Menu enfant : 60 F. 12 chambres de 380 F à 520 F

SANCERRE (18300) (P5-H6) — RESTAURANT LA TOUR

Table gastronomique

A 10 km de Cosne sur Loire. - 31 Nouvelle Place - Daniel FOURNIER - Tél. : 02 48 54 00 81 - Fax : 02 48 78 01 54
info@la-tour-sancerre.fr - www.la-tour-sancerre.fr - Ouvert toute l'année
Menus de 90 F à 260 F. Menu enfant : 85 F

C'est dans un cadre raffiné et élégant, au sein de cette demeure de caractère que Daniel Fournier et son équipe vous réservera le meilleur accueil et vous fera partager ses spécialités : fondant de pied de porc aux escargots du Berry et son beurre d'herbes, dos de sandre poêlé au vin blanc de Sancerre et jeunes poireaux au beurre salé.

Terrasse, salle restaurant de caractère, salle de séminaires, chèques vacances, climatisation, animaux, accès handicapés

🇬🇧 It is in a refined setting, within an house of character that Daniel Fournier and his team will reserve you the best welcome and will share with you their specialities.

🇪🇸 Es en este ambiente fino y elegante, en el seno de esta típica morada que Daniel Fournier y su equipo le brindarán una excelente acogida y le harán compartir sus especialidades.

🇩🇪 In vornehmem und elegantem Ambiente empfängt Sie Daniel Fournier und sein Team in diesem charaktervollen Haus und serviert Ihnen die Spezialitäten des Hauses.

VOUZERON (18330) (P5-G6) — LE RELAIS DE VOUZERON ★★★

Table de Terroir

A 14 km de Vierzon et 20 km de Bourges. - 2 Place de l'Eglise - Tél. : 02 48 51 61 38 - Menus de 125 F à 210 F. Menu enfant : 60 F. 8 chambres de 260 F à 360 F

CORREZE

ARGENTAT (19400) (P8-G9) — HÔTEL FOUILLADE ★★

A 52 km de Brive et d'Aurillac. - 11 Place Gambetta - Michel & Véronique FOUILLADE - Tél. : 05 55 28 10 17
Fax : 05 55 28 90 52 - Fermeture : 12/11-5/12 ; vacances de février ; lundi hors saison (restaurant). - Menus de 75 F à 195 F.
Menu enfant : 40 F. Petit déjeuner : 35 F.14 chambres de 145 F à 285 F. Demi pension de 175 F à 230 F. Etape VRP de 290 F à 310 F

Argentat, petite ville calme au bord de la Dordogne. C'est la 4ème génération de la famille Fouillade qui vous accueillera au sein de sa maison centenaire dans une ambiance familiale avec un cadre rustique et vous fera découvrir une cuisine traditionnelle. Spécialités : croustade aux girolles, foie gras frais maison, ris de veau limousine, cèpes farcis à la crème de morilles, sandre à la crème, soufflé au Grand-Marnier, flognarde corrézienne. Chambres avec bain ou douche +WC+TV : 2-4 à 11-20. Terrasse, salle restaurant de caractère, salle de séminaires, chèques vacances, animaux, accés handicapés restaurant

🇬🇧 Argentat, little town on the edge of the dodogne. The 4th generation of the Fouillade's family will welcome you in its hundre-year-old house with a family atmosphere and a rustic setting. You will discover traditional cooking.

🇪🇸 Argentat, es una pequeña ciudad tranquila a orillas del Dordogne. La cuarta generación de la familia Fouillade le acogerá en el seno de su casa centenaria, en un ambiente familiar, rústico y le hará descubrir las especialidades de una cocina tradicional.

🇩🇪 In einer familiären Atmosphäre mit rustikalem Rahmen und traditioneller Küche, heißt Sie schon seit 4 Generationen die Familie FOUILLADE herzlich willkommen und verwöhnt Sie mit ihren Spezialitäten.

SADROC (19270) (P8-G9) — RELAIS DU BAS LIMOUSIN ★★★

A20 sortie 46 et 47, D920 entre Brive et Uzerche. 17 km de Brive. - La Fonsalade - Raymond BESANGER - Tél. : 05 55 84 52 06
Fax : 05 55 84 51 41 - Fermeture : Dimanche soir et Lundi midi. - Menus de 82 F à 260 F. Menu enfant : 50 F. Petit déjeuner : 36 F.
22 chambres de 230 F à 390 F. Demi pension de 240 F à 300 F. Etape VRP de 320 F à 350 F

Cette auberge familiale aux murs blancs et toit d'ardoise vous propose une cuisine de haute tradition à base de bons produits faisant découvrir le répertoire de la gastronomie corrézienne. Pour votre confort, parc et piscine sont à votre disposition et vous donneront envie de prolonger votre séjour. Spécialités : veau de lait fermier du Limousin, chevreau à l'oseille en saison, boeuf limousin, tarte à l'envers à la Limousine. Vins de Bergerac et de la Corrèze.
Chambres avec bain ou douche +WC+TV : Toutes. Terrasse, jardin, parking privé, garage fermé, piscine d'été, , salle restaurant de caractère, salle de séminaires, chèques vacances, animaux

🇬🇧 This familial inn with white walls and slate, grey roof is offering a high traditional cooking, made of local products, to make you uncover the correzian gastronomy. For your comfort, a park and a swimming pool are at your disposal and will urge your to stay longer.

🇪🇸 Esta posada familiar con paredes blancas y techo de pizarra le brinda una cocina tradicional a base de buenos productos. Usted podrá descubrir el repertorio de la gastronomía corrézienne. A su disposición : un parque y una piscina. Usted tendrá ganas de prolongar su estancia.

🇩🇪 Dieses familiäre Gasthaus mit weißen Mauern und Schindeldach bietet Ihnen eine hochtraditionelle Küche aus besten Produkten, die Sie das gastronomische Repertoire der Corrèze entdecken lässt. Park und Schwimmbad machen Ihnen sicher Lust Ihren Aufenthalt zu verlängern.

CORREZE

ST MERD DE LAPLEAU (19320) (P8-G9) — RENDEZ VOUS DES PÊCHEURS ★★

A 30 km d'Argentat. - Pont du Chambon - Sylvette FABRY - Tél. : 05 55 27 88 39 - Fax : 05 55 27 83 19 - fabry@medianet.fr www.medianet.fr/fabry Fermeture : 12/11-12/02 ; vendredi soir et samedi midi du 1/10 au 30/03. - Menus de 80 F à 210 F. Menu enfant : 50 F. Petit déjeuner : 38 F. 8 chambres de 240 F à 270 F. Demi pension de 260 F à 310 F. Etape VRP : 300 F

Située en pleine campagne, au bord de la Dordogne, cette coquette maison tenue par trois générations de femme vous propose des chambres entièrement rénovées, décorées avec soin, au confort d'aujourd'hui et une cuisine authentique à base de produits du terroir. Spécialités : marbré de foie gras et magret aux pruneaux, sandre beurre blanc, poêlée de lotte et endives aux parfums d'orange et coriandre, mousse de noix glacée et crème anglaise.
Chambres avec bain ou douche +WC+TV : Toutes.
Terrasse, jardin, parking privé chèques vacances, animaux

Situated in country side, on the edge of the Dordogne, this house run by 3 generations of women, offers comfortable renovated rooms and authentic cooking with traditional products.

En pleno campo, a orillas del Dordogne, esta bonita casa mantenida por tres generaciones de mujeres le propone habitaciones totalmente renovadas, decoradas con esmero, con el confort de hoy día y una auténtica cocina a base de productos regionales.

Mitten auf dem Lande, an der Dordogne, bietet Ihnen dieses nette Haus, das sich seit drei Generationen in Frauenbesitz befindet, komfortable, komplet renovierte Zimmer und eine authenische, regionale Küche.

ST PARDOUX L'ORTIGIER (19270) (P8-G9) — SOPH' MOTEL ★★★

Tulle (D920) et Brive (N20) : 18 km. A20 sortie 46. - La Croix de Fer - Patrick BERGAUD - Tél. : 05 55 84 51 02 Fax : 05 55 84 50 14 - www.sophmotel.fr Fermeture : 23/12-14/01 ; restaurant : dimanche soir et lundi midi (15/09 au 30/05). - Menus de 100 F à 149 F. Menu enfant : 45 F. Petit déjeuner : 40 F.23 chambres de 250 F à 700 F (suite). Demi pension de 350 F à 450 F. Etape VRP de 295 F à 340 F

Dans un cadre reposant, au sein d'un environnement boisé avec parc et aire de jeux pour les enfants, M. Bergaud vous accueillera chaleureusement. Il vous fera déguster ses spécialités et composera également pour vous un menu minceur régulièrement renouvelé. Spécialités : foie gras frais mi-cuit au cognac du chef, boudin de canard aux pommes de pays et copeaux de foie gras.
Chambres avec bain ou douche +WC+TV : Toutes.
Terrasse, jardin, parking privé, , piscine d'été, , salle restaurant de caractère, salle de séminaires, tennis, chèques vacances, canal+, TV satellites, animaux, accès handicapés

In a relaxing setting, in a wooded environment with a parc and paly area for children, Mr. BERGAUD will warmly welcome you and make you taste his home made specialities. He will also make a diet meal regularly review.

En un ambiente calmo, arbolado con un parque y una área de juego para los niños, el Sr. BERGAUD le dará una calurosa acogida y le hará saborear sus especialidades. Posibilidades de un menú-régimen renovado regularmente.

M. BERGAUD empfängt Sie ganz herzlich und wird Sie mit den Spezialitäten des Hauses köstlich bewirten. Er stellt für Sie auch in regelmäßig wechselndes Schlankheitsmenü zusammen.

USSAC (19270) (P8-G9) — LE PETIT CLOS ★★★

Le Pouret - A 7 km de Brive - Tél. : 05 55 86 12 65 - Menus de 100 F à 240 F. Menu enfant : 70 F.
7 chambres de 380 F à 500 F

CORSE

AJACCIO (20000) (P10-M12) — DOLCE VITA ★★★★

Table de prestige

A 8 km d'Ajaccio - Route des Sanguinaires - Tél. : 04 95 52 42 42 - Menus de 220 F à 300 F. Menu enfant : 150 F. 32 chambres de 890 F à 1235 F (en double basse saison)

AJACCIO (20000) (P10-M12) — EDEN ROC ★★★★

Table gastronomique

Route des Iles Sanguinaires - Tél. : 04 95 51 56 00 - Menus à 200 F. 40 chambres de 400 F à 1350 F

QUENZA (20122) (P10-M13) — SOLE E MONTI ★★

Table gastronomique

47 km Nord-Ouest Porto-Vecchio après Zonza. - Au village - Félicien BALESI - Tél. : 04 95 78 62 53 - Fax : 04 95 78 63 88 sole.e.monti@wanadoo.fr - Fermeture : 15/10-1/05 ; lundi (restaurant sauf pensionnaires). - Menus de 150 F à 250 F. Menu enfant : 65 F. Petit déjeuner : 50 F. 20 chambres de 400 F à 600 F. Demi pension de 400 F à 750 F

Quenza, village de montagne du Sud de la Corse, situé au pied des Aiguilles de Bavella, c'est le centre de départ de randonnées en montagne. L'auberge jouit d'une excellente réputation et la clientèle peut y déguster : charcuterie locale, cochon de lait, gibier, agneau ou cabri, desserts régionaux...Membre Eurotoques. Chambres avec bain ou douche +WC+TV : Toutes.
Terrasse, jardin, parking privé, salle restaurant de caractère, chèques vacances, animaux hôtel

🇬🇧 Situated down the Aiguilles de Bavella, mountain village of the South Corse, this inn of an excellent reputation is an ideal place for mountain hiking, or to savour delicatessen.

🇪🇸 Quenza pueblo de montaña del Sur de la Corse, al pie de las Aiguilles de Bavella es el centro de partida de senderismos en montaña. Esta hostería goza de una excelente reputación, usted podrá saborear sus especialidades.

🇩🇪 Quenza, ein Bergdorf im Süden Korsikas, am Fuß der Aiguille de Bavella, ist der Ausgangspunkt für verschiedene Bergtouren. Das Gasthaus erfreut sich eines ausgezeichneten Rufs.

ST FLORENT (20217) (P10-M11) — RESTAURANT LA RASCASSE

Table gastronomique

A l'Ouest de Bastia (25 km) après Patrimonio. - Esplanade du Port - Eugène SCHNEIDER - Tél. : 04 95 37 06 99 Fax : 04 95 37 06 99 - Fermeture : 1/10-31/03 ; Lundi hors saison. - Menus de 120 F à 150 F

Venez découvrir cet établissement situé sur le port, avec terrasse panoramique, qui ne travaille que des produits frais et de première qualité. Spécialités des produits de la mer : civet de lotte, velouté de rascasse, beignets de moules.
Terrasse, salle restaurant de caractère, salle de séminaires, climatisation, accès handicapés

🇬🇧 The panoramic terrace of this restaurant situated on the harbour of Saint-Florent is the ideal place to savour fresh seafood of quality.

🇪🇸 Venga a descubrir este establecimiento ubicado en el puerto, con terraza panorámica. Las preparaciones culinarias son a base de productos frescos y de primera calidad. Especialidades con productos del mar.

🇩🇪 Entdecken Sie dieses Gasthaus am Hafen mit Panoramaterrasse, wo nur erstklassige und frische Produkte, vor allem aus dem Meer verwendet werden.

CORSE

ZONZA (20124) (P10-M13) — HÔTEL LE TOURISME ★★

A 38 km de Porto Vecchio, Propiano. - Route de Quenzac - Denis BERTINI - Tél. : 04 95 78 67 72 - Fax : 04 95 78 73 23
Fermeture : 30/10-31/03. - Menus de 100 F à 185 F. Menu enfant : 95 F.
Petit déjeuner : 45 F. 12 chambres de 320 F à 480 F. Demi pension de 640 F à 780 F

Situé au calme, à 35 mn de la mer, cet établissement de charme vous propose des chambres entièrement équipées, une cuisine traditionnelle de terroir et vous offre une très belle vue sur la forêt de Zonza. Spécialités : charcuterie maison, stuffata à la corse, omelette au brucciu, desserts du terroir.
Chambres avec bain ou douche +WC+TV : Toutes.
Terrasse, jardin, parking privé, salle restaurant de caractère, salle de séminaires, ascenseur, animaux

Situated in calm, at 35 mn of the sea, this establishment is offering all equipped bedrooms, a traditional cooking and a wonderful view on the Zonza's forest.

Este establecimiento, situado en un lugar tranquilo, a 35 min. del mar, le brinda habitaciones completamente equipadas, una cocina tradicional, regional y una bellísima vista del bosque de Zonza.

Dieses Haus bietet Ihnen vollständig ausgestattete Zimmer, traditionelle ländliche Küche und einen sehr schönen Blick auf den Wald von Zonza.

Le Guide des quatre saisons

www.tables-auberges.com ➔ réservation gratuite (0% de commission)

21. CÔTE D'OR

ARNAY LE DUC (21230) (P6-J6)

CHEZ CAMILLE ★★★
Table gastronomique

A 32 km de Beaune. - 1 Place Édouard Herriot - Tél. : 03 80 90 01 38 - Menus de 108 F à 498 F. Menu enfant offert moins de 11 ans. Petit déjeuner : 55 F. 11 chambres à 450 F. Demi pension : 905 F (2 pers.)

BAUBIGNY (21340) (P6-J6)

AUBERGE DU VIEUX PRESSOIR
Table gastronomique

A 7 km de Nolay. - Hameau d'Evelle - Serge DEMOLLIERE - Tél. : 03 80 21 82 16 - Fax : 03 80 21 82 16
Fermeture : Vacances de février ; Noël ; 2/01-20/01 ; lundi midi, mardi midi et mercredi. - Menus de 95 F à 230 F. Menu enfant : 45 F

Cette auberge située dans un magnifique paysage de vignoble à deux pas du château de la Rochepot vous réserve un accueil chaleureux et gourmand en tenue bourguignonne. Menus végétariens sur demande. Spécialités : foie gras maison, saumon fumé, œufs en meurette.
Salle restaurant de caractère, chèques vacances, animaux

🇬🇧 This inn situated in the magnificent landscape of wineyard at 2 steps of the Rochepot's castle, reserves you a warm welcome in Burgundi.

🇪🇸 Este hotel situado en un magnífico paisaje de viñedos, a dos pasos del castillo de la Rochepot le propone una acogida calurosa y gastronómica, con su personal en indumentaria borgoñona. Menús vegetarianos por encargo.

🇩🇪 Dieses Gasthaus in einer wunderschönen Weingegend, ganz in der Nähe des Châteaus de la Rochepot gelegen, heißt Sie in der Bourgogne recht herzlich willkommen. Vegetarische Küche auf Anfrage.

BEAUNE-CHOREY LES BEAUNE (21200) (P6-J6)

ERMITAGE DE CORTON ★★★★
Table gastronomique

A 3 km de Beaune. - RN 74 à Chorey les Beaune - Tél. : 03 80 22 05 28 - Menus de 235 F à 760 F. Menu enfant : 100 F.
9 chambres de 950 F à 1800 F

CHAMBOLLE-MUSIGNY (21220) (P6-J6)

CHÂTEAU-HÔTEL ANDRÉ ZILTENER ★★★★

A 20 km de Beaune et de Dijon. - Rue de la Fontaine - Tél. : 03 80 62 41 62 - 10 chambres de 990 F à 1980 F. Petit déjeuner : 80 F

DIJON (21000) (P6-J6)

RESTAURANT THIBERT
Table de prestige

10 Place Wilson - Tél. : 03 80 67 74 64 - Menus de 140 F à 450 F

DIJON (21000) (P6-J6)

HÔTEL LIBERTEL PHILIPPE LE BON ★★★
Table gastronomique

18 Rue Sainte Anne - Tél. : 03 80 30 73 52 - Menus de 170 F à 270 F. Menu enfant : 100 F.
29 chambres de 370 F à 490 F

CÔTE D'OR

DIJON (21000) (P6-J6) — HÔTEL WILSON ★★★

1 Rue de Longvic - Tél. : 03 80 66 82 50 - 27 chambres de 370 F à 520 F. Petit déjeuner : 59 F

LAMARCHE SUR SAÔNE (21760) (P6-J6) — HOSTELLERIE LE SAINT ANTOINE ★★

Table gastronomique

32 km Est Dijon D70+D961. A 9 km d'Auxonne. - 32 Rue de Franche Comté - Jean-Pierre JAGLA - Tél. : 03 80 47 11 93
Fax : 03 80 47 13 56 - Ouvert toute l'année. - Menus de 150 F à 220 F. Menu enfant : 52 F. Petit déjeuner : 52 F.
12 chambres de 300 F à 350 F. Demi pension de 295 F à 335 F. Etape VRP : 360 F

Dans un cadre de verdure (parc de 2 ha donnant sur la rivière, ancre pour bateaux de plaisance) cette auberge de caractère vous réservera le meilleur accueil. Spécialités : sandre au Noilly, écrevisses, goujons et grenouilles fraîches, cuisine de plantes. Sur place sauna, thalasso, balnéo, piscine chauffée, salle de mise en forme, jeux d'enfants. Vins : Gertrey Chambertin, Chablis.
Chambres avec bain ou douche +WC+TV : Toutes. Petit déjeuner buffet Terrasse, jardin, parking privé, piscine d'été, salle restaurant de caractère, salle de séminaires, Menu Gourmand, animaux restaurant, accès handicapés hôtel

🇬🇧 In a setting of greenery, the Hostellerie Saint Antoine will welcome you and make you taste its specialities. You will be able to relax in the spa.
🇪🇸 En un ambiente verde (parque de 2 ha.que da al río, lugar de anclaje para barcos de recreo), esta típica posada le brindará una cálida acogida y le hará descubrir sus especialidades. En el mismo lugar : sauna, talo y balneoterapia, piscina climatizada, sala para estar en forma, juego para niños, alquiler de BTT, jardín botánico. Vinos : Gertrey Chambertin, Chablis.
🇩🇪 Mitten im Grünen (Park 2ha, Bach, Ankerplatz für Freizeitboote) werden Sie in diesem charaktervollen Haus mit ausgezeichneten Spezialitäten empfangen.

LEVERNOIS (21200) (P6-J6) — HOSTELLERIE DE LEVERNOIS ★★★★

Table de prestige

A 5 km de Beaune. - Route de Combertaut - Tél. : 03 80 24 73 58 - Menus de 150 F à 680 F. Menu enfant : 100 F.
16 chambres de 950 F à 1950 F

MEURSAULT (21190) (P6-J6) — HÔTEL-RESTAURANT LE CHEVREUIL ★★

Table gastronomique

A 5 km de Beaune. A6 N74.- Place de l'Hôtel de Ville - Albane & Denis PARIZE - Tél. : 03 80 21 23 25 - Fax : 03 80 21 65 51
le.chevreuil@wanadoo.fr - www.le.chevreuil.free.fr Fermeture : 15/12-15/01 ; mercredi et jeudi midi. - Menus de 100 F à 260 F.
Menu enfant : 40 F. Petit déjeuner : 38 F. 16 chambres de 190 F à 345 F. Demi pension de 205 F à 295 F. Etape VRP : 295 F

Le Chevreuil vous accueillera dans un cadre chaleureux fidèle à la tradition bourguignonne et vous fera découvrir sa cuisine gastronomique et du terroir en harmonie avec les vins de la région (Bourgogne, Meursault). Spécialités : turbot cuit à l'arrête miel d'épices préparé et fumet au Meursault rouge, foie gras poêlé servi froid caramel de Maury.
Chambres avec bain ou douche +WC+TV : Toutes.
Terrasse, parking privé, garage fermé, salle restaurant de caractère, salle de séminaires, chèques vacances, animaux, accès handicapés restaurant

🇬🇧 The Chevreuil will welcome you in friendly setting traditional and let you discover its gastronomic cooking in harmony with a wine list of the region (Bourgogne, Meursault).
🇪🇸 Le Chevreuil le acogerá en un cálido ambiente, fiel a la tradición borgoñona y le hará descubrir su cocina gastronómica y local que se armoniza con los vinos de la región (Bourgogne, Meursault).
🇩🇪 Le Chevreuil empfängt Sie nach burgundischer Tradition in einem herzlichen Rahmen und verwöhnt Sie mit seiner ländlichen und gastronomischen Küche und den passenden Weinen der Region.

www.tables-auberges.com ➡ réservation gratuite (0% de commission)

 **CÔTE D'OR**

Table gastronomique

MEURSAULT (21190) (P6-J6) — LE RELAIS DE LA DILIGENCE

A 7 km de Beaune. - 23 Rue de la Gare - Gérard LEJEUNE - Tél. : 03 80 21 21 32 - Fax : 03 80 21 64 69
Fermeture : 5/12-15/01 ; mardi soir et mercredi hors saison. - Menus de 86 F à 250 F. Menu enfant : 50 F

Dans un cadre chaleureux et convivial, en pleine campagne avec vue sur les coteaux, Gérard LEJEUNE et son équipe se feront un plaisir de préparer pour vous leurs spécialités : cassolette d'escargot, trilogie de foie gras, filet de sandre au vin rouge, flan au bleu de bresse ronde d'escargots.
Terrasse, parking privé, salle de séminaires, chèques vacances, animaux, accès handicapés

In a warm and convivial setting, in the country side with view on hillside, Gérard LEJEUNE and his team will be glad to cook you their specialities.

En un ambiente cálido y convivial, en pleno campo con vista a las colinas, Gérard LEJEUNE y su equipo tendrán el placer de prepararle sus especialidades.

In einem warmen und freundlichen Rahmen, auf dem Land mit Blick auf die Hänge, freuen sich G. LEJEUNE und sein Team, Sie mit ihren Spezialitäten zu verwöhnen.

MONTAGNY LES BEAUNE (21200) (P6-J6) — HÔTEL LE CLOS ★★

A 3 km de Beaune. - Rue des Gravières - Alain et Christiane OUDOT - Tél. : 03 80 25 97 98 - Fax : 03 80 24 21 19
Fermeture : 25/11-25/01. - 24 chambres de 330 F à 600 F. Petit déjeuner : 40 F

A quelques kilomètres de Beaune, dans un petit village bourguignon, cette demeure du XVIIIème siècle, entièrement rénovée, vous propose le charme, l'authenticité et le confort. Ouverture prévue le 1/07/2001. Avant cette date, pour toute réservation ultérieure, téléphoner au 03 80 24 63 00.
Chambres avec bain ou douche +WC+TV : Toutes. Petit déjeuner buffet.
Terrasse, jardin, parking privé, salle restaurant de caractère, salle de séminaires, accès handicapés

At a few kilometers of Beaune, in a charming village, this house of the 18th century, offers you charm, authenticity and comfort. Opening planed the 1/07/2001. Before this date, for all reservation, phone at 03 80 24 63 00.

A algunos kilómetros de Beaune, en un pueblito borgoñón, esta morada del siglo XVIII, totalmente renovada, le brinda encanto, autenticidad y comodidad. Apertura prevista el 1/07/2001. Antes de esta fecha, para toda reservación posterior, telefonear al 03 80 24 63 00.

Einige Kilometer von Beaume, in einem kleinen Dorf der Bourgogne gelegen, bietet dieses komplet renovierte Haus aus dem 18. Jh. Charme, Authentizität und Komfort. Geplante Eröffnung am 1/07/2001. Für jegliche Reservierung vor diesem Datum: Tel. 03 80 24 63 00.

CÔTE D'OR

NOLAY (21340) (P6-J6) — HÔTEL-RESTAURANT DU PARC ★★

A 20 km de Beaune (D973). - 3 Place de l'Hôtel de Ville - Marie-France BARREAUX - Tél. : 03 80 21 78 88 Fax : 03 80 21 86 39 - Fermeture : 30/11-15/03. - Menus de 79 F à 350 F. Menu enfant : 50 F. Petit déjeuner : 40 F. 14 chambres de 290 F à 488 F. Demi pension de 290 F à 376 F. Etape VRP de 380 F à 420 F

Cet ancien Relais de Poste du XVIème siècle, restauré avec goût, vous réserve un accueil chaleureux. Magnifique cour intérieure. Vous y apprécierez une cuisine à l'ancienne à la fois régionale et gastronomique qui enchante plus d'un palais. Spécialités : foie gras frais poêlé à la compotée d'oignons au miel, jambon persillé maison, cuisses de grenouilles à la chablisienne et pointes d'asperges. Animaux acceptés en terrasse. Belle carte des vins de Bourgogne.
Chambres avec bain ou douche +WC+TV : Toutes. Terrasse, jardin, parking privé, garage fermé, salle restaurant de caractère, salle de séminaires, chèques vacances, Menu Gourmand, animaux terrasse, hôtel, accès handicapés restaurant

This ancient postal's relay of the XVIth century, renovated with taste, is reserving you a warm welcome. Magnificient inner courtyard. You will be able to appreciate an ancient cooking at the same time, regional and gastronomic, that will delight your palate.

Esta anciana Parada del Correo del siglo XVI, restaurada con gusto, le brindará una acogida calurosa. Magnifico patio interior. Usted apreciará una cocina de antaño a la vez regional y gastronómica, que encantará a más de un paladar. Excelente carta de vinos de Borgoña.

In dieser alten Poststation aus dem 16.Jh., mit Geschmack restauriert, werden Sie herzlich empfangen. Herrlicher Innenhof. Sie genießen eine Küche von früher, regional und gastronomisch, die mehr als einen Gaumen erfreut. Tiere auf der Terrasse erlaubt.

NUITS ST GEORGES (21700) (P6-J6) — HÔTEL-RESTAURANT LE SAINT GEORGES ★★

A31 sortie Nuits Saint Georges. Dijon et Beaune à 20 km - Carrefour de l'Europe - Yvette & Jean-Claude ROBYN Tél. : 03 80 62 00 62 Fax : 03 80 61 23 80 - hotel-saint-georges@wanadoo.fr - www.le-saint-georges.fr - Ouvert toute l'année. - Menus de 132 F à 277 F. Menu enfant : 50 F. Petit déjeuner : 50 F. 47 chambres de 295 F à 355 F. Demi pension de 485 F à 525 F. Etape VRP : 395 F

Au coeur des prestigieux vignobles de la Côte d'Or, cet établissement moderne et confortable vous propose une cuisine bourguignonne de qualité offrant tout le talent d'un jeune chef accompagné d'un service approprié. La cave, prestigieuse, vous permettra de déguster les plus grands crus de cette région. Spécialités : pigeonneau rôti à la goutte de sang, jus à la truffe et gratin maintenon, foie gras de canard confit en lobe caramel au ratafia
Chambres avec bain ou douche +WC+TV : Toutes. Petit déjeuner buffet. Terrasse, jardin, parking privé, garage fermé, piscine d'été, salle restaurant de caractère, salle de séminaires, tennis, chèques vacances, canal+, TV satellites, animaux

Situated in the heart of the famous Côte d'Or wineyard, this modern and comfortable establishment proposes a talented cooking of quality. The prestigious cellar offers great wines of the region.

Establecimiento moderno y confortable, ubicado en el corazón de los prestigiosos viñedos de la Costa de Oro. Su joven y talentoso jefe, acompañado de un servicio adecuado, le propone una cocina borgoñona de calidad. Usted podrá probar en su prestigiosa bodega, los más grandes caldos de esta región.

Dieses moderne und komfortable Gasthaus mitten in den Weinbergen der Côte d'Or, bietet Ihnen die auserlesene Küche des talentierten Chefkochs und beste Bedienung.

21. CÔTE D'OR

POUILLY EN AUXOIS (21320) (P6-J6) — HOSTELLERIE DU CHÂTEAU DE STE SABINE ★★★
Table de Terroir

A 6 sortie Pouilly en Auxois. A 30 km de Beaune. - Sainte Sabine - M. GILINSKY - Tél. : 03 80 49 22 01 - Fax : 03 80 49 20 01 - chateau-ste-sabine@wanadoo.fr - www.ifrance.com/chste-sabine Fermeture : 3/01-23/02. - Menus de 150 F à 350 F. Menu enfant : 85 F. Petit déjeuner : 50 F.16 chambres de 330 F à 1180 F. Demi pension de 382 F à 773 F. Etape VRP de 450 F à 600 F. Duplex : 1280 F

Ce château du XVIIème siècle au cadre raffiné, vous réservera de vrais instants de bonheur et de détente dans le calme apaisant d'un parc de 8 ha agrémenté d'animaux. Selon votre choix, la table sera gastronomique ou traditionnelle et Didier GéRBAUD, Chef de Cuisine préparera pour vous les meilleures spécialités : escargots à la bourguignonne, magret de canard aux baies de cassis, sandre en pochouse, délice aux chocolats doux et amer, miroir au cassis, le tout accompagné des meilleurs crus de Bourgogne. Chambres avec bain ou douche +WC+TV : Toutes. Terrasse, jardin, parking privé, piscine d'été, salle restaurant de caractère, salle de séminaires, ascenseur, accès handicapés

🇬🇧 In that luxurious castle of the XVIIth century in the middle of the country side, you will be offered a pleasant and a relaxing stay in the quiet setting of a grounds of 8ha with pets. You will be able to choose between gastronomic or traditional cooking and Didier Gerbaud will offer you his best specialities.

🇪🇸 Este castillo del siglo XVII con su refinado ambiente, le brindará verdaderos momentos de alegría y de reposo en la calma de un parque de 8 ha, con la presencia de algunos animales. Según su elección, la mesa será gastronómica o tradicional. Didier GéRBAUD, Jefe de cocina preparará para usted sus mejores especialidades.

🇩🇪 Im vornehmen Ambiente dieses Schlosses aus dem 18.Jh. erleben Sie echte Momente von Glück und Entspannung in der friedlichen Ruhe eines 8ha großen Parks. Sie haben die Wahl zwischen gastronomischen und traditionellen Gerichten, die der Chefkoch, D. GERBAUD, für Sie zubereitet.

PULIGNY-MONTRACHET (21190) (P6-J6) — LE MONTRACHET ★★★
Table gastronomique

A 12 km de Beaune. - 10 Place des Marronniers - Tél. : 03 80 21 30 05 - Menus de 215 F à 435 F. Menu enfant : 90 F. 32 chambres à 550 F

SAVIGNY LES BEAUNE (21420) (P6-J6) — HÔTEL-RESTAURANT L'OUVRÉE ★★
Table de Terroir

A 5 km au Nord-Ouest de Beaune. - Route de Bouilland - Alain PIERRAT - Tél. : 03 80 21 51 52 - Fax : 03 80 26 10 04 Fermeture : 1/02-13/03. - Menus de 90 F à 230 F. Menu enfant : 60 F. Petit déjeuner : 37 F. 22 chambres de 310 F à 350 F. Demi pension de 580 F à 620 F (2 Pers.). Etape VRP : 370 F

Venez découvrir le calme et le confort de cet établissement, le restaurant typique bourguignon vous fera apprécier sa cuisine traditionnelle soignée. Dégustation dans les caves. Vignes dans le Domaine. Spécialités : coq au vin, oeufs en meurette, cassolette d'escargots de Bourgogne, entrecôte marchande de vin. Chambres avec bain ou douche +WC+TV : Toutes. Petit déjeuner buffet. Terrasse, jardin, parking privé, salle restaurant de caractère, chèques vacances, animaux, accès handicapés

🇬🇧 Come to discover this peaceful and quiet establishment as well as comfortable, the restaurant has a traditional cooking particulary well done. Wine tasting in the cellar.

🇪🇸 Venga a descubrir la tranquilidad y el confort de este establecimiento. Usted podrá apreciar la esmerada cocina tradicional de este típico restaurante borgoñon. Catadura en las bodegas.

🇩🇪 Entdecken Sie die Ruhe und den Komfort dieses Hauses, wo Sie im typisch burgundischen Restaurant eine gepflegte traditionelle Küche schätzen werden.

VOUGEOT (21640) (P6-J6) — CHÂTEAU DE GILLY ★★★★
Table gastronomique

Gilly lès Cîteaux - A 17 km de Dijon et de Beaune - Tél. : 03 80 62 89 98 - Menus de 210 F à 415 F. Menu enfant : 95 F. 48 chambres de 560 F à 2650 F

22 COTE D'ARMOR

ERQUY (22430) (P4-C4) — RELAIS SAINT AUBIN

Table de Terroir

A 20 km de Lamballe. - Saint Aubin - Gilbert JOSSET - Tél. : 02 96 72 13 22 - Fax : 02 96 63 54 31 - www.armornet.tm.fr Fermeture : 19/12-26/12 ; 2 semaines vacances scolaires de février ; lundi ; mardi hors saison.
Menus de 80 F à 205 F. Menu enfant : 60 F

Blotti dans la campagne, cet ancien prieuré du XVIIème siècle abrite un séduisant restaurant où règnent chaleur, convivialité, élégance et sobriété. Le maître des lieux vous propose toutes sortes de grillades et un grand choix de fruits de mer et de poissons frais. C'est une étape idéale pour se requinquer harmonieusement. Spécialités : menu dégustation coquilles saint jacques, homard grillé, plats du terroir.
Terrasse, jardin, parking privé, salle restaurant de caractère, salle de séminaires, chèques vacances, animaux, accès handicapés

🇬🇧 Deep in the coutryside, this 17th century priory has a charming restaurant offering elegance, warmth and convivialiy. The proprietor proposes a wide choice of grills, sea-food and fresh fish.

🇪🇸 Agazapado en el campo, este antiguo priorato del siglo XVII presenta un atractivo restaurante en el cual reinan la convivialidad, la elegancia y la sobriedad. El dueño le propone toda clase de carnes asadas a la parilla y una gran elección de mariscos y pescados frescos. La etapa ideal para estar en forma.

🇩🇪 Eingebettet in die Landschaft, beherbergt diese alte Klosterkirche aus dem 17. Jh. ein ansprechendes, herzliches, geselliges, elegantes und schlichtes Restaurant. Der Hausherr bietet Ihnen jegliche Sorte an Grillade und eine große Auswahl an Meeresfrüchten und frischem Fisch. Dieses Restaurant ist eine ideale Gelegenheit, neue Kräfte zu schöpfen.

ILE DE BREHAT (22870) (P4-B4) — LA VIEILLE AUBERGE ★★

Table de Terroir

A 8 km de Paimpol. - Jacqueline LAMIDON - Tél. : 02 96 20 00 24 - Fax : 02 96 20 05 12 - nathalielamidon@ad.com - www.ilotels.com
Fermeture : De Novembre à Pâques. - Menus de 95 F à 250 F. Menu enfant : 55 F. Petit déjeuner : 45 F.
14 chambres de 440 F à 550 F. Demi pension de 350 F à 450 F

A quelques pas de la mer, maison de corsaires datant de 1711. Découvrez les joies d'une île sans voiture. Dans un décor fleuri et sympathique, une authentique cuisine de tradition sans prétention vous sera proposée. Chambres au calme sur jardin. Spécialités : moules paysannes à la crème et aux petits légumes, salade de la mer, poissons, fruits de mer. Chambres avec bain ou douche +WC+TV : Toutes.
Terrasse, jardin, garage fermé, salle restaurant de caractère, chèques vacances, animaux

🇬🇧 Just beside the sea you will find a corsairs house built in 1711. Disover the charm of an isle without cars. In a floral decorate, you will appreciate an authentic traditional cooking. Quiet rooms with a view on the gardens.

🇪🇸 A sólo algunos pasos del mar, esta casa de corsarios data del año 1711. Descubra la alegría de una isla sin coche. En un ambiente florido, simpático, una auténtica cocina tradicional sin pretensiones le espera. Tranquilas habitaciones con vistas a un jardín.

🇩🇪 Nur ein paar Schritte vom Meer, liegt dieses Freibeuterhaus von 1711. Entdecken Sie eine authentische und traditionelle Küche. Ruhige Zimmer zum Garten hin orientiert.

MUR DE BRETAGNE (22530) (P4-B4) — AUBERGE GRAND'MAISON

Table de prestige

A 16 km de Pontivy. - 1 Rue Léon Le Cerf - Tél. : 02 96 28 51 10 - Menus de 200 F à 480 F. Petit déjeuner : 100 F.
9 chambres de 350 F à 650 F

22 CÔTE D'ARMOR

PERROS GUIREC (22700) (P4-B3) — LES FEUX DES ILES ★★★

Au Nord de Lannion. - 53 Boulevard Clémenceau - M. et Mme Antoine LE ROUX - Tél. : 02 96 23 22 94 - Fax : 02 96 91 07 30 - www.feux.des.iles.com Fermeture : 1/10-24/10 ; 10 jours en février ; samedi midi, dimanche soir et Lundi hors saison. - Menus de 140 F à 310 F. Menu enfant : 83 F. Petit déjeuner : 49 F. 18 chambres de 400 F à 700 F. Demi pension de 450 F à 630 F. Etape VRP : 460 F.

Au fond d'un petit parc fleuri très calme, avec de grandes baies vitrées donnant sur l'océan et les 7 îles, cet établissement de charme vous propose de rêver et vous invite à savourer les plus beaux produits locaux cuisinés par M. LE ROUX et son fils. Spécialités : les Saint Jacques de la baie en persillade, les poissons. Belle carte des vins, rouges et blancs de Loire.
Chambres avec bain ou douche +WC+TV : Toutes. Terrasse, jardin, parking privé, salle de séminaires, tennis, chèques vacances, TV satellites, accès handicapés hôtel

Set in quiet gardens, with views of the sea and the Seven Islands, the hotel offers its selection of high-quality local produce, prepared by M. Le Roux and his son.

Este establecimiento, situado al fondo de un pequeño parque florido muy calmo, con grandes ventanales que dan al océano y a las 7 islas, le invita a soñar y a saborear los deliciosos productos locales cocinados por el Sr. Le Roux y su hijo. Excelente carta de vinos, tintos y blancos del Loire.

Am Ende eines blühenden, ruhigen Parks, mit großen Fensterwänden zum Ozean hin orientiert, lädt dieses Haus ein zum Träumen. Sie genießen dort die besten lokalen Produkte, von M. LE ROUX und seinem Sohn zubereitet.

Table gastronomique

PLANCOËT (22130) (P4-C4) — JEAN-PIERRE CROUZIL - L'ECRIN ★★★

A 15 km de Dinan. - Les Quais - Tél. : 02 96 84 10 24 - Menus de 290 F à 550 F. Menu enfant : 120 F. 7 chambres de 480 F à 980 F

Table de prestige

PLANGUENOUAL (22400) (P4-C4) — DOMAINE DU VAL ★★★

A 8 km de Lamballe. - Joseph HERVE - Tél. : 02 96 32 75 40 - Fax : 02 96 32 71 50 - chateau-du-val@wanadoo.fr - www.chateau-du-val.com - Ouvert toute l'année. - Menus de 195 F à 330 F. Menu enfant : 75 F. Petit déjeuner : 55 F. 46 chambres de 470 F à 1300 F. Demi pension de 460 F à 870 F. Etape VRP : 400 F

Le Domaine du Val est un ensemble hôtelier situé sur un parc de 11 ha à 800 mètres de la mer et bénéficie d'un important complexe de loisirs couverts (piscine, balnéo, tennis, squashes, sauna, musculation). Le restaurant est aménagé dans les salons du château et propose une cuisine gastronomique. Parmi les spécialités : pigeonneau à la valoise, homard breton à l'armoricaine, foie gras poêlé aux pommes caramélisées.
Chambres avec bain ou douche +WC+TV : Toutes. Terrasse, jardin, parking privé, piscine d'été, piscine d'hiver, salle restaurant de caractère, salle de séminaires, tennis, chèques vacances, canal+, animaux hôtel, accès handicapés hôtel

Le Domaine du Val is an hotel set situated in a parc of 11 ha at 800 meters from the sea and has an important covered complex of leasure. The restaurant is build in the lounge of the castle and offers a gastronomic cooking.

El Domaine du Val es un conjunto hotelero situado en un parque de 11 ha, a 800 m del mar, que saca provecho de un importante complejo cubierto (piscina, balneoterapia, tenis, squashes, sauna, musculación). El restaurante acondicionado en los salones del castillo, le propone una cocina gastronómica.

Le Domaine du Val ist ein Hotelkomplex auf einer 11 ha großen Parkanlage, 800 m vom Meer entfernt. Genießen Sie den großen, überdachten Freizeitkomplex (Schwimmbad, Tennis, Squash, Sauna, Fitnessstudio). Das Restaurantbefindet sich im Château und bietet eine Feinschmeckerküche.

PLÉRIN (LE LÉGUÉ) (22190) (P4-B4) — RESTAURANT A LA VIEILLE TOUR

A 1,5 km de Saint Brieuc. - 75 Rue de la Tour - Tél. : 02 96 33 10 30 - Menus de 120 F à 390 F. Menu enfant : 100 F

Table gastronomique

 # COTE D'ARMOR

SABLES D'OR LES PINS (22240) (P4-C4) — LA VOILE D'OR - LA LAGUNE ★★★

Allée des Acacias - Tél. : 02 96 41 42 49 - Menus de 170 F à 430 F. Menu enfant : 100 F. Petit déjeuner : 65 F. 25 chambres de 450 F à 700 F. Demi pension de 550 F à 700 F. Etape VRP : 500 F

ST CAST (22380) (P4-C4) — HÔTEL DES DUNES ★★

Rue Primauguet - Tél. : 02 96 41 80 31 - Menus de 110 F à 370 F. Petit déjeuner : 48 F. 27 chambres de 330 F à 410 F

TREBEURDEN (22560) (P4-B3) — MANOIR DE LAN KERELLEC ★★★

A 10 km de Lannion. - Allée Centrale Lan Kerellec - Tél. : 02 96 15 47 47 - Menus de 140 F à 370 F. Menu enfant : 85 F. 19 chambres de 500 F à 1700 F

TREBEURDEN (22560) (P4-B3) — TI AL LANNEC ★★★

A 10 km de Lannion. - 14 Allée de Mezo-Guen - Tél. : 02 96 15 01 01 - Menus de 118 F (midi en semaine) à 398 F. Menu enfant : 95 F. Petit déjeuner : 80 F. 29 chambres de 450 F à 1290 F. Demi pension de 705 F à 930 F. Etape VRP : 520 F

TREGUIER (22220) (P4-B3) — AIGUE MARINE ★★★

A 18 km de Lannion et Paimpol - Le port de plaisance - Tél. : 02 96 92 97 00 - Menus de 115 F à 220 F. Menu enfant : 60 F. Petit déjeuner : 55 F. 48 chambres de 380 F à 800 F. Demi pension : 380 F. Etape VRP de 420 F à 490 F

Saveurs & sites de France

 # CREUSE

BOUSSAC (23600) (P5-G7) — **RELAIS CREUSOIS**
Route de La Chatre La Maison Dieu - Tél. : 05 55 65 02 20 - Menus de 130 F à 360 F. Menu enfant : 60 F

GOUZON (23230) (P5-G7) — **L'HOSTELLERIE DU LION D'OR** ★★★
A 30 km de Guéret et Montluçon. - Place du Lion d'Or - Tél. : 05 55 62 28 54 - Menus de 85 F à 250 F. Menu enfant : 40 F.
12 chambres de 180 F à 420 F

LA SOUTERRAINE (23300) (P5-G7) — **HÔTEL PORTE SAINT JEAN** ★★
N145 Guéret / La Souterraine. - 2 Rue des Bains - Tél. : 05 55 63 90 00 - Menus de 95 F à 198 F. Menu enfant : 48,50 F.
32 chambres de 199 F à 560 F. Petit-déjeuner : 37,50/49,50 F - Forfait étape de 225 F à 285F (1 pers.)

STE FEYRE-GUÉRET (23000) (P5-G7) — **RESTAURANT LES TOURISTES**
A 6 km de Guéret, direction Aubusson - 1, place de la Mairie - Tél. : 05 55 80 00 07 - Menus de 88 F à 210 F. Menu enfant : 50 F

Tourisme & Gastronomie

 # DORDOGNE

ANTONNE (24420) (P8-F9)   L'ECLUSE ★★★

A 8 km de Périgueux. - Route de Limoges - Tél. : 05 53 06 00 04 - Menus de 95 F à 250 F. Menu enfant : 60 F.
47 chambres de 220 F à 510 F

BERGERAC (24100) (P8-F9)   LE WINDSOR ★★★

Domaine de l'Espinassat - Route d'Agen - Bernard AGUILAR - Tél. : 05 53 24 89 76 - Fax : 05 53 57 72 24 auwindsorhotel@wanadoo.com - Fermeture : 7/01-14/01 ; dimanche hors saison (restaurant). - Menus de 119 F à 175 F. Menu enfant : 45 F. Petit déjeuner : 39 F. 50 chambres de 290 F à 480 F. Demi pension de 420 F à 540 F. Etape VRP de 315 F à 355 F

Dans un cadre calme et agréable, au décor sobre, avec larges fenêtres donnant sur la campagne, l'hôtel met à votre disposition 50 chambres climatisées, des salons, et son restaurant (160 couverts) qui vous réservera un accueil personnalisé et vous fera découvrir ses spécialités : éventail de magret de canard sauce pomme miel, médaillons de lotte à l'indienne. Vins du terroir : Bergerac, Montbazillac.
Chambres avec bain ou douche +WC+TV : Toutes. Petit déjeuner buffet.
Terrasse, jardin, parking privé, piscine d'été, salle restaurant de caractère, salle de séminaires, chèques vacances, canal+, climatisation, ascenseur, Menu Tables & Auberges de France, animaux, accès handicapés

In a quiet and pleasant setting, in a sober decoration, picture windows and view on the country side, with its convivial restaurant (160 covers) you will be welcome and savour the specialties. At your disposal 50 bedrooms with air-conditioned, living-rooms.

En un ambiente tranquilo y agradable, este hotel sobrio, con amplias ventanas que dan al campo, pone a su disposición 50 habitaciones climatizadas, salones y su restaurante (160 cubiertos) que le brindará una acogida personalizada y le hará descubrir sus especialidades.

In einem ruhigen und angenehmen Rahmen, erwartet Sie ein unauffälliger Dekor mit breiten Fenstern, die auf das Land gehen. Es stehen Ihnen 50 klimatisierte Zimmer zur Verfügung, Salons und ein freundliches Restaurant, wo man Sie persönlich mit den Spezialitäten des Hauses bewirtet.

BRANTOME (24310) (P8-F9)   DOMAINE DE LA ROSERAIE ★★★

Au Nord de Périgueux. - Route d'Angoulême - Tél. : 05 53 05 84 74 - Menus de 145 F à 295 F.
10 chambres de 440 F à 850 F

CHANCELADE (24650) (P8-F9)   CHÂTEAU DES REYNATS ★★★★

A 5 km de Périgueux. - Avenue des Reynats - Tél. : 05 53 03 53 59 - Menus de 140 F à 350 F. Menu enfant : 100 F.
37 chambres de 450 F à 1050 F

LALINDE EN PÉRIGORD (24150) (P8-F9)   HÔTEL LE CHÂTEAU ★★★

A 20 km de Bergerac - 1 Rue de Verdun - Tél. : 05 53 61 01 82 - Menus de 125 F à 300 F. Petit déjeuner : 70 F.
7 chambres de 320 F à 950 F. Demi pension de 350 F à 680 F

LE BUGUE EN PÉRIGORD (24260) (P8-F9)   RESTAURANT LES TROIS AS

A 30 km de Sarlat. - Place de l'Hôtel de Ville - Tél. : 05 53 08 41 57 - Menus de 108 F à 280 F. Menu enfant : 60 F

LES EYZIES DE TAYAC (24620) (P8-F9)   LES GLYCINES ★★★

4 Avenue de la Laugerie - Tél. : 05 53 06 97 07 - Menus de 138 F à 280 F. Menu enfant : 78 F.
23 chambres de 398 F à 650 F

DORDOGNE

MONESTIER (24240) (P8-E9) — CHÂTEAU DES VIGIERS - LES FRESQUES ★★★★
Table gastronomique

A 7 km de Sainte Foy la Grande - Tél. : 05 53 61 50 00 - Menus de 300 F à 425 F. Petit déjeuner : 100 F. 53 chambres de 790 F à 1750 F

MONTIGNAC-LASCAUX (24290) (P8-F9) — LE RELAIS DU SOLEIL D'OR ★★★
Table gastronomique

16 Rue du IV Septembre - Tél. : 05 53 51 80 22 - Menus de 120 F à 285 F. Menu enfant : 70 F. Petit déjeuner : 55 F. 28 chambres de 320 F à 550 F + 4 appartements de 940 F à 1120 F. Demi pension de 375 F à 480 F. Etape VRP : 370 F

PÉRIGUEUX (24000) (P8-F9) — RESTAURANT LE 8
Table de Terroir

8 Rue de la Clarté - Tél. : 05 53 35 15 15 - Menus de 165 F à 400 F. Menu enfant : 60 F

SARLAT (24200) (P8-F9) — HÔTEL-RESTAURANT DE LA MADELEINE ★★★
Table gastronomique

1 Place de la Petite Rigaudie - Tél. : 05 53 59 10 41 - Menus de 130 F à 235 F. Menu enfant : 70 F. Petit déjeuner : 50 F. 39 chambres de 360 F à 495 F. Demi pension de 435 F à 505 F. Etape VRP : 400 F

ST SAUD EN PÉRIGORD (24470) (P8-F8) — HOSTELLERIE SAINT JACQUES ★★★
Table gastronomique

A 25 km de Brantôme - Tél. : 05 53 56 97 21 - Menus de 120 F à 300 F. Menu enfant : 65 F. 16 chambres de 280 F à 750 F

VERTEILLAC (24320) (P8-F9) — HOSTELLERIE LES AIGUILLONS ★★★
Table gastronomique

Beuil Saint Martial Viveyrols - A 4 km de Verteillac, 15 km de Ribérac - Tél. : 05 53 91 07 55 - Menus de 150 F à 300 F. Menu enfant : 75 F. Petit déjeuner : 40 F. 8 chambres de 300 F à 500 F. Demi pension de 365 F à 465 F. Etape VRP : 400 F

VITRAC/SARLAT (24200) (P8-F9) — DOMAINE DE ROCHEBOIS ★★★★
Table gastronomique

A 6 km de Sarlat - Route de Montfort - Tél. : 05 53 31 52 52 - Fax : 05 53 29 36 88 - Menus de 150 à 350F. Menu enfant : 90F 40 chambres de 790 à 2250F

La passion de notre métier

DOUBS

BAUME LES DAMES (25110) (P6-K6) — L'AUBERGE DES MOULINS ★★

Table de Terroir

A 30 km au Nord-Est de Besançon par N83. - Pont les Moulins - Franco & Véronique PORRU - Tél. : 03 81 84 09 99 - Fax : 03 81 84 04 44 - auberge.desmoulins@wanadoo.fr - Fermeture : 23/12-25/01 ; vendredi, samedi midi et dimanche soir sauf Juin/Juillet/Août et jours fériés. - Menus de 98 F à 190 F. Menu enfant : 42 F. Petit déjeuner : 36 F. 14 chambres de 250 F à 300 F. Demi pension : 285 F. Etape VRP : 320 F

Dans un cadre reposant, l'Auberge des Moulins vous propose une restauration traditionnelle de qualité, une cuisine savoureuse et gourmande attachée aux traditions et des tarifs sans prétention. Spécialités : cassolette d'escargots et morilles à la crème d'aneth flambée au Pontarlier, pot au feu de la rivière.
Chambres avec bain ou douche +WC+TV : Toutes. Petit déjeuner buffet. Jardin, parking privé, salle restaurant de caractère, salle de séminaires, chèques vacances, TV satellites, animaux, accès handicapés restaurant

🇬🇧 L'Auberge des Moulins is a pleasant place to relax and taste traditional and refined local cooking.

🇪🇸 En un ambiente calmo, l'Auberge des Moulins le propone una restauración tradicional de calidad, una cocina sabrosa ligada a los buenos platos tradicionales y a precios sin pretensiones.

🇩🇪 In einem ruhigen Rahmen bietet Ihnen l'Auberge des Moulins eine köstliche, genießerische und traditionsreiche Küche.

BONNEVAUX LE PRIEURÉ (25620) (P6-K6) — LE MOULIN DU PRIEURÉ ★★★

Table gastronomique

Bonnevaux le Bas - A 5 km d'Ornans - Tél. : 03 81 59 21 47 - Menus de 195 F à 345 F. Menu enfant : 80 F. 8 chambres de 350 F à 450 F

CHAMESOL (25190) (P6-L6) — RESTAURANT MON PLAISIR

Table gastronomique

A 7 km de Saint Hippolyte. - "Journal" - Christian PILLOUD - Tél. : 03 81 92 56 17 - Fax : 03 81 92 52 67 Fermeture : Noël ; dimanche soir, lundi soir et mardi. - Menus de 105 F à 320 F. Menu enfant : 45 F.

Dans la montagne, dans un cadre chaleureux, Christian et son épouse se feront un plaisir de vous faire partager leur cuisine gastronomique et régionale. Spécialités : rouleaux de printemps aux cuisses de grenouilles et vinaigre balsamique, morilles géantes farcies aux écrevisses, magret de canard aux griottines de Fougerolles. Membre Eurotoques.
Parking privé, salle restaurant de caractère, salle de séminaires, chèques vacances, accès handicapés

🇬🇧 In the country side, in a warm setting, Christian and his wife will be glad to let you enjoy their traditional cooking.

🇪🇸 En la montaña, en un cálido ambiente, Christian y su esposa tendrán el placer de hacerle compartir su cocina gastronómica y regional.

🇩🇪 In den Bergen, in einem warmen Rahmen freuen sich Christian und seine Frau, mit Ihnen ihre gastronomische und regionale Küche zu teilen.

DOUBS

GOUMOIS (25470) (P6-L6) — HÔTEL TAILLARD ★★★

Table gastronomique

A 45 km au Sud de Montbéliard. A36 D437. - Route de la Corniche - Jean-François TAILLARD - Tél. : 03 81 44 20 75 - Fax : 03 81 44 26 15 - hotel.taillard@wanadoo.fr - www.hoteltaillard.com Fermeture : 15/11-28/02 : Restaurant : mardi midi hors saison, mercredi midi. - Menus de 130 F à 360 F. Menu enfant : 75 F. Petit déjeuner : 57 F. 22 chambres de 280 F à 530 F. 4 appartements duplex : 665 F. Demi pension de 390 F à 590 F. Etape VRP de 380 F à 400 F

Dominant la vallée du Doubs, dans un site exceptionnel, cette maison de caractère vous offre un art de vivre authentique et raffiné. Le chef sélectionnera pour vous les meilleurs produits frais du terroir et vous mitonnera une cuisine légère et savoureuse. Spécialités : volailles de Bresse en croûte aux morilles, brochettes de langoustines, poissons de mer, gibier en saison. Animaux : supplément 40 F. Chambres avec bain ou douche +WC+TV : Toutes. Petit déjeuner buffet. Terrasse, jardin, parking privé, garage fermé, piscine d'été, salle restaurant de caractère, salle de séminaires, accès handicapés

Overlooking the valley of Doubs, in an exceptional site, this house of caracter offers you its sophisticated skills and style of living. The Chef offers light and tasty food. Animals : 40 F of charge.

Dominando el valle del Doubs, en un lugar excepcional, esta casa original le propone su arte de vivir, auténtico y delicado. Su jefe escogerá para usted los mejores productos locales y le preparará una cocina sabrosa y liviana. Animales : supplemento 40 F.

Über dem Tal der Doubs, in einer einmaligen Gegend, bietet Ihnen dieses charaktervolle Haus eine authentische und feine Lebenskunst. Der Küchenchef wählt für Sie beste frische Landprodukte aus und kocht für Sie eine leichte geschmackvolle Küche. Tiere: 40 F Zuschlag.

OYE ET PALLET (25160) (P6-K6) — HÔTEL-RESTAURANT PARNET ★★★

Table gastronomique

A 7 km de Pontarlier. - 11 Rue de la Fauconnière - Tél. : 03 81 89 42 03 - Menus de 100 F à 260 F. Petit déjeuner : 45 F. 16 chambres de 300 F à 360 F. Demi pension de 330 F à 370 F. Etape VRP de 340 F à 370 F

VILLERS LE LAC (25130) (P6-L6) — LE FRANCE ★★★

Table de prestige

A 7 km de Morteau - 8, place Cupillard - Tél. : 03 81 68 00 06 - Menus de 160 F à 410 F. Menu enfant : 70 F. 14 chambres de 300 F à 320 F

Le Goût de l'authenticité

www.tables-auberges.com ➔ réservation gratuite (0% de commission)

DRÔME

DIEULEFIT (26220) (P9-J10) — AUBERGE DE L'ESCARGOT D'OR ★★

Table de Terroir

A l'Est de Montélimar (30 km), sur la route de Nyons. - Route de Nyons - Bernadette RAFFY - Tél. : 04 75 46 40 52 Fax : 04 75 46 89 23 - Fermeture : 15/11-8/02. - Menus de 98 F à 168 F. Menu enfant : 50 F. Petit déjeuner : 35 F. 15 chambres de 240 F à 340 F. Demi pension de 255 F à 355 F

Dans un village d'artisanat d'art, sur la route des lavandes, l'Auberge de l'Escargot d'Or, avec son vaste parc de 5000 m2, offre une vue typique sur les collines de la Drôme provençale. Sa table : cuisine créative du marché et bien sur les classiques provençaux. Spécialités : croustillant au picodon et fricassée de porcelet au miel et gigondas, carré d'agneau, poulet aux écrevisses, lapin au romarin. Vins : Côtes du Rhône uniquement.
Chambres avec bain ou douche +WC+TV Toutes. Terrasse, jardin, parking privé, piscine d'été, salle restaurant de caractère, chèques vacances, animaux hôtel, accès handicapés restaurant

In a village of arts and crafts, the inn Escargot d'Or, with its vast grounds of 8000 m2, is offering a typical view of the provencal Drome. Its table : creative cooking from the market and classical recipes from Provence. Only Côtes du Rhône stocked.

En un pueblo de artesanía, por la carretera de las lavandas, el Auberge de l'Escargot d'Or, con su vasto parque de 5000 m2, brinda una bella vista de las colinas de la Drôme provenzal. Su mesa : cocina creativa con productos del mercado y por supuesto, los clásicos platos provenzales. Vinos : del Rhône unicamente.

In einem Dorf des Kunsthandwerks, bietet das Gasthaus mit seinem 5000 m2 großen Park, einen Blick auf die Hügel der provenzalischen Drôme. Bei Tisch : ideenreiche Marktküche und natürlich die Klassiker der Provence. Wein : nur Côtes du Rhone.

GRIGNAN (26230) (P9-J10) — MANOIR DE LA ROSERAIE ★★★★

Table gastronomique

A 27 km de Montélimar. - Route de Valreas - Tél. : 04 75 46 58 15 - Menus de 200 F à 355 F. Menu enfant : 120 F. Petit déjeuner : 100 F. 17 chambres de 900 F à 1900 F. Demi pension de 795 F à 1275 F

LA GARDE ADHEMAR (26130) (P9-J10) — LE LOGIS DE L'ESCALIN

Table gastronomique

A 6 km de Pierrelatte. - Quartier Les Martines - Tél. : 04 75 04 41 32 - Menus de 135 F à 305 F. Menu enfant : 85 F. Petit déjeuner : 50 F. 8 chambres à 350 F. Demi pension : 490 F. Etape VRP : 490 F

LE POËT LAVAL (26160) (P9-J10) — LES HOSPITALIERS ★★★

Table gastronomique

A 5 km de Dieulefit. - Vieux Village - Tél. : 04 75 46 22 32 - Menus de 160 F à 340 F. Menu enfant : 95 F. Petit déjeuner : 55 F. 22 chambres de 380 F à 1100 F. Demi pension : supplément de 215 F

MONTÉLIMAR (26200) (P9-J10) — LE RELAIS DE L'EMPEREUR ★★★

Table de Terroir

1 Place Marx Dormoy - Tél. : 04 75 01 29 00 - Menus de 139 F à 255 F. Menu enfant : 85 F. Petit déjeuner : 45 F. 31 chambres de 300 F à 500 F. Demi pension à partir de 280 F. Etape VRP à partir de 395 F

DROME

NYONS (26110) (P9-J10) — AUBERGE DU VIEUX VILLAGE ★★★

A 3 km de Nyons, 40 km d'Orange et 60 km d'Avignon. - Aubres - Route de Gap - Mireille COLOMBE - Tél. : 04 75 26 12 89 Fax : 04 75 26 38 10 - auberge.aubres@wanadoo.fr - Fermeture : 4/01-31/01. - Menus de 80 F à 178 F. Menu enfant : 45 F. Petit déjeuner : 52 F.18 chambres de 300 F à 780 F. 4 appartements (4/5 pers) : 1 100 F Demi pension de 360 F à 657 F. Etape VRP à 350 F

Construite sur les ruines du château, l'auberge bénéficie d'une situation exceptionnelle et le micro climat qui règne dans la région permet de prendre le petit déjeuner en terrasse même l'hiver. Ici les menus font l'objet de soins attentifs alliant plaisir de la table et diététique. Produits fermiers et bio de préférence. Spécialités : papeton d'aubergine, foie gras frais maison, agneau de pays au miel, pintadeau de la Drôme aux fruits, truite à la tapenade.
Chambres avec bain ou douche +WC+TV : Toutes. Terrasse, jardin, parking privé, piscine d'été, salle restaurant de caractère, salle de séminaires, chèques vacances, climatisation,TV satellites, animaux, accés handicapés hôtel

Built on castle ruins, this inn has an excellent location and the microclimat of this region gives you the opportunity to have the breakfast in the terrace even during winter time. Menus are made with care and combine diet with pleasures of the table (we prefer to use farm and organic products).

Construido sobre las ruinas del castillo, este establecimiento beneficia de una situación excepcional y el micro clima que reina en la región permite desayunar en terraza incluso en invierno. Aquí los menús son el objeto de atentos cuidados que unen el placer de la mesa y la dietética. Productos de la granja y biológicos preferentemente.

Dieses Gasthaus, auf Burgruinen gebaut, genießt eine außergewöhnliche Lage und das Mikroklima dieser Gegend, wo man sogar im Winter auf der Terrasse frühstücken kann. Die ausgesuchten Menüs verbinden Genuss und Diät

NYONS (26110) (P9-J10) — HÔTEL-RESTAURANT COLOMBET ★★★

A 42 km d'Orange. - 53 Place de la Libération - Tél. : 04 75 26 03 66 - Menus de 105 F à 220 F. Menu enfant : 72 F. 25 chambres de 360 F à 660 F. Demi pension de 300 F à 400 F. Etape VRP de 370 F à 600 F

ST PAUL TROIS CHATEAUX (26130) (P9-J10) — LA VIEILLE FRANCE JARDIN DES SAVEURS

A 5 km de Bollène. - Route de la Garde Adhémar - Jean & Dalia FOUILLET - Tél. : 04 75 96 70 47 - Fax : 04 75 96 70 47 Fermeture : 15/11-3/12 ; Noël ; 1 semaine vacances de février ; mardi et mercredi. Menus de 140 F à 450 F. Menu enfant : 70 F

Dans un cadre de verdure, au sein d'une truffière, ce typique mas provençal avec pergola en fer forgé vous réservera le meilleur accueil et vous fera partager ses spécialités issues essentiellement du terroir : menu truffes (hiver) ; agneau de pays rôti, mille feuille d'aubergine ; noix de coco et cumin, ragoût de poivrons doux.
Terrasse, jardin, parking privé, salle restaurant de caractère, chèques vacances, climatisation, animaux, accés handicapés

In a green setting, this typical Provençal house with pergola wil offer you a warm welcome and let you enjoy its specialities of traditional products.

En un marco de follaje, en el seno de una trufera, esta típica granja provenzal con pérgola de hierro forjado, le brindará una excelente acogida y le hará compartir sus especialidades esencialmente regionales.

Dieses typisch provenzalische Haus im Grünen mit Pergola empfängt Sie herzlich und bereitet Ihnen im wesentliche regionale Spezialitäten zu.

 # DROME

ST VALLIER SUR RHONE (26240) (P9-J9) — RESTAURANT LECOMTE HÔTEL TERMINUS ★★★  Table gastronomique

A 30 km de Valence et de Romans. - 116 Avenue Jean Jaurès - Tél. : 04 75 23 01 12 - Menus de 140 F à 450 F. Menu enfant : 60/80 F. Petit déjeuner : 50 F. 10 chambres de 270 F à 400 F. Etape VRP : 450 F

VALENCE (26000) (P9-J9) — MAISON PIC ★★★★ Table de prestige

285 Avenue Victor Hugo - Tél. : 04 75 44 15 32 - Menus de 290 F à 720 F. Menu enfant : 140 F. Petit déjeuner : 100 F. 15 chambres de 850 F à 2000 F

Charme & Authenticité

EURE

BAZINCOURT SUR EPTE (27140) (P5-G3) — CHÂTEAU DE LA RAPÉE ★★★

A 5 km de Gisors - Tél. : 02 32 55 11 61 - Menus de 170 F à 235 F. Menu enfant : 80 F.
13 chambres de 485 F à 785 F

BEUZEVILLE (27210) (P5-F3) — AUBERGE DU COCHON D'OR ★★

Place du Général de Gaulle - Tél. : 02 32 57 70 46 - Menus de 85 F à 250 F. Petit déjeuner : 40 F.
20 chambres de 205 F à 340 F. Demi pension de 305 F à 340 F. Etape VRP : 325 F

BEUZEVILLE (27210) (P5-F3) — HÔTEL LA POSTE ★★

A13 sortie 28 et A29 sortie Pont de Normandie. - 60 Rue Constant Fouché - Marie-Françoise BOSQUER - Tél. : 02 32 20 32 32
Fax : 02 32 42 11 01 - - Fermeture : 11/11-1/04 ; jeudi et dimanche soir hors saison. - Menus de 79 F à 195 F. Menu enfant : 75 F. Petit déjeuner : 40 F.
14 chambres de 250 F à 350 F. Demi pension de 320 F à 450 F. Etape VRP : 340 F. Forfait week-end à partir de 660 F pour 2 personnes (nuit, diner, déjeuner)

Dans un authentique Relais de Poste entièrement rénové au cadre convivial et chaleureux, Marie Françoise BOSQUER et son équipe vous proposent leurs spécialités : timbaline d'andouille aux 2 pommes, mousse au fromage blanc à la gelée de cidre, foie gras de canard au pommeau, choucroute de la mer.
Chambres avec bain ou douche +WC+TV : Toutes.
Terrasse, jardin, parking privé, salle restaurant de caractère, chèques vacances, animaux

In an authentic Coaching Inn completely renovated and with a cordial and warm atmosphere, Marie-Françoise BOSQUER and her team offer their specialities.

En una auténtica Parada del Correo completamente renovada, en un ambiente cálido y convivial, Marie-Françoise BOSQUER y su equipo le propondrán sus especialidades.

In einer echten, komplett renovierten Poststation erwarten Sie Marie-Françoise BOSQUER und ihr Team mit ihren Spezialitäten in einem geselligen und herzlichen Rahmen.

CAMPIGNY (27500) (P5-F3) — LE PETIT COQ AUX CHAMPS ★★★★

45 km de Deauville et 6 km de Pont-Audemer. - La Pommeraie Sud - Jean-Marie HUARD & Fabienne DESMONTS
Tél. : 02 32 41 04 19 Fax : 02 32 56 06 25 - le.petit.coq.aux.champs@wanadoo.fr - Fermeture : 3/01-21/01. - Menus de 190 F à 390 F.
Menu enfant : 80/110 F. Petit déjeuner : 60 F. 12 chambres de 680 F à 780 F. Demi pension de 650 F à 700 F. Etape VRP à 590 F

En plein coeur de la campagne normande, dans un cadre reposant, venez apprécier, autour d'une table qui se veut toujours plus créative, les subtilités d'une cuisine qui symbolise le mariage entre tradition et originalité. Spécialités : pot au feu de foie gras aux choux croquants, rognon et ris de veau morilles, turbot rôti sur le galet de carolles, croustille pomme camembert.
Chambres avec bain ou douche +WC+TV : Toutes.
Terrasse, jardin, parking privé, , piscine d'été, salle restaurant de caractère, salle de séminaires, chèques vacances, TV satellites, animaux

In the heart of the norman country side, in a calm environment, you will be offered a regional and traditional cooking. The creativity and the subtle food are the symbol between tradition and originality.

En pleno corazón del campo normando, en un ambiente tranquilo, venga a apreciar alrededor de una mesa, cada día más creativa, las sutilidades de una cocina que simboliza la unión entre tradición y originalidad.

Im Herzen des normannischen Landes, kommen und genießen Sie in einem immer kreativeren Tisch, die Feinheit einer Küche, die die Kombination von Tradition und Originalität symbolisiert.

# EURE

COCHEREL (27120) (P5-F3) — LA FERME DE COCHEREL
 Table de prestige

A 5 km de Pacy sur Eure. - Route de la Vallée d'Eure - Tél. : 02 32 36 68 27 - Menus à 220 F et carte

DOUAINS (27120) (P5-G3) — CHÂTEAU DE BRÉCOURT ★★★★
 Table gastronomique

A 5 km de Pacy sur Eure et à 18 km d'Evreux - Tél. : 02 32 52 40 50 - Menus de 235 F à 350 F. Menu enfant : 90 F. 30 chambres de 430 F à 1400 F

LOUVIERS (27400) (P5-F3) — LE PRÉ SAINT GERMAIN ★★★
 Table de Terroir

7 Rue Saint Germain - Tél. : 02 32 40 48 48 - Menus de 90 F à 190 F. Menu enfant : 70 F. 30 chambres de 350 F à 550 F

PONT AUDEMER (27500) (P5-F3) — AUBERGE DU VIEUX PUITS ★★
 Table gastronomique

Autoroute de Normandie ou RN Caen/Rouen. - 6 Rue Notre Dame du Pré - Jacques & Hélène FOLTZ - Tél. : 02 32 41 01 48 Fax : 02 32 42 37 28 - vieux.puits@wanadoo.fr - www.lerapporteur.fr/vieux-puits Fermeture : 17/12-26/01, Lundi et Mardi (hors saison). Menus de 170 F à 350 F. Petit déjeuner : 50 F. 11 chambres de 320 F à 450 F

Située dans l'enceinte de la vieille ville, au calme, dans de très beaux bâtiments à colombages du XVIIème siècle autour d'une cour intérieure arborée, l'Auberge du Vieux Puits vous réservera un accueil personnalisé. Spécialités : Truite Bovary au Champagne, canard aux cerises, gibier en saison, tarte de l'auberge : soufflé orange et bénédictine. Grand choix de vins.
Chambres avec bain ou douche +WC+TV : De 21 à 26.
Terrasse, jardin, parking privé, salle restaurant de caractère, salle de séminaires, animaux restaurant

🇬🇧 Situated in the heart of the old town, this beautiful establishment built in the XVIIth century will reserve you the best welcome and offers you its best specialities.

🇪🇸 Ubicado en el recinto de la vieja ciudad, en la calma, con bellos edificios de entramados del siglo XVII, alrededor de un patio interior arbolado, l'Auberge du Vieux Puits le brindará una acogida personal y le hará compartir sus especialidades. Gran elección de vinos.

🇩🇪 L'Auberge du Vieux Puits befindet sich in einem sehr schönen Fachwerkhaus aus dem 17.Jh. in der Altstadt ruhig gelegen um einen Innenhof mit Bäumen. Es erwartet Sie ein persönlicher Empfang.

PONT AUDEMER (27500) (P5-F3) — BELLE ISLE SUR RISLE ★★★★
Table gastronomique

112 Route de Rouen - Tél. : 02 32 56 96 22 - - Menus de 189 F à 380 F. Menu enfant : 120 F. 19 chambres de 550 F à 1200 F

EURE

PONT ST PIERRE (27360) (P5-F3)   **HOSTELLERIE LA BONNE MARMITE** ★ ★ ★   Table gastronomique

*A 20 km au Sud-Est de Rouen N14+D138+D321. - 10 Rue René Raban - Maurice AMIOT - Tél. : 02 32 49 70 24
Fax : 02 32 48 12 41 - la.bonne.marmite@wanadoo.fr - www.la-bonne-marmite.com - Fermeture : 20/02-15/03 ; 20/07-13/08 ; dimanche soir, lundi, mardi midi sauf fériés. - Menus de 98 F à 310 F. Menu enfant : 98 F. Petit déjeuner : 47 F. 9 chambres de 360 F à 550 F. Demi pension de 350 F à 595 F*

Denise et Maurice Amiot vous accueilleront dans le charme exquis d'une auberge romantique et vous feront découvrir une cuisine créative à base de produits de terroir. Carte des vins exceptionnelle (plus de 600 vins rouge et plus de 250 vins blanc). Spécialités : poissons, crustacés, foie gras frais de canard normand, suprême de canard à la sauvageonne, rognons de veau Bonne Marmite galette Denise, tarte aux pommes chaudes. Membre Eurotoques.
Chambres avec bain ou douche +WC+TV : Toutes. Parking privé, salle restaurant de caractère, salle de séminaires, chèques vacances, TV satellites, animaux restaurant, accès handicapés restaurant

Denise and Maurice Amiot will welcome you in this romantic inn and let you discover a traditional cooking. Exceptional wines' card (more than 600 red wines and 250 white wines).

Denise y Maurice Amiot le acogerán en este encantador hostal romántico y le harán descubrir una cocina creativa a base de productos regionales. Excepcional lista de vinos (más de 600 vinos tintos y más de 250 vinos blancos).

Entdecken Sie in dieser ehemaligen Gaststätte im Stil Louis XVI eine leckere ländliche Küche und einen der prächtigsten Weinkeller Frankreichs (Preisträger des Weinwettbewerbs).

Le Guide des quatre saisons

# EURE ET LOIR

NOGENT LE ROI (28210) (P5-G4) — RESTAURANT CAPUCIN GOURMAND

A 18 km de Dreux. - 1 Rue de la Volaille - Tél. : 02 37 51 96 00 - Menus de 98 F à 185 F. Menu enfant : 85 F

THIVARS (28630) (P5-G4) — RESTAURANT LA SELLERIE

A 4 km de Chartres. - 48 Route Nationale 10 - Tél. : 02 37 26 41 59 - Menus de 74 F à 180 F. Menu enfant : 39 F

Saveurs & Sites de France

 **FINISTERE**

BÉNODET (29950) (P4-A5)

ARMORIC HÔTEL ★★★

Table de Terroir

A 15 km de Quimper. - 3 Rue de Penfoul - Tél. : 02 98 57 04 03 - Menus de 145 F à 240 F. Menu enfant : 65 F. Petit déjeuner : 55 F. 30 chambres de 300 F à 950 F. Demi pension de 340 F à 665 F. Etape VRP de 345 F à 385 F

BREST (29200) (P4-A4)

LE NOUVEAU ROSSINI
Table gastronomique

22 Rue du Commandant Drogou - Tél. : 02 98 47 90 00 - Menus de 200 F à 360 F. Menu enfant : 80 F

BREST (29200) (P4-A4)

HÔTEL DE LA PAIX ★★★

32 Rue Algésiras - Tél. : 02 98 80 12 97 - 25 chambres de 270 F à 330 F. Petit déjeuner : 38 F. Etape VRP de 243 F à 270 F

MOELAN SUR MER (29350) (P4-A5)

LES MOULINS DU DUC ★★★
Table gastronomique

Route des Moulins - Tél. : 02 98 96 52 52 - Menus de 135 F à 360 F. Menu enfant : 60 F. 26 chambres de 370 F à 930 F

QUIMPER (29000) (P4-A5)

L'AMBROISIE
Table gastronomique

49 Rue Elie Fréron - Tél. : 02 98 95 00 02 - Menus de 120 F à 380 F. Menu enfant : 70 F

QUIMPER (29000) (P4-A5)

RESTAURANT LE STADE
Table gastronomique

12 Avenue Georges Pompidou - Joël TRÉGUER - Tél. : 02 98 90 22 43 - Fax : 02 98 90 39 99 - Fermeture : 28/08-12/09. - Menus de 98 F à 400 F. Menu enfant : 50 F

Joël TREGUER, Chef de Cuisine, saura vous faire voyager par la richesse des produits de la Bretagne. Saucier de formation, ses spécialités de poissons et de fruits de mer vous séduiront à travers une carte évolutive et six menus. Très belle carte des vins. Spécialités : poêlon des richesses bretonnes (homard, palourdes, langoustines, st jacques, petit rouget, médaillons de lotte à la cornouaillaise), rouelle de homard aux épices sauce coraillée, goujon de sole et blanc de turbot au Champagne à l'émincé de truffes, foie gras frais de canard maison au Sauterne. Jardin, parking privé, salle restaurant de caractère, salle de séminaires, chèques vacances, animaux, accès handicapés

Joël Treguer will make you travel by the wealth of the Brittany products. His specialities of fish and sea foods will charm you through a moving card of 6 menus. Beautiful card of wine.

Joël TREGUER, Jefe de Cocina, le hará viajar con la riqueza de los productos de la Bretaña. Especialista en salsas, usted quedará encantado con sus especialidades de pescados y mariscos a través de una carta evolutiva y seis menús. Excelente lista de vinos.

Der Chefkoch Joël Treguer, versteht es aufs Beste, Sie durch das Land der bretonischen Produkte zu führen. Die exzellenten Soßen, Spezialitäten an Fisch und Meeresfrüchten, einer ständig variierenden Speisekarte, und sechs Menus werden Sie überzeugen. Sehr gute Weinkarte.

ST POL DE LÉON (29250) (P4-A4)

AUBERGE LA POMME D'API

Table gastronomique

A 15 km de Morlaix. - 49 Rue Verderel - Tél. : 02 98 69 04 36 - Menus de 125 F à 295 F. Menu enfant : 60 F

GARD

AIGUES MORTES (30220) (P9-I11) — HÔTEL LES TEMPLIERS ★★★

Table de Terroir

A 35 km de Montpellier et 45 km de Nîmes. - 21/23 Rue de la République - Tél. : 04 66 53 66 56
Menus : carte 250 F environ. Petit déjeuner : 60 F. 11 chambres de 590 F à 800 F.

ANDUZE (30140) (P9-I10) — LA RÉGALIÈRE ★★

Table gastronomique

A 14 km d'Alès. - 143 Route de Saint Jean du Gard - Michel GUILLEN - Tél. : 04 66 61 81 93 - Fax : 04 66 61 85 94
www.ot-anduze.fr Fermeture : 25/11-15/03 ; mercredi midi sauf juillet et août. - Menus de 95 F à 240 F. Menu enfant : 50 F.
Petit déjeuner : 40 F. 12 chambres de 300 F à 340 F. Demi pension de 275 F à 295 F. Etape VRP : 350 F.

Dans une maison de maître, La Régalière vous offre un nid de verdure (parc et terrasses ombragés), avec un cadre de rêve et de détente où vous passerez un séjour inoubliable. Les menus sont un savant dosage de tradition et d'éxotisme. Ambiance jazz assurée tant par le décor que par ses soirées du vendredi. Spécialités : aiguillette de canard au miel et à la gentiane des Cévennes, sot l'y laisse aux saint jacques, médaillon de kangourou aux figues.
Chambres avec bain ou douche +WC+TV : Toutes. Terrasse, jardin, parking privé, piscine d'hiver, salle restaurant de caractère, chèques vacances, animaux, accès handicapés restaurant.

In an host house, La Régalière offers you a nest of greenery (shaded park and terrace), with a dream setting where you will have an unforgettable stay. Menus are a learned mixture of tradition and exotism. Atmosphere of jazz with the decor and the friday evenings.

En esta casa burguesa, La Régalière le ofrece un nido de verdor (parque y terrazas sombreadas), con un ambiente de ensueño y tranquilidad para pasar una estancia inolvidable. Los menús son el resultado de la sabia dosificación de tradición y exotismo. Un ambiente de jazz tanto por la decoración como por las noches del viernes.

In diesem Herrenhaus, bietet La Régalière eine grüne Oase (Park und schattige Terrassen) und eine traumvolle und entspannte Atmosphäre, wo Sie einen unvergesslichen Aufenthalt erleben werden. Die Menus sind eine wohl dosierte Kombination aus Tradition und Exotik.

ANDUZE (30140) (P9-I10) — LA PORTE DES CÉVENNES ★★

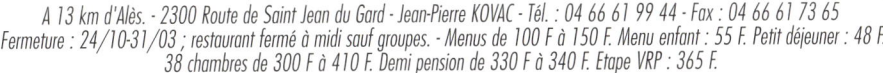
Table de Terroir

A 13 km d'Alès. - 2300 Route de Saint Jean du Gard - Jean-Pierre KOVAC - Tél. : 04 66 61 99 44 - Fax : 04 66 61 73 85
Fermeture : 24/10-31/03 ; restaurant fermé à midi sauf groupes. - Menus de 100 F à 150 F. Menu enfant : 55 F. Petit déjeuner : 48 F.
38 chambres de 300 F à 410 F. Demi pension de 330 F à 340 F. Etape VRP : 365 F.

Au milieu des pins et des chênes verts dominant la Vallée du Gardon, La Porte des Cévennes vous offre calme et repos. Sa cuisine et vins du terroir, ses chambres tout confort, sa piscine couverte et chauffée, sa terrasse panoramique vous feront profiter pleinement de ce magnifique paysage cévenol.
Spécialités : feuilleté de truite sauce ciboulette, fondant au chocolat moelleux.
Chambres avec bain ou douche +WC+TV : 1 à 34. Petit déjeuner buffet.
Terrasse, jardin, parking privé, piscine d'été, piscine d'hiver, salle restaurant de caractère, salle de séminaires, chèques vacances, TV satellites

In the middle of a pine forest overlooking the Valley of Gardon, the hotel offers you calm and rest. Its cooking and local wines, its comfortable bedrooms, its covered and heated swimming-pool, its panoramic terrace will make you fully enjoy this magnificent landscape of cevenol.

En medio de pinos y robles verdes dominando el Vallée du Gardon, La Porte des Cévennes le brinda calma y reposo. Su cocina y vinos locales, sus habitaciones con todas las comodidades, su piscina cubierta y climatizada, su terraza panorámica le permitirán aprovechar plenamente de este magnífico paisaje de las Cévennes.

Inmitten von Pinien und grünen Eichen über dem Tal von Gardon, bietet Ihnen La Porte des Cévennes Ruhe und Erholung. Sie genießen dort die gute Küche und Landweine, bequeme Zimmer, das geheizte Hallenschwimmbad, seine Panorama Terrasse und die wunderschöne cevennische Landschaft.

GARD

ANDUZE - TORNAC (30140) (P9-I10) — LES DEMEURES DU RANQUET ★★★★

Table gastronomique

D982 Sud d'Alès. A 5 km d'Anduze. - Route de St Hippolyte du Fort TORNAC - Jean-Luc MAJOUREL - Tél. : 04 66 77 51 63 Fax : 04 66 77 55 62 - ranquet@mnet.fr - www.avignon-et-provence.com/ranquet Fermeture : 8/10-1/04 ; mardi soir et mercredi hors saison. Menus de 200 F à 395 F. Menu enfant : 100 F. Petit déjeuner : 85 F. 10 chambres de 680 F à 980 F suivant saison. Demi pension de 620 F à 760 F.

Typique mas restauré, dans un havre de calme, au milieu des chênes. Cuisine d'Anne MAJOUREL, Chef au féminin, pleine de talent et de fraicheur. Spécialités : ratatouille de ma grand mère, mouillettes de saucisse d'Anduze rôties, crémeux à l'oeuf ; beurre rôti à la sauge, quelques pâtes fraîches ; épaule d'agneau de lait de Nîmes, gratin de pommes de terre à l'ancienne.
Chambres avec bain ou douche +WC+TV : Toutes.
Terrasse, jardin, parking privé, piscine d'été, salle restaurant de caractère, salle de séminaires, TV satellites, animaux, accès handicapés

🇬🇧 This typical renovated farmhouse, an haven of peace, in a middle of oaks offers a regional delicious and talented cooking by Anne Majourel. Close to the main touristic centres of the region.

🇪🇸 Típica casa de Provenza, en un remanso calmo, en medio de robles. Usted podrá descubrir las especialidades de la jefa de cocina Anne Majourel, llena de talento y frescor.

🇩🇪 Dieses typisch südliche Bauernhaus, neu restauriert, liegt an einem ruhigen Ort mitten unter den Eichen. Ländliche Küche voller Können und Frische.

BARJAC (30430) (P10-L10) — LE MAS DU TERME ★★★

Table gastronomique

A 30 km d'Alès et de Bagnols sur Cèze. - Route de Bagnols sur Cèze - Tél. : 04 66 24 56 31 - Menus de 98 F à 280 F. Menu enfant : 69 F. Petit déjeuner : 51 F.23 chambres de 360 F à 540 F. Demi pension de 400 F à 490 F/pers

BEAUCAIRE (30300) (P9-J11) — LES DOCTRINAIRES ★★★

Table de Terroir

A 25 km de Nîmes. - Quai du Général de Gaulle - Tél. : 04 66 59 23 70 - Menus de 98 F à 240 F. Menu enfant : 60 F. Petit déjeuner : 45 F. 32 chambres de 330 F à 450 F. Demi pension de 475 F à 790 F. Etape VRP : 420 F

BEAUCAIRE (30300) (P9-J11) — ROBINSON ★★★

Table de Terroir

A 20 km d'Avignon, Nîmes, Arles. - Route de Remoulin - Tél. : 04 66 59 21 32 - Menus de 110 F à 200 F. Menu enfant : 60 F. 30 chambres de 320 F à 450 F

CASTILLON DU GARD (30210) (P10-L11) — LE VIEUX CASTILLON ★★★★

Table de prestige

A 25 km d'Avignon et de Nîmes, 15 km d'Uzes. - Rue Turion Sabatier - Tél. : 04 66 37 61 61 - Menus de 450 F à 610 F. Menu enfant : 150 F. Petit déjeuner : 90 F.35 chambres de 995 F à 1920 F. Demi pension : supplément de 610 F/pers

G A R D

CODOGNAN (30920) (P9-I11) — RESTAURANT LOU FLAMBADOU

Table gastronomique

Entre Nîmes (15 km) et Montpellier. - Route Nationale 113 - M. et Mme Romano TONETTI-FABER - Tél. : 04 66 35 09 70 Fax : 04 66 73 77 28 - Fermeture : 15/08-31/08 ; dimanche soir et lundi. - Menus de 155 F à 198 F. Menu enfant : 90 F.

Venez découvrir la cuisine gastronomique de cet établissement aménagé dans un ancien mas provençal entièrement rénové, le meilleur accueil vous sera réservé. Spécialités : foie gras poêlé, poissons, saumon fumé maison, filet de boeuf.
Terrasse, jardin, parking privé salle restaurant de caractère, salle de séminaires, animaux, accés handicapés

🇬🇧 Come and discover the gastronomic cooking of this establishment build in a former Provençal house, the best welcome will be for you.

🇪🇸 Este establecimiento acondicionado en una antigua granja provenzal, totalmente renovada, le brindará una calurosa acogida y le hará descubrir una cocina gastronómica.

🇩🇪 Entdecken Sie die gastronomische Küche dieses Hauses, wo man Sie bestens empfängt.

COLLIAS (30210) (P9-J11) — HOSTELLERIE LE CASTELLAS ★ ★ ★

Table gastronomique

A 7 km d'Uzès, 25 km de Nîmes et d'Avignon. - Grande Rue - Tél. : 04 66 22 88 88 - Menus de 180 F à 380 F. Menu enfant : 85 F. 17 chambres de 550 F à 1100 F

FONTANES (30250) (P9-I11) — RESTAURANT LE PICHET

Table de Terroir

A 5 km de Sommières. - RN 110   Les Baraques - Cécile GEROLAMI - Tél. : 04 66 80 14 40 - Fax : 04 66 80 14 40 Fermeture : Décembre ; 3ème semaine de mars ; lundi sauf jours fériés. - Menus de 78 F à 99 F. Carte : 140 F. Menu enfant : 45 F

En pleine vallée du Vidourle, entre Cévennes et littoral, nous accueillons notre aimable clientèle dans un cadre rustique datant de 1811. Nous proposons une cuisine du terroir telle que : salade de pélardon des Cévennes au balsamique, brandade de morue au fondant d'épinards, agneau de Nîmes aux parfums de la garrigue, plateau de fromages des Cévennes. Menu Tables & Auberges de France
Salle restaurant de caractère, salle de séminaires, animaux, accés handicapés

🇬🇧 In the Vidourle's valley, between Cévennes and coast, we welcome our guests in a rustic setting of 1811. We offer traditional cooking.

🇪🇸 En pleno valle del Vidourle, entre Cevenas y litoral, acogemos nuestra amable clientela en un ambiente rústico que data del año 1811 y le proponemos una cocina regional.

🇩🇪 Inmitten des Vidourle Tals, zwischen Cévennes und der Küste, heißen wir unsere liebenswürdige Kundschaft, in rustikalem Ambiente von 1811, recht herzlich willkommen. Wir bieten regionale Küche.

GARD

LA VERNAREDE (30530) (P9-I10) — LOU CANTE PERDRIX ★★

Table de Terroir

A 23 km au Nord d'Alès. - Le Château - Violette & Daniel TRESCH - Tél. : 04 66 61 50 30 - Fax : 04 66 61 43 21 - www.canteperdrix.fr Fermeture : 2/01-31/01. Mardi hors saison. - Menus de 95 F à 220 F. Menu enfant : 55 F. Petit déjeuner : 40 F. 15 chambres de 310 F à 350 F. Demi pension de 300 F à 320 F. Etape VRP de 300 F à 320 F

Au coeur des Cévennes, dans un écrin de verdure, au calme, venez découvrir le cadre authentique et la cuisine du terroir de cette demeure du 19ème siècle. Spécialités : croustade aux cèpes, pelardon chaud sur salade paysanne, civet de lapin fermier, délice cévenol et sa liqueur de châtaignes.
Chambres avec bain ou douche +WC+TV : Toutes.
Terrasse, jardin, parking privé, piscine d'été, salle restaurant de caractère, salle de séminaires, tennis, chèques vacances, climatisation, Menu Tables & Auberges de France, animaux

🇬🇧 In the heart of Cévennes, in a green quiet setting, come and discover the authentic cooking of this establishment of the XIXth century.

🇪🇸 En el corazón de las Cévennes, en la calma de este espacio verde, venga a descubrir la cocina local y el ambiente original de este establecimiento del siglo XIX.

🇩🇪 Im Herzen der Cevennen, in einer grünen Ecke, entdecken Sie den authentischen Rahmen und die ländliche Küche dieses Hauses aus dem 19.Jh.

LES ANGLES (30133) (P9-J11) — HOSTELLERIE ERMITAGE MEISSONNIER ★★

Table gastronomique

A 4 km d'Avignon. - Avenue de Verdun - Tél. : 04 90 25 41 02 - Menus de 110 F à 450 F. Menu enfant : 80 F. 16 chambres de 270 F à 500 F

NIMES (30900) (P9-J11) — LE P'TIT BEC

Table de Terroir

87 bis Rue de la République - Tél. : 04 66 38 05 83 - Menus de 95 F à 225 F. Menu enfant : demi tarif

PORT CAMARGUE (30240) (P9-I11) — LE SPINAKER ★★★★

Table de prestige

A 2 km de Grau du Roi et 25 km de Montpellier. - Pointe de la Presqu'île - Tél. : 04 66 53 36 37 - Menus de 285 F à 445 F. Menu enfant : 85 F. Petit déjeuner : 68 F. 21 chambres de 660 F à 1380 F. Demi pension de 567 F à 1011 F

GARD

REMOULINS (30210) (P9-J11) — L'ARCEAU ★★

A9 sortie Remoulins. A 5 km de Remoulins. - 1 Rue de l'Arceau Saint Hilaire d'Ozilhan - Patricia & André BRUNEL
Tél. : 04 66 37 34 45 - Fax : 04 66 37 33 90 - patricia.brunel2@wanadoo.fr - http://www.multimania.com/arceau. Fermeture : 20/11-20/02 ; dimanche soir et lundi hors saison. - Menus de 105 F à 250 F. Menu enfant : 60 F. Petit déjeuner : 38 F.25 chambres de 310 F à 350 F. Demi pension : 290 F. Etape VRP de 310 F à 350 F

Table de Terroir

Dans le site du célèbre Pont du Gard, cette demeure du XVIIIème siècle à l'accueil chaleureux vous permettra d'apprécier une cuisine régionale raffinée et une hôtellerie de grand confort. Spécialités : navarin de homard en liaison de crustacés et ses spaghettis de légumes craquants, montgolfière de sot-l'y-laisse de poulet et ris d'agneau en fricassée à l'ancienne.
Chambres avec bain ou douche +WC+TV : Toutes. Terrasse, jardin, parking privé, salle restaurant de caractère, salle de séminaires, chèques vacances, TV satellites, animaux, accès handicapés

🇬🇧 At the site of the well-known pont du Gard, this residence of the XVIII century with its warm welcome, offers you regional and refined cooking and comfortable hotel.

🇪🇸 En el lugar del célebre Pont du Gard, esta morada del siglo XVIII le acogerá cálidamente. Usted podrá apreciar una delicada cocina regional y una hostelería con todas las comodidades.

🇩🇪 Dieses Haus, in der Gegend des berühmten Pont du Gard, bietet Ihnen Komfort und eine edle regionale Küche.

SAUVETERRE (30150) (P9-J11) — HOSTELLERIE DE VARENNE ★★★

*A 12 km d'Avignon. - 91 Place Saint Jean - Tél. : 04 66 82 59 45 - Menus de 120 F à 280 F. Menu enfant : 80 F. Petit déjeuner : 60 F.
13 chambres de 450 F à 900 F. Demi pension de 440 F à 660 F. Etape VRP : 450 F*

Table gastronomique

SOMMIERES (30250) (P9-I11) — AUBERGE DU PONT ROMAIN ★★★

*A 27 km de Nîmes et Montpellier. - 2 Rue Emile Jamais - Tél. : 04 66 80 00 58 - Menus de 185 F à 260 F. Menu enfant : 105 F.
18 chambres de 260 F à 520 F*

Table gastronomique

GARD

TAVEL (30126) (P9-J10) — HÔTEL LE PONT DU ROY ★★

A 12 km d'Avignon et 15 km d'Orange. - D 976 Route de Nîmes - Serge et Steve SCHORGERE - Tél. : 04 66 50 22 03 Fax : 04 66 50 10 14 - hotelpontduroy@wanadoo.fr - www.hotelpontduroy.fr Fermeture : 15/10-1/04. - Menus de 125 F à 280 F. Menu enfant : 65 F. 14 chambres de 290 F à 580 F. Petit déjeuner : 45 F

L'hôtel-restaurant Le Pont du Roy vous offre le charme et l'ambiance feutrée d'un mas provençal dans une oasis de verdure et de calme. Les senteurs de la garrigue environnante et les produits de notre Provence ont inspiré notre chef. Spécialités : saumon infusé au thym et l'huile d'olive, suprême de pintade à la crème d'ail doux, fondant au chocolat et à la framboise. Vins de Tavel.
Chambres avec bain ou douche +WC+TV : 1-4-5-11-12-13-15-18. Terrasse, jardin, parking privé, piscine d'été, salle restaurant de caractère, climatisation, TV satellites, animaux

The hôtel-restaurant le Pont du Roy offers the charm and the cosy atmosphere of a Provençal house in an oases of greenery and calm. Cooking inspired by the traditional environment and products.

El hotel-restaurante Le Pont du Roy le brinda el encanto y el delicado ambiente de una granja provenzal en un oasis de verdor y tranquilidad. Los olores del carrascal circundante y los productos de nuestra Provenza han inspirado nuestro jefe.

Das Hotel-Restaurant Le Pont du Roy bietet Ihnen den Charme eines provenzalischen Bauernhofs in einer grünen Oase von Ruhe. Unser Chefkoch wird durch die typisch provenzalischen Düfte und Produkte inspiriet.

VILLENEUVE LES AVIGNON (30400) (P9-J11) — LA MAGNANERAIE ★★★★

A 3 km d'Avignon. - 37 Rue Camp de Bataille - Tél. : 04 90 25 11 11 - Menus de 170 F à 450 F. Menu enfant : 100 F. 28 chambres de 500 F à 2000 F.

Le Goût de l'Authenticité

www.tables-auberges.com ➡ réservation gratuite (0% de commission)

Haute-Garonne

Le Sud avant le Sud...

UN DÉPARTEMENT... SIX PAYS...UNE " CAPITALE "...

Au cœur de la région Midi-Pyrénées la Haute-Garonne cultive sous un soleil lumineux contrastes et paradoxes. Entre Atlantique et Méditerranée, à la lisière des Pyrénées et au fil de la Garonne, la Haute-Garonne vous offre une incomparable palette de possibilités touristiques.

De montagnes majestueuses en torrents impétueux, des hautes vallées aux lacs d'altitude et cimes à 3000 mètres, les Pyrénées Centrales forment une véritable terre promise pour la randonnée. Des paysages préservés, une faune et une flore encore intactes en font un véritable sanctuaire de la nature.

Pays de piémont et de balades faciles et familiales, le Comminges est un pays d'abbayes et de cathédrales. Dans le cœur de la chaîne pyrénéenne, cette terre gasconne exhibe sans retenue son riche passé et ses paysages d'une rare beauté.

Pays de plaine par excellence, le Volvestre pousse la fantaisie en se déclinant de part et d'autre de la Garonne en falaises sur la rive droite et en larges terrasses sur la rive gauche. Terre d'eau, généreuse et féconde, il épouse depuis la nuit des temps le cours du fleuve.

Au sud-est du département, le Lauragais déroule ses vastes étendues de blé blond, de maïs doré et de tournesol flamboyant. Bastides, clochers, murs, pigeonniers et moulins à vent sont les témoins de son riche passé. Pierre Paul Riquet y creusa le Canal du Midi, classé patrimoine mondial de l'humanité par l'UNESCO.

Au fil des siècles, le Frontonnais s'est forgé une vocation viticole et fruitière jamais démentie. Pays de la qualité de vie, le mot "fête" grâce aux nombreuses manifestations traditionnelles, retrouve tout son sens et toute sa plénitude.

Au nord de Toulouse, le Pays Toulousain alterne plaines fertiles sur les bords de la Garonne, châteaux et forêts épaisses à Bouconne et Buzet. Les fermes de briques et de tuiles roses évoquent la proximité de la métropole toulousaine, riche en patrimoine.

De la basilique Saint-Sernin au quartier antique de la Daurade, de l'église des Jacobins à la tendre coulée du Canal du Midi, de la classique architecture du Capitole aux cours discrètes des hôtels particuliers, des berges langoureuses de la Garonne aux rues étroites, Toulouse aime récompenser le visiteur qui sait la découvrir.

Brochures Eté-Hiver Gratuites
Informations : 05 61 99 44 00

CDT Haute-Garonne - 14, rue Bayard BP 845 - 31015 Toulouse cedex 06

HAUTE-GARONNE
CONSEIL GENERAL

HAUTE-GARONNE

BLAGNAC-TOULOUSE (31700) (P8-F11) — LE GRAND NOBLE ★★

Près aéroport dir. Cornebarrieu (7 km Toulouse) - 90 Avenue de Cornebarrieu - Toulouse Aéroport - Joseph et Joëlle BOUCHET
Tél. : 05 34 60 47 47 - Fax : 05 34 60 47 48 - hotel.rest.grand.noble@wanadoo.fr - www.le-grand-noble.com Fermeture : 1/08-31/08 vendredi soir et samedi. - Menus de 99 F à 175 F. Menu enfant : 65 F. Petit déjeuner : 45 F.44 chambres de 350 F à 420 F. Etape VRP : 425 F

Table gastronomique

Une étape gourmande dans un cadre de verdure à 2 minutes de l'aéroport accès direct à l'autoroute (100m). Venez découvrir une cuisine du marché, généreuse, aux saveurs régionales du terroir. Spécialités : cassoulet gratiné en terrine, magret de canard au poivre vert, croustillant agenais et sa glace pruneaux-armagnac. Vins de Gaillac et de Fronton. Chambres avec bain ou douche +WC+TV : Toutes. Petit déjeuner buffet. Terrasse, jardin, parking privé, salle de séminaires, chèques vacances, canal+, climatisation, ascenseur, TV satellites, animaux, accès handicapés

🇬🇧 Ideal stopping place for regional cooking and generous portions, only 2 minutes from the airport (free transport hotel/airport). Come to discover our regional cooking. Wine from Gaillac and Fronton.

🇪🇸 En un paisaje verde, esta parada para golosos se encuentra a 2 minutos del aeropuerto : acceso directo a la autopista (100 m). Venga a descubrir una cocina de mercado, generosa, con sabores regionales del terruño. Vinos de Gaillac y de Fronton.

🇩🇪 Schlemmerpause im Grünen ,2 Minuten vom Flughafen, direkter Zugang zur Autobahn (100m). Entdecken Sie eine genussvolle Küche aus Marktprodukten mit ländlichem Geschmack.

BOURG D'OUEIL (31110) (P8-E12) — LE SAPIN FLEURI ★★

A 14 km de Luchon. - - Jean TOUCOUÈRE - Tél. : 05 61 79 21 90 - Fax : 05 61 79 85 87
Fermeture : 10/10-22/12 ; hiver sauf vacances scolaires. - Menus de 95 F à 230 F. Menu enfant : 50 F. Petit déjeuner : 45 F.
20 chambres de 200 F à 270 F. Demi pension de 250 F à 285 F

Table gastronomique

Au coeur des Pyrénées, blotti au fond de la Vallée d'Oueil, Le Sapin Fleuri est le point de départ de nombreuses randonnées. La salle de restaurant, d'où il n'est pas rare d'apercevoir des animaux sauvages (biches, cerfs, chevreuils) offre une vue panoramique.
Jean TOUCOUERE, Chef de cuisine, diplômé de l'Académie des Arts et de la Table vous fera déguster une cuisine traditionnelle soignée. Spécialités : pétéram luchonnais, truite sapin fleuri, tortilla montagnarde, gigot d'agneau.
Chambres avec bain ou douche +WC+TV : 1 à 9 ; 11-14 à 20.
Terrasse, jardin, parking privé, salle restaurant de caractère, canal+, TV satellites, animaux hôtel, accès handicapés restaurant

🇬🇧 In the heart of Pyreneen, nestled in the Valley of Oueil, Le Sapin Fleuri is the starting place of several hikes. The restaurant where it isn't rare to see wild animals (doe, stag, roebuck) is offering a panoramic view. Jean TOUCOUERE, the Chef, rewarded by the Academy of Table's Art will make you savour a traditional cooking carefully done.

🇪🇸 En el corazón de los Pirineos, acurrucado al fondo del Vallée d'Oueil, Le Sapin Fleuri es el punto de partida de numerosos senderismos. Del salón comedor con vista panorámica, no es raro percibir animales salvajes (ciervas, ciervos, corzos). Jean TOUCOUERE, Jefe de cocina, diplomado de la Academia de Artes y de la Mesa le hará saborear su esmerada cocina tradicional.

🇩🇪 Im Herzen der Pyrenäen, am Ende des Tals von Oueil, ist der Sapin Fleuri der Ausgangspunkt für zahlreiche Wanderungen. Der Speisesaal, von wo aus man nicht selten wilde Tiere wahrnehmen kann (Rehe, Hirsche) bietet einen Rundblick. Jean TOUCOUERE, Küchenchef, diplomiert von der Akademie der Tischkunst, bewirtet Sie mit seiner gepflegten traditionellen Küche.

HAUTE-GARONNE

BOUSSENS (31360) (P8-F12)   HÔTEL DU LAC ★★

Table gastronomique

A64 sortie 21. A 10 km de Cazères sur Garonne. - 7 Promenade du Lac - Hubert & Marie-Alice SOULIé - Tél. : 05 61 90 01 85 - Fax : 05 61 97 15 37 - - http://hotel.du-lac.com Fermeture : 26/02-17/03 ; vendredi et samedi matin hors saison. - Menus de 95 F à 220 F. Menu enfant : 50 F. Petit déjeuner : 35 F. 10 chambres de 220 F à 300 F. Demi pension de 260 F à 300 F. Etape VRP de 280 F à 300 F

A mi-chemin entre Toulouse et les Pyrénées, venez découvrir cet établissement situé au bord du lac, profiter de ses terrasses ou de sa cheminée centrale pour y découvrir l'authentique passion de son Chef Hubert et de son épouse Marie-Alice. Spécialités : briochée d'escargots au foie gras truffé, magret de canard à l'hydromel, gigot d'agneau en croûte au pistou.
Chambres avec bain ou douche +WC+TV : 1-2-3-5-9-10-11-12. Petit déjeuner buffet.
Terrasse, jardin, parking privé, salle restaurant de caractère, chèques vacances, animaux

🇬🇧 Hubert SOULIE and his wife Marie-Alice reserve you a warm welcome in their hotel-restaurant situated between Toulouse and the Pyrénées. An establishment where it is pleasant to live, indeed at the side of a lake you may enjoy the view while you are at the terrace or at fire place.

🇪🇸 Venga a descubrir este establecimiento que se encuentra a orillas de una laguna y a mitad de camino entre Toulouse y los Pirineos. Usted podrá disfrutar de sus terrazas o de su chimenea central y descubrir la auténtica pasión de su jefe Hubert y de su esposa Marie-Alice.

🇩🇪 Auf halbem Weg zwischen Toulouse und den Pyrenäen entdecken Sie dieses Gasthaus am Rande eines Sees, wo Sie eine ruhige Terrasse oder den zentralen Kamin genießen können und erleben Sie dort die echte Leidenschaft des Chefkochs.

FRONTON (31620) (P8-G11)   LOU GREL

Table gastronomique

A 30 km au Nord de Toulouse par D4. - 49 Rue Jules Bersac - Pierre-Laurent CANTEGREL - Tél. : 05 61 82 03 00 - Fax : 05 61 82 12 24 - Fermeture : 1/01-9/01 ; Dimanche soir et Lundi. - Menus de 75 F à 160 F. Menu enfant : 50 F. Petit déjeuner : 35 F. 12 chambres de 220 F à 320 F. Demi pension de 210 F à 290 F

Au centre du vignoble du Frontonnais, cet établissement offre une cuisine de qualité et la possibilité de déguster les vins et visiter les caves. Souci de promotion des produits du terroir, fruits et légumes, champignons, viandes et volailles souvent associés à la négrette du vin de Fronton. Spécialités : carpaccio de canard en saveur de truffe, superposé de sandre à la compote de poireaux aux morilles, charlotte de cabillaud aux champignons sauvages...
Chambres avec bain ou douche +WC+TV : Toutes. Terrasse, jardin, parking privé, piscine d'été, salle restaurant de caractère, salle de séminaires, chèques vacances, animaux

🇬🇧 This establishment will reserve you the best welcome in an pleasant setting and will let you taste its specialities, a cooking of quality and the possibility to savour wine or visit the cellar.

🇪🇸 En el centro del viñedo de Fronton, este establecimiento brinda una cocina de calidad, la posibilidad de probar vinos y visitar las bodegas. Los buenos productos locales, frutas y verduras, setas, carnes y aves se combinan armoniosamente con el vino de Fronton.

🇩🇪 Mitten in den Weinbergen des Fronton, bietet Ihnen dieses Haus eine hervorragende Küche und die Möglichkeit Wein zu kosten und die Weinkeller zu besuchen. Im Vordergrund stehen Landprodukte, Obst und Gemüse, Fleisch und Geflügel, oft in Verbindung mit dem lokalen Wein.

www.tables-auberges.com ● réservation gratuite (0% de commission)

HAUTE-GARONNE

GRENADE (31330) (P8-G11) — RESTAURANT LE NEPTUNE

 Table de Terroir

A 20 km au Nord de Toulouse. - 19 Rue de la République - Richard GARCIA - Tél. : 05 61 82 84 70 - Fax : 05 61 82 18 53 Fermeture : Dernière semaine d'août et 3 premières semaines de septembre. - Menus de 83 F à 179 F. Menu enfant : 52 F

Situé au centre ville de Grenade, le Neptune vous fera découvrir un cadre convivial : cheminée dans une salle, bel aquarium dans l'autre. Richard Garcia vous fera partager sa cuisine traditionnelle et régionale. Spécialités : bouillabaisse, foie gras mi-cuit, cassoulet, poissons, fruits de mer, filets de rougets aux croustillants de langoustines.
Terrasse, salle restaurant de caractère, chèques vacances, climatisation, animaux

🇬🇧 Mr GARCIA will make you appreciate his traditional and regional cooking in the pleasant atmosphere of his restaurant situated in the center of Grenade.

🇪🇸 Ubicado en el centro de Grenade, Le Neptune le hará descubrir un ambiente convivial : chimenea en una sala, bello acuario en la otra. Richard GARCIA le hará compartir su cocina tradicional y regional.

🇩🇪 Entdecken Sie im Zentrum von Grenade das Gasthaus Neptune in einem angenehmen Rahmen: in einem Saal ein Kamin, im anderen ein Aquarium. R. Garcia teilt mit Ihnen seine traditionelle und regionale Küche.

LABARTHE SUR LEZE (31860) (P8-F11) — RESTAURANT LA ROSE DES VENTS

Table gastronomique

A 20 km de Toulouse. - 2292 Route du Plantaurel - Tél. : 05 61 08 67 01 - Menus de 90 F à 205 F. Menu enfant : 50 F

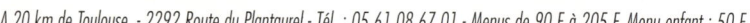

LABEGE-INNOPOLE (31676) (P8-F11) — RESTAURANT LE CARRÉ (HÔTEL LE SEXTANT) ★★

Table de Terroir

A 5 km de Toulouse. - 2 Rue de la Découverte - MM. ESTIVAL & MONTAUDOIN - Tél. : 05 61 39 27 27 - Fax : 05 61 39 22 27 Fermeture : 25/12-31/12 , samedi, dimanche & jours fériés (restaurant). - Menus de 80 F à 149 F. Menu enfant : 40 F. Petit déjeuner : 35 F. 55 chambres de 305 F à 380 F (dont 28 climatisées). Demi pension de 210 F à 250 F. Etape VRP de 370 F à 445 F.

Sur la route de vos affaires et de vos voyages, mettez le cap sur l'hôtel Le Sextant pour une vraie croisière de charme. Un charmant décor marin évoque l'atmosphère raffinée des paquebots d'antan. Son restaurant Le carré (Marine oblige !) vous propose avec Daniel AUDEON, Chef de cuisine, ses spécialités salade d'aiguillettes de magret de canard aux agrumes, foie gras de canard poêlé aux raisins, blanc de Saint Pierre aux morilles et pointes vertes.
Chambres avec bain ou douche +WC+TV : Toutes.
Terrasse, jardin, parking privé, piscine d'été, salle de séminaires, chèques vacances, canal+, ascenseur, TV satellites, Menu Tables & Auberges de France, animaux

🇬🇧 Have a short break in this establishment that will remind you a real charming cruise. In a seascape decor, the restaurant offers good menus made by the Chef Daniel AUDEON.

🇪🇸 Por la carretera de sus negocios y de sus viajes, diríjase al hotel Le Sextant para un verdadero crucero. Una encantadora decoración marina evoca la atmósfera refinada de los paquebotes de antaño. Su restaurante Le Carré (Marina obliga !) le propone junto a Daniel AUDEON, Jefe de Cocina, sus especialidades.

🇩🇪 Ein bezaubernder Schiffsdekor erinnert an die feine Atmosphäre der früheren Dampfschiffe. Im Restaurant Le Carré erwartet Sie der Chefkoch Daniel AUDEON mit seinen Spezialitäten.

LACROIX FALGARDE (31120) (P8-F11) — RESTAURANT LE BELLEVUE

 *Table gastronomique*

A 10 km de Toulouse. - 1 Avenue des Pyrénées - Tél. : 05 61 76 94 97 - Menus de 125 F à 195 F. Menu enfant : 50 F

HAUTE-GARONNE

LUCHON (31110) (P8-E12)   AUBERGE DE CASTEL-VIELH

Table gastronomique

A 3 km de Luchon. - Route de Superbagnères - Michel LESPINASSE - Tél. : 05 61 79 36 79 - Fax : 05 61 79 36 79
Fermeture : 24/10-10/11; Mercredi hors saison. - Menus de 100 F à 190 F. Menu enfant : 50 F. Petit déjeuner : 38 F.
3 chambres de 250 F à 300 F. Demi pension de 260 F à 275 F

Véritable havre de verdure et de calme, sur la route de Superbagnères (station de ski), cet établissement vous réservera le meilleur accueil et vous fera partager ses spécialités : pan cremat au foie gras, gambas aux mousserons, pétéram, grande assiette surprise, fondant au chocolat amer. Ouvert uniquement le week-end du 8/11 au 31/01 (sauf vacances scolaires).

Chambres avec bain ou douche +WC+TV : Toutes.

Terrasse, jardin, parking privé, salle restaurant de caractère, chèques vacances, animaux, accès handicapés restaurant

On the way to Superbagnères (skiing station), this establishment situated in a green and calm setting reserves you the best welcome and will make you savour its specialities. Open only week-ends to 11-1 of 03-31 (except during schools breaks).

Verdadero remanso de verdor y de calma, en la carretera de Superbagnères (estación de esquí). Este establecimiento le brindará una agradable acogida y le hará compartir sus especialidades. Abierto únicamente durante el fin de semana del 8/11 al 31/01 (salvo durante las vacaciones escolares).

Dieses Haus, ein echter Zufluchtsort, grün und ruhig, auf dem Weg nach Superbagnères (Skigebiet), empfängt Sie bestens und will seine Spezialitäten mit Ihnen teilen.

Tourisme & Gastronomie

www.tables-auberges.com ➝ réservation gratuite (0% de commission)

 # HAUTE-GARONNE

LUCHON (31110) (P8-E12) — HÔTEL D'ETIGNY ★★

Face aux Thermes - Jean-Dominique ORGAN - Tél. : 05 61 79 01 42 - Fax : 05 61 79 80 64 - etigny@aol.com
Fermeture : 21/10-31/03. - Menus de 98 F à 235 F. Menu enfant : 58 F. Petit déjeuner : 48 F.
45 chambres de 295 F à 700 F. Demi pension de 305 F à 525 F. Etape VRP de 350 F à 450 F

Aménagé dans un ancien hôtel particulier du XIXème siècle, un établissement de charme dont vous apprécierez la chaleur de l'accueil et la qualité du service. Au restaurant, les finesses de la tradition maitrisée avec ce brin d'invention qui pousse à la tentation de tout goûter... Spécialités : Duo de foie gras, ravioles de homard, fricassée de lotte aux olives confites, aiguillettes aux écrevisses, ris de veau aux morilles, pistache et pétéram luchonnais...
Chambres avec bain ou douche +WC+TV : Toutes.
Terrasse, jardin, parking privé, garage fermé, salle restaurant de caractère, salle de séminaires, chèques vacances, climatisation, ascenseur, TV satellites, animaux hôtel

🇬🇧 Converted in an ancient townhouse from the XIXth century, this establishment of style offers a warm welcome, comfort, service of quality, and the finest cooking.

🇪🇸 Acondicionado en un antiguo hotel particular del siglo XIX, este establecimiento de estilo le brinda una calurosa acogida y un servicio de calidad. En el restaurante, las delicadezas de la tradición ligadas a una pizca de invención llevan a la tentación...

🇩🇪 Dieses stilvolle Haus, ein ehemaliges herrschaftliches Stadthaus aus dem 19.Jh., bietet Ihnen einen herzlichen Empfang, Komfort, hervorragende Bedienung und feinste Küche.

LUCHON (31110) (P8-E12) — LES 2 NATIONS

5 Rue Victor Hugo - Floréal RUIZ - Tél. : 05 61 79 01 71 - Fax : 05 61 79 27 89
Ouvert toute l'année. - Menus de 54 F à 130 F. Menu enfant : 45 F.
20 chambres de 141 F à 250 F

Cet établissement, situé au coeur de la station thermale, vous réserva un accueil chaleureux où vous pourrez déguster des spécialités de la région : cuisse de canard confite maison, foie gras maison, cassolette de pétoncles à l'effeuillée de poireaux, pistache à la luchonnaise, croustade aux pommes.
Chambres avec bain ou douche +WC+TV : 3 à 7, 8 à 12, 14-15, 17-26-27-28-30-31-32.
Jardin, parking privé, garage fermé, chèques vacances, animaux

🇬🇧 This establishment situated in the heart of the spa, will welcome you cordialy and propose regional specialities.

🇪🇸 Este establecimiento, ubicado en el corazón de una estación balnearia, le brinda una cálida acogida. Usted podrá saborear las especialidades de la región.

🇩🇪 Dieses Restaurant, im Herzen des Termalbades gelegen, bereitet Ihnen einen herzlichen Empfang und bietet Ihnen die Spezialitäten der Region.

HAUTE-GARONNE

MONTAUBAN DE LUCHON (31110) (P5-E12) — JARDIN DES CASCADES ★★

Table gastronomique

A 1,5 km de Luchon. - Site classé Jardin des Cascades - Louisette LESPINASSE - Tél. : 05 61 79 83 09 - Fax : 05 61 79 79 16
Fermeture : 10/10-1/04. - Menus de 110 F à 180 F. Menu enfant : 60 F. Petit déjeuner : 35 F.
11 chambres de 200 F à 230 F. Demi pension de 240 F à 260 F

Dans un environnement exceptionnel, avec vue panoramique sur la Vallée de Luchon, venez découvrir ce havre de paix et l'ambiance familiale et chaleureuse de cette maison de caractère. Vous pourrez visiter le jardin et la cascade située dans le parc de l'hôtel. Spécialités : pétéram, ris de veau à la fondue de poireaux, grenadin de veau aux morilles, grillades, pistache (cassoulet), pasteras aux pommes (spécialité)… Vins du Pays (Fronton).
Chambres avec bain ou douche +WC+TV : 2-3-5-6-9-10. Terrasse, jardin, salle restaurant de caractère, chèques vacances, animaux

In an exceptional environment with a view on the Luchon Valley, have a break in this haven of peace and a visit the waterfall situated in the park of the hotel. Louisette LESPINASSE and her team will be glad to let you savour their specialities.

En un medio ambiente excepcional, con vista panorámica del valle de Luchon, venga a descubrir este remanso de paz y el ambiente familiar y caluroso de esta casa típica. Usted podrá visitar el jardín y la cascada que se encuentran en el parque del hotel. Vinos de la región (Fronton).

In einer einzigartigen Umgebung, mit Rundblick auf das Tal von Luchon entdecken Sie diesen Zufluchtsort und die familiäre und warme Atmosphäre von diesem charaktervollen Haus. Besichtigen Sie dort den Garten und Wasserfall im Hotelpark.

MANE (31260) (P8-F12) — HÔTEL DE FRANCE ★★

Table de Terroir

A 2,5 km de Salies du Salat. - 2 Place de l'Eglise - Philippe PEYRIGUER - Tél. : 05 61 90 54 55 - Fax : 05 61 90 05 93
philippe-peyriguer-hotel-de-france@wanadoo.fr - Fermeture : Vendredi soir et dimanche soir hors saison. - Menus de 65 F à 148 F.
Menu enfant : 46 F. Petit déjeuner : 30 F. 18 chambres de 135 F à 280 F. Demi pension de 200 F à 230 F. Etape VRP de 230 F à 240 F

Aménagé au centre du village dans l'ancien relais de poste, l'Hôtel de France vous réserve un accueil chaleureux et vous offre calme et confort. Au restaurant, vous découvrirez une cuisine régionale, avec l'été repas en terrasse ou dans le jardin. Spécialités : foie gras, ris de veau financière, magret de canard, cèpes, cassoulet.
Chambres avec bain ou douche +WC+TV : 1 à 4 ; 6 à 10 ; 16 - 20 - 21. Terrasse, jardin, parking privé, garage fermé, salle restaurant de caractère, salle de séminaires, chèques vacances, canal+, animaux, accès handicapés restaurant

In the heart of the village in a former Post relay, the Hôtel de France offers a warm welcome, calm and comfort. At the restaurant you will discover a traditional cooking and in summer meals either on terrace or in the garden.

En el centro del pueblo, acondicionado en una antigua parada del correo, el Hôtel de France le brindará una calurosa acogida, tranquilidad y confort. El restaurante le hará descubrir una cocina regional que usted podrá saborear en la terraza o en el jardín durante el verano.

Eingerichtet in einem ehemaligen Postgebäude im Stadtzentrum, bereitet Ihnen das Hôtel de France einen herzlichen Empfang und bietet Ihnen Ruhe und Komfort. Entdecken Sie ein regionales Essen, das Sie im Sommer auf der Terrasse oder im Garten genießen können.

HAUTE-GARONNE

MARTRES TOLOSANE (31220) (P8-F12) — HÔTEL-RESTAURANT CASTET ★★

N117 sortie Martres direction la gare. - Avenue de la Gare - Gilles SALES - Tél. : 05 61 98 80 20 - Fax : 05 61 98 61 02
Fermeture : Vacances de Toussaint zone A ; dimanche soir et Lundi. - Menus de 75 F à 160 F.
13 chambres de 230 F à 250 F

Table gastronomique

Dans un cadre champêtre, venez découvrir une cuisine raffinée à base de produits fermiers locaux. Grandes spécialités à base de poissons et cuisson au sel : magret de canard en coque de sel, côte de boeuf en coque de sel, foie frais aux fruits de saison.
Chambres avec bain ou douche +WC+TV : Toutes.
Terrasse, jardin, parking privé, piscine d'été, salle restaurant de caractère, salle de séminaires, chèques vacances, canal+, TV satellites, animaux

🇬🇧 In a rural and green setting place, you will appreciate a refined cooking made from local products, based on fish. Specialities are duck and beef cooked in salt.

🇪🇸 En un ambiente campestre, venga a descubrir una cocina refinada hecha a base de productos venidos de granjas locales. Grandes especialidades a base de pescados y en la cocción a la sal.

🇩🇪 Entdecken Sie in einem ländlichen Rahmen die feine Küche mit den Erzeugnissen der ansässigen Bauern.

MERVILLE (31330) (P8-F11) — AUBERGE DU VIVIER ★★

24 km Nord Toulouse direction Grenade D2. - Route Départementale 2 - Mme KONOMI - Tél. : 05 61 85 01 59
Fax : 05 61 85 88 75 - http://www.auberge-du-vivier.com Fermeture : 2/01-7/01 ; 1/08 -31/08 ; Samedi matin ; dimanche soir ; Lundi.
Menus de 130 F à 175 F. Menu enfant : 60 F. Petit déjeuner : 35 F. 9 chambres de 210 F à 240 F. Demi pension de 300 F à 420 F. Etape VRP de 310 F à 440 F

Table de Terroir

Pour une étape gastronomique pleine de fraîcheur et de soleil, venez découvrir l'Auberge du Vivier. Vous y dégusterez les trésors de la mer dans un cadre convivial. Spécialités : spécialités catalanes, plateaux de fruits de mer, poissons frais, zarzuela, parillada.
Chambres avec bain ou douche +WC+TV : 1-2-3-5-6.
Terrasse, jardin, parking privé, salle restaurant de caractère, salle de séminaires, chèques vacances, animaux

🇬🇧 A gastronomic stage of freshness and sun where you will savour the treasures of the sea in a friendly ambiance.

🇪🇸 Para una parada gastronómica fresca y soleada, venga a descubrir el Auberge du Vivier. Usted podrá saborear en un ambiente convivial los tesoros del mar.

🇩🇪 L'Auberge du Vivier, eine gastronomische Etappe voller Frische und Sonne. Kosten Sie dort die Meeresschätze in einer gemütlichen Atmosphäre.

HAUTE-GARONNE

MURET (31600) (P8-F11) — RESTAURANT IL PARADISO

Table gastronomique

20 km de Toulouse. A64 Sortie 34 direction Rieumes D3. - 350 Route de Rieumes - Viviane COMA & Marco OTTAVIANI.
Tél. : 05 61 56 39 73 - Fax : 05 62 23 01 92 - Fermeture : Dimanche soir et lundi. - Menus à 148 F

Cette ancienne ferme située dans un parc boisé vous offre calme et quiétude. L'hospitalité chaleureuse de Viviane vous installera dans l'intimité d'un cadre reposant ou d'une terrasse fleurie.
Spécialités : barolo, barbera, tiramisu, osso buco, misto pasta (toutes les pâtes sont faites maison).
Terrasse, jardin, parking privé, garage fermé, piscine d'été, salle restaurant de caractère, salle de séminaires, chèques vacances, accés handicapés, animaux

Il Paradiso, situated at the gates of Toulouse in a marvellous park, is the ideal place to have a relaxing time in a beautiful restored farm. Viviane welcomes you in a quiet atmosphere or on a flowering terrace.

Esta antigua granja situada en un parque arbolado le brindará tranquilidad. Con su calurosa hospitalidad, Viviana le instalará en la intimidad de un ambiente calmo o en una terraza florida. Usted podrá saborear las especialidades de la Casa (todas las pastas son caseras).

Dieser herrliche Bauernhof, in einem bewaldeten Park, verschafft Ihnen Ruhe und Geborgenheit. Viviane empfängt Sie herzlich in einer erholsamen Atmosphäre oder auf einer blühenden Terrasse.

Le Guide des quatre saisons

# HAUTE-GARONNE

NAILLOUX (31560) (P8-G12) — LA FERME DE CHAMPREUX

Sortie Autoroute Villefranche direction Nailloux. - Montgeard - Albert BENTABOULET - Tél. : 05 61 81 33 13 - Fax : 05 61 27 05 14 - www.fermedechampreux.fr Fermeture : 1/01-28/02 ; lundi. - Menus de 99 F à 220 F. Menu enfant : 35 F

A 30 minutes de Toulouse, dans un cadre campagnard au bord du lac de Nailloux, venez découvrir dans ce havre de paix, une cuisine traditionnelle et régionale. Spécialités : foie gras de canard, magret, cailles à la Bacchus, cèpes, entrecôte grillée…

Terrasse, jardin, parking privé, garage fermé, salle restaurant de caractère, salle de séminaires, tennis, chèques vacances, climatisation, Menu Tables & Auberges de France, animaux, accès handicapés

🇬🇧 You will be welcome in a rustic restaurant, beside the lake of Nailloux. A haven of peace to savour regional and traditional specialities at 30 minutes from Toulouse.

🇪🇸 A 30 minutos de Toulouse, en un ambiente campestre, al borde del lago de Nailloux, venga a descubrir en este remanso de paz, una cocina tradicional y regional.

🇩🇪 30 Min. von Toulouse, in einem ländlichen Rahmen am Ufer des Sees von Nailloux, entdecken Sie diesen Zufluchtsort, wo Sie eine traditionelle und regionale Küche erwartet.

La passion de notre métier

HAUTE-GARONNE

Table de Terroir

REVEL (31250) (P8-G11) — AUBERGE DES MAZIES ★★

A 3 km de Revel par D622 et à 20 km de Castres. - Route de Castres - Michel & Pascale GARNIER - Tél. : 05 61 27 69 70 Fax : 05 62 18 06 37 - mazies31@free.fr - http://mazies31.free.fr Fermeture : 1/01-16/01 ; 29/10-14/11 ; dimanche soir, lundi. - Menus de 75 F à 250 F. Menu enfant : 50 F. Petit déjeuner : 35 F.7 chambres de 280 F à 300 F. Demi pension de 250 F à 310 F. Etape VRP à 340 F

Au pied de la Montagne Noire et du Lac de Saint Ferréol, venez découvrir les spécialités de la Maison : cassoulet du Lauragais grillé au flambadou, grillades au feu de bois... et une très belle carte des vins.
Chambres avec bain ou douche +WC+TV : Toutes (3 chambres climatisées).

Terrasse, jardin, parking privé, salle restaurant de caractère, salle de séminaires, chèques vacances, TV satellites, animaux

🇬🇧 Come at the foot of the black mountain and of the Saint Ferréol lake, and savour this regional cooking made by Mr and Mrs GARNIER (3 rooms with air-conditioning).

🇪🇸 Al pie de la Montagne Noire y del Lago de Saint Ferréol, venga a descubrir las especialidades de la Casa. (3 habitaciones climatizadas).

🇩🇪 Am Fuße der Montagne Noire und des Sees St.Ferréol entdecken Sie die Spezialitäten des Hauses.

Charme & Authenticité

HAUTE-GARONNE

RIEUMES (31370) (P8-F11) — HÔTEL LES PALMIERS ★★

A 20 km de Muret. - 13 Place du Foirail - Albert FERNANDEZ - Tél. : 05 61 91 81 01 - Fax : 05 61 91 56 36 - albert.fernandez@free.fr - Fermeture : 1/09-25/09 ; dimanche soir (restaurant). - Menus de 70 F à 220 F. Menu enfant : 50 F. Petit déjeuner : 35 F. 7 chambres de 240 F à 300 F. Demi pension de 350 F à 400 F. Etape VRP de 300 F à 380 F

Petit coin de campagne au sud-ouest de Toulouse et à deux pas du Gers, cette auberge confortable aux chambres personnalisées propose une cuisine fine de produits frais. Spécialités : carpaccio de lotte et saumon au basilic et citron vert, gratin de queues d'écrevisses et de morilles au safran, carpaccio de magret de canard en tapenade, poissons frais toute l'année. Foies gras, spécialités régionales et desserts maison.
Chambres avec bain ou douche +WC+TV : Toutes.
Terrasse, jardin, salle restaurant de caractère, salle de séminaires, chèques vacances, Menu Tables & Auberges de France, animaux, accés handicapés

🇬🇧 In countryside in south west of Toulouse and just at 2 steps of the Gers, this comfortable inn with personalized rooms offers a refined cooking made with fresh products. Foie Gras, regional specialities and home-made desserts.

🇪🇸 En un rinconcito de campo al sudoeste de Toulouse y a dos pasos del Gers, este hostal confortable con habitaciones personalizadas, le propone una delicada cocina con productos frescos. Foie gras (hígado de ganso), especialidades regionales y postres caseros.

🇩🇪 Dieses komfortable Hotel in idyllischer Lage im Südwesten von Toulouse und ganz in der Nähe des Gers, bietet Ihnen individuelle Zimmer und eine raffinierte Küche, zubereitet aus frischen Produkten.

SALIES DU SALAT (31260) (P8-F12) — CENTRAL HÔTEL ★★

N117 sortie Salies du Salat. A75 km de Toulouse. - 2 Avenue de la Gare - Dominique OUSSET - Tél. : 05 61 90 50 01 - Fax : 05 61 97 10 58 - Fermeture : 15/09-2/10 ; samedi. - Menus de 70 F à 170 F. Menu enfant : 50 F. Petit déjeuner : 30 F. 15 chambres de 160 F à 270 F. Demi pension de 200 F à 230 F. Etape VRP : 255 F

Au centre de la petite station thermale (casino), dans un cadre agréable entièrement rénové ou en terrasse, cette authentique hôtellerie familiale vous fera découvrir une cuisine traditionnelle régionale élaborée à base des produits du terroir avec une touche originale et personnel du chef. Spécialités : canard confit sauce aux pommes, ris de veau aux champignons, gratinée d'écrevisses.
Chambres avec bain ou douche +WC+TV : 3-6-11-12-14-15-17 à 22.
Terrasse, jardin, parking privé, garage fermé, salle de séminaires, chèques vacances, animaux, accés handicapés restaurant

🇬🇧 In the heart of the spa (casino), come and savour a traditional and regional cooking in the pleasant atmosphere of this establishment either on the terrace or in the dining-room. This authentic familial hotel will let you discover a cooking made with traditional products.

🇪🇸 Esta auténtica hostelería familiar situada en el centro de una pequeña estación termal (casino), le hará descubrir en un ambiente agradable completamente renovado o en la terraza, una cocina tradicional, regional a base de productos locales, con un toque original del jefe de cocina.

🇩🇪 Entdecken Sie in diesem authentischen Familienbetrieb, inmitten eines kleinen Badekurortes (Casino), in angenehmen, komplett renovierten Räumlichkeiten oder auf der Terrasse, eine tradionelle und regionale Küche, zubereitet aus frischen Landprodukten.

HAUTE-GARONNE

SAUVETERRE DE COMMINGES (31510) (P8-F12) — HOSTELLERIE DES 7 MOLLES ★★★

A 11 km de Saint Gaudens. - Famille FERRAN - Tél. : 05 61 88 30 87 - Fax : 05 61 88 36 42
contact@hostellerie-7-molles.com - www.hostellerie-7-molles.com - Fermeture : 15/02-15/03 ; mardi et mercredi midi.
Menus de 195 F à 310 F. Petit déjeuner : 75 F. 20 chambres de 520 F à 845 F. Demi pension de 550 F à 700 F

Au pied des Pyrénées, cette belle demeure est une étape apaisante pour découvrir la majesté des montagnes. Les chambres paisibles et la cuisine aux accents du terroir sont un parfait exutoire au stress de la vie citadine. Spécialités : gigot d'agneau de lait des Pyrénées, truite au bleu du vivier, foie de canard des landes, bolet des Pyrénées en parfait au café glacé. Chambres avec bain ou douche +WC+TV : Toutes. Terrasse, jardin, parking privé, piscine d'été, salle restaurant de caractère, salle de séminaires, tennis, ascenseur, TV satellites, animaux, accès handicapés

At the foot of the Pyrénées, this house is a relaxing stop to discover mountains. The quiet rooms and the traditional cooking are an excellent outlet of the stressing urban life.

A los pies de los Pirineos, esta linda morada es una etapa tranquila para descubrir la majestuosidad de las montañas. Las habitaciones calmas y la cocina regional son un perfecto exutorio al estrés de la vida urbana.

Am Fuße der Pyrenäen, ist dieses Haus eine entspannende Bleibe, um die Erhabenheit der Berge zu entdecken. Die ruhigen Zimmer und die regional akzentuierte Küche sind hervorragende Mittel, dem alltäglichen Stress der Stadt auszuweichen.

ST BERTRAND DE COMMINGES (31510) (P8-F12) — L'OPPIDUM ★★

Rue de la Poste - Nicole SALIS - Tél. : 05 61 88 33 50 - Fax : 05 61 95 94 04 - oppidum@wanadoo.fr
Fermeture : 15/11-30/01 ; Mercredi hors vacances scolaires. - Menus de 85 F à 200 F. Menu enfant : 50 F. Petit déjeuner : 35 F.
15 chambres de 230 F à 340 F. Demi pension de 265 F à 340 F. Etape VRP à 330 F

Situé au pied de la cathédrale de Saint Bertrand de Comminges, haut lieu historique et archéologique, l'Hôtel Oppidum vous accueille dans un décor raffiné et très convivial. Vous pourrez vous détendre après avoir dégusté un menu gastronomie pour les grands gourmets, ou tout simplement une spécialité régionale. Spécialités : foie gras au torchon, garbure baroussaise, pétéram. Chambres avec bain ou douche +WC+TV : Toutes. Terrasse, chèques vacances, animaux, accès handicapés

Located at the foot of the cathedral of Saint Bertrand de Comminges, high places of history and archeology, the Oppidum welcomes you in a refined and really warm setting. You will be able to relax after having savoured a gastronomic menu for gourmets, or simply a regional speciality.

Ubicado al pie de la catedral de Saint Bertrand de Comminges, en un lugar histórico y arqueológico, el hotel Oppidum le acoge en un ambiente delicado y muy convivial. En una atmósfera tranquila, usted podrá saborear un menú hecho para los grandes gastrónomos o simplemente, una especialidad regional.

Am Fuß der Kathedrale Saint Bertrand de Comminges, historischer und archäologischer Ort, empfängt man Sie im Hotel Oppidum in feinem Dekor sehr gastfreundlich. Entspannen Sie sich nach einem gastronomischen Menü für große Feinschmecker oder einfach einer regionalen Spezialität.

ST MARTIN DU TOUCH (31300) (P8-F11) — LE CANTOU

A 10 mn de Toulouse centre. - 98 Rue Velasquez - Tél. : 05 61 49 20 21 - Menus de 170 F à 320 F

ST SULPICE SUR LEZE (31410) (P8-F11) — LA COMMANDERIE

A 32 km de Toulouse et 20 km de Muret. - Place de l'Hôtel de Ville - Tél. : 05 61 97 33 61 - Menus de 88 F à 189 F. Menu enfant : 50 F

HAUTE-GARONNE

ST-GAUDENS (31800) (P8-F12) — HÔTEL RESTAURANT LE BEAURIVAGE ★★★

Table gastronomique

Au rond point de Valentine, direction Luchon. - Boulevard Sommer - Gratien CASTRO - Tél. : 05 61 94 76 70
Fax : 05 61 94 76 79 - Menus à 110 F + carte.
10 chambres de 350 F à 900 F

Le Beaurivage vous réserve un accueil convivial, des prestations de qualité et vous fera partager ses spécialités gastronomiques. Spécialités : salade de pommes de terre aux truffes, médaillon de homard façon Gratien, mignon de veau aux morilles.
Chambres avec bain ou douche +WC+TV : Toutes.
Terrasse, jardin, parking privé, salle restaurant de caractère, salle de séminaires, chèques vacances, canal+, animaux

The Beaurivage will reserve you a convivial welcome, will provide various performances of quality, and will let you savour its gastronomic specialities.

Le Beaurivage le propone una acogida convivial, prestaciones de calidad. Usted podrá descubrir sus especialidades gastronómicas.

Im Beaurivage werden Sie herzlich empfangen, es erwarten Sie hervorragende Leistungen und gastronomische Spezialitäten.

ST-GAUDENS (31800) (P8-F12) — HOSTELLERIE DU PARC ★★

Table de Terroir

A 6 km de Saint-Gaudens et 80 km de Toulouse. - RN 117 à Labarthe-Inard - Albert CASTETS - Tél. : 05 61 89 08 21
Fax : 05 61 95 99 14 - Fermeture : 1/02-28/02 ; dimanche soir et lundi hors saison. - Menus de 70 F à 250 F. Menu enfant : 50 F.
Petit déjeuner : 35 F. 16 chambres de 230 F à 280 F. Demi pension de 230 F à 255 F. Etape VRP : 280 F

Venez découvrir le cadre chaleureux de cet établissement. Toute l'équipe se fera un plaisir de vous recevoir et vous proposera une cuisine du terroir. Très belle salle de restaurant avec service en terrasse l'été. Spécialités : aiguillettes de canard, cassoulet commingeois, escargots à la catalane.
Chambres avec bain ou douche +WC+TV : Toutes.
Terrasse, jardin, parking privé, salle restaurant de caractère, salle de séminaires, chèques vacances, TV satellites, animaux, accès handicapés hôtel

Come to discover the warm setting of this establishment. The team will be glad to welcome you and will offer you a traditional cooking. The room of the restaurant is beautiful and the service can be done on the terrace during summertime.

Venga a descubrir el ambiente cálido de este establecimiento. Todo el equipo tendrá el placer de recibirle y le propondrá una cocina regional. Bella sala de restaurante, servicio en terraza durante el verano.

Entdecken Sie den warmen Rahmen dieses Hauses. Das ganze Team freut sich, Sie zu empfangen und erwartet Sie mit einer ländlichen Küche.

TOULOUSE (31000) (P8-F11) — RESTAURANT DOMINIQUE TOULOUSY/ LES JARDINS DE L'OPÉRA

Table de prestige

1, place du Capitole - Tél. : 05 61 23 07 76 - Menus de 200 F (midi seulement) à 540 F. Prix moyen à la carte : 450 F.
Membre Eurotoques

HAUTE-GARONNE

TOULOUSE (31000) (P8-F11) — BATEAU CROISIÈRE RESTAURANT L'OCCITANIA
Table gastronomique

Face à la gare Matabiau SNCF - 4 Boulevard Bonrepos - M. Christian MOUTOUS - Tél. : 05 61 63 06 06
Fax : 05 61 63 41 15 - www.canal.du.midi.org/occitania Fermeture : Dimanche soir et lundi.
Menus de 210 F à 300 F. Menu enfant : 150 F

Le bateau croisière l'Occitania vous propose d'embarquer et de larguer les amarres pour quelques heures de détente, de quiétude et de gastronomie au fil de l'eau. Spécialités sans cesse renouvelées par notre chef. Découvrez Toulouse et le Canal du Midi classé par l'Unesco Patrimoine Mondial de l'Humanité. Spécialités : filet de loup en vapeur crème d'ail doux, magret de canard rôti au poivre rose et ses pleurotes au vin de Loire, aumônière de poire à la senteur de canelle.
Chèques vacances, climatisation, animaux, accés handicapés

Have a pleasant regional meal on a cruising boat on the Canal du Midi. The specialities are often changed by the Chef. Discover Toulouse and the Canal du Midi calssified by Unesco world heritage of the humanity

El crucero Restaurante l'Occitania le propone embarcar y largar las amarras por algunas horas de descanso y de gastronomía en el río. Usted podrá saborear las especialidades que nuestro jefe renueva constantemente, descubriendo Toulouse y el Canal du Midi declarado por la Unesco Patrimonio Mundial de la Humanidad

Das Kreuzschiff Occitania lädt Sie ein, einzuschiffen und die Anker zu lichten für einige Stunden der Erholung, der Entspannung und der Gastronomie. Immer wieder neue Spezialitäten. Entdecken Sie Toulouse und den Canal du Midi, erst kürzlich von der Unesco als Erbgut der Humanität klassifiziert.

TOULOUSE (31300) (P8-F11) — RESTAURANT AU POIS GOURMAND
Table gastronomique

Rocade : sortie Casselardit. - 3 Rue Heybrard - Martine & Jean-Claude PLAZZOTTA - Tél. : 05 61 31 95 95 - Fax : 05 61 31 07 18
pois-gourmand@pois-gourmand.fr - www.pois-gourmand.fr Fermeture : 12/02-18/02 ; 10/04-17/04 ; 13/08-26/08 ; samedi midi, dimanche et lundi midi. - Menus de 130 F à 380 F (formule brasserie à midi seulement).

Partager un moment de bonheur et le plaisir des saveurs retrouvées en toute simplicité, c'est ce que vous propose Au Pois Gourmand. Situé au bord de la Garonne (rive gauche), cet établissement vous fera partager ses spécialités : morilles fraîches farcies, foie gras de canard chaud au caramel de vinaigre, gibier, pigeonneau désossé farci à la crème de cèpes, filets de rouget en feuille de figuier et sa tapenade. Vins de Bordeaux et de la région.
Terrasse, jardin, parking privé, salle restaurant de caractère, salle de séminaires, animaux, accés handicapés

Have a pleasant time and appreciate refined cooking of the region in the centre of Toulouse that are proposed by the Pois Gourmand, on the banks of the river Garonne.

Le Pois Gourmand le propone compartir un momento de dicha y el placer de volver a encontrar sabores con mucha simplicidad. Ubicado a orillas de la Garonne (orilla izquierda), este establecimiento le hará compartir sus especialidades.

Momente der Freude und des Glücks zu teilen, in Einfachheit verlorene Genüsse wiederzufinden, ist das, was man Ihnen im Le Pois Gourmand bietet. Am Ufer der Garonne erwartet Sie dieses Gasthaus mit seinen Spezialitäten.

TOULOUSE (31400) (P8-F11) — RESTAURANT DEPEYRE
Table gastronomique

17 Route de Revel - Tél. : 05 61 20 26 56 - Menus de 100 F à 300 F

TOULOUSE (31400) (P8-F11) — RESTAURANT LE CHAIS
Table gastronomique

30, rue B. Mulé - Tél. : 05 61 54 27 20 - Menus de 115 à 195F

HAUTE-GARONNE

TOULOUSE (31000) (P8-F11) — L'ASTARAC
Table de Terroir

21, rue Perchepinte - Tél. : 05 61 53 11 15 - Menus de 65F à 165F

TOULOUSE (31000) (P8-F11) — RESTAURANT AU GRÉ DU VIN
Table de Terroir

Face au musée Dupuy, dans le quartier des antiquaires. - 10 Rue de la Pleau - Martial CHUSSEAU - Tél. : 05 61 25 03 51
Fax : 05 61 25 03 51 - Fermeture : Entre noël et nouvel an ; samedi, dimanche et jours fériés. - Menus de 70 F à 165 F. Menu enfant : 50 F

Dans un cadre chaleureux, ce restaurant aux briques toulousaines, vous réservera un accueil personnalisé et vous fera partager ses spécialités : variation de cochon de lait en casserole, ravioles de lapereau en civet au foie gras, filet de loup en croûte de pommes rattes, feuillantine de scampi et encornets aux grains de césame.
Salle restaurant de caractère, animaux

In a warm setting, this restaurant with brick of Toulouse, will offer you a warm welcome and many specialities.

En un ambiente caluroso, este restaurante con ladrillos tolosanos le brindará una acogida personalizada y le hará saborear sus especialidades.

Dieses Restaurant aus Toulouser Ziegelstein bereitet Ihnen in gemütlicher Atmosphäre einen persönlichen Empfang und freut sich, Ihnen die Spezialitäten des Hauses zu präsentieren.

VENERQUE (31810) (P8-F11) — LE DUC
Table gastronomique

A 1 km de Le Vernet. - 1 Allée du Duc de Ventadour - Tél. : 05 61 08 38 32 - Menus de 95 F à 250 F

VILLEFRANCHE LAURAGAIS (31290) (P8-G12) — HOSTELLERIE DU CHEF JEAN ★★★
Table gastronomique

A 30 km au Sud-Est de Toulouse par A61/N113. - MONTGAILLARD LAURAGAIS - Jean & Anne-Marie LANAU - Tél. : 05 61 81 62 55
Fax : 05 61 27 25 44 - hostellerie-chef-jean@hostellerie-chef-jean.com - www.hostellerie-chef-jean.com Fermeture : 1/01-28/02 ; dimanche soir, lundi, mardi midi. - Menus de 95 F à 200 F. Menu enfant : 50 F. Petit déjeuner : 40 F.14 chambres de 250 F à 500 F. Demi pension de 215 F à 355 F. Etape VRP à 350 F

Cet établissement de charme, site idéal pour votre détente ou votre travail vous propose parc de loisirs, piscine été et hiver, sauna, mini-golf, tennis, dans un environnement privilégié proche du Canal du Midi. Spécialités : foie gras frais, cassoulet au confit, loup grillé flambé au pastis, terrine de poisson, queues d'écrevisses à l'impériale, truffe glacée au cointreau. Sélection de vin de propriétaires régionaux : Fronton, Gaillac, Côtes de Malepere.
Chambres avec bain ou douche +WC+TV : Toutes. Terrasse, jardin, parking privé, garage fermé, piscine d'été, piscine d'hiver, salle restaurant de caractère, salle de séminaires, tennis, chèques vacances, TV satellites, animaux, accès handicapés restaurant

This charming establishment, an ideal place to relax or to work, offers you a theme park, a swimming pool (during the summer or the winter), spa, mini golf, tennis, in a privileged environment close by the Canal du Midi where you may appreciate regional specialities.

Encantador establecimiento, un lugar ideal para su esparcimiento o para su trabajo. Parque de distracción, piscina de verano e invierno, sauna, mini-golf, tenis, en la calma de un ambiente privilegiado cerca del Canal du Midi. Selección de vinos de propietarios regionales.

Dieses reizvolle Haus, idealer Standort für Erholung oder Arbeit bietet Ihnen Freizeitpark, Schwimmbad Sommer wie Winter, Sauna, Minigolf, Tennis in einem privilegierten Rahmen unweit des Canal du Midi.

HAUTE-GARONNE

VILLEFRANCHE LAURAGAIS (31290) (P8-G12)   RESTAURANT DU VIEUX PUITS

Table gastronomique

A 30 km au Sud-Est de Toulouse par A61/N113. - MONTGAILLARD LAURAGAIS - Véronique LANAU - Tél. : 05 61 81 62 55
Fax : 05 61 27 25 44 - le-vieux-puits@hostellerie-chef-jean.com - www.hostellerie-chef-jean.com
Fermeture : 1/01-14/02 ; dimanche soir et lundi d'octobre à avril. - Menus de 95 F à 200 F. Menu enfant : 50 F

Situé au calme dans la campagne lauragaise, cet établissement vous propose l'été, en terrasse ombragée et l'hiver, autour de sa cheminée, une cuisine gastronomique aux saveurs du terroir. Spécialités : feuillantine d'escargots à l'ail doux, dos de sandre poêlé au coulis de figues, rognons de veau cuit en cocotte, truffe glacée au chocolat, soufflé grand marnier.

Terrasse, salle restaurant de caractère, salle de séminaires, chèques vacances, animaux, accès handicapés

In the quiet of the lauragaise country side, this establishment offers you a shady terrace in summer, an open fire in winter, together with god local cooking.

En la tranquilidad del campo, este establecimiento le propone durante el verano, en una terraza sombreada y en invierno alrededor de una chimenea, una cocina gastronómica con sabores regionales.

In der Stille der lauragaisischen Landschaft gelegen bietet Ihnen dieses Restaurant eine Feinschmeckerküche mit regionalem Geschmack - im Sommer auf der schattigen Terrasse und im Winter am Kamin.

Tourisme & Gastronomie

147

www.tables-auberges.com ➜ réservation gratuite (0% de commission)

HAUTE-GARONNE

VILLEFRANCHE LAURAGAIS (31290) (P8-G12)   AUBERGE DE LA PRADELLE ★★

35 km Sud-Est de Toulouse par A61/N113 - 21 Place Gambetta - Jean-Marc PALOSSE - Tél. : 05 61 81 60 72
Fax : 05 61 27 92 39 - Fermeture : Lundi soir. - Menus de 99 F à 229 F. Menu enfant : 45 F. Petit déjeuner : 27 F.
7 chambres de 160 F à 220 F. Etape VRP à 220 F

Au coeur du Lauragais, cet établissement vous réservera un accueil personnalisé et vous fera partager sa cuisine familiale traditionnelle. Spécialités : cassoulet, gibiers, légumes nouveaux et primeurs, plateaux de fruits de mer. Découverte de vins de propriétaires.
Chambres avec bain ou douche +WC+TV : Toutes.
Terrasse, salle restaurant de caractère, salle de séminaires, chèques vacances, animaux

This establishment situated in the Lauragais will cordialy welcome you and make you taste its specialities.

En el corazón del Lauragais, este establecimiento le brindará una acogida personalizada y le hará compartir su cocina familiar, tradicional. Vinos de propietarios.

Im Herzen des Lauragais bereitet Ihnen dieses Gasthaus einen persönlichen Empfang und teilt mit Ihnen die Spezialitäten des Hauses.

Saveurs & Sites de France

# GERS

AUCH (32003) (P8-F11) — HÔTEL DE FRANCE - LE JARDIN DES SAVEURS ★★★
 Table de Terroir

A 70 km de Toulouse - Tél. : 05 62 61 71 71 - Menus de 120 F à 390 F. Menu enfant : gratuit. Petit déjeuner : 60 F. 29 chambres de 325 F à 900 F. Demi pension de 490 F à 650 F. Etape VRP de 460 F à 590 F

FOURCÈS (32250) (P8-E10) — CHÂTEAU DE FOURCÈS ★★★
 Table gastronomique

A 12 km de Condom - Tél. : 05 62 29 49 53 - Menus de 135 F à 230 F. Menu enfant : 60 F. 17 chambres de 400 F à 870 F

MIRANDE (32300) (P8-E11) — HÔTEL DES PYRÉNÉES ★★
 Table de Terroir

5 Avenue d'Etigny - Tél. : 05 62 66 51 16 - Menus de 110 F à 280 F. Menu enfant : 55 F. Petit déjeuner : 45 F. 22 chambres de 300 F à 550 F/ 2pers. Demi pension de 580 F à 870 F. Etape VRP de 345 F à 450 F

MONTAU LES CRENEAUX (32810) (P8-F11) — RESTAURANT LE PAPILLON
 Table gastronomique

A 6 km d'Auch direction Agen (RN 21). - Route d'Agen - Tél. : 05 62 65 51 29 - Menus de 78 F à 255 F. Menu enfant : 60 F

NOGARO (32110) (P8-E11) — HÔTEL SOLENCA ★★
Table de Terroir

Avenue Daniate - Gérard DUCÈS - Tél. : 05 62 09 09 08 - Fax : 05 62 09 09 07 - solenca@wanadoo.fr www.solenca.com - Ouvert toute l'année, tous les jours. - Menus de 89 F à 195 F. Menu enfant : 45 F. Petit déjeuner : 38 F. 48 chambres de 295 F à 345 F. Demi pension de 280 F à 400 F. Etape VRP : 315 F

Cet établissement contemporain est équipé pour les repas de groupes et séminaires. Au restaurant, tout de soleil habillé, le bleu et le jaune s'accordent pour rendre hommage aux généreux produits du terroir. Aux beaux jours, les plaisirs de la table se découvrent en terrasse, au bord de la piscine. Spécialités : foie gras de canard, confit, magret, poissons. Chambres avec bain ou douche +WC+TV : Toutes. Petit déjeuner buffet.
Terrasse, jardin, parking privé, piscine d'été, salle restaurant de caractère, salle de séminaires, tennis, chèques vacances, canal+, TV satellites, animaux, accès handicapés

This modern establishment is equipped for groups or meetings. In the sunny restaurant, yellow and blue match to pay tribute to the generous regional product, and in summer, the pleasures of our table are available on the terrace, at the side of the swimming pool.

Este establecimiento contemporáneo está equipado para las comidas de grupos y seminarios. En este restaurante, vestido de sol, el azul y el amarillo se armonizan para rendir homenaje a los generosos productos locales. Con buen tiempo, los placeres de la mesa se descubren en la terraza, al borde de la piscina.

Dieses moderne Haus ist für Gruppen- und Seminaressen eingerichtet. In dem sonnig ausgeschmückten Restaurant vereinigen sich blau und gelb, um die ergiebigen Landprodukte zu würdigen. Bei schönem Wetter genießen Sie Ihr Essen auf der Terrasse am Schwimmbad.

GIRONDE

ARCACHON (33120) (P8-D10) — ARC HÔTEL SUR MER ★★★★
89 Boulevard de la Plage - Tél. : 05 56 83 06 85 - 30 chambres de 380 F à 1045 F

BORDEAUX (33000) (P8-D9) — LE VIEUX BORDEAUX
Table gastronomique
27 Rue Buhan - Tél. : 05 56 52 94 36 - Menus de 170 F à 300 F. Menu enfant : 60 F

BORDEAUX (33000) (P8-D9) — HÔTEL MAJESTIC ★★★
2 Rue de Condé - Tél. : 05 56 52 60 44 - 50 chambres de 390 F à 700 F

GAILLAN-MEDOC (33340) (P8-D9) — CHÂTEAU LAYAUGA ★★★★
Table de prestige
A 5 km de Lesparre et 40 km de Bordeaux. - RN 125 - Tél. : 05 56 41 26 83 - Menus de 195 F à 450 F. Petit déjeuner : 65 F. 7 chambres à partir de 650 F. Demi pension : 1300 F (2 pers.)

GUJAN-MESTRAS (33470) (P8-D10) — LA GUÉRINIÈRE ★★★
Table gastronomique
18 Cours de Verdun - Tél. : 05 56 66 08 78 - Menus de 148 F à 360 F. Menu enfant : 75 F. 27 chambres de 295 F à 550 F

LANGON (33210) (P8-E10) — HÔTEL-RESTAURANT CLAUDE DARROZE ★★★
Table de prestige
A 40 km de Bordeaux. - 95 Cours du Général Leclerc - Tél. : 05 56 63 00 48 - Menus de 220 F à 395 F. Menu enfant : 80 F. Petit déjeuner : 70 F. 16 chambres de 320 F à 520 F. Demi pension de 550 F à 650 F. Etape VRP : 395 F

MARGAUX (33460) (P8-D9) — RELAIS DE MARGAUX ★★★★
Table gastronomique
A 25 km de Bordeaux - chemin de l'Isle Vincent - Tél. : 05 57 88 38 30 - Menus de 195 F à 420 F. Menu enfant : 80 F. 64 chambres de 990 F à 1900 F. Petit déjeuner compris.

PESSAC (33600) (P8-D9) — HÔTEL-RESTAURANT LA RÉSERVE ★★★

Table gastronomique
A 5 km de Bordeaux. - 74 Avenue du Bourgailh - Tél. : 05 57 26 58 28 - Menus de 110 F à 330 F. Menu enfant : 70 F. 22 chambres de 350 F à 650 F

 # GIRONDE

PYLA SUR MER (33115) (P8-D10) — LA CORNICHE ★★

A 15 km d'Arcachon. - 46 Avenue Louis Gaume - Bernard et Francine GAUME - Tél. : 05 56 22 72 11 - Fax : 05 56 22 70 21 corniche@chez.com - www.corniche-pyla.com Fermeture : 3/11-1/04 ; mercredi sauf juillet et août. - Menus de 95 F à 149 F. Menu enfant : 65 F. Petit déjeuner : 45 F. 15 chambres de 150 F à 500 F. Demi pension de 350 F à 500 F

Adossé à la Dune du Pilat, dominant le bassin d'arcachon, cet établissement situé en bord de mer (accès à une immense plage surveillée par un escalier) vous propose son restaurant panoramique avec des spécialités de fruits de mer, de poissons et aussi de plats landais. Spécialités : plateaux de fruits de mer, filet de boeuf aux huîtres, méli mélo de poissons, dune du pilat en dessert. Chambres avec bain ou douche +WC+TV : 13 chambres.
Terrasse, jardin, salle restaurant de caractère, salle de séminaires, animaux

🇬🇧 Near the Dune du Pilat, overlooking the bassin d'Arcachon, this establishment situated at the edge of the sea (access to the beach by the stairs) offers a gastronomic restaurant with seafood specialities, fishes and traditional meals.

🇪🇸 Adosado a la Duna del Pilat, dominando la cuenca de Arcachon, este establecimiento situado a orillas del mar (con acceso por una escalera a una inmensa playa vigilada) le propone su restaurante panorámico con especialidades de mariscos, pescados y también de platos landeses.

🇩🇪 In der Nähe von der Dune du Pilat, die das Bassin d'Arcachon überragt, bietet Ihnen dieses Restaurant mit mit Panorama aufs Meer Spezialitäten aus Meeresfrüchten, Fisch und regionalen Erzeugnissen.

ST EMILION (33330) (P8-E9) — HOSTELLERIE DE PLAISANCE ★★★★

A 7 km de Libourne. - Place du Clocher - Tél. : 05 57 55 07 55 - Menus de 150 F à 280 F. Menu enfant : 80 F. 16 chambres de 500 F à 1800 F

ST ÉMILION (33330) (P8-E9) — HÔTEL CHÂTEAU GRAND BARRAIL ★★★★

A 5 km de Libourne. - Route de Libourne - Tél. : 05 57 55 37 00 - Menus de 190 F à 370 F. Menu enfant : 150 F. Petit déjeuner : 112 F. 28 chambres de 860 F à 3300 F

ST ÉMILION (33330) (P8-E9) — AU LOGIS DES REMPARTS ★★★

A 5 km de Libourne et 25 km de Bordeaux. - 18 Rue Guadet - Tél. : 05 57 24 70 43 - 17 chambres de 400 F à 750 F. Petit déjeuner : 55 F

Le Goût de l'Authenticité

HERAULT

FABRÈGUES (34690) (P9-I11) — RELAIS DE FABRÈGUES ★★

Table de Terroir

A 10 km de Montpellier. - 42 Avenue Clémenceau B.P. 32 - Michèle & Jean-Claude LEU - Tél. : 04 67 85 11 79
Fax : 04 67 85 29 54 - Fermeture : 15/01-20/02 ; samedi midi, dimanche soir et lundi (restaurant). - Menus de 110 F à 270 F.
Menu enfant : 68 F. Petit déjeuner : 43 F. 26 chambres de 305 F à 370 F. Demi pension de 285 F à 325 F. Etape VRP : 345 F

Situé à peine à 12 km des plages, le Relais de Fabrègues vous propose un hôtel moderne et confortable. Pour vos banquets, repas d'affaires, le restaurant vous accueille chaleureusement ; Michèle et Jean-Claude seront ravis de préparer pour vous leurs spécialités : escalope de foie frais de canard aux pommes confites et sa sauce madère, chaud et froid de coquillages, sabayon glacé au muscat de Frontignan. Chambres avec bain ou douche +WC+TV : Toutes. Petit déjeuner buffetTerrasse, jardin, parking privé, garage fermé, salle restaurant de caractère, salle de séminaires, chèques vacances, climatisation, TV satellites, animaux, accés handicapés

Situated at only 12 km of the beaches, the Relais de Fabrègues offers a modern and comfortable hotel. For your dinners, business meals, the restaurant offers a warm welcome, Michèle and Jean Claude will be glad to prepare specialities.

A sólo 12 km de las playas, el Relais de Fabrègues le propone un hotel moderno y confortable. Para sus banquetes, comidas de negocios, el restaurante le acoge calurosamente ; Michèle y Jean-Claude estarán encantados de prepararle sus especialidades.

Das Relais de Fabrègues ist ein modernes und komfortabeles Hotel, kaum 12 km vom Strand entfernt. Michèle und Jean-Claude freuen sich anläßlich von Festessen und Geschäftsessen für Sie ihre Spezialitäten zuzubereiten.

LE GRAU D'AGDE (34300) (P9-I12) — RESTAURANT L'ADAGIO

Table gastronomique

A 3 km d'Agde. - 3 Quai Commandant Méric - Claude ALRIC - Tél. : 04 67 21 13 00 - Fax : 04 67 21 13 00
calr0000@/surf.fr - Fermeture : 2/01-15/01. - Menus de 130 F à 270 F. Menu enfant : 80 F.

Situé sur les berges de l'Hérault, avec vue imprenable sur la mer, l'Adagio vous réserve un accueil des plus attentifs et une table gastronomique de qualité mettant en avant les produits du terroir. Spécialités : écume de gambas, médaillons de homard sur sa crêpe craquante et ses pinces laquées au soja sauce piperade, consommé d'étrilles et de favouilles aux cheveux d'anges. Terrasse, salle restaurant de caractère, salle de séminaires, chèques vacances, climatisation, animaux, accés handicapés

Situated on the banks of Hérault, with panoramic view on the sea, L'Adagio reserves you a warm welcome and a gastronomic cooking of quality, with traditional products.

A las orillas del Hérault, sin servidumbre de vistas al mar, L'Adagio le ofrece una atenta acogida y una comida gastronómica de calidad, que realza los productos regionales.

Am Ufer der Herault, mit beeindruckendem Blick aufs Meer, bereitet Ihnen L'Adagio einen äußerst herzlichen Empfang und eine hervorragende Feinschmeckerküche, wobei die regionalen Produkte in den Vordergrund gestellt werden.

 # HERAULT

MEZE (34140) (P9-I11) — RESTAURANT LA MARMITIÈRE

 Table de Terroir

Sur l'étang de Thau, RN 113, à 40 km de Montpellier. - 38 Rue du Port - Joss & Paul PAPAS - Tél. : 04 67 43 84 99 Fax : 04 67 43 47 28 - Fermeture : 1/12-5/01 ; Jeudi, Vendredi midi. - Menus de 89 F à 206 F. Menu enfant : 42 F

Meze, village de pêcheur avec son port est situé sur l'étang de Thau, région ostréicole et vinicole. La salle de restaurant est aménagée dans une ancienne muraille du 12ème et 13ème siècle, vous y dégusterez les spécialités de la maison : zarzuela, huîtres gratinées, rouille de seiche, coquillages de Thau... Vins : Picpoul de Pinet, Les Yeuses Muscat rosé.
Terrasse, salle restaurant de caractère, salle de séminaires, chèques vacances, climatisation, animaux

Meze, a fishermen's village with its harbour, is located on the pond of Thau, well-known oyster bed and wine growing. The restaurant used to be a defensive wall of the 12th and 13th century. You will appreciate seafood cooked in many different ways.

Meze es un pueblo de pescadores con un puerto ubicado en la albufera de Thau, en una región ostrícola y vinícola. La sala del restaurante ha sido construída en el interior de una anciana muralla del siglo XII y XIII. Usted podrá saborear las especialidades de la Casa.

Meze, ein Fischerdorf, mit seinem Hafen am Teich von Thau, ist ein Wein- und Austerngebiet. Im Speisesaal mit alten Mauern aus dem 12. und 13.Jh. kosten Sie die Spezialitäten des Hauses.

MONTPELLIER (34000) (P9-I11) — LE JARDIN DES SENS ★★★★

 *Table de prestige*

11 Avenue Saint Lazare - Tél. : 04 99 58 38 38 - Menus de 240 F à 670 F.
14 chambres de 900 F à 2500 F

MONTPELLIER (34000) (P9-I11) — RESTAURANT CELLIER-MOREL

 Table gastronomique

Maison de la Lozère - 27 Rue de l'Aiguillerie - Tél. : 04 67 66 46 36 - Menus de 140 F à 300 F. Menu enfant : 99 F

MONTPELLIER (34000) (P9-I11) — RESTAURANT L'OLIVIER

Table gastronomique

12 Rue Aristide Ollivier - Tél. : 04 67 92 86 28 - Menus à 218 F

Charme & Authenticité

HERAULT

MONTPELLIER (34000) (P9-I11) — RESTAURANT LE VIEIL ECU
Table de Terroir

Place de la Chapelle Neuve - Norbert FERAO - Tél. : 04 67 66 39 44 - Fax : 04 67 66 39 44 - norbert.ferao@wanadoo.fr
Fermeture : Vacances scolaires de février ; dimanche et lundi midi. - Menus de 65 F à 140 F. Menu enfant : 40 F

Sous les voûtes d'une ancienne chapelle du XVIIème siècle, ou sur la grande terrasse ombragée, Norbert Ferao et son épouse vous réserveront le meilleur accueil et vous feront partager leurs spécialités : gibier en saison, poisson de la criée de Sète, thon frais grillé à l'anchois sauce catalane, loup flambé à l'anis citrons confits, magret de canard sauce morilles et foie gras. Membre Eurotoques.
Terrasse, jardin, salle restaurant de caractère, chèques vacances, animaux, accès handicapés

Under the vaults of an ancient chapel of the XVII century or on the shaded terrace, Norbert Ferao and his wife will reserve you the best welcome and make you share their specialities.

Bajo las bóvedas de una antigua capilla del siglo XVII, o en la gran terraza sombreada, Norbert Ferao y su esposa le brindarán una gran acogida y le harán saborear sus especialidades.

Unter den Gewölben einer Kapelle aus dem 17. Jh. oder auf der großen, schattigen Terrasse, heißt Sie Norbert Ferao und seine Frau herzlich willkommen und bereitet Ihnen die Spezialitäten des Hauses zu.

OLARGUES (34390) (P9-H11) — DOMAINE DE RIEUMEGE ★★★
Table de Terroir

A 65 km de Béziers. - Route de Saint Pons - Tél. : 04 67 97 73 99 - Menus de 130 F à 210 F. Menu enfant : 70 F. Petit déjeuner : 70 F.
13 chambres de 450 F à 1500 F. Demi pension de 500 F à 850 F

SETE (34200) (P9-I11) — LE GRAND HÔTEL – LA ROTONDE ★★★
Table gastronomique

A 27 km de Montpellier. - 17 Quai de Tassigny - Tél. : 04 67 74 71 77 - Menus de 135 F à 235 F. Menu enfant : 70 F.
Petit déjeuner : 48 F. 43 chambres de 330 F à 1200 F

SETE (34200) (P9-I11) — LES TERRASSES DU LIDO ★★★
Table gastronomique

La Corniche - Rond point de l'Europe La Corniche - Michel & Colette GUIRONNET - Tél. : 04 67 51 39 60 - Fax : 04 67 51 28 90
Fermeture : 12/02-26/02, dimanche soir, lundi hors saison (restaurant). - Menus de 150 F à 320 F. Menu enfant : 75 F. Petit déjeuner : 50 F.
10 chambres de 380 F à 480 F. Demi pension de 400 F à 450 F. Etape VRP à 380 F

En cuisine Colette harmonise avec savoir faire les saveurs des spécialités locales. Les coquillages, les crustacés et les poissons frais du marché donnent un parfum de tradition à sa bourride et à sa bouillabaisse. La cave vous réserve de surprenantes découvertes de crus régionaux. Spécialités : salade de tomates glacées aux anchois frais marinés, lasagnes de homard aux cèpes de l'Aveyron, turbot poché à la crème d'ail doux, grand aïoli de la méditerranée.
Chambres avec bain ou douche +WC+TV : Toutes. Terrasse, jardin, parking privé, garage fermé, piscine d'été, salle de séminaires, chèques vacances, climatisation, ascenseur, animaux, accès handicapés restaurant

Colette offers a creative cooking in harmony with the local specialities mostly made from seafood. You will appreciate the excellent winelist that offers various local wines.

En la cocina, Colette armoniza hábilmente los sabores de las especialidades locales. Los mariscos, los crustáceos y los pescados frescos del mercado dan un aroma de tradición a sus platos. La bodega le reserva sorprendentes descubrimientos de vinos regionales.

In ihrer Küche verbindet Colette mit Können die Aromen der lokalen Spezialitäten. Muscheln, Meeresfrüchte und frischer Fisch zusammen mit einem reichhaltigen Weinangebot erwarten Sie in den Terrasses du Lido.

HERAULT

ST JEAN DE LA BLAQUIERE (34700) (P9-I11) — HÔTEL-RESTAURANT LE SANGLIER ★★★

A 15 km de Lodève. - Domaine de Cambourras - Monique & Pierre LORMIER - Tél. : 04 67 44 70 51 - Fax : 04 67 44 72 33 hotreslesanglier@aol.com - www.logassist-fr/sanglier - Fermeture : 25/10-25/03. - Menus de 100 F à 230 F. Menu enfant : 62 F. Petit déjeuner : 55 F.10 chambres de 420 F à 440 F. Demi pension de 410 F à 450 F. Etape VRP : 390 F

Monique & Pierre LORMIER vous recevront dans l'ambiance chaleureuse et rustique de leur hôtel-restaurant situé dans un site d'un calme exceptionnel au milieu des vignes et de la garrigue. Spécialités : foie gras maison, daube de sanglier à la Cambourras, ravioles de petits gris, faux filet grillé à la cheminée à la souche de vigne et tapenade, cabillaud ensoleillado, parfait glacé au miel de lavande. Sélection des meilleurs vins de l'Hérault. Chambres avec bain ou douche +WC+TV : Toutes. Terrasse, jardin, parking privé, piscine d'été, salle restaurant de caractère, salle de séminaires, tennis, chèques vacances, TV satellites, animaux

Monique & Pierre LORMIER welcome you ito the rustic and warm ambiance of their hotel-restaurant located in an exceptional quiet site in the middle of a vineyard.

Monique y Pierre LORMIER le recibirán en el ambiente cálido y rústico de su hotel-restaurante situado en un lugar de una calma excepcional, en medio de viñedos y del carrascal. Selección de los mejores vinos de Hérault.

Monique & Pierre LORMIER empfangen Sie in der warmen und rustikalen Atmosphäre ihres Hotel-Restaurants, in einer außergewöhlich ruhigen Lage mitten in Weinbergen und Heide.

VIC LA GARDIOLE (34110) (P9-I11) — HÔTELLERIE DE BALAJAN ★★★

A 4 km de Frontignan. - 41 Route de Montpellier - Tél. : 04 67 48 13 99 - Menus de 115 F à 270 F. Menu enfant : 55 F. 19 chambres de 295 F à 495 F

Tourisme & Gastronomie

www.tables-auberges.com ➔ réservation gratuite (0% de commission)

 ILLE ET VILAINE

CESSON SÉVIGNÉ (35510) (P4-D4) — LE CLOS CHAMPEL ★★★

A 9 km de Rennes. - 58 Avenue La Rigourdière - Christian L'HARIDON - Tél. : 02 99 83 12 87 - Fax : 02 99 83 41 44
lecloschampel@wanadoo.fr - www.lecloschampel.com Fermeture : 8/08-23/08. - Menus de 99 F à 315 F. Menu enfant : 79 F.
Petit déjeuner : 44 F.12 chambres de 365 F à 470 F. Etape VRP : 428 F

Situé dans une ancienne forge, ce restaurant de caractère vous réserve un accueil chaleureux et personnalisé. Christian L'Haridon vous propose une cuisine gastronomique, faite de créations et de produits du terroir régional. De grands crus accompagneront vos repas et vous feront rêver. Spécialités : sarrazine de petit gris, mijotée de sole, prince de sévigné.
Chambres avec bain ou douche +WC+TV : Toutes. Terrasse, jardin, parking privé, garage fermé, piscine d'été, piscine d'hiver, salle restaurant de caractère, salle de séminaires, chèques vacances, climatisation, TV satellites, animaux, accés handicapés

Situated in a former forge, this restaurant of character will give you a warm and personalized welcome. Christian L'Haridon offers a gastronomic cooking, made by regional traditional products. Famous wine will accompany your meals and will make you dream.

Situado en una antigua fragua, este restaurante original le brinda una acogida calurosa y personalizada. Christian L'Haridon le propone una cocina gastronómica, con creaciones y productos regionales. Vinos finos acompañarán sus comidas y le harán soñar.

Dieses charaktervolle Restaurant in einer ehemaligen Schmiede bereitet Ihnen einen herzlichen und persönlichen Empfang. Christian L'Haridon bietet Ihnen eine kreative Feinschmeckerküche aus regionalen Produkten. Renommierte Weine begleiten Ihr Essen und lassen Sie zu träumen beginnen.

CHATEAUBOURG (35221) (P4-D4) — AR MILIN' ★★★

A 20 km de Rennes. - 30 Rue de Paris BP 25 - Tél. : 02 99 00 30 91 - Menus de 120 F à 210 F. Menu enfant : 68 F.
31 chambres de 400 F à 690 F

CHATEAUGIRON (35410) (P4-D5) — L'AUBERGADE

A 17 km de Reims. - 2 Boulevard Pierre et Julien Gourdel - Tél. : 02 99 37 41 35 - Menus de 145 F à 190 F. Menu enfant : 100 F

COMBOURG (35270) (P4-D4) — HÔTEL-RESTAURANT DU CHÂTEAU ★★★

A 35 km de Saint Malo et de Rennes. - 1 Place Chateaubriand - Tél. : 02 99 73 00 38 - Menus de 99 F à 250 F. Menu enfant : 55 F.
Petit déjeuner : 50 F.35 chambres de 280 F à 650 F. Demi pension de 300 F à 450 F. Etape VRP de 365 F à 375 F

ILLE ET VILAINE

PACÉ (35740) (P4-C4) — AUBERGE DU PONT

A 7 km de Rennes. - 16 r. Docteur Léon Pont de Pacé - André DELABROSSE - Tél. : 02 99 60 61 06 - Fax : 02 99 60 15 93
Fermeture : 20/07-7/08 ; dimanche soir et lundi. - Menus de 90 F à 200 F. Menu enfant : 50 F.

André DELABROSSE et son épouse vous accueillent dans un cadre reposant de verdure, en bordure de la Flume, dans leur auberge du XVIIIème siècle. Ils vous feront déguster une cuisine du terroir à base de produits régionaux. Spécialités : noix de St Jacques à la fondue de poireaux, rougets, foie gras de canard maison, foie de veau au vinaigre de cidre.
Terrasse, jardin, parking privé, garage fermé, salle restaurant de caractère, salle de séminaires, chèques vacances, animaux

In their inn built the 18th century, close by the Flume, Mr and Mrs DELBROSSE will welcome you in a relaxing greenery setting and will offer a regional cooking.

André DELBROSSE y su esposa le acogerán en el verdor de este ambiente calmo, a orillas del Flume, en su posada del siglo XVIII y le harán saborear una cocina local a base de productos regionales.

André DELABROSSE und seine Frau begrüßen Sie ganz herzlich in ihrem Gasthaus aus dem 18.Jh. mitten im Grünen, am Ufer der Flume. Kosten Sie eine ländliche Küche aus lokalen Erzeugnissen.

ST DIDIER (35220) (P4-D5) — HÔTEL-RESTAURANT PEN'ROC ★★★

A proximité de Chateaubourg, à 12 km de Vitré. - La Peiniere B.P. 21 - Joseph FROC - Tél. : 02 99 00 33 02 Fax : 02 99 62 30 89 -hotellerie@penroc.fr - www.penroc.fr
Fermeture : 26/12-6/01 ; vendredi soir et dimanche soir hors saison (restaurant). - Menus de 120 F à 350 F. Menu enfant : 80 F. Petit déjeuner : 55 F.31 chambres de 380 F à 875 F.
Demi pension de 400 F à 675 F. Etape VRP de 440 F à 490 F

Tenu depuis 50 ans par la même famille, Pen'Roc dans un cadre de verdure est une ferme rénovée avec ses vieilles poutres dans un style contemporain. Dès l'entrée, vous serez charmés par l'accueil et la disponibilité de toute l'équipe, ambiance chaleureuse Joseph FROC et son chef Eric BOUCHY sont sans cesse à l'affût de nouveaux produits frais. De là découle une cuisine régionale et créative. Cette passion est partagée avec les petits producteurs et éleveurs locaux présents sur le marché sans oublier le jardin potager du restaurant où sont cultivés des légumes anciens. Homard du vivier, langoustines bretonnes en brochette et la vinaigrette de cidre... Chambres avec bain ou douche +WC+TV : Toutes. Terrasse, jardin, parking privé, garage fermé, piscine d'été, salle restaurant de caractère, salle de séminaires, chèques vacances, canal+, climatisation, ascenseur, TV satellites, animaux, accés handicapés

Run from 50 years by the same family, Pen'Roc is situated in a green setting. You will enjoy the warm welcome of the team. Joseph Froc and his Chef Eric Bouchy cook fresh products and make a regional and original cooking.

Mantenida desde hace 50 años por la misma familia, en un marco de foliaje, el Pen'Roc con sus viejas vigas es una granja renovada, en un estilo contemporáneo. Usted quedará encantado con la acogida, el cálido ambiente y la disponibilidad de todo el equipo, aquí cenar rima con placer y descubrimiento. Eric BOUCHY siempre al acecho de nuevos productos frescos, prepara una cocina regional y creativa. Esta pasión es compartida con los pequeños productores y ganaderos locales presentes en el mercado, sin olvidar el huerto del restaurante donde se cultivan las antiguas verduras.

Entdecken Sie dieses familiäre Gasthaus (alter Bauernhof) in modernes, komfortables Hotel umgebaut) 20 Min. von Rennes in der Natur eingenistet. Sie kosten dort Landprodukte und werden herzlich empfangen.

ST MALO (35400) (P4-C4) — LE CHALUT

8 Rue de la Corne de Cerf - Tél. : 02 99 56 71 58 - Menus de 115 F à 270 F

ST MALO (35400) (P4-C4) — LE GRASSINAIS ★★

12 Rue de la Grassinais - Tél. : 02 99 81 33 00 - Menus de 115 F à 350 F. Menu enfant : 100 F. Petit déjeuner : 40 F.
29 chambres de 250 F à 420 F. Demi pension de 295 F à 350 F. Etape VRP de 330 F à 420 F

www.tables-auberges.com ➔ réservation gratuite (0% de commission)

 ILLE ET VILAINE

| ST MALO (35400) (P4-C4) | **HÔTEL BROCÉLIANDE** ★★★ |

43 Chaussée du Sillon - Tél. : 02 99 20 62 62 - 9 chambres de 330 F à 580 F. Petit déjeuner : 52 F

| ST MALO (35400) (P4-C4) | **HÔTEL ELIZABETH** ★★★ |

2 Rue des Cordiers - Tél. : 02 99 56 24 98 - 17 chambres de 400 F à 690 F

Le Guide des Quatre Saisons

INDRE

DEOLS (36130) (P5-G6) — RELAIS SAINT JACQUES ★★★
Table gastronomique

Autoroute A20 sortie 12. A 5 km de Châteauroux. - Coings - Pierre JEANROT - Tél. : 05 54 60 44 44 - Fax : 05 54 60 44 00
Fermeture : Dimanche soir (restaurant). - Menus de 105 F à 260 F. Menu enfant : 90 F. Petit déjeuner : 40 F.
46 chambres de 320 F à 350 F. Demi pension de 280 F à 400 F. Etape VRP : 380 F

Dans une ambiance chaleureuse et conviviale, Pierre JEANROT et son équipe se feront un plaisir de préparer pour vous leurs spécialités : oeufs brouillés aux truffes, homard juste poêlé beurre meunière, confit de canard fait maison aux pommes de terre.
Chambres avec bain ou douche +WC+TV : Toutes.
Terrasse, parking privé, salle de séminaires, chèques vacances, canal+, climatisation, TV satellites, animaux, accés handicapés

Pierre JEANROT will warmly welcome you and make you appreciate his specialities in a warm and convivial ambiance.
Pierre JEANROT y su equipo le brindarán una cálida acogida y le harán saborear las especialidades de la Casa.
In einer geselligen und herzlichen Atmosphäre, freuen sich Pierre JEANROT und seine Mitarbeiter, für Sie ihre Spezialitäten zuzubereiten.

LE BLANC (36300) (P5-F7) — DOMAINE DE L'ETAPE ★★★
Table gastronomique

Route de Bélâbre - Tél. : 02 54 37 18 02 - Menus de 130 F à 300 F. Menu enfant : 65 F.
35 chambres de 230 F à 460 F

NOHANT (36400) (P5-G7) — AUBERGE DE LA PETITE FADETTE ★★
Table gastronomique

A 4 km de La Chatre. - Place du Château - Bernard Gabriel CHAPLEAU - Tél. : 02 54 31 01 48 - Fax : 02 54 31 10 19
www.aubergepetitefadette.com - Ouvert toute l'année. - Menus de 90 F à 250 F. Menu enfant : 60 F. Petit déjeuner : 50 F.
9 chambres de 320 F à 600 F. Demi pension de 460 F à 640 F. Etape VRP de 320 F à 450 F

Sur la place de Nohant, à deux pas de la maison musée de George Sand, cette belle demeure tenue par la même famille depuis trois générations, la petite fadette d'ici s'appelle Katy Chapleau, Chef de Cuisine. Vous y découvrirez une cuisine de qualité élaborée spécialement pour vous avec les meilleurs produits.
Spécialités : roulade de langouste en feuille de choux et mousse citronnelle, queue de lotte poêlée olive sauce caramélisée craquant de poivrons.
Chambres avec bain ou douche +WC+TV : Toutes. Terrasse, jardin, parking privé, salle restaurant de caractère, salle de séminaires, TV satellites, animaux, accés handicapés restaurant

On the Nohant square, 2 steps from the George Sand's museum, this beautiful residence has been run by the same family for 4 generations. You will discover cooking of quality prepared for you with the best products by Katy Chapleau.
En la plaza de Nohant, a dos pasos de la casa-museo de George Sand, esta bella morada es mantenida por la misma familia desde hace tres generaciones. Aquí Katy Chapleau es la Jefa de Cocina. Usted descubrirá una cocina de calidad elaborada con excelentes productos.
Diese nette Gaststätte auf dem Platz Nohant, ganz in der Nähe des Museums George Sand, befindet sich seit drei Generationen in Familienbesitz. Entdecken Sie eine erstklassische Küche, speziell für Sie mit den besten Produkten von Kay Chapleau zubereitet.

POULIGNY NOTRE DAME (36160) (P5-G7) — LES DRYADES ★★★★
Table gastronomique

A 10 km de La Chatre - Tél. : 02 54 06 60 60 - Menus de 200 F à 380 F. Menu enfant : 100 F.
80 chambres de 550 F à 650 F

INDRE

ST CHARTIER (36400) (P5-G7) — CHÂTEAU DE LA VALLÉE BLEUE ★★★

A 7 km de La Châtre. - Route de Verneuil - Tél. : 02 54 31 01 91 - Menus de 175 F à 295 F. Menu enfant : 75 F. Petit déjeuner : 60 F. 14 chambres de 390 F à 695 F. 1 appartement de 850 F à 990 F. Demi pension de 445 F à 595 F. Etape VRP : 445 F

Table gastronomique

VALENÇAY (36600) (P5-G6) — HÔTEL D'ESPAGNE ★★★★

9 Rue du Château - Tél. : 02 54 00 00 02 - Menus de 120 F à 300 F. Menu enfant : 70 F. Petit déjeuner : 60 F. 15 chambres de 360 F à 650 F

Table gastronomique

TABLES & AUBERGES DE FRANCE

Charme & Authenticité

INDRE ET LOIRE

AMBOISE (37400) (P5-F6)
HOSTELLERIE DU CHÂTEAU DE PRAY ★★★★
Table gastronomique

A10 sortie Amboise D751 direction Blois. - Route de Chargé - . Tél. : 02 47 57 23 67 - Fax : 02 47 57 32 50
chateau.depray@wanadoo.fr - www.praycastel.online.fr Fermeture : 2/01-10/02 ; mercredi midi (restaurant). - Menus de 155 F à 305 F.
Menu enfant : 80 F. Petit déjeuner : 70 F. 19 chambres de 590 F à 1290 F

Pray est au cœur des plus prestigieux Châteaux de la Loire. Dans un cadre de verdure magnifique, ce petit château vous propose dans un cadre des plus agréable, des chambres (dont plusieurs d'entre elles ont été aménagées dans les tours) prestige et classique avec vue sur la cour d'honneur ou sur la Loire. Pour vos repas d'affaires, ou vos loisirs, le restaurant vous fera partager ses spécialités : saint jacques et foie gras poêlés, champignons des bois ; sandre meunière polenta et parmentier d'artichauds, pastilla au chocolat, sauce caramel.
Chambres avec bain ou douche +WC+TV : Toutes. Terrasse, jardin, parking privé, piscine d'été, salle restaurant de caractère, salle de séminaires, TV satellites, accès handicapés restaurant

Pray is central to the most prestigious castles of the Loire. In a magnificent green setting, this little castle offers you roms with view on the honour court or the Loire. For your business meal or leisure, the restaurant offers many specialities.

Pray está en el corazón de los más prestigiosos castillos del Loire. En un magnifico marco de follaje, este pequeño castillo le propone en un agradable ambiente, habitaciones (varias de ellas acondicionadas en las torres) 'prestigio' y clásica con vista a la corte de honor o al Loire. Para sus almuerzos de negocios o sus ratos libres, el restaurante le hará compartir sus especialidades.

Pray liegt zentral zu den bemerkenswertesten Schlössern an der Loire. Dieses kleine Schloß im Grünen bietet Ihnen Zimmer in angenehmer Atmosphäre mit Blick auf den Ehrenhof oder die Loire. Genießen Sie die Spezialitäten dieses Hauses anläßlich von Geschäftsessen oder in Ihrer Freizeit.

AMBOISE (37400) (P5-F6)
LE CHOISEUL ★★★★
Table gastronomique

A10 sortie Amboise. - 36 Quai Charles Guinot - Tél. : 02 47 30 45 45 - Menus de 290 F à 500 F. Menu enfant : 150 F.
Petit déjeuner : 140 F. 32 chambres de 670 F à 1500 F. Demi pension : de 1130 F à 1960 F

BEAUMONT EN VÉRON (37420) (P5-E6)
MANOIR DE LA GIRAUDIÈRE ★★
Table de Terroir

A 5 km à l'ouest de Chinon. - La Giraudière - Sandra PITAULT - Tél. : 02 47 58 40 36 - Fax : 02 47 58 46 06
giraudiere@hotels-france.com - www.hotels-france.com/giraudiere Fermeture : Ouvert toute l'année. - Menus de 120 F à 230 F.
Menu enfant : 50 F. Petit déjeuner : 40 F. 25 chambres de 200 F à 590 F. Demi pension de 235 F à 410 F/pers. Etape VRP : 350 F

Cette élégante gentilhommière du XVIIème siècle environnée de vignes et de prairies est au centre des circuits de la Loire et de l'Anjou. Sa cuisine traditionnelle et gastronomique vous comblera. Spécialités : cuisse de canard à la poire tapée de Rivarennes et à la gelée de coing, filet de sandre et sa crème de crustacés.
Chambres avec bain ou douche +WC+TV : Toutes. Terrasse, jardin, parking privé, salle restaurant de caractère, salle de séminaires, chèques vacances, canal+, TV satellites, animaux, accès handicapés restaurant

This elegant country house of the XVIIIth Century, surrounded by vineyard and fields is at the centre of tours of Loire and Anjou and offers you a traditional and gastronomic cooking.

Esta elegante casa solariega del siglo XVII, rodeada de viñas y de prados está en el centro de los circuitos del Loire y del Anjou. Usted sabrá apreciar su cocina tradicional y gastronómica.

Dieses elegante Herrenhaus aus dem 17.Jh. von Weinbergen und Wiesen umgeben, liegt auf der Rundreise der Loire und des Anjou. Sie genießen dort eine traditionelle und gastronomische Küche.

www.tables-auberges.com ➔ réservation gratuite (0% de commission)

INDRE ET LOIRE

CHENONCEAUX (37150) (P5-F6) — RELAIS CHENONCEAUX ★★★

A 10 km d'Amboise. - 10 Rue du Docteur Bretonneau - Bertrand PAUTOUT - Tél. : 02 47 23 98 11 - Fax : 02 47 23 84 07 - info@chenonceaux.com - www.chenonceaux.com Fermeture : 15/11-1/02 ; mercredi hors saison. - Menus de 67 F à 140 F. Menu enfant : 58 F. Petit déjeuner : 35 F. 24 chambres de 190 F à 530 F. Demi pension de 375 F à 445 F

Cet ancien Relais de Poste est une étape pleine de charme à 500 mètres à peine du prestigieux château de Chenonceau. Vous y apprécierez le repos et le calme de la Touraine, ainsi qu'une cuisine traditionnelle de qualité. Spécialités : sandre de Loire au beurre blanc, andouillette au vin de Vouvray, feuilleté de Sainte Maure. Chambres avec bain ou douche +WC+TV : 11 , 101-103 -201-202-204 à 210 , 301 à 303 , 401-402 Terrasse, parking privé, salle restaurant de caractère, animaux

This ancient Post Relay is a charming stage just a few meters from the prestigious castle of Chenonceaux. You will enjoy the rest and calm of the Touraine and a traditional cooking of quality.

Esta antigua Parada del Correo es una etapa llena de encanto a sólo 500 m del prestigioso castillo de Chenonceau. Usted podrá apreciar la tranquilidad del Touraine, como así también la calidad de una cocina tradicional.

Kaum 500 m von dem grandiosen Château de Chenonceau entfernt, lädt dieses ehemalige Postgebäude voller Charme regelrecht zu einem Halt ein. Genießen Sie die Ruhe der Touraine und die erstklassige, tradionelle Küche.

CHINON (37500) (P5-E6) — LA BOULE D'OR ★★

Au coeur du centre ville face à la Vienne. 45 km de Tours. - 66 Quai Jeanne d'Arc - Annie & Jean-Claude DELAVEAU Tél. : 02 47 93 03 13 - Fax : 02 47 93 24 25 - Fermeture : 15/12-31/01 et Lundi midi. - Menus de 99 F à 230 F. Petit déjeuner : 45 F. 15 chambres de 290 F à 350 F. Demi pension de 320 F à 350 F. Etape VRP : 350 F

Cet ancien relais de diligences vous propose une cuisine du terroir soignée et un grand choix de vins régionaux. Vous profiterez du jardin ombragé et de la terrasse donnant sur une rue pietonne. Spécialités : foie gras cru mariné au Vouvray moelleux, sandre sur lie de vin rouge et pleurottes. Chinon rouge, blanc et rosé. Chambres avec bain ou douche +WC+TV : Toutes. Terrasse, jardin, salle restaurant de caractère, salle de séminaires, chèques vacances, canal+, animaux, accès handicapés restaurant

This former coaching inn offer you a traditional cooking with a good regional wine list. You will enjoy the shaded garden and the terrace kooking onto the pedestrian street.

Esta anciana parada de diligencias, le propone una esmerada cocina local y una gran variedad de vinos regionales. Usted disfrutará de su jardín sombreado y de la terraza que dan a una calle peatonal.

Dieses alte Gasthaus erwartet Sie mit einer ländlichen, gepflegten Küche und einer großen Auswahl an regionalen Weinen.

JOUÉ LÈS TOURS (37300) (P5-F6) — CHÂTEAU DE BEAULIEU ★★★

A 4 km de Tours. A10 sortie 24. - 67 Rue de Beaulieu - Tél. : 02 47 53 20 26 - Menus de 165 F à 400 F. Menu enfant : 75/120 F. 19 chambres de 400 F à 780 F

INDRE ET LOIRE

LE PETIT PRESSIGNY (37350) (P5-F6) — RESTAURANT DALLAIS - LA PROMENADE

A 27 km de Loches. - 11 Rue du Savoureux - Tél. : 02 47 94 93 52 - Menus de 140 F à 400 F

MONTBAZON (37250) (P5-F6) — CHÂTEAU D'ARTIGNY ★★★★

A 15 km de Tours. - 92 Rue de Monts - Tél. : 02 47 34 30 30 - Menus de 310 F à 480 F. Menu enfant : 120 F. 44 chambres de 675 F à 1800 F

MONTBAZON (37250) (P5-F6) — DOMAINE DE LA TORTINIÈRE ★★★

Les Gués de Veigné - A 10 km de Tours - Tél. : 02 47 34 35 00 - Menus de 230 F à 420 F. Menu enfant : 95 F. 21 chambres de 530 F à 1450 F

ROCHECORBON (37210) (P5-F6) — AUBERGE BELLES RIVES

A 7 km de Tours. - 76 Quai de la Loire - Serge JEANNARD - Tél. : 02 47 52 52 97 - Fax : 02 47 52 84 92
Fermeture : Vacances scolaires de février et une semaine à Toussaint ; mardi et mercredi. - Menus de 100 F à 285 F. Menu enfant : 45 F

Venez découvrir le cadre chaleureux de cet établissement situé au calme, au bord de la loire. Vous profiterez de sa terrasse ombragée en été, ou de sa cheminée l'hiver et dégusterez les spécialités de la maison préparées pour vous avec le plus grand soin. Spécialités : ravioli de foie gras au jus de truffe, parmentier de pigeonneau, symphonie aux trois chocolats au coulis exotique.
Terrasse, jardin, parking privé, salle restaurant de caractère, salle de séminaires, animaux, accès handicapés

Come and discover the warm setting of this establishment situated in the calm beside the loire. You will enjoy the shaded terrace in summer and its fireplace in winter and savour many specialities.

Venga a descubrir el ambiente cálido y tranquilo de este establecimiento, a orillas del Loire. Usted podrá disfrutar de su terraza sombreada en verano, o de su chimenea en invierno y saborear las especialidades caseras preparadas con gran esmero.

Entdecken Sie die gemütliche und ruhige Atmosphäre dieses Gasthauses an der Loire. Genießen Sie die schattige Terrasse im Sommer oder den Kamin im Winter und kosten Sie die Spezialitäten des Hauses.

ST OUEN LES VIGNES (37530) (P5-F6) — L'AUBINIÈRE

A 7 km d'Amboise. - 29 Rue Jules Gautier - Tél. : 02 47 30 15 29 - Menus de 195 F à 380 F. Menu enfant : 100 F. 5 chambres de 500 F à 800 F

STE MAURE DE TOURAINE (37800) (P5-F6) — LES HAUTS DE SAINTE MAURE ★★★

A 30 km de Tours. - 2/4 Avenue du Général de Gaulle - Tél. : 02 47 65 50 65 - Menus de 108 F à 270 F. Menu enfant : 70 F. 19 chambres de 350 F à 470 F

TOURS (37200) (P5-F6) — LA ROCHE LE ROY

55 Route de Saint Avertin - Tél. : 02 47 27 22 00 - Menus de 160 F à 350 F. Menu enfant : 65 F

www.tables-auberges.com ➔ réservation gratuite (0% de commission)

INDRE ET LOIRE

TOURS (37000) (P5-F6)

RESTAURANT LES TUFFEAUX

Table gastronomique

19 Rue Lavoisier - Jocelyne & Gildas MARSOLLIER - Tél. : 02 47 47 19 89
Fermeture : Dimanche, lundi midi et mercredi midi. - Menus de 115 F à 210 F. Menu enfant : 50 F

Situé en centre ville, cet établissement de caractère vous acueille dans un cadre chaleureux et convival et se fera un plaisir de préparer pour vous ses spécialités : sandre poêlé sur sa peau et petits oignons rôtis en écharpe de lard fumé, pigeonneau de grains à la rhubarbe et au gingembre, escalopines de thon tièdes et émincé de courgettes à l'huile de noix et vinaigre balsamique.
Salle restaurant de caractère, climatisation, accés handicapés, animaux

Situated in the town centre, this establishment of character welcomes you in a warm and friendly setting and will be glad to prepare you its specialities.

Situado en el centro de la ciudad, este típico establecimiento le acogerá en un ambiente cálido, amistoso y tendrá el placer de prepararle sus especialidades.

Dieses charaktervolle Haus im Stadtzentrum empfängt Sie in herzlicher und geselliger Atmosphäre und freut, sich für Sie die Spezialitäten des Hauses zuzubereiten.

YZEURES SUR CREUSE (37290) (P5-F7)

LA PROMENADE ★★★

Table de Terroir

A 25 km de Chatellerault. - 1 Place du 11 Novembre - Tél. : 02 47 91 49 00 - Menus de 97 F à 297 F. Menu enfant : 55 F.
15 chambres de 280 F à 360 F

Saveurs & Sites de France

ISERE

Table de Terroir

ALLEVARD LES BAINS (38580) (P10-K8) — LES ALPES ★★

40 km Nord-Est de Grenoble A41/D523+D525. - Place du Temple - Bernard CHAUMY - Tél. : 04 76 45 94 10 - Fax : 04 97 45 80 81 lesalpes@club-internet.fr ; www.allevard.net/lesalpes Fermeture : 10 jours début novembre ; 10 jours en avril ; dimanche soir et mercredi hors saison. - Menus de 84 F à 260 F. Menu enfant : 47 F. Petit déjeuner : 42 F. 20 chambres de 240 F à 305 F. Demi pension de 255 F à 294 F. Etape VRP de 320 F à 340 F

Dans un village verdoyant au coeur du Massif de Belledonne, au pied de 2 stations de ski, Florian CHAUMY, Chef de cuisine se fera un plaisir de préparer pour vous ses spécialités. Possibilité de séjour avec circuits accompagnés et différents forfaits. Spécialités : civet de homard au beaume de Venise, canellonis à la crevette, profiterolles d'escargots au foie gras, craquant d'automne à la poire. Chambres avec bain ou douche +WC+TV : Toutes. Petit déjeuner buffet. Terrasse, jardin, garage fermé, piscine d'été, salle de séminaires, chèques vacances, TV satellites, Menu Tables & Auberges de France, animaux, accès handicapés restaurant.

In a green village in the heart of the Belledonne Massif, at the foot of 2 skiing station, Florian CHAUMY will let you appreciate his specialities. Stay with accompanied tours.

En el verdor de un pueblo situado en el corazón del Macizo de Belledonne, a los pies de 2 estaciones de esquí, Florian CHAUMY, Jefe de cocina preparará para usted sus especialidades. Posibilidad de estancia con circuitos acompañados y diferentes precios globales.

In einem grünen Dorf mitten im Massif Belledonne, am Fuß von zwei Skigebieten, erwartet Sie der Chefkoch Florian CHAUMY und bereitet Ihnen mit viel Vergnügen seine Spezialitäten zu.

ALPE D'HUEZ (38750) (P10-K9) — AU CHAMOIS D'OR ★★★★

Table gastronomique

A 60 km de Grenoble. - Rond Point des Pistes - Tél. : 04 76 80 31 32 - Menus de 155 F à 270 F. Petit déjeuner : 80 F. 40 chambres de 880 F à 1580 F. Demi pension de 980 F à 1200 F

CHONAS L'AMBALLAN (38121) (P9-J8) — HOSTELLERIE LE MARAIS SAINT JEAN ★★★

Table gastronomique

A 10 km de Vienne. - Chemin du Marais - Tél. : 04 74 58 83 28 - Menus de 160 F à 350 F. Menu enfant : 85 F. 10 chambres de 540 F à 590 F

CORPS LA SALETTE (38970) (P10-K9) — HÔTEL-RESTAURANT DE LA POSTE ★★

Table gastronomique

Au Sud de Grenoble (N85). - Route Napoléon - Gilbert DELAS - Tél. : 04 76 30 00 03 - Fax : 04 76 30 02 73 Fermeture : 2/01-15/02. - Menus de 100 F à 250 F. Menu enfant : 70 F. Petit déjeuner : 40 F. 20 chambres de 235 F à 430 F. Demi pension de 280 F à 390 F. Etape VRP de 280 F à 350 F

Situé au coeur des Alpes, au centre d'un petit village, l'Hôtel de la Poste vous réserve une étape grand charme et gastronomie. Christiane et Gilbert vous feront les honneurs de la Maison et vous proposeront une cuisine traditionnelle et des spécialités dauphinoises : tourte montagnarde, poulet sauté aux écrevisses, gâteau au chocolat au Grand Marnier. A 10 km sur la Route Napoléon : même maison Château des Herbeys Hôtel-Restaurant 3* : Tél 04 92 55 26 83. Chambres avec bain ou douche +WC+TV : Toutes.
Terrasse, jardin, parking privé, garage fermé, salle restaurant de caractère, salle de séminaires, chèques vacances, climatisation, animaux, accès handicapés

In the heart of the Alps, the Hôtel-Restaurant de la Poste is situated in the centre of a small village. Christiane and Gilbert will be show you around the house and will offer you a traditional cooking and specialities from the region.

Ubicado en el corazón de los Alpes, en el centro de un pequeño pueblo, el Hôtel-Restaurant de la Poste le brindará una parada de encanto y de gastronomía. Christiane y Gilbert le propondrán una cocina tradicional y diversas especialidades que hacen honor a la Casa.

Mitten in den Alpen, im Zentrum eines kleinen Dorfs, ist das Hôtel de la Poste eine bezaubernde und gastronomische Zwischenstation. Christiane und Gilbert verwöhnen Sie mit einer traditionellen und Küche und lokalen Spezialitäten.

 **ISERE**

EYBENS (38320) (P10-K9)

CHÂTEAU DE LA COMMANDERIE ★★★

17 Avenue d'Echirolles - Tél. : 04 76 25 34 58 - Menus de 169 F à 310 F. Menu enfant : 120 F. 25 chambres de 435 F à 720 F

GRENOBLE (38000) (P10-K9)

AUBERGE NAPOLÉON

7 Rue Montorge - Tél. : 04 76 87 53 64 - Menus de 150 F à 350 F. Menu enfant : 70 F

GRESSE EN VERCORS (38650) (P10-K9)

LE CHALET ★★★

A 45 km de Grenoble. - Le Village - Tél. : 04 76 34 32 08 - Menus de 100 F à 300 F. Menu enfant : 60 F. Petit déjeuner : 48 F. 25 chambres de 240 F à 440 F. Demi pension de 360 F à 470 F

LES DEUX ALPES (38860) (P10-K9)

CHÂLET MOUNIER - LE P'TIT POLYTE ★★★★

A 70 km de Grenoble - Tél. : 04 76 80 56 90 - Menus de 135 F à 320 F. Menu enfant : 80 F. 46 chambres de 370 F à 960 F

LES DEUX ALPES (38860) (P10-K9)

HÔTEL LA BÉRANGÈRE ★★★★

11 Route de Champamé - Tél. : 04 76 79 24 11 - Menus de 180 F à 460 F. Menu enfant : 80 F. 49 chambres de 420 F à 1200 F

LES DEUX ALPES (38860) (P10-K9)

HÔTEL LA FARANDOLE ★★★★

A 70 km de Grenoble. - 18 Rue du Cairou BP 10 - Christian FONCLARA - Tél. : 04 76 80 50 45 - Fax : 04 76 79 56 12 Fermeture : 21/04-7/07 ; 27/08-15/12. - Menus de 195 F à 250 F. Menu enfant : 80 F. Petit déjeuner : 60 F. 60 chambres de 500 F à 1180 F

Au calme, à quelques pas du centre de la station, La Farandole, majestueux chalet tout en bois et pierres de taille offre tous les services d'un hôtel 4 étoiles avec piscine, sauna, hammam, jaccuzzi, douche haute pression, piano bar , salons, salles de séminaires… et une vue imprenable et exceptionnel plein sud face au Parc National des Ecrins. Spécialités : filet de loup en écailles de pomme de terre à l'émulsion barigoule.
Chambres avec bain ou douche +WC+TV : Toutes. Terrasse, jardin, parking privé, garage fermé, piscine d'été, piscine d'hiver, salle restaurant de caractère, salle de séminaires, ascenseur, TV satellites, animaux hôtel, accés handicapés hôtel

Situated in a peaceful setting, a few steps from the station, La Farandole, superb chalet ,give you all the services of a 4 stars hotel with swimming pool, sauna, hammam, jaccuzzi,piano bar,meeting rooms…and a beautiful view facing the Ecrins National Park.

En un lugar tranquilo, a algunos pasos del centro de la estación, La Farandole, majestuoso chalet en madera y piedra tallada brinda todos los servicios de un hotel de 4 estrellas con piscina, sauna, baño turco, jacuzzi, ducha con fuerte presión, piano bar, salones, salas para seminarios… y una vista excepcional del lado sur del Parque Nacional de los Ecrins.

In ruhiger Lage, einige Schritte von der Skistation entfernt, bietet La Farandole, ein majestätisches Chalet ganz in Holz und gehauenem Stein, alle Dienstleistungen eines 4-Sterne-Hotels mit Schwimmbad, Sauna, Dampfbad, Wirlpool, Massagedusche, Pianobar, Veranstaltungsräume und Konferenzzimmer…und eine herrliche Aussicht auf den Nationalpark Ecrins.

MORESTEL (38510) (P10-K8)

LE FRANCE - LA DILIGENCE ★★★

A 14 km de la Tour du Pin. - 319 Grande Rue - Tél. : 04 74 80 04 77 - Menus de 120 F à 240 F. Menu enfant : 80 F. 11 chambres de 250 F à 380 F

 # ISERE

ST GEORGES D'ESPÉRANCHE (38790) (P9-J8) — LE CASTEL D'ESPÉRANCHE

Table gastronomique

A 30 km de Lyon, 22 km de Vienne. - Rue du Mezet - Tél. : 04 74 59 18 45 - Menus de 138 F à 340 F. Menu enfant : 80 F

ST LATTIER (38840) (P9-J9) — AUBERGE DU VIADUC ★★★

Table gastronomique

A 12 km de Saint Marcellin et de Romans. - RN92 Saint Lattier la Rivière - Tél. : 04 76 64 51 65 - Menus de 125 F à 255 F. Petit déjeuner : 60 F. 7 chambres de 450 F à 650 F. Demi pension de 420 F à 680 F

ST MARCELLIN (38160) (P9-J9) — RESTAURANT LA TIVOLLIÈRE

Table gastronomique

Château du Mollard - Tél. : 04 76 38 21 17 - Menus de 138 F à 285 F. Menu enfant : 60 F

URIAGE LES BAINS (38410) (P10-K9) — LE GRAND HÔTEL & RESTAURANT LES TERRASSES ★★★

Table de prestige

A 12 km de Grenoble - Tél. : 04 76 89 10 80 - Menus de 205 F à 430 F. Menu enfant : 110 F.
43 chambres de 450 F à 1250 F

VILLARD DE LANS (38250) (P10-K9) — LE CHRISTIANIA - RESTAURANT LE TÉTRAS ★★★

Table de Terroir

A 30 km de Grenoble. - 220 Avenue Nobécourt - Tél. : 04 76 95 12 51 - Menus de 135 F à 260 F. Menu enfant : 60 F.
Petit déjeuner : 65 F. 18 chambres de 560 F à 700 F + 5 suites juniors de 780 F à 880 F. Demi pension de 460 F à 560 F

La passion de notre métier

 # JURA

DOLE (39100) (P6-K6) — LA CHAUMIÈRE ★★★
Table de prestige

346 Avenue du Maréchal Juin - Tél. : 03 84 70 72 40 - Menus de 110 F à 310 F. Menu enfant : 70 F.
18 chambres de 325 F à 490 F

FORT DU PLASNE (39150) (P6-K7) — LE MOULIN DES TRUITES BLEUES ★★★
Table gastronomique

A 5 km de St Laurent en Grandvaux, 15 km de Champagnole - Tél. : 03 84 60 83 03 - Menus de 95 F à 255 F. Menu enfant : 50 F.
17 chambres de 220 F à 650 F

LAMOURA (39310) (P6-K7) — HÔTEL-RESTAURANT LA SPATULE ★★
Table de Terroir

A 15 km de Saint Claude. 13 km de la Suisse. - Le Village - Dominique FERREUX - Tél. : 03 84 41 20 23 - Fax : 03 84 41 24 16
Fermeture : 15/10-15/12 ; 16/04-1/06 ; lundi et mardi midi hors saison. - Menus de 80 F à 165 F. Menu enfant : 50 F. Petit déjeuner : 35 F.
25 chambres de 280 F à 315 F. Demi pension de 265 F à 285 F. Etape VRP : 295 F

Au coeur du Parc Naturel du Haut Jura, proche des stations de sport d'hiver, ce chalet de montagne de bon confort est situé dans un cadre agréable, avec vue panoramique. Spécialités : Feuilleté aux morilles, truite au vin jaune, aumônière au bleu de Gex. Vins : Arbois, Côtes du Jura. Terrasse, parking privé, salle restaurant de caractère, salle de séminaires, chèques vacances, TV satellites, animaux restaurant, accés handicapés restaurant.

In the heart of the Natural Park of Haut Jura, near by the skiing station, this chalet is comfortable and is located in a pleasant setting with a panoramic view.

En el corazón del Parque Natural del Alto Jura, cerca de las estaciones de deportes de invierno, este confortable chalet de montaña está ubicado en un marco agradable con vista panorámica. Vinos : Arbois, Côtes du Jura.

Inmitten des Naturparks im Hohen Jura, nahe den Skigebieten, liegt diese bequeme Berghütte in einer angenehmen Umgebung mit Panorama.

POLIGNY (39800) (P6-K6) — DOMAINE DU MOULIN ★★★
Table gastronomique

Vallée Heureuse - Route de Genève - Tél. : 03 84 37 12 13 - Menus de 95 F à 420 F. Menu enfant : 80 F. Petit déjeuner : 65 F.
14 chambres dont 3 suites de 350 F à 950 F. Demi pension de 400 F à 850 F. Etape VRP de 400 F à 500 F

Le Guide des quatre saisons

JURA

ST CLAUDE (39200) (P6-K7) — RESTAURANT LE LOFT HÔTEL SAINT HUBERT ★★
Table de Terroir

Route de Genève. A 500 mètres de la cathédrale - 3 Place Saint Hubert - André JANNET - Tél. : 03 84 45 10 70 - Fax : 03 84 45 64 76 - andre.jannet@libertysurf - Fermeture : 22/12 -8/01 ; dimanche soir, samedi midi hors saison (restaurant uniquement).- Menus de 80 F à 174 F. Menu enfant : 50 F. Petit déjeuner : 37 F.30 chambres de 235 F à 405 F. Demi pension de 310 F à 360 F. Etape VRP de 290 F à 331 F

Au coeur de la capitale du Haut-Jura, un établissement de standing avec un personnel à votre écoute, pour se ressourcer et se revitaliser. Spécialités : salade de langue de boeuf fumée froide, entrecôte aux morilles, très beau plateau de fromages. Belle carte des vins.
Chambres avec bain ou douche +WC+TV : Toutes. Petit déjeuner buffet. Terrasse, garage fermé, salle de séminaires, chèques vacances, canal+, climatisation, ascenseur, TV satellites, animaux, accés handicapés

In the heart of the capital of Haut-Jura, this establishment of high-standing has a team who will give you the best attention to help your relax.

En el corazón de la capital del Haut-Jura, este establecimiento de categoría, con un personal a su escucha para enriquecerse y revitalizarse, le hará descubrir sus especialidades. Cautivante lista de vinos.

Im Herzen der Hauptstadt des Hohen Jura liegt dieses anspruchsvolle Haus mit einem aufmerksamen Personal, wo Sie Kraft und Energie schöpfen können.

ST CLAUDE-LE VILLARD (39200) (P6-K7) — HOSTELLERIE AU RETOUR DE LA CHASSE ★★
Table gastronomique

A 4 km de Saint Claude. - Le Villard - Anny & Gérard VUILLERMOZ - Tél. : 03 84 45 44 44 - Fax : 03 84 45 13 95 - www.interfrance.com/franche-comté/hotels/retour-de-la-chasse Fermeture : 2/01-31/01, dimanche soir et lundi - Menus de 85 F à 250 F. Menu enfant : 60 F. Petit déjeuner : 35 F.14 chambres de 300 F à 350 F. Demi pension de 310 F à 320 F

A 4 km de Saint Claude, dans un écrin de verdure, à deux pas du golf, c'est un endroit rêvé pour une étape de repos gourmande. Spécialités : noisette de chevreuil aux pommes fruits, langue de boeuf salée fumée, turbot au vin jaune, poularde aux morilles, bavaroix Belle-Hélène. Vins du Jura.
Chambres avec bain ou douche +WC+TV : Toutes.
Terrasse, parking privé, salle restaurant de caractère, salle de séminaires, tennis, chèques vacances, canal+, TV satellites, animaux

From 4 km of Saint Claude, in a setting of greenery, two steps from the golf, it is an ideal place for a gummy stage.

A 4 km de Saint Claude, en el verdor de este paisaje, a dos pasos del golf, este es el lugar soñado para una etapa tranquila y golosa.

4 km von Saint Claude, in einer grünen Ecke, gleich neben einem Golfplatz, ein idealer Ort für eine Schlemmeretappe. Wein aus dem Jura.

LANDES

CAPBRETON (40130) (P8-D11) — RESTAURANT LE PAVÉ DU PORT

Port de Plaisance-Mille Sabords. A 29 km de Dax. - 2 Quai de la Pêcherie - Alain & Pierrette ROUGE - Tél. : 05 58 72 29 28 Fax : 05 58 72 29 28 - Fermeture : Vacances de Toussaint ; 20/12-20/01 ; mardi et mercredi ; lundi en juillet/août. Menus de 100 F à 150 F. Menu enfant : 53 F

Dans un cadre simple et chaleureux, face aux mats des voiliers, et l'été en terrasse avec vue sur le jardin fleuri, venez déguster les spécialités qu'Alain et Pierrette vous proposeront : saumon vierge aux aromates, noix de Saint Jacques à la crème, lotte à l'ail confit, canette aux groseilles, gâteau au chocolat. Terrasse, jardin, chèques vacances, climatisation, animaux, accés handicapés

🇬🇧 In a simple and cordial setting, facing sailing-ships and in summer in terrace with view on the flowered garden, come and taste Alain and Pierrette's specialities

🇪🇸 En un ambiente simple, cálido, frente a los mástiles de veleros, y en verano en una terraza con vista a un jardín florido, venga a saborear las especialidades que Alan y Pierrette le propondrán.

🇩🇪 In einem einfachen und herzlichen Rahmen, mit Blick auf die Segelmasten, kommen und kosten Sie die Spezialitäten von Alain und Pierrette.

PORT DE LANNE (40300) (P8-D11) — LA VIEILLE AUBERGE ★★★

A 7 km de Peyrehorade. - Place de l'Eglise - Tél. : 05 58 89 16 29 - Menus de 120 F à 185 F. Menu enfant : 60 F. Petit déjeuner : 45 F. 10 chambres. Demi pension de 320 F à 450 F

SOUSTONS (40140) (P8-D11) — LE PAVILLON LANDAIS ★★★

A 25 km de Dax. - 26 Avenue du Lac - Tél. : 05 58 41 14 49 - Menus de 130 F à 220 F. Menu enfant : 85 F. Petit déjeuner : 50 F. 27 chambres de 270 F à 600 F. Demi pension de 325 F à 480 F. Etape VRP de 325 F à 400 F

ST VINCENT DE TYROSSE (40230) (P8-D11) — LE TWICKENHAM ★★

A 20 km de Dax, Bayonne et Biarritz. - 17 Avenue de la Gare - M. et Mme FABERES - Tél. : 05 58 77 01 60 - Fax : 05 58 77 95 15 Fermeture : Vendredi soir et Samedi midi (restaurant). - Menus de 80 F à 160 F. Menu enfant : 65 F. Petit déjeuner : 35 F. 22 chambres de 320 F à 460 F. Demi pension de 370 F à 390 F. Etape VRP de 320 F à 360 F

Cet établissement de caractère vous propose une cuisine de femme créative et de grande qualité. Salle de restaurant avec grandes baies vitrées donnant sur la terrasse et la piscine. Spécialités : produits régionaux, viandes grillées, poissons. Chambres avec bain ou douche + WC+TV : 2-3-4-5-8-10-11-12-18-19 à 31. Terrasse, jardin, parking privé, piscine d'été, salle restaurant de caractère, salle de séminaires, animaux hôtel

🇬🇧 This establishment of caracter offers you a feminine and creative cooking of high quality. The dining room with picture windows let you enjoy the view as well as the terrace or the swimming pool.

🇪🇸 Este original establecimiento le propone una cocina femenina creativa y de gran calidad. El restaurante posee grandes ventanales que dan a la terraza y a la piscina.

🇩🇪 Dieses charaktervolle Haus bietet Ihnen eine feminine, kreative Küche von hoher Qualität. Speisesaal mit großen Fensterwänden zur Terrasse und zum Schwimmbad hin orientiert.

LOIR ET CHER

BLOIS (41000) (P5-F5) — LE MÉDICIS ★★★

Table gastronomique

2 Allée François 1er - Christian GARANGER - Tél. : 02 54 43 94 04 - Fax : 02 54 42 04 05 - christian.garanger@wanadoo.fr
www.lemedicis.com Fermeture : 1/01-31/01. - Menus de 120 F à 420 F. Menu enfant : 95 F. Petit déjeuner : 65 F.
12 chambres de 500 F à 700 F. Demi pension de 500 F à 650 F. Etape VRP de 500 F à 600 F

En bordure de la forêt de Blois, dans les vallées François 1er, Le Médicis vous propose le confort d'un hôtel 3 étoiles et les spécialités de son terroir que vous pourrez déguster sur la terrasse couverte climatisée. Spécialités gibier en saison, champignons de Sologne, escalope de sandre à la crème de Vouvray.
Chambres avec bain ou douche +WC+TV : Toutes.
Parking privé, chèques vacances, canal+, climatisation, animaux, accés handicapés restaurant

🇬🇧 On the edge of the Blois' forest, in the valley of François 1er, Le Médicis offers you the comfort of a 3 stars hotel and traditional specialities that you will enjoy on the covered air-conditionned terrace.

🇪🇸 Lindero al bosque de Blois, en los valles François I, Le Médicis le propone el confort de un hotel de 3 estrellas y una cocina con especialidades regionales que usted podrá saborear en la terraza cubierta y climatizada.

🇩🇪 Am Rande des Blois-Waldes, im Tal François I. gelegen, bietet Ihnen Le Médicis einen 3-Sterne-Komfort und regionale Spezialitäten, die Sie auf der klimatisierten, überdachten Terrasse genießen können.

BRACIEUX (41250) (P5-G5) — RESTAURANT LE RELAIS

Table de prestige

A 20 km de Blois. - 1 Avenue de Chambord - Tél. : 02 54 46 41 22 - Menus de 250 F à 650 F

Le Goût de l'Authenticité

www.tables-auberges.com ➔ réservation gratuite (0% de commission)

LOIR ET CHER

CHAUMONT SUR THARONNE (41600) (P5-G5) — LA CROIX BLANCHE DE SOLOGNE ★★★

Table gastronomique

A 35 km d'Orléans et 12 km de Lamotte Beuvron. - 5 Place Robert Mottu - Danièle et Michel Pierre GOACOLOU - Tél. : 02 54 88 55 12 Fax : 02 54 88 60 40 - lacroixblanchesologne@wanadoo.fr - www.hotel-sologne.com Fermeture : Mercredi midi. - Menus de 128F à 250 F. Menu enfant : 70 F. Petit déjeuner : 45 F.18 chambres de 350 F à 830 F. Demi pension de 445 F à 545 F

Venez découvrir une cuisine traditionnelle gastronomique avec des spécialités de Sologne et du Périgord, dans le cadre exceptionnel du village de charme de Chaumont. Spécialités : mique royale, délicatesse des étangs de Sologne, confit de canard, foie gras maison. Belle cave (500 vins différents).

Chambres avec bain ou douche +WC+TV : Toutes.

Terrasse, jardin, parking privé, salle restaurant de caractère, salle de séminaires, chèques vacances, animaux, accès handicapés, vélos à disposition.

🇬🇧 Come to discover the traditional gastronomic cooking with the specialities from Sologne and Périgord, in village de Chaumont an out standing place. Possibility to borrow bikes. Beautiful cellar (500 different wine).

🇪🇸 En el ambiente excepcional de este pueblo de Chaumont, venga a descubrir una cocina gastronómica, tradicional : especialidades de Sologne y de Périgord. Bicicletas a su disposición. Bella bodega (500 vinos diferentes).

🇩🇪 Entdecken Sie eine traditionelle, gastronomische Küche mit den Spezialitäten der Sologne und des Périgord in dem außergewöhnlichen Rahmen des Dorfs Chaumont. Fahrräder zur Verfügung. Große Weinauswahl.

CHEVERNY (41700) (P5-G5) — LE POUSSE RAPIÈRE

Table de Terroir

Rue du Chêne des Dames - Tél. : 02 54 79 94 23 - Menus de 90 F à 230 F. Menu enfant : 60 F

CONTRES (41700) (P5-G6) — HÔTEL DE FRANCE ★★★

Table gastronomique

A 19 km de Blois. - 37/39 Rue P. H. Mauger - Tél. : 02 54 79 50 14 - Menus de 98 F à 260 F. Menu enfant : 65 F. 30 chambres de 225 F à 480 F

COUR CHEVERNY (41700) (P5-G5) — HÔTEL SAINT HUBERT ★★

122 Rue Nationale - Tél. : 02 54 79 96 60 - Menus de 80 F à 240 F. Petit déjeuner : 38 F. 20 chambres de 230 F à 450 F

 **LOIR ET CHER**

HERBAULT (41100) (P5-F5)

AUBERGE DES TROIS MARCHANDS

Table de Terroir

A 15 km de Blois. - 34 Place de l'Hôtel de Ville - Alain CUVIER - Tél. : 02 54 46 12 18 - Fax : 02 54 46 12 18
Fermeture : Janvier ; dimanche soir, lundi soir et mardi. - Menus de 115 F à 215 F. Menu enfant : 60 F

A proximité des Châteaux de la Loire, cet ancien Relais de Poste situé au centre du village vous réservera un accueil des plus chaleureux et vous fera découvrir ses spécialités : filet de cane aux airelles, brochet beurre blanc, tarte tatin.
Salle restaurant de caractère, chèques vacances, animaux

🇬🇧 Near the Châteaux de la Loire, this ancient Post Relay situated in the centre of the village will reseve you a warm welcome and you will be able to discover its specialities.

🇪🇸 Esta antigua Parada del Correo situada en el centro del pueblo y cerca de los Castillos del Loire, le brindará una calurosa acogida y le hará descubrir sus especialidades.

🇩🇪 In der Nähe der Schlösser der Loire, bereitet Ihnen dieses alte Postgebäude in Dorfmitte

SALBRIS (41300) (P5-G6)

DOMAINE DE VALAUDRAN ★ ★ ★

Table gastronomique

Avenue de Romorantin - Tél. : 02 54 97 20 00 - Menus de 98 F à 240 F. Menu enfant : 85 F.
32 chambres de 390 F à 990 F

SALBRIS (41300) (P5-G6)

LE PARC ★ ★ ★

Table gastronomique

8 Avenue d'Orléans - Tél. : 02 54 97 18 53 - Menus de 145 F à 265 F. Menu enfant : 50 F.
27 chambres de 200 F à 450 F

Tourisme & Gastronomie

www.tables-auberges.com ➔ réservation gratuite (0% de commission)

 **LOIRE**

LE COTEAU (42120) (P9-J8)   ARTAUD HÔTEL RESTAURANT ★★★
Table gastronomique

A 1 km de Roanne. - 133 Avenue de la Libération - Tél. : 04 77 68 46 44 - Menus de 98 F à 260 F.
25 chambres de 300 F à 480 F

PELUSSIN (42410) (P9-J8)   HÔTEL-RESTAURANT GUY CHENAVIER ★★
Table de Terroir

3 Place du 8 Mai 1945 - Tél. : 04 74 87 61 51 - Menus de 115 F à 280 F. Menu enfant : 62 F. Petit déjeuner : 30 F.
6 chambres de 180 F à 260 F. Demi pension : 250 F

ST ETIENNE (42000) (P9-J8)   RESTAURANT CARPE DIEM
Table gastronomique

Rue pavée dans quartier piéton Saint Jean / centre ville. - 6 Rue Léon Nautin - Philippe VIRISSEL (Chef de Cuisine)
Tél. : 04 77 38 65 36 - carpediemlmc@aol.com - Fermeture : Samedi midi, dimanche soir et lundi. - Menus de 115 F à 276 F

C'est dans ce restaurant en pierre, en centre ville, dans un décor Art Déco que Philippe Virissel, Chef de Cuisine, vous propose de découvrir ses spécialités : déclinaison de foie gras en trois cuissons, croustillant de saumon et noix de saint jacques, pavé de boeuf poêlé aux morilles. Belle cave présentant des crus régionaux.
Animaux, accès handicapés

It is in this restaurant of stones, in the town centre, in a style Art déco, Philippe Virissel, helps you to discover his specialities.

Es en este establecimiento de piedra, al estilo Arts déco, ubicado en el centro de la ciudad, que Philippe Virissel, Jefe de Cocina le propone descubrir sus especialidades.

Kosten Sie die Spezialitäten dieses Restaurants im Art-deco, im Stadtzentrum, zubereitet vom Chefkoch Philippe Virissel.

ST GALMIER (42330) (P9-I8)   LA CHARPINIÈRE ★★★
Table gastronomique

A 20 km de Saint Etienne. A 72 sortie 9 - Tél. : 04 77 54 10 20 - Menus de 95 F à 250 F. Menu enfant : 68 F.
35 chambres

Charme & Authenticité

 # HAUTE-LOIRE

ALLEYRAS (43580) (P9-I9) — LE HAUT-ALLIER ★★

Pont d'Alleyras - A 29 km du Puy en Velay - Tél. : 04 71 57 57 63 - Menus de 125 F à 450 F. Menu enfant : 80 F. Petit déjeuner : 55 F. 15 chambres de 300 F à 680 F. Demi pension de 380 F à 480 F

BLAVOZY (43700) (P9-I9) — LE MOULIN DE BARETTE ★★★

A 10 km du Puy en Velay. - RN88 Pont de Sumène - Tél. : 04 71 03 00 88 - Menus de 89 F à 230 F. Menu enfant : 52 F. 28 chambres de 200 F à 350 F

LE CHAMBON SUR LIGNON (43400) (P9-J9) — CLAIR MATIN ★★★

Les Barandons - A 40 km du Puy en Velay - Tél. : 04 71 59 73 03 - Menus de 100 F à 210 F. Menu enfant : 60 F. 29 chambres de 300 F à 520 F

TENCE (43190) (P9-I9) — HOSTELLERIE PLACIDE ★★★

A 50 km de Saint Etienne et du Puy en Velay. - Route d'Annonay - Véronique & Pierre Marie PLACIDE - Tél. : 04 71 59 82 76 Fax : 04 71 65 44 46 - placide@hostellerie-placide.fr - www.hostellerie-placide.fr Fermeture : 15/11-15/03 ; lundi et mardi hors saison. Menus de 85 F à 300 F. Menu enfant : 60 F. Petit déjeuner : 60 F. 17 chambres de 400 F à 500 F. Demi pension : 400 F. Etape VRP : 400 F

Dans le calme d'un village du Velay, cet ancien relais de diligences vous propose des nuits paisibles dans des chambres spacieuses. C'est une étape idéale pour une cuisine de goûts qui privilégie le terroir, la qualité et la créativité. Spécialités : terrine de foie gras à la lie de myrtilles, toasts à la farine de lentilles.
Animaux acceptés avec supplément : 50 F. (hôtel)
Chambres avec bain ou douche +WC+TV : Toutes.
Terrasse, jardin, parking privé, salle restaurant de caractère, salle de séminaires, chèques vacances, accès handicapés

In the quietness of the village of Velay, this ancient relay of stagecoachs offers peaceful nights in spacious bedrooms. It is an ideal stop for a delicious cooking that is promotes traditional products, quality and creativity.

En la calma de un pueblo del Velay, esta antigua parada de diligencias le brinda noches tranquilas en habitaciones espaciosas. Es una etapa ideal para una cocina que hace resaltar los gustos del terruño, la calidad y la creatividad. Los animales pagan un suplemento: 50 f.

In der Ruhe eines Dorfs von Velay, bietet Ihnen diese alte Poststation friedliche Nächte in geräumigen Zimmern. Es ist eine ideale Etappe für eine geschmackvolle Küche, die Land, Qualität und Kreativität bevorzugt.

Saveurs & Sites de France

LOIRE ATLANTIQUE

CLISSON (44190) (P4-D6) — LA BONNE AUBERGE

Table gastronomique

N149 ; à 30 km de Nantes - 1 Rue Olivier de Clisson - Serge POIRON - Tél. : 02 40 54 01 90 - Fax : 02 40 54 08 48
Fermeture : 15/02-28/02 ; 10/08-31/08 ; dimanche soir, lundi et mardi midi. - Menus de 130 F à 320 F. Menu enfant : 75 F

Cette maison du XIXème siècle située au coeur de la ville historique a été reconstruite en style italien après les guerres de Vendée. La Bonne Auberge vous propose une cuisine du marché accompagnée des meilleurs Muscadets et d'une sélection des grands vins de France. Serge POIRON vous y présente sa cuisine, harmonie de légèreté et de tradition personnalisée d'un brin de terroir. Spécialités : millefeuille léger de homard crème de homard jus de basilic, ravioles d'écrevisses, croustillant de tourteaux au jus d'herbes. Vins : Muscadet.
Terrasse, jardin, salle de séminaires, chèques vacances, animaux, accès handicapés

🇬🇧 This house of the XIX century in the heart of historic city, was build in Italian style since the Vendée wars. La Bonne Auberge offers regional cooking and a selected wine list. Serge POIRON offers his cooking : which is a harmony of lightness and tradition.

🇪🇸 Esta casa del siglo XIX situada en el centro de la ciudad histórica, ha sido reconstruida al estilo italiano después de las guerras de Vendée. La Bonne Auberge le propone una cocina con productos del mercado, acompañada con los mejores Muscadets y con una selección de grandes vinos de Francia. Serge POIRON le presentará su cocina, armoniosa mezcla de estilo y tradición con un toque local.

🇩🇪 La Bonne Auberge bietet Ihnen eine Küche des Marktes begleitet von den besten Muskatweinen und einer Auswahl großer französischer Weine. S. POIRON präsentiert seine harmonische und leichte Küche mit einem Anhauch seiner Region.

LA BAULE (44504) (P4-C6) — CASTEL MARIE-LOUISE ★★★★

Table de prestige

Avenue Andrieu BP 409 - Tél. : 02 40 11 48 38 - Menus de 260 F à 460 F. Menu enfant : 98 F.
31 chambres de 890 F à 3000 F

La passion de notre métier

LOIRE ATLANTIQUE

LA CHAPELLE BASSE MER (44450) (P5-D6) — RESTAURANT LA PIERRE PERCÉE

A 17 km de Nantes. - Route Touristique des Bords de Loire, 177 Levée de la Divatte - Patrick RIGAULT - Tél. : 02 40 06 33 09 Fax : 02 40 33 32 29 - Fermeture : 2/01-20/01 ; dimanche soir et lundi. - Menus de 138 F à 310 F. Menu enfant : 68 F. Petit déjeuner : 30 F. 5 chambres de 170 F à 200 F

Sur la route touristique des bords de Loire, avec vue exceptionnelle sur le fleuve, ce restaurant gastronomique vous propose une cuisine créative de grande qualité dans la pure tradition régionale et au fil des saisons le Chef vous préparera une cuisine de marché. Spécialités : grenouilles, anguilles beurre blanc.

Terrasse, salle restaurant de caractère, salle de séminaires, animaux

🇬🇧 On the touristic road on the edge of Loire, with exceptionnal view on the river, htis gastronomic restaurant offers a traditional cooking of quality following the seasons.

🇪🇸 Por la carretera turística de las orillas del Loire, con una excelente vista del río, usted encontrará este restaurante gastronómico cuyo jefe prepara una cocina creativa de gran calidad con productos del mercado, siguiendo el ritmo de las estaciones y la tradición regional.

🇩🇪 Auf der Strecke der Loire entlang, erwartet Sie in diesem Feinschmecker restaurant, mit Blick auf den Fluss, eine kreative, jahreszeitenangepasste Küche in regionaler Tradition.

TABLES & AUBERGES DE FRANCE

Le Guide des Quatre Saisons

 # LOIRE ATLANTIQUE

LE CROISIC (44490) (P4-C6) — CASTEL MOOR ★★

 Table de Terroir

A 10 km de La Baule. - Baie du Castouillet - Evelyne & Daniel BARON - Tél. : 02 40 23 24 18 - Fax : 02 40 62 98 90 - castel@castel-moor.com - www.castel-moor.com - Fermeture : 2/01-30/01, 13/11-20/11, dimanche soir et lundi hors saison. - Menus de 125 F à 200 F. Menu enfant : 60 F. Petit déjeuner : 40 F. 18 chambres de 260 F à 430 F. Demi pension de 315 F à 370 F. Etape VRP : 340 F

A 1 km du centre ville, face à la mer, sur la côte sauvage de la presqu'île, le Castel Moor vous offrira quiétude et lumière. Vous apprécierez le confort de ses chambres et serez séduit par sa table gastronomique élaborée à base de produits frais, le plus souvent régionaux. Spécialités : fruits de mer, poissons, croquants de langoustines au beurre de pommeau, noix de saint jacques poêlées au fumet de langoustines, croustillant de rouget au basilic concassée de tomate et tatin d'endives. Vins : Muscadets, vins fins de la Loire.
Chambres avec bain ou douche +WC+TV : Toutes. Terrasse, jardin, parking privé, salle de séminaires, chèques vacances, animaux, accès handicapés.

On the wild coast of the peninsula, the Castel Moor will offer you calm and light. You will appreciate the comfort of rooms and be captivated by the menus made from fresh and traditional products, most of the time of the region.

A 1 km del centro de la ciudad, frente al mar, en la costa salvaje de la península, el Castel Moor le brindará luz y quietud. Usted apreciará el confort de sus habitaciones y quedará cautivado por su mesa gastronómica elaborada a base de productos frescos, en su mayor parte regionales.

An der wilden Küste der Halbinsel, bietet Ihnen das Castel Moor Ruhe und Licht. Sie werden den Komfort der Zimmer schätzen und die gastronomische Küche genießen, in der frische Landprodukte verarbeitet werden.

MISSILLAC (44780) (P4-C5) — HÔTEL DE LA BRETESCHE ★★★★

 Table gastronomique

Domaine de la Bretesche - Tél. : 02 51 76 86 96 - Menus de 160 F à 420 F. Menu enfant : 80 F. Petit déjeuner : 85 F. 32 chambres de 600 F à 1700 F. Demi pension de 575 F à 1070 F

NANTES (44000) (P4-D6) — RESTAURANT L'OCÉANIDE

 Table gastronomique

En centre ville, au bord de l'Erdre. - 2 Rue Paul Bellamy - Tél. : 02 40 20 32 28 - Menus de 115 F à 340 F. Menu enfant : 45 F

NANTES (44300) (P4-D6) — SAN FRANCISCO

 Table gastronomique

3 Chemin des Bateliers - Tél. : 02 40 49 59 42 - Menus de 158 F à 298 F. Menu enfant : 85 F

NANTES (44000) (P4-D6) — L'HÔTEL ★★★

6 Rue Henri IV - Tél. : 02 40 29 30 31 - 31 chambres de 380 F à 420 F

PORNICHET (44380) (P4-C6) — SUD-BRETAGNE ★★★★

Table gastronomique

42 Boulevard de la République - Tél. : 02 40 11 65 00 - Menus de 165 F à 300 F. Petit déjeuner : 65 F. 30 chambres de 600 F à 1200 F. Demi pension de 650 F à 1050 F

LOIRE ATLANTIQUE

ST MARC SUR MER (44600) (P4-C6) — HÔTEL DE LA PLAGE ★★

A 7 km de Saint Nazaire et de La Baule. - 37 Rue du Commandant Charcot - Aline PAVIET - Tél. : 02 40 91 99 01 - Fax : 02 40 91 92 00 - hotel.de.la.plage44@wanadoo.fr - www.hotel-de-la-plage-44.com Fermeture : 8/01-4/02 ; dimanche soir en hiver. - Menus de 100 F à 300 F. Menu enfant : 50 F. Petit déjeuner : 45 F. 30 chambres de 400 F à 600 F. Demi pension de 330 F à 400 F. Etape VRP de 450 F à 500 F sauf juillet et août

Cet hôtel-restaurant construit sur les sables, face à la mer, vous offre non seulement le calme et le confort pour organiser vos repas et vos fêtes (salles insonorisées, ascenseur) mais également une vue remarquable. Au restaurant, le Chef vous réserve ses spécialités : poissons, fruits de mer, godaille. Vins de Loire. Chambres avec bain ou douche +WC+TV : Toutes. Terrasse, parking privé, salle restaurant de caractère, salle de séminaires, chèques vacances, ascenseur, TV satellites, animaux

This hotel-restaurant offers you calm and comfort to organize dinners or party with a remarkable view. The restaurant has the particularity of seafood cooking.

Este hotel-restaurante construído en la arena, frente al mar, le propone, no solamente, la tranquilidad y el confort para organizar sus comidas y fiestas (salas insonorizadas, ascensor) sino también una vista excelente. El jefe de cocina le hará descubrir sus especialidades.

Dieses Hotel-Restaurant bietet Ihnen nicht nur Ruhe und Komfort für die Organisation von Essen und Festen, sondern auch einen beeindruckenden Ausblick. Im Restaurant erwartet Sie der Küchenchef mit seinen Spezialitäten.

ST NAZAIRE (44600) (P4-C6) — AU BON ACCUEIL ★★★

39 rue François Marceau - Tél. : 02 40 22 07 05 - Menus de 120 F à 295 F. Menu enfant : 52/80 F. Petit déjeuner : 49,50 F. 10 chambres de 360 F à 495 F. Demi pension de 495 F à 1050 F. Etape VRP de 495 F à 1050 F

Tourisme & Gastronomie

 **LOIRET**

CHATEAUNEUF SUR LOIRE (45110) (P5-H5) — LA CAPITAINERIE ★★

A 28 km d'Orléans. - 1 Grande Rue - Tél. : 02 38 58 42 16 - Menus de 125 F à 260 F. Petit déjeuner : 38 F.
11 chambres de 280 F à 404 F

COURTENAY-LES QUATRE CROIX (45320) (P5-H5) — AUBERGE LA CLÉ DES CHAMPS ★★★

A 25 km de Montargis. - Route de Joigny - Tél. : 02 38 97 42 68 - Menus de 120 F à 350 F.
7 chambres de 430 F à 630 F

MONTARGIS (45200) (P5-H5) — HÔTEL DE LA GLOIRE ★★★

74 Avenue du Général de Gaulle - Tél. : 02 38 85 04 69 - Menus de 170 F à 265 F. Menu enfant : 70 F.
10 chambres de 250 F à 350 F

ORLÉANS (45000) (P5-G5) — LES ANTIQUAIRES

2/4 Rue Au Lin - Tél. : 02 38 53 52 35 - Menus de 200 F à 320 F. Menu enfant : 111 F

ORLÉANS (45000) (P5-G5) — HÔTEL DES CÈDRES ★★★

17 Rue du Maréchal Foch - Tél. : 02 38 62 22 92 - 35 chambres de 310 F à 390 F

Charme & Authenticité

LOT

CAHORS (46000) (P8-F10) — HÔTEL TERMINUS RESTAURANT LE BALANDRE ★★★

 Table de prestige

5 Avenue Charles de Freyeinet - Tél. : 05 65 53 32 00 - Menus de 200 F à 450 F. Petit déjeuner : 60 F. 22 chambres de 370 F à 1000 F

CARENNAC (46110) (P8-G9) — AUBERGE DU VIEUX QUERCY ★★

Table de Terroir

D20 , à 20 km au Nord de Rocamadour, 14 km de St Céré - - Jean-François CHAUMEIL - Tél. : 05 65 10 96 59 Fax : 05 65 10 94 05 - vieuxquercy@medianet.fr - www.medianet.fr/vieuxquercy Fermeture : 15/11-15/03 ; lundi hors saison. - Menus de 100 F à 220 F. Menu enfant : 60 F. Petit déjeuner : 45 F. 22 chambres de 280 F à 370 F. Demi pension de 310 F à 370 F. Etape VRP de 310 F à 360 F

Cette auberge authentique et conviviale agrémentée d'un parc verdoyant et de jardins fleuris avec une vue imprenable sur le merveilleux village médiéval de Carennac vous propose une cuisine traditionnelle et régionale de qualité arrosée de vins de Cahors ou de vins des côteaux. Spécialités : pasti quercynois, croustillant de foie gras au miel, chartreuse de confit de canard, magrets, cèpes.
Chambres avec bain ou douche +WC+TV : Toutes. Petit déjeuner buffet.
Terrasse, jardin, parking privé, garage fermé, piscine d'été, salle restaurant de caractère, salle de séminaires, chèques vacances, animaux, accés handicapés restaurant

🇬🇧 This convivial and authentic inn has a green grounds and flowered gardens with a fantastic view on the medieval marvelous village of Carennac, one of the most beautiful village of the region. The restaurant offers a traditional cooking with a remarkable list of wine of Cahors.

🇪🇸 El Auberge du Vieux Quercy, auténtico y convivial, con su parque y jardines floridos ofrece una maravillosa vista de la ciudad medieval de Carennac. El restaurante propone una cocina tradicional y regional rociada con vinos de Cahors o vinos locales.

🇩🇪 Dieses authentische und freundliche Gasthaus mit einem herrlichen Blick auf das wunderschöne mittelalterliche Dorf von Carennac, bietet Ihnen eine traditionelle und regionale Küche mit Weinen aus dem Cahors.

FIGEAC (46100) (P8-G10) — L'HOSTELLERIE DE L'EUROPE LA TABLE DE MARINETTE ★★

Table gastronomiqu

Près de la rivière et du pont Gambetta. 50 km de Cahors.- 51 All Victor Hugo - Michel & Marinette BALDY - Tél. : 05 65 34 10 16 Fax : 05 65 50 04 57 - restaurant.marinette@wanadoo.fr - Fermeture : 5/01-20/01, Samedi et Dimanche du 15/10 au 15/04. - Menus de 78 F à 205F. Menu enfant : 57 F. Petit déjeuner : 42F. 29 chambres de 195 F à 350 F. Demi pension : 330 F. Etape VRP : 330 F

Venez découvrir cette auberge de charme (très belle salle au décor 1930) avec son restaurant gastronomique et sa cuisine du terroir créative et conviviale. Vous y dégusterez des produits fermiers, artisanaux ou labellisés. Spécialités : magret de canard réduction vin de Cahors, foie gras de canard fermier poêlé au safran de Quercy, agnelet du Lot, pastis du Quercy... Vins : AOC Cahors, Gaillac, Bourgogne. Membre Eurotoques.
Chambres avec bain ou douche +WC+TV : Toutes. Petit déjeuner buffet.
Parking privé, garage fermé, piscine d'été, , salle restaurant de caractère, salle de séminaires, chèques vacances, TV satellites, animaux

🇬🇧 Come and appreciate this charming and gastronomic establishment that offers a creative and traditional cooking with products of farm products.

🇪🇸 Venga a descubrir esta encantadora hostelería (bellísima sala decorada como en los años 30) con su restaurante gastronómico y su cocina local, creativa y convivial. Usted podrá saborear los productos de granjas artesanales o de marca.

🇩🇪 Entdecken Sie dieses reizende Gasthaus (sehr schöner Saal mit im Dekor von 1930) mit seinem gastronomischen Restaurant und seiner regionalen Küche, kreativ und freundlich. Sie kosten dort bäuerliche Landprodukte oder mit Gütezeichen versehen.

GOURDON EN QUERCY (46300) (P8-F10) — DOMAINE DU BERTHIOL ★★★

 Table gastronomiqu

Route Départementale 704 - Tél. : 05 65 41 33 33 - Menus de 100 F à 275 F. Menu enfant : 50 F. 29 chambres de 300 F à 450 F

 **LOT**

GRAMAT (46500) (P8-G9) — LE LION D'OR ★★★
Table gastronomique

A 56 km de Cahors ou de Brive. - 8 Place de la République - Tél. : 05 65 38 73 18 - Menus de 130 F à 370 F. Menu enfant : 90 F. Petit déjeuner : 55 F. 15 chambres de 300 F à 470 F. Demi pension de 400 F à 450 F. Etape VRP de 350 F à 400 F. Membre Eurotoques

LACAVE (46200) (P8-G9) — LE PONT DE L'OUYSSE ★★★
Table de prestige

A 10 km de Souillac - Tél. : 05 65 37 87 04 - Menus de 180 F à 600 F. Menu enfant : 80 F. Petit déjeuner : 80 F. 14 chambres de 800 F à 950 F. Demi pension de 800 F à 850 F. Etape VRP de 350 F à 400

MARTEL (46600) (P8-G9) — RELAIS SAINTE ANNE ★★★

A 20 km de Rocamadour. - Rue du Pourtanel - Tél. : 05 65 37 40 56 - 15 chambres de 250 F à 1250 F. Petit déjeuner : 80 F

MERCUÈS (46090) (P8-G10) — CHÂTEAU DE MERCUÈS ★★★★
Table de prestige

A 8 km de Cahors - Tél. : 05 65 20 00 01 - Menus de 280 F à 450 F. Menu enfant : 130 F. 30 chambres de 850 F à 2250 F

ROCAMADOUR (46500) (P8-G9) — BEAU SITE ★★★
Table gastronomique

Cité médiévale. - Martial MENOT - Tél. : 05 65 33 63 08 - Fax : 05 65 33 65 23 - hotel@bw-beausite.com - www.bw-beausite.com - Fermeture : 12/11-08/02 ; Mercredi & Dimanche soir hors sais (rest). - Menus de 115 F à 280 F. Menu enfant : 49 F. 43 chambres de 335 F à 495 F (suite à 650 F)

Etablissement situé au coeur de la Cité Médiévale, pour la visite de la Cité et des Sanctuaires. Le restaurant et la terrasse dominent la Vallée de l'Alzou. 22 chambres sont climatisées. Spécialités : foie gras maison, gigot d'agneau, tourtière au Rocamadour... Chambres avec bain ou douche +WC+TV : Toutes. Parking privé, garage fermé, salle restaurant de caractère, salle de séminaires, chèques vacances, animaux

The Beau Site - Jehan de Valon is situated in the heart of the medieval city and is an ideal place to visit the city and sanctuaries. The restaurant and terrace overlook the Alzou valley. 22 bedrooms have air conditioning.

Este establecimiento se encuentra en el centro de la ciudad medieval, ubicación ideal para visitar la ciudad y los santuarios. El restaurante y la terraza dominan el valle de Alzou. Usted podrá saborear las especialidades de la Casa.

Ein kleines Stück Paradies auf dem kantalischen Vulkan. Den Zauber aus früheren Zeiten, typische Dächer, dicke Mauern und einen großen, gemütlichen Kamin finden Sie in der Auberge des Montagnes.

ST CIRQ LAPOPIE (46330) (P8-G10) — HÔTEL DE LA PELISSARIA ★★★

A 30 km de Cahors - Tél. : 05 65 31 25 14 - 10 chambres de 400 F à 700 F. Petit déjeuner : 50 F

ST MÉDARD - CATUS (46150) (P8-F10) — RESTAURANT LE GINDREAU
Table de prestige

Tél. : 05 65 36 22 27 - Menus de 165 F à 380 F. Prix moyen à la carte : 400 F

LOT

ST PIERRE LAFEUILLE (46090) (P8-G10) LA BERGERIE ★★★

Table gastronomique

A 7 mn nord de Cahors - Route de Brive RN 20 - Tél. : 05 65 36 82 82 - Menus de 100 F à 350 F. Menu enfant : 60 F. Petit déjeuner : 40 F. 10 chambres de 300 F à 500 F. Demi pension de 340 F à 480 F. Etape VRP : 330 F. Membre Eurotoques

 # LOT ET GARONNE

AGEN (47000) (P8-F10) — RESTAURANT MARIOTTAT *Table gastronomique*

Au coeur d'Agen, dans le quartier des Jacobins. - 25 Rue Louis Vivent - Eric & Christiane MARIOTTAT - Tél. : 05 53 77 99 77 Fax : 05 53 77 99 79 - restaurant-mariottat@wanadoo.fr - Fermeture : 1 semaine en février ; samedi midi, dimanche soir et lundi. Menus de 110 F à 310 F. Menu enfant : 75 F

C'est au sein de cette maison bourgeoise du XIXème siècle que Christiane et Eric se font un plaisir de vous recevoir dans ce cadre unique qui allie calme et confort. Un salon privé, ouvert sur un parking clos et paysagé vous accueille pour une réception, un repas ou même un séminaire. Aux beaux jours, les salles à manger climatisées s'ouvrent largement sur une terrasse ombragée et fleurie pour y déguster une cuisine au gré du temps. Spécialités assiette tout canard ; oeuf de poule cassé.
Terrasse, jardin, parking privé, salle restaurant de caractère, salle de séminaires, chèques vacances, climatisation, animaux, accés handicapés

🇬🇧 It is in a bourgeois house of the XIX century that Christiane and Eric will be glad to welcom you in this setting which combines calm and comfort. A private lounge opened on a closed parking welcomes you for receptions, meals or seminaries.

🇪🇸 Es en el seno de esta casa burguesa de siglo XIX que Christiane y Eric tendrán el placer de recibirle, en un ambiente tranquilo y confortable. Un salon privado que da a un aparcamiento de coches, cerrado y decorado con plantas le acoge para una recepción, una comida o para un seminario.

🇩🇪 Christiane und Eric freuen sich darauf, Sie in der einzigartigen Atmosphäre dieses Bourgeoisiehauses zu empfangen, wo Ruhe und Komfort in Einklang gebracht werden. Ein privater Veranstaltungsraum mit angelegter und geschlossener Parklange steht Ihnen für Empfänge, Essen oder Konferenzen zur Verfügung.

AGEN (47000) (P8-F10) — RESTAURANT LE WASHINGTON *Table gastronomique*

7, cours Washington - Tél. : 05 53 48 25 50 - Menus de 115 F à 165 F. Menu enfant : 60 F

AGEN (47000) (P8-F10) — HÔTEL CHÂTEAU DES JACOBINS ★★★★

1 Ter Place des Jacobins - Tél. : 05 53 47 03 31 - 15 chambres de 400 F à 650 F

ASTAFFORT (47220) (P8-F10) — RESTAURANT MICHEL LATRILLE - HÔTEL LE SQUARE ★★★ *Table gastronomique*

A 19 km d'Agen. - 5/7 Place de la Craste - Tél. : 05 53 47 20 40 - Menus de 130 F à 190 F. Menu enfant : 75 F. Petit déjeuner : 50 F. 14 chambres de 310 F à 640 F. Etape VRP : 420 F (sauf juillet / août)

La passion de notre métier

LOT ET GARONNE
.47

CASTELJALOUX (47700) (P8-E10)   LA VIEILLE AUBERGE

Table gastronomique

A 23 km de Marmande. - 11 Rue Posterne - Christian FOURNIER - Tél. : 05 53 93 01 36 - Fax : 05 53 93 18 89
www.casteljaloux.com Fermeture : 1ère semaine vacances de février ; 18/06-4/07 ; 19/11-5/12 ; dimanche soir et mercredi.
Menus de 120 F à 240 F. Menu enfant : 70 F

L'auberge est située dans l'une des plus anciennes rues de Casteljaloux, qui devient en 2002 ville thermale. Vous serez comblés par la qualité de sa cuisine servie par un terroir exceptionnel, des plats fins et généreux vous seront servis dans une élégante salle à manger avec belles poutres et meubles anciens de style. Spécialités : foie frais de canard poêlé aux pommes caramélisées ; crépinettes de lotte aux choux braisés parfumées aux petits lardons ; filet de boeuf aux morilles ; craqueline à la mousse de caramel, lait d'amandes, vanille, crème au café.
Parking privé, salle restaurant de caractère, salle de séminaires, animaux, accés handicapés

🇬🇧 The inn is situated in one of the most ancient street of Casteljaloux, which become in 2002 a spa. You will enjoy the quality of the cooking, fine and generous courses will be served in a refined dining room with beams and ancient furnitures of style.

🇪🇸 Este hostal está en una de las más antiguas calles de Casteljaloux, que será en 2002 ciudad termal. Usted quedará satisfecho con la calidad de su cocina hecha con excelentes productos regionales, platos finos y copiosos servidos en un elegante comedor con vigas y antiguos muebles de estilo.

🇩🇪 Das Gasthaus befindet in einer der ältesten Straßen von Casteljaloux, die 2002 zum Kurort ernannt wird. Genießen Sie die qualitative Küche, mit den besten regionalen Erzeugnissen zubereitet. Die erlesenen und großzügigen Gerichte werden Ihnen in einem eleganten Speisesaal mit Balken und stilvollen Antikmöbeln serviert.

Saveurs & Sites de France

LOT ET GARONNE .47

CASTELJALOUX (47700) (P8-E10)   **CHÂTEAU DE HAUTELANDE** ★★★

A 7 km de Casteljaloux. - Ruffiac - ANTAGNAC - Michel Pierre GOACOLOU - Tél. : 05 53 93 18 63 - Fax : 05 53 89 67 93 - hautelanderuffiac@wanadoo.fr – www.hautelanderuffiac.com Fermeture : 15/12-15/02 ; restaurant fermé le midi. - Menus de 145 F à 225 F. Menu enfant : 60 F. Petit déjeuner : 50 F. 22 chambres de 320 F à 720 F. Demi pension de 445 F à 545 F. Etape VRP de 395 F à 495 F.

Aménagé dans une demeure cléricale du XVIIIème siècle, cet établissement vous propose calme, repos et prestations de qualité. Pour votre plus grand plaisir, vous pourrez apprécier les produits du terroir de la région et pour vos loisirs, piscine et parc sont à votre disposition. Spécialités : foie gras, assiette landaise, gigolette de pintade.

Chambres avec bain ou douche +WC+TV : Toutes.

Terrasse, jardin, parking privé, garage fermé, piscine d'été, , salle restaurant de caractère, salle de séminaires, chèques vacances, TV satellites, Menu Tables & Auberges de France, animaux, accés handicapés

Build in a clerical house of the XVIII century, this establishment offers you calm, rest and provision of quality. For your pleasure, you will enjoy traditional products of the region and for your leasures : swimming-pool and park.

Acondicionado en una morada clerical del siglo XVIII, este establecimiento le propone tranquilidad, descanso y prestaciones de calidad. Usted podrá apreciar los productos de la región y para sus momentos de ocio un parque y una piscina están a su disposición.

Eingerichtet in einem klerikalen Haus aus dem 18. Jh., erwartet Sie hier Ruhe und erstklassiger Service. Erfreuen Sie sich an einer Küche aus regionalen Erzeugnissen. Für Ihr Freizeitangebot stehen ein Schwimmbad und einen Park zu Ihrer Verfügung.

Tourisme & Gastronomie

LOT ET GARONNE

DURAS (47120) (P8-E10) — HOSTELLERIE DES DUCS ★★

A 25 km de Marmande. - Bd Jean Brisseau - Jean-François BLANCHET - Tél. : 05 53 83 74 58 - Fax : 05 53 83 75 03 hostellerie.des.ducs@wanadoo.fr http://www.hostellerieducs-duras.com Fermeture : Samedi midi, dimanche soir et lundi du 1/10 au 30/06. Samedi midi et lundi midi (1/07-30/09) - Menus de 92 F à 310 F. Menu enfant : 60 F. Petit déjeuner : 45 F. 15 chambres de 295 F à 480 F. Demi pension de 335 F à 395 F. Etape VRP de 330 F à 350 F

Situé près du château des Ducs de Duras, cet établissement est un havre de calme avec des chambres accueillantes et une ambiance conviviale. Les extérieurs sont particulièrement agréables avec possibilité de déjeuner et de dîner sur la terrasse. Spécialités : roulade de magret de canard aux poires. Carte exceptionnelle de vins de Duras.
Chambres avec bain ou douche +WC+TV : Toutes. Petit déjeuner buffet. Terrasse, jardin, parking privé, garage fermé, piscine d'été, , salle restaurant de caractère, salle de séminaires, tennis, chèques vacances, TV satellites, animaux, accès handicapés restaurant

Near the Ducs de Duras' castle, this establishment is an haven of peace with welcoming rooms and a convivial atmosphere. The exterior is very pleasant with the possibility to have lunch and dinner on the terrace.

Situado cerca del castillo de los Duques de Duras, este establecimiento es un remanso de paz con acogedoras habitaciones y un ambiente convivial. El exterior es particularmente agradable, con la posibilidad de almorzar y cenar en la terraza. En la cocina, Jean-François Blanchet une maravillosamente los diferentes sabores regionales.

Ganz in der Nähe des Schlosses Ducs de Duras gelegen, ist dieses Hotel ein Zufluchtsort der Ruhe mit einladenen Zimmern und einem geselligen Ambiente. Die Außenanlagen sind besonders angenehm, mit der Möglichkeit, auf der Terrasse zu frühstücken oder zu Abend zu essen. Jean-François Blanchet versteht es aufs Beste, die verschiedenen, regionalen Geschmacksrichtungen zu harmonisieren.

PUYMIROL (47270) (P8-F10) — LES LOGES DE L'AUBERGADE ★★★★

A 15 km d'Agen. - 52 Rue Royale - Tél. : 05 53 95 31 46 - Menus de 200 F à 680 F. Menu enfant : 120 F. 11 chambres de 750 F à 1410 F

SERIGNAC SUR GARONNE (47310) (P8-E10) — LE PRINCE NOIR ★★★

A 12 km d'Agen. - Route de Mont de Marsan - Tél. : 05 53 68 74 30 - Menus de 105 F à 230 F. Menu enfant : 45 F. 23 chambres de 260 F à 550 F

Le Guide des quatre Saisons

LOZÈRE

AUMONT-AUBRAC (48130) (P9-H10) — HÔTEL PROUHÈZE ★★★

Table de prestige

A 10 km de Saint Chely d'Apcher. - 2 Route du Languedoc - Tél. : 04 66 42 80 07 - Menus de 180 F à 560 F.
27 chambres de 270 F à 700 F.

LA MALENE (48210) (P9-H10) — MANOIR DE MONTESQUIOU ★★★

Table gastronomique

D907b Ispagnac/La Malène. A 43 km de Mende. - La Malène - Bernard & Evelyne GUILLENET - Tél. : 04 66 48 51 12
Fax : 04 66 48 50 47 - www.pageszoomcom/manoir-m Fermeture : 1/11-31/03. - Menus de 135 F à 260 F. Menu enfant : 70 F.
Petit déjeuner : 65 F. 12 chambres de 420 F à 820 F. Demi pension de 450 F à 650 F.

Au coeur des Gorges du Tarn, le Château-Hôtel de la Malène vous souhaite la bienvenue. Evelyne et Bernard GUILLENET sont heureux de vous y recevoir et vous proposent de déguster une cuisine de femme ayant pour base les produits du terroir. Spécialités : soupe à la truffe de nos terres, tarte fine aux poires et son confit de figues aux noix, filet de boeuf en croûte d'herbes aux morilles.
Chambres avec bain ou douche +WC+TV : Toutes. Petit déjeuner buffet. Terrasse, jardin, parking privé, salle restaurant de caractère, animaux, accés handicapés restaurant

Mr and Mrs GUILLENET reserve you a cordial reception in their castle of Malène in the heart of the Gorges of the Tarn and will let you savour their cooking made of regional products.
En el corazón de las Gargantas del Tarn, el Castillo-Hotel de la Malène le da la bienvenida. Evelyne y Bernard GUILLENET estarán encantados de recibirle y le propondrán saborear una cocina femenina a base de productos locales.
Mitten in den Schluchten des Tarn heisst Sie das Schlosshotel La Malène herzlich willkommen. Evelyne und Bernard GUILLENET bewirten Sie mit Ihrer Küche aus ländlichen Produkten.

LANGOGNE (48300) (P9-I9) — DOMAINE DE BARRES ★★★

Table gastronomique

Route de Mende - Tél. : 04 66 69 71 00 - Menus de 98 F à 260 F. Menu enfant : 80 F.
20 chambres de 410 F à 520 F

RIEUTORT DE RANDON (48700) (P9-I10) — HÔTEL DU PLATEAU DU ROY ★★

Table de Terroir

A75 sortie 34. Sur RN 106 à 16 km de Mende. - - Edith NOETINGER - Tél. : 04 66 47 39 93 - Fax : 04 66 47 38 11
Fermeture : 15/10-31/03. - Menus de 79 F à 189 F. Menu enfant : 39 F. Petit déjeuner : 35 F.
17 chambres de 250 F à 350 F. Demi pension de 250 F à 350 F. Etape VRP : 280 F

Situé au coeur du Gévaudan, cet établissement vous réserve un accueil chaleureux, une ambiance détendue et une cuisine traditionnelle soignée à base de produits du terroir. Spécialités : tripoux, pansette d'agneau farcie avec du veau, cuisses de grenouilles en persillade.
Chambres avec bain ou douche +WC+TV : Toutes.
Terrasse, jardin, parking privé, salle restaurant de caractère, salle de séminaires, chèques vacances, animaux

Located in the heart of Gévaudan this establishment will reserve you a warm welcome, the ambiance is relaxing and the traditional cooking carefully done with traditional products.
Ubicado en el corazón de Gévaudan, este establecimiento le propone una cálida acogida, un ambiente tranquilo y una esmerada cocina tradicional a base de productos locales.
Im Herzen des Gévaudan, werden Sie in diesem Haus herzlich empfangen in einer entspannten Atmosphäre und einer gepflegten traditionellen Küche aus Landprodukten.

 # LOZERE

ST ALBAN SUR LIMAGNOLE (48120) (P9-I10) — RELAIS SAINT ROCH - LA PETITE MAISON ★★★
Table gastronomique

A 14 km de Saint Chély d'Apcher - Tél. : 04 66 31 55 48 - Menus de 98 F à 298 F. Menu enfant : 78/138 F. 9 chambres de 590 F à 790 F

VIALAS (48220) (P9-I10) — HOSTELLERIE CHANTOISEAU ★★★
Table gastronomique

A 42 km d'Alès. - Route du Haut - Tél. : 04 66 41 00 02 - Menus de 130 F à 480 F. Menu enfant : 60 F. 8 chambres de 400 F à 520 F

Charme & Authenticité

MAINE ET LOIRE

·49

Table de prestige

BRIOLLAY (49125) (P5-E5) — CHÂTEAU DE NOIRIEUX ★ ★ ★ ★

A 15 km d'Angers. - 26 Route du Moulin - Tél. : 02 41 42 50 05 - Menus de 210 F à 495 F. Menu enfant : 135 F. 19 chambres de 750 F à 1750 F

Table gastronomique

CHENEHUTTE TRÈVES CUNAULT (49350) (P5-E6) — CHÂTEAU HÔTEL LE PRIEURÉ ★ ★ ★ ★

Chenehutte - A 7 km de Saumur - Tél. : 02 41 67 90 14 - Menus de 230 F à 425 F. Menu enfant : 125 F. Petit déjeuner : 90 F. 35 chambres de 650 F à 1700 F. Demi pension de 700 F à 1165 F

Table gastronomique

CHOLET (49300) (P4-D6) — RESTAURANT LA TOUCHETIÈRE

41 Rue du Docteur Roux - Jean-Marc TERRIEN & Bruno BOLZER - Tél. : 02 41 62 55 03 - Fax : 02 41 58 82 10
Fermeture : 3 premières semaines d'Août ; samedi midi et dimanche soir. - Menus de 95 F à 295 F. Menu enfant : 70 F

Venez découvrir ce restaurant, situé dans une ferme du XVIème siècle entièrement rénovée aux poutres d'époque et au cadre rustique. Spécialités : poêlée de foie gras chaud aux poires, fondant de saumon au Layon, ris de veau à la normande, dos de bar au beurre blanc, tournedos Rossini.
Terrasse, jardin, parking privé, salle restaurant de caractère, salle de séminaires, chèques vacances, animaux

🇬🇧 This restaurant is situated in a farm of the XVIth century with former beams and rustic setting.

🇪🇸 Venga a descubrir este restaurante acondicionado en una granja del siglo XVI, totalmente renovada con vigas de la época y en un ambiente rústico.

🇩🇪 Entdecken dieses Restaurant auf einem komplet renovierten Bauernhof des 16. Jh. mit Balken und rustikaler Atmosphäre.

SAUMUR (49400) (P5-E6) — HÔTEL ANNE D'ANJOU RESTAURANT LES MENESTRELS ★ ★ ★

Table gastronomique

32 Quai Mayaud - Tél. : 02 41 67 30 30 - Menus de 165 F à 340 F. Menu enfant : 70 F. 45 chambres de 290 F à 790 F

SAUMUR (49400) (P5-E6) — HÔTEL SAINT PIERRE ★ ★ ★

8 Rue Haute Saint Pierre - Tél. : 02 41 50 33 00 - 17 chambres de 450 F à 900 F

MAINE ET LOIRE

Table de Terroir

ST MARTIN DE LA PLACE (49160) (P5-E6)   **LE CHEVAL BLANC ★★**

A 6 km de Saumur. - 2 Rue des Mariniers - Françoise & Christian CORNUBERT - Tél. : 02 41 38 42 96 - Fax : 02 41 38 42 62
Fermeture : 1/01-10/02 ; dimanche soir et lundi hors saison. - Menus de 72 F à 195 F. Menu enfant : 55 F. Petit déjeuner : 32 F.
12 chambres de 230 F à 305 F. Demi pension de 255 F à 280 F. Etape VRP de 300 F à 330 F

A 6 km de l'école d'équitation nationale, cet ancien Relais de chevaux vous accueille dans un cadre rustique et raffiné. Françoise et Christian vous feront découvrir les spécialités des bords de Loire : brochet ou sandre au beurre blanc, foie gras fait par le Chef, magret de cane et sa confiture d'oignons.
Chambres avec bain ou douche +WC+TV : Toutes.
Terrasse, jardin, parking privé, salle restaurant de caractère, salle de séminaires, animaux hôtel, accés handicapés

🇬🇧 From 6 km of the national horse-riding school, this former of stage-coach relay will welcome you in a rustic and refined setting. Françoise and Christian will let you discover specialities from Loire.

🇪🇸 A 6 km de la escuela de equitation nacional, esta antigua Parada de caballos le acoge en un ambiente rústico y refinado. Françoise y Christian le harán descubrir las especialidades de las orillas del Loire.

🇩🇪 6 km von der nationalen Reitschule, empfängt Sie diese alte Pferdestation in einem rustikalen und feinen Rahmen. Françoise und Christian bewirten Sie mit Spezialitäten der Loire.

Saveurs & Sites de France

MANCHE

BRÉE EN TANIS (50170) (P4-D4) — LE SILLON DE BRETAGNE ★★

Table de Terroir

A 4 km de Pontorson, 9 km du Mont Saint Michel. - 14 Rue Nationale - Christiane XERRI - Tél. : 02 33 60 13 04
Fax : 02 33 70 91 75 - Fermeture : 15/11-7/12 ; 15/01-31/01 ; mercredi soir et jeudi hors saison. - Menus de 95 F à 220 F.
Menu enfant : 55 Frs. Petit déjeuner : 45 F. 7 chambres à 250 F. Demi pension : 225 F. Etape VRP : 330 F.

Dans un cadre rustique de style normand vous serez accueilli avec le sourire et vous pourrez déguster les spécialités régionales de la maison à base de produits du terroir. Une grande carte des vins est à votre disposition. Spécialités : plateau des fruits de la mer, marmite d'or du sillon de Bretagne (3 poissons), notre foie gras fait maison.
Chambres avec bain ou douche +WC+TV : Toutes.
Terrasse, jardin, parking privé, salle restaurant de caractère, salle de séminaires, chèques vacances, animaux.

🇬🇧 In a normand style and rustic setting you will be welcome with a smile and you will be able to taste regional specialities made from local products. A list of great wine is at your disposal.

🇪🇸 En un ambiente rústico de estilo normando, una cálida acogida le espera. Usted podrá saborear las especialidades de la casa a base de productos locales. Una extensa lista de vinos queda a vuestra disposición.

🇩🇪 In einem rustikalen Rahmen im normannischen Stil werden Sie mit einem Lächeln empfangen und Sie kosten die regionalen hausgemachten Spezialitäten aus Landprodukten. Es steht Ihnen eine große Weinauswahl zur Verfügung.

BRICQUEBEC (50260) (P4-D3) — HÔTEL DU VIEUX CHÂTEAU ★★★

Table de Terroir

Au Sud de Cherbourg, à 12 km de Valognes. - 4 Cours du Château (intérieur des remparts) - Hubert HARDY - Tél. : 02 33 52 24 49
Fax : 02 33 52 62 71 - hubert.hardy@wanadoo.fr - www.hotelrestvieuxchateau.com - Fermeture : Janvier. - Menus de 85 F à 175 F.
Menu enfant : 50 F. Petit déjeuner : 50 F. 16 chambres de 320 F à 595 F. Demi pension de 320 F à 420 F. Etape VRP de 345 F à 385 F

Au cœur de la Presqu'île du Cotentin, venez découvrir le cadre merveilleux d'un authentique château médiéval entouré de ses remparts avec sa salle de restaurant dite salle des chevaliers avec son armure et ses blasons et ses chambres au confort d'aujourd'hui et au charme d'hier. Spécialités : rognons de veau au cidre, brouillade royale.
Chambres avec bain ou douche +WC+TV : Toutes. Terrasse, jardin, parking privé, garage fermé, salle restaurant de caractère, salle de séminaires, chèques vacances, canal+, animaux, accès handicapés restaurant

🇬🇧 In the heart of Cotentin's peninsula, come to discover the marvelous setting of an authentic medieval castle. You will have a dinner in the room called the knights's room with its blazon and its armour and its bed rooms with today's comfort and yesterday's charm.

🇪🇸 En el corazón de la Peninsula de Cotentin, venga a descubrir el maravilloso ambiente de un auténtico castillo medieval, con su sala de restaurante llamada sala de los caballeros, con sus armaduras, sus blasones y sus habitaciones, con las comodidades de hoy y el encanto de ayer.

🇩🇪 Im Herzen der Halbinsel des Cotentin, entdecken Sie dieses Restaurant in einer echten, mittelalterlichen Burg umgeben von Wällen und einem echten Rittersaal mit Rüstungen und Wappen. Die Zimmer haben den heutigen Komfort und den Scharm von damals.

CHERBOURG (50100) (P4-D2) — LE VAUBAN

Table gastronomique

22 Quai de Caligny - Tél. : 02 33 43 10 11 - Menus de 85 F à 260 F. Menu enfant : 50 F

COURTILS (50220) (P4-D4) — MANOIR DE LA ROCHE TORIN ★★★

Table de Terroir

A 9 km du Mont Saint Michel. - 34 Route de la Roche Torin - Tél. : 02 33 70 96 55 - Menus de 130 F à 320 F. Menu enfant : 65 F.
Petit déjeuner : 67 F. 15 chambres de 480 F à 1200 F. Demi pension de 480 F à 800 F. Etape VRP : 450 F

MANCHE

DUCEY (50220) (P4-D4) — AUBERGE DE LA SÉLUNE ★★

A 10 km d'Avranches. - 2 Rue Saint Germain - Jean-Pierre GIRRES - Tél. : 02 33 48 53 62 - Fax : 02 33 48 90 30 - nfo@selune.com – www.selune.com Fermeture : 21/01-12/02 ; 19/11-15/12 ; Lundi du 1/10 au 31/03. - Menus de 86 F à 210 F. Menu enfant : 62 F. Petit déjeuner : 42 F. 20 chambres de 300 F à 320 F. Demi pension de 320 F à 330 F. Etape VRP à 310 F

Dans un cadre de verdure, au bord de la rivière, venez découvrir cet établissement où le meilleur accueil vous sera réservé. Jean-Pierre GIRRES et son équipe seront heureux de vous faire partager leurs spécialités : pie au crabe, truite soufflée à la ducéenne, rable de lapereau au vinaigre de cidre... Animaux acceptés avec supplément.
Chambres avec bain ou douche +WC+TV : 21 à 26 ; 30.
Terrasse, jardin, parking privé, salle de séminaires, chèques vacances

🇬🇧 In a grennery setting, at the edge of the river, come to discover this establishment that reserves you the best welcome. Jean-Pierre GIRRES and his team will be glad to let you share their specialities. Animals accepted with charge.

🇪🇸 En el verdor de este ambiente, en la orilla del río, venga a descubrir este establecimiento. Jean-Pierre GIRRES y su equipo le brindarán una cálida acogida y le harán compartir sus especialidades. Los animales pagan un suplemento.

🇩🇪 Entdecken Sie dieses Gasthaus im Grünen, am Flußufer gelegen. Jean-Pierre GIRRES und sein Team heissen Sie herzlich willkommen und freuen sich darauf, Sie an ihren Spezialitäten teilhaben zu lassen. Tiere sind mit Aufpreis gestattet.

MONT-ST-MICHEL (50170) (P4-C4) — HÔTEL DE LA DIGUE ★★★

A 2 km du Mont Saint Michel. - Michel et Sylvie BOURDON - Tél. : 02 33 60 14 02 - Fax : 02 33 60 37 59 - hotel-de-la-digue@wanadoo.fr – www.ladigue.fr - Fermeture : 5/11-25/03. - Menus de 92 F à 210 F. Menu enfant : 55 F. Petit déjeuner : 54 F. 36 chambres de 320 F à 470 F

Le Mont Saint Michel est le spectacle permanent offert par l'Hôtel de la Digue, situé à 2 km du mont, juste au départ de la fameuse digue. Entre mer et terre, ce petit hôtel de charme vous présente son restaurant panoramique. Spécialités : carré d'agneau de pré salé, gratinée de pommes au calvados, poêlée de sardines fraîches aux pommes.
Chambres avec bain ou douche +WC+TV : Toutes. Petit déjeuner buffet. Terrasse, parking privé, salle restaurant de caractère, chèques vacances, TV satellites, animaux restaurant

🇬🇧 The Mont Saint Michel is a constant show that is offered to you by the Hôtel de la Digue. Located from 2 km from the mount, just at the beginning of the dike, between mountain and sea, this little charming hotel presents it restaurant with a panoramic view.

🇪🇸 El Hôtel de la Digue le ofrece un espectáculo permanente, Le Mont Saint Michel. Situado a 2 km del monte, al comienzo del famoso dique, entre mar y tierra, este pequeño y encantador hotel, le hará conocer su restaurante panorámico.

🇩🇪 Den immerwährenden Anblick, den Ihnen das Hotel de la Digue bietet, ist der Mont Saint Michel, nur 2 km weit entfernt, gleich am Anfang des berühmten Deichs. Zwischen Meer und Bergen, präsentiert Ihnen dieses kleine Hôtel de Charme ein Restaurant mit Rundblick.

PONTORSON (50170) (P4-D4) — LE BRETAGNE ★★

A 8 km du Mont Saint Michel. - 59 Rue Couesnon - Tél. : 02 33 60 10 55 - Menus de 89 F à 280 F. Menu enfant : 50 F. 15 chambres de 250 F à 380 F

MANCHE

ST HILAIRE DU HARCOUET (50600) (P4-D4) LE CYGNE ET RÉSIDENCE ★★★

Table de Terroir

A 22 km d'Avranches. - 99 Rue W. Rousseau - Hervé LEFAUDEUX - Tél. : 02 33 49 11 84 - Fax : 02 33 49 53 70 hotel.le.cygne@wanadoo.fr - www.hotellecygne.com Fermeture : 3/01-24/01. - Menus de 110 F à 400 F. Menu enfant : 50 F. Petit déjeuner : 42 F. 30 chambres de 310 F à 400 F. Demi pension de 295 F à 350 F. Etape VRP de 300 F à 320 F

Dans un cadre de verdure, en centre ville, au bord de la piscine, nous vous ferons découvrir une cuisine normande où le poisson est à l'honneur. Spécialités : chausson de homard et saint jacques au foie gras, homard au pommeau, saint pierre rôti aux épices douces.
Chambres avec bain ou douche +WC+TV : Toutes. Petit déjeuner buffet
Terrasse, jardin, parking privé, garage fermé, piscine d'été, salle de séminaires, chèques vacances, canal+, ascenseur, animaux, accès handicapés

🇬🇧 In a green setting, in the town centre, on the edge of the swimming pool, we will let you discover a Normand cooking made with fish.

🇪🇸 En un marco de follaje, en el centro de la ciudad, al borde de la piscina, le haremos descubrir una cocina normanda en la cual el pescado ocupa un sitio de honor.

🇩🇪 Kosten Sie die normannische Küche dieses Hauses im Grünen, im Stadtzentrum, am Schwimmbad, das auf Fisch spezialisiert ist.

ST QUENTIN SUR LE HOMME (50220) (P4-D4) LE GUÉ DU HOLME ★★★

Table gastronomique

A 5 km d'Avranches. - 14 Rue des Estuaires - Tél. : 02 33 60 63 76 - Menus de 150 F à 390 F. Menu enfant : 80 F.
10 chambres de 400 F à 500 F

ST VAAST LA HOUGUE (50550) (P4-D2) LA GRANITIÈRE ★★★

Table gastronomique

A 18 km de Valognes et 30 km de Cherbourg. - 74 Rue du Maréchal Foch - Tél. : 02 33 54 58 99 - Menus de 90 F à 230 F.
Menu enfant : 65 F. 10 chambres de 185 F à 760 F

ST VAAST LA HOUGUE (50550) (P4-D2) RESTAURANT DES FUCHSIAS & HÔTEL DE FRANCE ★★

Table gastronomique

30 km Est Cherbourg D901+D355+D26 - 20 Rue Maréchal Foch - Jean-Pierre BRIX - Tél. : 02 33 54 42 26 - Fax : 02 33 43 46 79
france-fuchsias@wanadoo.fr - www.perso.wanadoo.fr/france-fuchsias/site Fermeture : Janvier et février ; lundi hors saison (sauf vacances). - Menus de 88 F à 320 F. Menu enfant : 60 F. Petit déjeuner : 45 F. 33 chambres de 168 F à 470 F. Demi pension de 290 F à 385 F. Etape VRP de 328 F à 350 F

A une encablure du port de pêche et de plaisance, l'établissement plus que centenaire, situé en plein cœur de la ville est un véritable havre de verdure (parc privé clos, végétation subtropicale due à la douceur du climat). Produits du terroir, directement issus de la ferme familiale et de la mer. Spécialités : huîtres chaudes de saint vaast au beurre rouge, feuilleté de pommes tièdes à la crème de Calvados. Vins : Calvados.
Chambres avec bain ou douche +WC+TV Toutes sauf 2-12-16. Petit déjeuner buffet Terrasse, jardin, salle restaurant de caractère, salle de séminaires, chèques vacances, climatisation, TV satellites, animaux, accès handicapés restaurant

🇬🇧 Situated in the heart of the town and close by the harbour, this establishment is a haven of peace (with private park). Traditional products that come from the familial's farm and from the sea.

🇪🇸 En las cercanías del puerto de pesca y de recreo, este establecimiento más que centenario, ubicado en el corazón de la ciudad es un verdadero remanso de verdor (parque privado, cercado, vegetación subtropical gracias al clima benigno). Productos locales salidos directamente de la granja familiar y del mar.

🇩🇪 Unweit vom Fischereihafen, im Herzen der Stadt, ist dieses Hotel ein wahrer Zufluchtsort inmitten von Pflanzen (geschlossener Privatpark, subtropische Vegetation wegen des milden Klimas). Lokale Erzeugnisse, direkt vom Familienbauernhof oder aus dem Meer.

# MARNE

BERGERES LES VERTUS (51130) (P6-I3) — HOSTELLERIE DU MONT AIMÉ ★★★
Table gastronomique

A 20 km d'Epernay. - 4/6 Rue de Vertus - Tél. : 03 26 52 21 31 - Menus de 120 F à 360 F. Menu enfant : 60 F. 30 chambres de 350 F à 430 F

CHALONS EN CHAMPAGNE (51000) (P6-I3) — HÔTEL D'ANGLETERRE ★★★
Table de prestige

19 Place Montseigneur Tissier - Tél. : 03 26 68 21 51 - Menus de 180 F à 500 F. Menu enfant : 100 F. 18 chambres de 400 F à 700 F

EPERNAY (51200) (P6-I3) — LES BERCEAUX ★★★
Table de prestige

13 Rue des Berceaux - Tél. : 03 26 55 28 84 - Menus de 140 F à 330 F. Menu enfant : 80 F. 29 chambres de 390 F à 500 F

L'ÉPINE (51460) (P6-J3) — AUX ARMES DE CHAMPAGNE ★★★★
Table de prestige

A 10 km de Châlons en Champagne. - 31 Avenue du Luxembourg - Tél. : 03 26 69 30 30 - Menus de 240 F à 525 F. Menu enfant : 110 F. 37 chambres de 600 F à 880 F

MONTCHENOT (51500) (P6-I3) — AUBERGE DU GRAND CERF
Table gastronomique

A 10 km de Reims. - 50 Route nationale - Tél. : 03 26 97 60 07 - Menus de 185 F à 470 F. Menu enfant : 80 F

REIMS (51100) (P6-I3) — VONELLY-GAMBETTA ★★
Table gastronomique

A4 sortie Reims cathédrale. - 13 Rue Gambetta - Maddalena & Eric ARNAUD - Tél. : 03 26 47 22 00 - Fax : 03 26 47 22 43 ericarnaud@wanadoo.fr - www.surf-en-ville.com/vonelly Fermeture : Dimanche soir et lundi. - Menus de 115 F à 295 F. Menu enfant : 60 F. Petit déjeuner : 30 F. 14 chambres de 190 F à 290 F. Demi pension : 330 F

A 5 mn du centre ville et de la cathédrale, dans une ambiance à la fois conviviale et intime, venez découvrir cette étape gourmande et savourer une cuisine d'autrefois, élaborée à base de produits frais. Chef de cuisine : Eric ARNAUD. Vins de toutes régions avec un accent sur la Champagne.
Chambres avec bain ou douche +WC+TV : 1-2-3-5-7-8-10-11-12-14-16-17.
Terrasse, parking privé, chèques vacances, animaux

🇬🇧 Come and taste the cooking of the past made of fresh products in a pleasant and cordial atmosphere.

🇪🇸 A 5 min. del centro de la ciudad y de la catedral, en un ambiente a la vez convivial e íntimo, venga a saborear una cocina de antaño, elaborada con productos frescos. El jefe de cocina : Eric ARNAUD, le hará descubrir sus especialidades. Vinos de todas regiones con una inclinación por la Champaña.

🇩🇪 5 Min. vom Stadtzentrum und der Kathedrale, in einer herzlichen und freundlichen Atmosphäre, genießen Sie die hausgemachte Küche aus früheren Zeiten, nur mit Frischprodukten zubereitet.

HAUTE MARNE

ARC EN BARROIS (52210) (P6-J5) — HÔTEL DU PARC ★★
Table gastronomique

A 25 km de Chaumont. - Place Moreau - Tél. : 03 25 02 53 07 - Menus de 100 F à 250 F. Menu enfant : 50 F. Petit déjeuner : 45 F. 16 chambres de 300 F à 350 F. Demi pension de 290 F à 380 F. Etape VRP : 350 F

BOURBONNE LES BAINS (52400) (P6-K5) — RESTAURANT LES ARMOISES HÔTEL JEANNE D'ARC ★★★
Table de Terroir

Au sud de Vittel. A 40 km de Langres. - 12 Rue Amiral Pierre - Philippe BOULAND - Tél. : 03 25 90 46 00 - Fax : 03 25 88 78 71 - hoteljda@free.fr - Fermeture : 27/10-15/03. - Menus de 98 F à 220 F. Menu enfant : 65 F. Petit déjeuner : 45 F. 29 chambres de 250 F à 650 F (suite). Demi pension de 310 F à 520 F. Etape VRP de 320 F à 370 F

Venez découvrir cet établissement à caractère familial où bien être et convivialité sont les règles de la maison depuis 3 générations. Le restaurant vous assure une cuisine légère et raffinée sans oublier la carte des desserts. Spécialités : émincé de boeuf au fromage de Langres, blanc de volaille au vin jaune et morilles, fricassée d'escargots au vin de Coiffy, pannequet glacé aux griottes.
Chambres avec bain ou douche +WC+TV : Toutes. Petit déjeuner buffet
Terrasse, jardin, parking privé, garage fermé, piscine d'été, salle restaurant de caractère, chèques vacances, ascenseur, TV satellites, animaux, accès handicapés restaurant

🇬🇧 Come and appreciate this family establishment of character that has been run by the same family for 3 generations. You will be offered light and refined cooking and a large choice of desserts.

🇪🇸 Venga a descubrir este establecimiento familiar donde bienestar y convivialidad son las reglas de la casa desde hace 3 generaciones. El restaurante le propone una cocina liviana y fina, sin olvidar la carta de postres.

🇩🇪 Entdecken Sie dieses Haus in familiärem Stil, wo Wohlbefinden und Freundlichkeit Grundregeln seit 3 Generationen sind. Das Restaurant verspricht eine leichte, feine Küche, wobei die Nachtische nicht zu vergessen sind.

CHAUMONT (52000) (P6-J5) — HÔTEL DE FRANCE ★★★
Table de Terroir

25 Rue Toupot - Tél. : 03 25 03 01 11 - Menus de 120 F à 195 F. Menu enfant : 60 F. Petit déjeuner : 55 F. 20 chambres de 450 F à 740 F. Demi pension de 315 F à 430 F. Etape VRP : 495 F

COLOMBEY LES DEUX EGLISES (52330) (P6-J4) — LES DHUITS ★★★

Table de Terroir

A 25 km de Chaumont - Tél. : 03 25 01 50 10 - Menus de 88 F à 170 F. Menu enfant : 60 F. Petit déjeuner : 42 F. 40 chambres de 260 F à 450 F. Etape VRP : 345 F

LANGRES (52200) (P6-J5) — HÔTEL LE CHEVAL BLANC ★★★
Table gastronomique

4 Rue de l'Estres - Tél. : 03 25 87 07 00 - Menus de 145 F à 380 F. Menu enfant : 65 F. Petit déjeuner : 48 F. 22 chambres de 340 F à 480 F. Demi pension de 750 F à 1200 F. Etape VRP de 400 F à 460 F

NOGENT (52800) (P6-J5) — HÔTEL DU COMMERCE ★★

Table de Terroir

A 25 km de Chaumont et Langres. - Place Charles de Gaulle - Tél. : 03 25 31 81 14 - Menus de 98 F à 158 F. Menu enfant : 60 F. 19 chambres de 175 F à 280 F

PERTHES (52100) (P6-J4) — LA CIGOGNE GOURMANDE
Table gastronomique

A 10 km de Saint Dizier. - 46 Rue de l'Europe - Tél. : 03 25 56 40 29 - Menus de 80 F à 450 F. Menu enfant : 60 F. Petit déjeuner : 40 F. 6 chambres de 185 F à 275 F. Etape VRP : 268 F

 # MAYENNE

CHATEAU-GONTIER (53200) (P4-D5) — LE JARDIN DES ARTS ★ ★ ★

5 Rue Abel Cahour - Tél. : 02 43 70 12 12 - Menus de 125 F à 330 F.
20 chambres de 330 F à 560 F

SAULGES (53340) (P5-E5) — L'ERMITAGE ★ ★ ★

A 19 km de Sablé sur Sarthe et 30 km de Laval. - 3 Place Saint Pierre - Famille JANVIER & Henri SEVESTRE - Tél. : 02 43 64 66 00
Fax : 02 43 64 66 20 - ermitage.saulges@dial.oleane.com - www.hotel-ermitage.fr Fermeture : 1 semaine en novembre ; 1/02-28/02 ; dimanche soir et lundi du 30/09 au 15/04.
Menus de 115 F à 280 F. Menu enfant : 70 F. Petit déjeuner : 55 F. 36 chambres de 340 F à 560 F. Demi pension de 350 F à 470 F. Etape VRP de 380 F à 440 F

Au coeur de la campagne mayennaise, l'Ermitage est une belle demeure toute fleurie qui abrite bien-être et gourmandise pour le bonheur de vos week-end, de vos vacances ou de vos séminaires. Pour vos loisirs : sauna, bronzarium, snooker, mini-golf, ping-pong. Spécialités : filet de sandre tomate confite au basilic, comté du Maine et son coulis d'orange, rognonnade de lapereau au pommeau du Maine et sa timbale d'épeautre.
Chambres avec bain ou douche +WC+TV : Toutes. Petit déjeuner buffet.
Terrasse, jardin, parking privé, garage fermé, piscine d'été, piscine d'hiver, salle de séminaires, tennis, chèques vacances, climatisation, TV satellites, animaux, accés handicapés

🇬🇧 In the heart of the Mayennaise country, l'Ermitage is a beautiful house where you will be welcomed in a quiet and pleasant atmosphere for your week-ends, vacations or meetings.

🇪🇸 En el campo, l'Ermitage es una bella morada florida que brinda bienestar y glotonería para pasar agradables fines de semana, vacaciones o seminarios. Para sus momentos de ocio : sauna, un lugar para broncearse, mini-golf, ping-pong...

🇩🇪 Im Herzen der mayennaisischen Landschaft ist l'Ermitage ein schönes und blumengeschmücktes Haus, das Wohlbefinden und Gourmetküche großschreibt, und damit für Ihr Glück an Wochenenden, in Ihren Ferien oder auf Ihren Seminaren sorgt.

Le Goût de l'Authenticité

 **MEURTHE ET MOSELLE**

NANCY (54000) (P6-K4) — **GRAND HÔTEL DE LA REINE ★★★★** Table de prestige

2 Place Stanislas - Tél. : 03 83 35 03 01 - Menus de 180 F à 400 F. Menu enfant : 80 F.
48 chambres de 830 F à 2200 F

NANCY (54000) (P6-K4) — **LE CAPUCIN GOURMAND** Table gastronomique

31, rue Gambetta - Tél. : 03 83 35 26 98 - Menus de 140 F à 250 F

NANCY (54000) (P6-K4) — **HÔTEL DE GUISE ★★**

18 Rue de Guise - Tél. : 03 83 32 24 68 - 47 chambres de 250 F à 450 F. Petit déjeuner : 37 F

NEUVES MAISONS (54230) (P6-K4) — **RESTAURANT L'UNION** Table gastronomique

A 15 km de Nancy. - 1 Rue Aristide Briand - Tél. : 03 83 47 30 46 - Menus de 90 F à 198 F. Menu enfant : 60 F

TOUL (54200) (P6-K4) — **LE DAUPHIN** Table de prestige

Route de Villey Saint Etienne - Tél. : 03 83 43 13 46 - Menus de 189 F à 450 F. Menu enfant : 80 F

Tourisme & Gastronomie

MEUSE 55

CHAUMONT SUR AIRE (55260) (P6-J3) — L'AUBERGE DU MOULIN HAUT

A 27 km de Bar le Duc. Au Sud de Verdun. - Route de Saint Mihiel - Marc IMBACH - Tél. : 03 29 70 66 46 - Fax : 03 29 70 60 75 DOMAINE.MOULINHAUT@wanadoo.fr - http://perso.wanadoo.fr/domaine.moulinhaut/ Fermeture : 15/01-15/02 ; dimanche soir et lundi. Menus de 150 F à 300 F. Menu enfant : 50 F. Petit déjeuner : 35 F. 2 chambres à 300 F

Table gastronomique

Auberge de charme dans le cadre d'un moulin du XVIIIème siècle sur un parc de 3 hectares. Site idéal pour la pêche (rivière à truite et étang sur la propriété). Spécialités : escalopes de foie gras frais de Meuse poêlé aux mirabelles, blanquette d'escargots sauvages et cèpes d'Argonne en brioche tiède, matelote de poissons d'eau douce et d'écrevisses de la rivière.
Chambres avec bain ou douche +WC+TV : Toutes.
Terrasse, jardin, parking privé, salle restaurant de caractère, salle de séminaires, chèques vacances, animaux, accès handicapés

🇬🇧 Charming inn and former windmill of the XVIIIth century in tits own grounds. Ideal site for fishing (river of trouts).

🇪🇸 Molino del siglo XVIII transformado en encantador hostal, rodeado de un parque de 3 hectáreas. Lugar ideal para la pesca (río de truchas y estanque en la propiedad). Usted podrá saborear las especialidades de la casa.

🇩🇪 Zauberhaftes Gasthaus in einer Mühle aus dem 18. Jh. mitten in einem 3ha großen Park.

DIEUE SUR MEUSE (55320) (P6-J3) — HOSTELLERIE DU CHÂTEAU DES MONTHAIRONS ★★★

Table de prestige

A 12 km de Verdun. - Famille THOUVENIN - Tél. : 03 29 87 78 55 - Fax : 03 29 87 73 49 - chateau-des-monthairons@wanadoo.fr www.chateaudesmonthairons.fr Fermeture : 1/01-9/02 ; lundi midi, mardi midi et mercredi midi (restaurant). - Menus de 130 F à 460 F. Menu enfant : 80 F. Petit déjeuner : 75 F. 24 chambres dont 8 appartements de 540 F à 1200 F. Demi pension de 450 F à 750 F. Etape VRP de 475 F à 575 F.

Offrez vous une étape d'exception parce que l'art de recevoir est avant tout notre passion. Ce très beau château du XIXème siècle vous offre un havre de calme, avec un vaste parc d'agrément de 14 ha, bordé en partie par la Meuse, une plage privée sur le Meuse, VTT, canoë-kayak, forfait équitation, pêche. Spécialités : mille feuilles de foie gras et jambon de sanglier, aile de pigeonneau de pays et son soufflé à la truffe de Meuse.
Chambres avec bain ou douche +WC+TV : Toutes. Terrasse, jardin, parking privé, garage fermé, salle restaurant de caractère, salle de séminaires, chèques vacances, ascenseur, TV satellites, animaux, accès handicapés

🇬🇧 Offer yourself an exceptionnal stop because the art of welcome is first of all our passion. This beautiful castle of the XIX century offers you an haven of calm, with a large park of 14 ha, bordered by the Meuse, private beach, VTT, canoë, fishing...

🇪🇸 Una etapa excepcional, pues nuestra pasión es el arte de recibir. En un remanso de paz, este bellísimo castillo del siglo XIX con su extenso parque de 14 ha. le ofrece una playa privada a orillas del Meuse, BTT, canoa kayak, equitación (precio global), pesca.

🇩🇪 Gönnen Sie sich einen außergewöhnlichen Aufenthalt, denn wir verstehen es aufs Beste, Sie zu empfangen. Dieses schöne Château aus dem 19. Jh. ist ein Zufluchtsort der Ruhe mit einer riesigen Parkanlage von 14 ha , teilweise von der Meuse umsäumt, privater Strand, Mountainbike, Kanu, Kajak, Reiten, Angeln.

# MEUSE

MONTMEDY (55600) (P6-J3) — LE MÂDY ★★

Au Nord de Verdun (45 km). D905/N43 - 8 place Raymond Poincaré - Laurent NOËL - Tél. : 03 29 80 10 87
Fax : 03 29 80 02 40 - noel.l@wanadoo.fr - www.lemady.com Fermeture : Dimanche soir et lundi sauf groupes. - Menus de 80 F à 200 F.
Menu enfant : 55 F. Petit déjeuner : 35 F.11 chambres de 250 F à 300 F. Demi pension de 225 F à 315 F. Etape VRP : 300 F

Dans un cadre chaleureux et convivial, Laurent NOËL et son équipe sauront vous régaler de leurs spécialités maison : truites du vivier à la montmédienne, tête de veau à la vinaigrette... Salle fleurie toute l'année et décorée avec exposition de peintures et dessins de personnes locales.
Chambres avec bain ou douche +WC+TV : Toutes.
Terrasse, parking privé, garage fermé, salle restaurant de caractère, salle de séminaires, chèques vacances, animaux, accès handicapés restaurant

🇬🇧 In a warm and convivial setting, Laurent NOEL and his team will let you appreciate their home-made specialities.

🇪🇸 En un ambiente cálido y convivial, Laurent NOEL y su equipo le propondrán sus especialidades caseras, con las cuales usted podrá regalarse. Sala florida durante todo el año con exposiciones de pinturas y dibujos de gente del lugar.

🇩🇪 In einem gemütlichen und freundlichen Rahmen, verwöhnen Sie Laurent NOEL und sein Team mit ihren Spezialitäten. Das ganze Jahr erwartet Sie ein blühender Saal mit Ausstellungen von lokalen Bildern und Zeichnungen.

Le Guide des quatre Saisons

# MORBIHAN

BADEN (56870) (P4-B5) — LE GAVRINIS ★★★ Table gastronomique

Toulbroch - A 10 km de Vannes et d'Auray - Tél. : 02 97 57 00 82 - Menus de 117 F à 375 F. Menu enfant : 71 F. Petit déjeuner : 48 F. 18 chambres de 304 F à 475 F. Demi pension de 330 F à 425 F. Etape VRP : 390 F.

CARNAC (56340) (P4-B5) — RESTAURANT LA CÔTE Table gastronomique

Kermario - A 30 km de Vannes - Tél. : 02 97 52 02 80 - Menus de 120 F à 270 F. Menu enfant : 50 F

HENNEBONT (56700) (P4-B5) — CHÂTEAU DE LOCGUÉNOLÉ ★★★★ Table de prestige

Entre Hennebon (5 km) et Port Louis. - Route de Port Louis - Tél. : 02 97 76 76 76 - Menus de 190 F à 540 F. Menu enfant : 120 F. 22 chambres de 680 F à 1650 F

ILE DE GROIX (56590) (P4-B5) — HÔTEL DE LA MARINE ★★

Au large de Lorient (45 mn de bateau). - 7 Rue du Général de Gaulle - Anne-Marie HUBERT - Tél. : 02 97 86 80 05 Fax : 02 97 86 56 37 - hotel.dela.marine@wanadoo.fr - www.hoteldelamarine.com Fermeture : Janvier, dimanche soir et lundi hors saison et hors vacances scolaires. - Menus de 82 F à 180 F. Menu enfant : 50 F. Petit déjeuner : 48 F. 22 chambres de 197 F à 470 F. Demi pension de 249 F à 372 F

Au cœur de l'ile de Groix, à mi chemin de la côte sauvage et de la seule plage convexe d'europe (véritable paradis pour les randonneurs et amateurs de pêche), cette maison bourgeoise aux meubles anciens vous propose des chambres claires au confort moderne, un bar à l'ambiance marine et un restaurant de caractère avec des recettes venues de la mer. La fraîcheur des poissons et des crustacés se dispute avec l'originalité et le raffinement de leur préparation. Spécialités : brochette de lotte, parmentier de morue et haricots blancs. Terrasse, jardin, salle restaurant de caractère, salle de séminaires, chèques vacances, petit déjeuner buffet, animaux

🇬🇧 In the heart of the island of Groix, between the wild coast and the unic convex beach of Europ (real paradise for walkers and fishers) this family residence with old furniture is offering bright bedrooms and modern comfort. A bar with marien decoration and a restaurant of character with food recipes.

🇪🇸 En el corazón de la isla de Groix, a medio camino de la costa salvaje y de la sola playa convexa de europa (verdadero paraíso para los excursionistas y aficionados a la pezca), se encuentra esta casa burguesa amueblada a la anciana que propone habitaciones luminosas y confortables, un bar con ambiente marino y un típico restaurante con recetas venidas del mar. El frescor de los pescados y crustáceos rivaliza con la originalidad y el refinamiento de su preparación.

🇩🇪 Mitten auf der Insel Groix bietet Ihnen dieses Bürgerhaus, im alten Stil möbliert, helle Zimmer mit modernem Komfort, eine Bar mit Schiffsatmosphäre und ein charaktervolles Restaurant mit Rezepten vom Meer. Die Frische des Fischs und der Schaltentiere konkurrieren mit der Originalität und Feinheit der Zubereitung.

Charme & Authenticité

 **MORBIHAN**

ILE DE GROIX (56590) (P4-B5)   TY MAD ★★

Au large de Lorient (14 km). - Port Tudy - Juliette PUILLON - Tél. : 02 97 86 80 19 - Fax : 02 97 86 50 79
Fermeture : 1/01-31/01. - Menus de 85 F à 200 F. Menu enfant : 55 F. Petit déjeuner : 40 F.
32 chambres de 270 F à 400 F. Demi pension de 260 F à 350 F

Une île tonique entre le ciel et la mer où il fait bon vivre l'hospitalité légendaire bretonne. Avec sa cuisine de la mer, le Ty Mad vous attend sur le port. Cette confortable demeure conviviale vous propose de passer d'agréables soirées au bord de la piscine entre le calme et ce plaisir extrême de ne plus savoir l'heure... le temps qui passe. Spécialités : fruits de mer, poissons, homard breton grillé.
Chambres avec bain ou douche +WC+TV : Toutes.
Terrasse, jardin, parking privé, piscine d'été, , salle restaurant de caractère, salle de séminaires, chèques vacances, canal+, TV satellites

🇬🇧 A tonic island between sky and sea where it is pleasant to feel the legendary breton hospitality. With its cooking from the sea, the Ty Mad is waiting for you on the harbour.
🇪🇸 Una isla tónica entre el cielo y el mar donde es bueno conocer la legendaria hospitalidad bretona. Con su cocina del mar, el Ty Mad le espera en el puerto.
🇩🇪 Eine lebendige Insel zwischen Himmel und Meer, wo man die legendäre bretonnische Gastfreundschaft erlebt. Mit seiner Meeresküche erwartet Sie Ty Mad am Hafen.

ST AVÉ (56890) (P4-B5)   LE PRESSOIR

A 4 km de Vannes. - 7 Rue de l'Hôpital - Tél. : 02 97 60 87 63 - Menus de 180 F à 470 F. Menu enfant : 100 F

VANNES (56000) (P4-B5)   RESTAURANT RÉGIS MAHÉ LE RICHEMONT

Place de la Gare - Tél. : 02 97 42 61 41 - Menus de 165 F à 380 F. Menu enfant : 120 F.

Saveurs & Sites de France

MOSELLE 57

FEY (57420) (P6-K3) — LES TUILERIES ★★

Table gastronomique

Au coeur de la Lorraine, entre Metz (12 km) et Nancy. - Route de Cuvry - M. VADALAD - Tél. : 03 87 52 03 03
Fax : 03 87 52 84 24 - lestuileries@wanadoo.fr - www.hotel-lestuileries.fr Fermeture : Dimanche soir (restaurant). - Menus de 120 F à 300 F.
Menu enfant : 70 F. Petit déjeuner : 47 F. 41 chambres de 330 F à 350 F. Demi pension : de 400 F à 460 F. Etape VRP : 395 F

Dans un cadre des plus agréables avec vue sur le parc, un accueil chaleureux vous sera réservé.
Spécialités : aumônière de chairs de grenouilles aux morilles et moules poulette, pétales de ris de veau rôties au beurre de thym et réglisse.
Chambres avec bain ou douche +WC+TV : Toutes. Petit déjeuner buffet
Terrasse, jardin, parking privé, salle de séminaires, chèques vacances, canal+, ascenseur, animaux, accès handicapés

🇬🇧 In a charming environment with views of a park, you will be warmly welcomed.
🇪🇸 En un agradable lugar con vista al parque, una cálida acogida le espera. Usted podrá saborear las especialidades de la casa.
🇩🇪 In einem äußerst angenehmen Rahmen mit Blick auf den Park erwartet Sie ein herzlicher Empfang.

GORZE (57680) (P6-K3) — HOSTELLERIE DU LION D'OR ★★

Table gastronomique

Au sein du Parc Régional de Lorraine. A 15 km de Metz. - 105 Rue du Commerce - Lucien ERMAN - Tél. : 03 87 52 00 90
Fax : 03 87 52 09 62 - Fermeture : Dimanche soir et lundi. - Menus de 100 F à 360 F. Menu enfant : 60 F. Petit déjeuner : 45 F.
16 chambres de 200 F à 360 F. Demi pension de 350 F à 400 F. Etape VRP de 350 F à 400 F

Les menus de l'Hostellerie du Lion d'Or mettent l'accent sur les produits frais et les spécialités du terroir lorrain. Sa carte se distingue en particulier par des plats réputés et une cave riche en crus de célèbre lignée. Spécialités : filet de truites aux queues d'écrevisses, grenouilles fraîches, gibier en saison. Vins : Côtes de Meuse, Côtes de Toul.
Chambres avec bain ou douche +WC+TV : Toutes. Terrasse, jardin, salle restaurant de caractère, salle de séminaires, chèques vacances, animaux, accès handicapés restaurant

🇬🇧 Menus in Hostellerie du Lion d'Or are especially made from fresh products of the market and traditional cooking. You will be able to taste well known recipes and appreciate the complete wine list.
🇪🇸 Los menús de la Hostellerie del Lion d'Or hacen hincapié en los productos frescos y las especialidades lorenesas. Su carta se distingue sobre todo por sus platos famosos y por una estupenda bodega proveniente de célebres viñedos.
🇩🇪 Die Menüs der Hostellerie du Lion d'Or heben besonders Frischprodukte und die ländlichen Spezialitäten der Lorraine hervor. Die Speisekarte zeichnet sich vor allem durch bekannte Gerichte und erlesene Weine aus.

La passion de notre métier

MOSELLE 57

LANGUIMBERG (57810) (P6-L4) — RESTAURANT CHEZ MICHÈLE
Table gastronomique

A 18 km de Sarrebourg. - Rue Principale - Serge & Michèle POIRÉ - Tél. : 03 87 03 92 25 - Fax : 03 87 03 93 47
Fermeture : 21/12-7/01 ; mardi et mercredi. - Menus de 110 F à 350 F. Menu enfant : 60 F

Cet ancien café de village est devenu une agréable petite auberge au cachet rustique. Une seconde salle de restaurant a été aménagée sous une vaste véranda. Terrasse couverte et chauffée en hiver. Spécialités : poissons, gibier en saison.
Terrasse, salle restaurant de caractère, salle de séminaires, animaux

🇬🇧 This former village café is now a pleasant inn of rustic style. A second restaurant has been installed under a wide veranda. Covered and heated terrace in winter.

🇪🇸 Este antiguo café de pueblo, se ha convertido en una agradable y rústica posada. Una segunda sala de restaurante ha sido acondicionada en una amplia veranda. Terraza cubierta y calefacción en invierno.

🇩🇪 Dieses ehemalige Dorfcafé ist heute eine kleine, angenehme Gaststätte mit schlichtem Charakter. Unter einer großen Veranda wurde ein zweiter Speisesaal eingerichtet. Überdachte, beheizte Terrasse im Winter.

METZ (57000) (P6-K3) — RESTAURANT A LA VILLE DE LYON
Table gastronomique

A 300 m de la cathédrale. - 7 Rue des Piques - Michel VAUR - Tél. : 03 87 36 07 01 - Fax : 03 87 74 47 17
Fermeture : 23/07-20/08 ; dimanche soir ; lundi. - Menus de 115 F à 300 F. Menu enfant : 45 F

Michel VAUR vous réservera le meilleur accueil et vous fera partager sa cuisine traditionnelle. Spécialités : empereur en croûte de comté, pigeonneau au vin de Bordeaux, gibier en saison, soufflé glacé à la mirabelle.
Salle restaurant de caractère, salle de séminaires, chèques vacances, climatisation, animaux, accés handicapés

🇬🇧 Michel VAUR will reserve you the best welcome and will make you savour his specialities.

🇪🇸 Michel VAUR le brindará una cálida acogida y le hará compartir su cocina tradicional.

🇩🇪 Michel VAUR empfängt Sie bestens und teilt mit Ihnen seine traditionelle Küche.

PHALSBOURG (57370) (P6-L4) — AU SOLDAT DE L'AN II
Table de prestige

1 Route de Saverne - Tél. : 03 87 24 16 16 - Menus de 185 F à 540 F. Menu enfant : 85 F

ST AVOLD (57500) (P6-L3) — HÔTEL-RESTAURANT DE L'EUROPE ★★★
Table gastronomique

A4 Sortie Saint Avold. - 7 Rue Altmayer - Tél. : 03 87 92 00 33 - Menus de 150 F à 390 F. Menu enfant : 80/120 F.
34 chambres de 330 F à 370 F

www.tables-auberges.com → réservation gratuite (0% de commission)

MOSELLE

TURQUESTEIN (57560) (P6-L4)   AUBERGE LE KIBOKI ★★

D993, Sud de Sarrebourg (20 km). - Route du Donon - Alice & Robert SCHMITT - Tél. : 03 87 08 60 65 - Fax : 03 87 08 65 26
Fermeture : 1/02-31/03 ; mardi. - Menus de 100 F à 280 F. Menu enfant : 60 F. Petit déjeuner : 55 F.
16 chambres de 430 F à 700 F. Demi pension de 430 F à 500 F

Dans un havre de calme et de verdure, au fond de la vallée, la famille SCHMITT vous recevra dans leur vieille maison forestière au coin du four de faïence pour y déguster les recettes de leurs ancêtres. Spécialités : tourte aux grenouilles, paté lorrain.
Chambres avec bain ou douche +WC+TV : Toutes. Petit déjeuner buffet Terrasse, jardin, parking privé, piscine d'été, piscine d'hiver, salle restaurant de caractère, salle de séminaires, tennis, chèques vacances, accés handicapés

🇬🇧 The Auberge Le Kiboki situated in a green and calm environment, will welcome you in the old country house of the SCHMITT'S family to savour specialities of their ancestor.

🇪🇸 En un remanso de calma y verdor, agazapado al fondo del valle, en su vieja casa forestal, la familia SCHMITT le hará saborear las recetas de sus antepasados al calor de un horno de loza.

🇩🇪 Familie Schmitt empfängt Sie an einem ruhigen Zufluchtsort mitten im Grünen, tief im Tal in Ihrem alten Forsthaus und läßt Sie die Rezepte ihrer Vorfahren am Kachelofen kosten.

Tourisme & Gastronomie

NIEVRE

CLAMECY (58500) (P6-I6) — HOSTELLERIE DE LA POSTE ★★

A 40 km d'Auxerre. - 9 Place Emile Zola - Denis GUENOT - Tél. : 03 86 27 01 55 - Fax : 03 86 27 05 99
Ouvert toute l'année. - Menus de 105 F à 198 F. Menu enfant : 50 F. Petit déjeuner : 35 F.
15 chambres de 265 F à 325 F. Demi pension de 410 F à 440 F. Etape VRP à 345 F

Cet ancien Relais de Poste du XVIIème siècle est situé non loin du canal du Nivernais, au centre de la ville. Le Chef Denis GUENOT, vous proposera une cuisine de terroir jeune et inventive que vous pourrez déguster accompagnée d'excellents vins de Bourgogne. Spécialités : cuisses de grenouilles au Chablis, charolais et poisson de Loué, baratin de Clamecy. Membre Eurotoques. Chambres avec bain ou douche +WC+TV : Toutes. Terrasse, salle restaurant de caractère, salle de séminaires, chèques vacances, canal+, TV satellites, animaux

This former Post Office of the XVIIth century is situated in the centre of Clamecy near the canal du Nivernais. Denis GUENOT will offer you a traditional and creative cooking and an excellent wine list (of Bourgogne).

Esta anciana Parada del Correo del siglo XVII está ubicada no lejos del canal del Nivernais, en el centro de la ciudad. El Jefe Denis GUENOT, le propondrá una cocina local nueva e inventiva que usted podrá saborear acompañada de excelentes vinos de Bourgogne.

Diese alte Poststation aus dem 17.Jh. liegt unweit vom Kanal Nivernais im mittelalterlichen Stadtzentrum. Kosten Sie die ländliche Küche von D. GUENOT, jung und ideenreich, die Sie mit exzellenten Weinen aus der Bourgogne genießen können.

LA CHARITE SUR LOIRE (58400) (P5-H6) — LE GRAND MONARQUE ★★★

33 Quai Clémenceau - Tél. : 03 86 70 21 73 - Menus de 98 F à 188 F. Menu enfant : 70 F. Petit déjeuner : 50 F.
15 chambres de 370 F à 650 F. Demi pension de 620 F à 780 F. Etape VRP de 345 F à 485 F

NEVERS (58000) (P5-H6) — RESTAURANT JEAN-MICHEL COURON

21 Rue Saint Etienne - Tél. : 03 86 61 19 28 - Menus de 118 F à 240 F

POUILLY SUR LOIRE (58150) (P5-H6) — LE RELAIS FLEURI - LE COQ HARDI ★★★

A 15 km de Cosne sur Loire. - 42 Avenue de la Tuilerie - Tél. : 03 86 39 12 99 - Menus de 110 F à 270 F. Menu enfant : 70 F. Petit déjeuner : 55 F.
11 chambres de 300 F à 460 F. Demi pension de 340 F à 390 F. Etape VRP : 390 F

POUILLY SUR LOIRE (58150) (P5-H6) — LE RELAIS DE POUILLY ★★★

A 8 km de La Charité. - Quai de Loire - Tél. : 03 86 39 03 00 - Menus de 89 F à 180 F. Menu enfant : 49 F. Petit déjeuner : 42 F.
24 chambres de 250 F à 395 F. Demi pension de 335 F à 365 F. Etape VRP de 345 F à 395 F

Saveurs & Sites de France

 **NORD**

BERGUES (59380) (P5-H1) — RESTAURANT AU CORNET D'OR
Table gastronomique

26 Rue Espagnole - Tél. : 03 28 68 66 27 - Menus de 168 F à 260 F. Menu enfant : 100 F

BONDUES (59910) (P5-H1) — AUBERGE DE L'HARMONIE
Table gastronomique

A 8 km de Lille. - 36 Place de l'Abbé Bonpain - Tél. : 03 20 23 17 02 - Menus de 145 F à 450 F. Menu enfant : 90 F

CAMBRAI (59403) (P5-H2) — CHÂTEAU DE LA MOTTE FÉNÉLON ★★★
Table de Terroir

Allée Saint Roch BP 174 - Tél. : 03 27 83 61 38 - Menus de 130 F à 230 F. Menu enfant : 100 F.
40 chambres de 300 F à 1150 F

DUNKERQUE (59140) (P5-G1) — HÔTEL BOREL ★★★

6 Rue l'Hermitte - Tél. : 03 28 66 51 80 - 48 chambres de 380 F à 460 F

LIGNY EN CAMBRÉSIS (59191) (P5-H2) — LE CHÂTEAU DE LIGNY ★★★★
Table de prestige

A 3 km de Caudry et 15 km de Cambrai. - 2 Rue Pierre Curie - Tél. : 03 27 85 25 84 - Menus de 260 F à 420 F. Menu enfant : 120 F.
13 chambres de 550 F à 1800 F

LILLE (59000) (P5-H1) — RESTAURANT LE SÉBASTOPOL
Table de prestige

1 Place Sébastopol - Tél. : 03 20 57 05 05 - Menus de 165 F à 265 F. Carte : 300/420 F. Menu enfant : 85 F

LILLE (59800) (P5-H1) — GRAND HÔTEL BELLEVUE ★★★

5 Rue Jean Roisin - Tél. : 03 20 57 45 64 - 61 chambres de 590 F à 790 F

MAUBEUGE (59600) (P6-I1) — LE GRAND HÔTEL - RESTAURANT DE PARIS ★★
Table gastronomique

1, Porte de Paris - Tél. : 03 27 64 63 16 - Menus de 110 F à 350 F. Menu enfant : 40 F. Petit déjeuner : 38 F.
31 chambres de 250 F à 420 F. Demi pension de 350 F à 520 F. Etape VRP de 350 F à 450 F

NORD 59

SECLIN (59113) (P5-H1) — AUBERGE DU FORGERON ★★★

Table gastronomique

A 11 km de Lille. - 17 Rue Roger Bouvry - Philippe BÉLOT - Tél. : 03 20 90 09 52 - Fax : 03 20 32 70 87 - aubergeduforgeron@nordnet.fr - www.aubergeduforgeron.com Fermeture : 24/12-2/01 ; 1/08-19/08 ; samedi midi et dimanche (restaurant). Menus de 69 F à 300 F. Menu enfant : 39 F. Petit déjeuner : 45 F. 18 chambres de 200 F à 600 F. Etape VRP de 340 F à 475 F

Venez découvrir cet hôtel de charme où l'authenticité, la gastronomie et le confort sont au rendez-vous. Deux formules de restauration sont à votre disposition avec le bistro pour sa tête de veau et le restaurant pour le dîner aux chandelles. Spécialités : langue lucculus au foie gras, turbot à la bière.
Chambres avec bain ou douche +WC+TV : 101-102-104-105-107-108-110-114-115-216 à 222. Petit déjeuner buffet. Terrasse, jardin, parking privé, garage fermé, salle restaurant de caractère, salle de séminaires, chèques vacances, animaux, accès handicapés restaurant

🇬🇧 Come and discover this charming hotel where authenticity, gastronomy, comfort are present. Two forms of restauration are proposed with the bistro and the restaurant for candlelight dinner.

🇪🇸 Venga a descubrir este encantador hotel, en el cual la autenticidad, la gastronomía y el confort le dan cita.

🇩🇪 Entdecken Sie dieses charmanteund authentisches Hotel mit Komfort und Gastronomie. Es stehen Ihnen zwei Gaststätten zur Verfügung: ein Bistro und ein Restaurant für ein Abendessen im Kerzenlicht.

TOURCOING (59200) (P5-H1) — RESTAURANT LA BARATTE

Table gastronomique

Au nord de Lille. A22 sortie 15 ou 17. - 395 Rue du Clinquet - Didier & Christine BAJEUX - Tél. : 03 20 94 45 63 Fax : 03 20 03 41 84 - Fermeture : 30/07-20/08 ; Vacances scolaires Février ; samedi midi, dimanche soir et lundi. Menus de 162 F à 260 F. Menu enfant : 70 F

Christine et Didier BAJEUX seront heureux de vous accueillir à la Baratte et de vous faire découvrir une cuisine à la fois traditionnelle et inventive rythmée par les saisons. Spécialités foie gras de canard frais maison, escalopes de ris de veau aux échalotes rôties. Membre Eurotoques.
Jardin, salle restaurant de caractère, salle de séminaires, climatisation, animaux

🇬🇧 Didier BAJEUX and his wife will receive you in this warm and cosy environment and will make you taste their specialities.

🇪🇸 Christine y Didier BAJEUX estarán contentos de acogerle en La Baratte y de hacerle descubrir una cocina tradicional e inventiva que sigue el ritmo de las estaciones.

🇩🇪 D. BAJEUX und seine Frau empfangen Sie in einem warmen und freundlichen Rahmen und teilen mit Ihnen ihre Spezialitäten.

La passion de notre métier

# OISE

COMPIEGNE (60200) (P5-H3) — **HOSTELLERIE DU ROYAL LIEU** ★★★

9 Rue de Senlis - Tél. : 03 44 20 10 24 - Menus de 160 F à 360 F. Menu enfant : 60 F. Petit déjeuner : 51 F. 20 chambres de 544 F à 680 F. Demi pension : 599 F. Etape VRP : 599 F

Table gastronomique

ELINCOURT STE MARGUERITE (60157) (P5-H3) — **CHÂTEAU DE BELLINGLISE** ★★★★

A 15 km de Compiègne - Tél. : 03 44 96 00 33 - Menus de 195 F à 455 F. Menu enfant : 125 F. Petit déjeuner compris. 35 chambres de 1990 F à 2090 F

Table gastronomique

ORRY LA VILLE-MONTGRESIN (60560) (P5-H3) — **RELAIS D'AUMALE** ★★★

Montgresin - A 5 km de Chantilly. A1 sortie N°7 direction Chantilly - Tél. : 03 44 54 61 31 - Menus de 210 F à 230 F. Menu enfant : 100 F. 24 chambres de 580 F à 820 F

Table gastronomique

VIEUX MOULIN (60350) (P5-H3) — **AUBERGE DU DAGUET**

A 7 km de Compiègne, 6 km de Pierrefonds. - Face à l'Eglise - Menus de 130 F à 250 F. Menu enfant : 90 F

Table gastronomique

Le Goût de l'Authenticité

ORNE

BAGNOLES DE L'ORNE (61140) (P5-E4) — LE MANOIR DU LYS ★★★ Table de prestige

A 45 km d'Alençon - Tél. : 02 33 37 80 69 - Menus de 160 F à 380 F. Menu enfant : 80 F. Petit déjeuner : 70 F. 25 chambres de 400 F à 800 F. Appartement : 1500 F. Demi pension de 450 F à 800 F. Etape VRP de 550 F à 600 F

CHANDAI (61300) (P5-F4) — AUBERGE L'ECUYER NORMAND Table gastronomique

A 8 km de l'Aigle (nord de Mortagne au Perche). - RN 26 - Tél. : 02 33 24 08 54 - Menus de 98 F à 258 F. Menu enfant : 68 F

DOMFRONT (61700) (P5-E4) — LE RELAIS SAINT MICHEL ★★ Table de Terroir

A 80 km de Caen. - 5 Rue du Mont Saint Michel - Claudine & Michel PROD'HOMME - Tél. : 02 33 38 64 99 - Fax : 02 33 37 37 96 - Relais.Saint.Michel.Prodhomme@wanadoo.fr - Fermeture : 22/12-18/01 ; vendredi et dimanche soir hors saison sauf réservations. - Menus de 65 F à 150 F. Menu enfant : 42 F. Petit déjeuner : 32 F.13 chambres de 120 F à 320 F. Demi pension de 230 F à 300 F. Etape VRP de 195 F à 360 F

Tout près de la cité médiévale de Domfront où subsistent de nombreux vestiges d'un riche passé historique, Le Relais Saint Michel est l'étape idéale sur la route du Mont Saint Michel où vous serez accueilli en qualité d'hôte ! Spécialités : andouillette au poiré, andouille grillée à la moutarde à l'ancienne, poêlée de ris et rognons de veau flambée au calvados, délice normand.
Chambres avec bain ou douche +WC+TV : 1-6-7-9-11-12-14-15-16-19. Terrasse, parking privé, garage fermé, salle de séminaires, chèques vacances, TV satellites, animaux, accés handicapés restaurant

🇬🇧 Close by the medieval city of Domfront where relics of a rich historical past still remain, Le Relais Saint Michel is an ideal stop on the road of Saint Michel where you will be welcome as a real guest.

🇪🇸 Muy cerca de la ciudad medieval de Domfront, en donde subsisten numerosos vestigios de un rico pasado histórico y por la ruta del Mont Saint Michel, Le Relais Saint Michel le brindará una agradable acogida y le hará descubrir sus especialidades.

🇩🇪 Ganz in der Nähe der mittelalterlichen Stadt Domfront, wo zahlreiche Überreste einer reichen und historischen Vergangenheit überlebt haben, ist Le Relais Saint Michel der ideale Zwischenstopp auf dem Weg zu Mont Saint Michel. Hier werden Sie als wahrer Gast empfangen.

L'AIGLE (61303) (P5-F4) — HÔTEL DU DAUPHIN ★★★ Table gastronomique

A 60 km d'Alençon - Place de la halle BP 107 - Tél. : 02 33 84 18 00 - Menus de 140 F à 280 F. Menu enfant : 50 F. 32 chambres de 359 F à 523 F

LA FERRIERE AUX ETANGS (61450) (P5-E4) — AUBERGE DE LA MINE Table gastronomique

Le Gué Plat - A 12 km de Flers - Tél. : 02 33 66 91 10 - Menus de 105 F à 250 F. Menu enfant : 55 F

 # ORNE

SÉES (61500) (P5-E4) — LE CHEVAL BLANC ★★

A 15 km au Nord d'Alençon (N138). - 1 Place Saint Pierre - Dominique PLESSIS - Tél. : 02 33 27 80 78 - Fax : 02 33 28 58 05
Fermeture : 5/02 -18/02 ; 5/11-25/11 ; Vendredi. - Menus de 69 F à 250 F. Menu enfant : 40 F. Petit déjeuner : 28 F.
9 chambres de 175 F à 290 F. Demi pension de 260 F à 330 F. Etape VRP : 270 F

Dominique PLESSIS vous souhaite un bon séjour au Cheval Blanc. Salles de restaurant et chambres donnent sur le square Place Saint Pierre, au calme.
Spécialités : omelette au boudin, pavé de vire au Pommeau, ris de veau, pavé de loup aux coquillages.
Chambres avec bain ou douche +WC+TV : 6 à 12-14.
Terrasse, garage fermé, salle restaurant de caractère

Dominique PLESSIS wishes you a pleasant stay at the Cheval Blanc. The dining-room and bedrooms have a view of the square of Saint Pierre.

Dominique Plessis le desea una buena estancia en el Cheval Blanc. Las salas del restaurante y las habitaciones dan al tranquilo jardincillo público de la Plaza Saint Pierre.

Dominique PLESSIS wünscht Ihnen einen angenehmen Aufenthalt im Cheval Blanc. Speisesäle und Zimmer gehen auf den Platz Saint Pierre.

Le Guide des quatre Saisons

 # PAS DE CALAIS

AIRE SUR LA LYS (62120) (P5-H1)   HOSTELLERIE LES TROIS MOUSQUETAIRES ★★★★   Table gastronomique

Entre Béthune et Saint Omer. - Château du Fort de la Redoute - Tél. : 03 21 39 01 11 - Menus de 125 F à 255 F. Menu enfant : 60 F.
33 chambres de 285 F à 620 F

AUDINGHEN (62179) (P5-G1)   LES MAUVES ★★   Table de Terroir

Entre Calais et Boulogne (17 km). A16 sortie 7. - Cap Gris Nez - M. et Mme CUGNY - Tél. : 03 21 32 96 06
Fermeture : 15/11-31/03. - Menus de 125 F à 235 F. Petit déjeuner : 47 F.
16 chambres de 250 F à 520 F. Demi pension de 340 F à 450 F

Dans un cadre de verdure, sur un des plus beaux sites de France, à 500 m de la mer, venez découvrir le calme, le confort, le charme personnalisé de cette demeure, sa cuisine fine inspirée par la mer et les produits du terroir. Spécialités : cabillaud à la graine de moutarde, feuilleté au crabe sauce aux crustacés, œufs cocotte au saumon fumé et langoustines.
Chambres avec bain ou douche +WC+TV : 1 à 6-11 à 14-16-17-18. Terrasse, jardin, parking privé, salle restaurant de caractère

🇬🇧 In a green setting, 500 meters from the sea, come to discover the calm, the comfort, and the personal charm of this house, its cooking is inspired from products of the sea as well as traditionals products.

🇪🇸 En un marco de follaje, en uno de los más bellos lugares de Francia, a 500 metros del mar, venga a descubrir la calma, el confort, el encanto personalizado de esta residencia, su delicada cocina inspirada del mar y de los productos locales.

🇩🇪 Mitten im Grünen, 500 m vom Meer, entdecken Sie die Ruhe, den Komfort und den Reiz dieses Hauses, wo Sie eine von Meer- und Landprodukten inspirierte Küche erwartet.

BETHUNE (62400) (P5-H1)   LE MEURIN ★★★   Table de prestige

15 Place de la République - Tél. : 03 21 68 88 88 - Menus de 220 F à 550 F. Menu enfant : 150 F. Petit déjeuner : 70 F.
7 chambres de 550 F à 850 F

GOSNAY (62199) (P5-G1)   LA CHARTREUSE DU VAL SAINT ESPRIT ★★★★   Table de prestige

A 4 km de Béthune. - 1 Rue de Fouquières - Tél. : 03 21 62 80 00 - Menus de 185 F à 365 F. Petit déjeuner : 65 F.
66 chambres de 450 F à 1800 F. Demi pension de 390 F à 840 F. Etape VRP : 520 F

HALLINES (62570) (P5-G1)   HOSTELLERIE SAINT-HUBERT ★★★★   Table gastronomique

A 7 km de Saint Omer. - 1 Rue du Moulin - Tél. : 03 21 39 77 77 - Menus de 180 F à 300 F. Menu enfant : 100 F.
8 chambres de 450 F à 800 F

 **PUY DE DOME**

CLERMONT-FERRAND (63000) (P9-H8) — RESTAURANT CLAVÉ

12 Rue Saint Adjutor - Tél. : 04 73 36 46 30 - Menus de 160 F à 430 F. Menu enfant : 80 F

LE MONT DORE (63240) (P9-H8) — HÔTEL DE LA PAIX ★★

A 50 km de Clermont Ferrand. - 8 Rue Rigny - M. & Mme Jean CROSSARD - Tél. : 04 73 65 00 17 - Fax : 04 73 65 00 31
Fermeture : 10/10 -22/12. - Menus de 85 F à 160 F. Menu enfant : 42 F. Petit déjeuner : 38 F.
36 chambres de 200 F à 280 F. Demi pension de 290 F (1 pers.) à 500 F (2 pers.). Etape VRP : 290 F.

Au coeur du pays des volcans, dans un cadre belle époque, entièrement rénové, nous vous ferons découvrir la cuisine régionale. Spécialités : craquelin au saint nectaire, truffade de pommes de terre à la gentiane, potée, jambon au foin, suprême de volaille à la cantalienne, truite à la fourme d'ambert. Vins : Pinot noir d'Auvergne, Châteaugay blanc.
Chambres avec bain ou douche +WC+TV : Toutes.
Parking privé, salle restaurant de caractère, chèques vacances, ascenseur, Menu Tables & Auberges de France, animaux, accès handicapés restaurant

In the heart of the volcano region and in a belle epoque building, you will appreciate our regional meals.

En el centro del país de volcanes, en un ambiente bella época, totalmente renovado, le haremos descubrir la cocina regional.

Im Herzen der Vulkangegend entdecken Sie dieses Haus im Jugendstilrahmen und seine regionale Küche.

PONT DE DORE (63920) (P9-I8) — LA FERME DES 3 CANARDS

Biton - A 2 km de Thiers - Tél. : 04 73 51 06 70 - Menus de 130 F à 390 F. Menu enfant : 80 F

PONT DU CHATEAU (63430) (P9-H8) — AUBERGE DU PONT

A 10 km de Clermont-Ferrand. - 70 Avenue du Docteur Besserve - Tél. : 04 73 83 00 36 - Menus de 75 F à 200 F. Menu enfant : 50 F

Le Goût de l'Authenticité

 **PUY DE DOME**

PONTAUMUR (63380) (P9-H8)   **HÔTEL DE LA POSTE** ★★

D941 Clermont Ferrand (40 km)/ Aubusson. - Avenue du Marrronnier - Jean-Paul QUINTY - Tél. : 04 73 79 90 15
Fax : 04 73 79 73 17 - Fermeture : 20/12-1/02, dimanche soir et lundi hors saison. - Menus de 85 F à 250 F. Menu enfant : 50 F.
Petit déjeuner : 35 F.15 chambres de 220 F à 270 F. Demi pension de 230 F à 240 F. Etape VRP de 290 F à 300 F

Dans les Combrailles, près du Parc des Volcans d'Auvergne, Jean-Paul Quinty vous fera découvrir une cuisine imaginative et conviviale à partir de produits locaux. Spécialités : pièce de charolais à la pourpre de Saint Pourçain, filet d'omble aux choux et jambon grillé.
Chambres avec bain ou douche +WC+TV : Toutes.
Terrasse, garage fermé, salle restaurant de caractère, salle de séminaires, chèques vacances, canal+, TV satellites, animaux

🇬🇧 In the Combrailles, close to the Volcano Park of Auvergne, Jean-Paul QUINTY offers you imaginative and convivial cooking using local products.

🇪🇸 En la región de Combrailles, cerca del Parque de Volcanes d'Auvergne, Jean-Paul QUINTY le hará descubrir una cocina imaginativa y convivial con productos locales.

🇩🇪 In den Combrailles neben dem Vulkan-Park der Auvergne, entdecken Sie die ideenreiche und leckere, aus Landprodukten zubereitete Küche von J.P. QUINTY.

Tourisme & Gastronomie

 # PYRENEES ATLANTIQUES

AINHOA (64250) (P8-C11) — HÔTEL ARGI-EDER-AÏNHOA ★★★

A 25 km de Biarritz. - Route de la Chapelle - Tél. : 05 59 93 72 00 - Menus de 125 F à 230 F. Menu enfant : 70 F. 32 chambres de 500 F à 850 F

ASCAIN (64310) (P8-C11) — HÔTEL DU PARC TRINQUET LARRALDE ★★

Près de St Jean de Luz. Pays Basque. - Place de l'Eglise, Route d'Olhette - Jeanne SALHA - Tél. : 05 59 54 00 10 Fax : 05 59 54 01 23 - parcascain@aol.com - Fermeture : 2/01-15/02, dimanche soir & lundi hors saison. - Menus de 85 F à 240 F. Menu enfant : 45 F. Petit déjeuner : 50 F. 24 chambres de 300 F à 450 F. Demi pension de 300 F à 380 F. Etape VRP de 330 F à 360 F

A 6 km de la mer, des golfs, au pied des montagnes, cet établissement de caractère vous réservera le meilleur accueil et vous fera découvrir les spécialités de la région. Spécialités : pipérade, soupe de pêcheurs, salmis de palombes (en saison), omelette aux cèpes, agneau du pays. Chambres avec bain ou douche +WC+TV : Toutes. Petit déjeuner buffet.
Terrasse, jardin, salle restaurant de caractère, salle de séminaires, chèques vacances, TV satellites, animaux

You can have a good time in this establishment situated near the sea (6 km away), the bays and lower mountains. You will be given a cordial welcome and taste the regional specialities.

Este establecimiento ubicado a 6 km del mar, de terrenos de golf, al pie de montañas, le brindará una cálida acogida y le hará descubrir las especialidades de la región.

Dieses charaktervolle Gasthaus 6 km vom Meer entfernt, mit Golfplätzen, am Fuß der Berge empfängt Sie herzlich und bietet Ihnen die Spezialitäten der Region.

BAYONNE (64100) (P8-C11) — AUBERGE LE CHEVAL BLANC

68 Rue Bourgneuf - Tél. : 05 59 59 01 33 - Menus de 130 F à 310 F. Menu enfant 80 F

BAYONNE (64100) (P8-C11) — RESTAURANT LE SAINT SIMON

A63 ou A64 sortie Bayonne. Pays Basque. - 1 Rue des Basques - Tél. : 05 59 59 27 71 - Menus de 99 F à 197 F

BIARRITZ (64200) (P8-C11) — HÔTEL DU PALAIS ★★★★

1 Avenue de l'Impératrice - Tél. : 05 59 41 64 00 - Menus de 290 F à 395 F. Menu enfant sur demande. 156 chambres de 1250 F à 6350 F (y compris 21 suites)

BIDART (64210) (P8-C11) — LA TABLE DES FRÈRES IBARBOURE

A 8 km de Biarritz et 7 km de Saint Jean de Luz. - Chemin de Ttalienea - Tél. : 05 59 54 81 64 - Menus de 195 F à 480 F. Menu enfant : 100/120 F

PYRENEES ATLANTIQUES

CAMBO LES BAINS (64250) (P8-C11) — AUBERGE CHEZ TANTE URSULE ★★

Au Sud de Bayonne. Pays Basque. - Quartier Bas-Cambo - Jean-Jacques BORT - Tél. : 05 59 29 78 23 - Fax : 05 59 29 28 57
Ouvert toute l'année. - Menus de 90 F à 200 F. Menu enfant : 55 F. Petit déjeuner : 35 F.
18 chambres de 175 F à 300 F. Etape VRP de 275 F à 300 F

L'auberge est située dans un vieux quartier typiquement basque en bordure d'un fronton en pierre. Le restaurant, à la gastronomie réputée basée sur des produits régionaux, vous propose ses spécialités : ris d'agneau aux cèpes, ris de veau aux morilles, foie gras frais aux poires, gibier en saison, médaillons de lotte à la crème de piquillos.
Chambres avec bain ou douche +WC+TV : De 1 à 10 , 19-20-21-22. Terrasse, jardin, parking privé, salle restaurant de caractère, chèques vacances, animaux restaurant

🇬🇧 In an old basque district, close to a facade made of stones, this restaurant is well-known for its gastronomy made with traditional products, and offers its specialities.

🇪🇸 La posada está situada en un viejo barrio típicamente vasco, que linda con un frontón de piedra. El restaurante le hará compartir su famosa gastronomía a base de productos regionales.

🇩🇪 Das Gasthaus befindet sich in einem alten, typisch baskischen Viertel entlang eines Steingiebels. Das Restaurant, bekannt für seine Gastronomie aus Landprodukten, erwartet Sie mit seinen Spezialitäten.

CIBOURE - ST JEAN DE LUZ (64500) (P8-C11) — ARRANTZALEAK (L'AUBERGE AUX POISSONS)

Au bord de la Nivelle. Pays Basque. - 18 Avenue Jean Poulou - Jean COURDE - Tél. : 05 59 47 10 75
Fermeture : 15/12-25/01 ; Lundi ; Dimanche soir et Lundi (hors saison). - Menus à 160 F

Situé sur le port de Ciboure, près du golf de la Nivelle, le restaurant Arrantzaleak propose les produits de la mer achetés le matin au port et grillés devant les clients : dorades, bars, rougets, thons, anchois, homards et langoustines… dans une ambiance chaleureuse. Vins : Irouleguy, Jurançon.
Terrasse, salle restaurant de caractère, chèques vacances, animaux, accès handicapés

🇬🇧 The Arrantzaleak proposes a large selection of seafood bought on the fishing port in the morning, grilled in front of customers.

🇪🇸 Ubicado en el puerto de Ciboure, cerca del golf de la Nivelle, el restaurante Arrantzaleak le propone los productos del mar comprados por la mañana y asados en presencia de la clientela. Vinos : Irouleguy, Jurançon.

🇩🇪 Im Hafen von Ciboure, nahe des Golfs von Nivelle, erwarten Sie Im Restaurant Arrantzaleak Meeresprodukte, die morgens im Hafen eingekauft und vor den Kunden frisch gegrillt werden.

Saveurs & Sites de France

PYRENEES ATLANTIQUES

ITXASSOU (64250) (P8-C11)

RESTAURANT BONNET - HÔTEL DU FRONTON ★★ Table gastronomique

A proximité de Cambo les Bains. Pays Basque. - La Place - Jean-Paul BONNET - Tél. : 05 59 29 75 10 - Fax : 05 59 29 23 50 ostatu@aol.com - Fermeture : 12/11-19/11 ; 1/02-18/02 ; mercredi. - Menus de 85 F à 155 F. Menu enfant : 45 F. Petit déjeuner : 38 F. 25 chambres de 195 F à 350 F. Demi pension de 230 F à 295 F. Etape VRP de 250 F à 300 F

Au coeur du village d'Itxassou, blotti au pied de la montagne basque, avec vue panoramique sur la montagne, Le Fronton est un typique hôtel au cadre rustique et à l'accueil familial pour un repos douillet. La cuisine de son restaurant, préparée à partir des meilleurs produits de la région, vous enchantera. Spécialités : pipérade basquaise, filets de canard aux cerises, merlu koskera, coupe Itxassou, gâteau basque... Chambres avec bain ou douche +WC+TV : Toutes. Petit déjeuner buffet Terrasse, jardin, parking privé, piscine d'été, salle restaurant de caractère, salle de séminaires, chèques vacances, climatisation, ascenseur, animaux, accès handicapés hôtel

🇬🇧 Situated in the heart of Itxassou, down the basque mountain the Fronton is a place of caracter to have some relaxing time. The cooking is made with best regional products, and you will be amazed.

🇪🇸 En el corazón del pueblo Itxassou, al pie de la montaña vasca, con vista panorámica de la montaña, el Fronton es un típico hotel familiar para un confortable reposo. Usted quedará encantado con la cocina de su restaurante, preparada con los mejores productos de la región.

🇩🇪 Mitten im Dorf Itxassou und am Fuße der baskischen Berge, ist das typische Hotel Le Fronton bekannt für seinen familiären Empfang und eine erholsame Entspannung. Die Küche, nur mit besten Regionalprodukten zubereitet, wird Sie begeistern.

LURBE ST CHRISTAU (64660) (P8-D12)

RESTAURANT THIERRY LASALA - HÔTEL AU BON COIN ★★★ Table gastronomique

A 6 km d'Oloron Sainte Marie. - Route des Thermes - Tél. : 05 59 34 40 12 - Menus de 90 F à 290 F. Menu enfant : 40 F. 18 chambres de 280 F à 380 F

MÉRACQ (64410) (P8-D11)

CHÂTEAU DE MÉRACQ ★★★ Table gastronomique

Béarn - A 20 km de Pau - Tél. : 05 59 04 53 01 - 9 chambres de 395 F à 560 F

MONTORY (64470) (P8-D12)

AUBERGE DE L'ETABLE ★★★ Table de Terroir

A 3 km de Tardets et 20 km d'Oloron Sainte Marie. - - Michel TURON-BARRERE - Tél. : 05 59 28 69 69 - Fax : 05 59 28 69 78 www.auberge-etable.com - Ouvert toute l'année. - Menus de 85 F à 170 F. Menu enfant : 45 F. Petit déjeuner : 30 F. 29 chambres de 220 F à 380 F. Demi pension de 210 F à 295 F. Etape VRP : 295 F

En pays de Soulte, à la frontière du Béarn et du Pays Basque, aux portes de Tardets, notre auberge vous accueille dans un cadre rustique avec tout le confort moderne. Carte de produits régionaux cuisinés de façon traditionnelle ou réactualisés par notre chef (crevettes à l'ail, anguilles au piment, boudin de campagne, spécialités de grillades au feu de bois, jambon à la broche, côte de boeuf, palombe en saison...). Chambres avec bain ou douche +WC+TV : Toutes. Terrasse, jardin, parking privé, piscine d'été, salle restaurant de caractère, salle de séminaires, chèques vacances, canal+, TV satellites, animaux, accès handicapés

🇬🇧 In the Soulte, at the frontier of the Béarn and the basque'country at the doors of Tardets, our inn welcomes you in a rustic setting with modern comfort . Menus with regional products cooked the ancient way or updated by our chef.

🇪🇸 En el país de Soulte, en la frontera del Bearn y del País Vasco, a las puertas de Tardets, nuestra posada le acoge en un ambiente rústico, con todo el confort moderno. Carta de productos regionales cocinados tradicionalmente o reactualizados por nuestro jefe.

🇩🇪 Im Land des Soult, an der Grenze des Béarn und Baskenlands, empfängt Sie unser Gasthaus in rustikalem Rahmen mit modernem Komfort. Speisekarte mit regionalen Produkten, traditionell gekocht oder von unserem Küchenchef aktualisiert.

www.tables-auberges.com ➡ réservation gratuite (0% de commission)

PYRENEES ATLANTIQUES

NAY (64800) (P8-E12) — AUBERGE CHEZ LAZARE ★★

CD287 Sud de Pau. Béarn. - Les Labassères Route de Lys Arudy - Monique CASTAGNET - Tél. : 05 59 61 05 26 - Fax : 05 59 61 25 11
Fermeture : Dimanche soir. - Menus de 75 F à 150 F. Menu enfant : 45 F. Petit déjeuner : 33 F.
7 chambres à 230 F. Demi pension de 225 F à 240 F. Etape VRP de 280 F à 290 F.

Venez découvrir l'accueil chaleureux de cette auberge située au calme, au milieu des bois et des champs, en pleine campagne. Vous pourrez déguster une cuisine traditionnelle béarnaise. Spécialités : poule au pot farcie Henri IV (sur réservation), caneton de Saint Jacques aux haricots du maïs, confit de canard, foie gras maison... Vins : Choix de Jurançon sec et moelleux, Madirans. Chambres avec bain ou douche +WC+TV : Toutes.
Terrasse, jardin, parking privé, salle restaurant de caractère, chèques vacances, animaux, accés handicapés restaurant

Come to discover the warm welcome of this inn situated in calm setting, in the heart of woods and fields on countryside. You will enjoy traditional cooking.

Venga a descubrir la cálida acogida de este establecimiento situado en un lugar tranquilo, en medio de bosques y campos. Usted podrá saborear las especialidades de la Casa.

Entdecken Sie dieses Gasthaus mitten auf dem Land, wo Sie ein herzlicher Empfang und die Spezialitäten des Hauses erwarten.

PAU (64000) (P8-E12) — HÔTEL DE GRAMONT ★★★

3 Place Gramont - Tél. : 05 59 27 84 04 - 36 chambres de 200 F à 495 F

PAU- JURANÇON (64110) (P8-E12) — CASTEL DU PONT D'OLY ★★★

A 2 km de Pau. - 2 Avenue Rausky - Tél. : 05 59 06 13 40 - Menus de 100 F à 368 F. Menu enfant : 80 F.
6 chambres de 450 F à 650 F

ST ETIENNE DE BAÏGORRY (64430) (P8-D12) — HÔTEL ARCÉ ★★★

A 10 km de Saint Jean Pied de Port - Tél. : 05 59 37 40 14 - Menus de 70 F à 215 F. Menu enfant : 70 F.
23 chambres de 330 F à 900 F

ST JEAN DE LUZ (64500) (P8-C11) — HÔTEL VILLA BEL AIR ★★★

Promenade Jacques Thibaud - Tél. : 05 59 26 04 85 - Menus à 145 F. Petit déjeuner : 43 F.
21 chambres de 450 F à 690 F. Demi pension de 430 F à 495 F.

ST JEAN PIED DE PORT (64220) (P8-D12) — HÔTEL DES PYRÉNÉES ★★★

A 55 km de Biarritz. - 19 Place du Général de Gaulle - Tél. : 05 59 37 01 01 - Menus de 250 F à 550 F.
20 chambres de 560 F à 1200 F

PYRENEES ATLANTIQUES

ST PEE SUR NIVELLE (64310) (P8-C11) — HÔTEL-RESTAURANT DE LA NIVELLE ★★

Table de Terroir

15 km Est St Jean de Luz D918. Pays Basque. - - Joseph BERROTARAN - Tél. : 05 59 54 10 27 - Fax : 05 59 54 19 82
Fermeture : 15/01-15/03 ; 15/11-25/12 ; Lundi (hors saison). - Menus de 95 F à 160 F. Menu enfant : 50 F. Petit déjeuner : 40 F.
30 chambres de 220 F à 350 F. Demi pension de 280 F à 350 F. Etape VRP de 260 F à 280 F

Etablissement situé à la campagne, au pied de la Rhune (900 m) à deux pas des ventas espagnoles, proche des plages de Saint Jean de Luz (15 km) et Biarritz (20 km). Spécialités : noix de Saint Jacques au jus de palourdes, chipirons à l'encre, petits piments farcis à la morue, gâteaux basques, gâteaux au chocolat.
Chambres avec bain ou douche +WC+TV : Toutes.
Jardin, parking privé, salle restaurant de caractère, salle de séminaires, chèques vacances, TV satellites, animaux

🇬🇧 Establishment located in the country, at the foot of the Rhunes (900m) and close to the spanish vantas, Saint Jean de Luz (15 km) and Biarritz's beaches (20 km).

🇪🇸 Establecimiento situado en el campo, al pie de la Rhune (900 m) a dos pasos de las posadas españolas, cerca de las playas de Saint Jean de Luz (15 km) y Biarritz (20 km). Usted podrá saborear las especialidades de la Casa.

🇩🇪 Auf dem Land, am Fuße der Rhune (900m) bei Spanien und nahe der Strände von St Jean de Luz (15km) und Biarritz (20km), erwartet Sie dieses Gasthaus mit seinen Spezialitäten.

URT (64240) (P8-C11) — AUBERGE DE LA GALUPE

Table de prestige

A 15 km de Bayonne. - Place du Port - Tél. : 05 59 56 21 84 - Menus de 245 F à 550 F. Menu enfant : 60 F

USTARITZ (64480) (P8-D11) — LA PATOULA ★★★

Table gastronomique

A 15 km de Biarritz - Tél. : 05 59 93 00 56 - Menus de 120 F à 210 F. Menu enfant : 80 F.
9 chambres de 310 F à 550 F

La passion de notre métier

HAUTES PYRENEES

BAREGES (65120) (P8-E12) — AUBERGE DU LIENZ CHEZ LOUISETTE

30 km de Lourdes, 7 km du Col du Tourmalet. - Le Lienz - Louisette CORRET - Tél. : 05 62 92 67 17 - Fax : 05 62 92 65 15
Fermeture : 1/11-30/11. - Menus de 95 à 200 F. Menu enfant : 50 F

A 1600 m d'altitude, en lisière de forêt de sapins et de hêtres, face au Pic du Midi de Bigorre, au départ des sentiers de randonnée vers les lacs du Néouvielle, sur les pistes de ski de Barèges/Tourmalet, l'Auberge (chalet rustique en pierre et bois créé en 1905) perpétue l'accueil et la cuisine traditionnelle. Spécialités : garbure au jambonneau, épaule d'agneau farcie sauce aux morilles, Le Barèges Gavarnie fleur de serpolet des montagnes. Vins : Madiran, Château Bouscassé, A. Brumont. Terrasse, parking privé, salle restaurant de caractère, chèques vacances, animaux

At an altitude of 1600 m., in front of the Pic du Midi, this inn (created in 1905), is the ideal place to eat a traditional cooking and for hikes (start of hiking tracks toward lakes of Néouvielle and skiing stations of Barèges/Tourmalet).

A 1600 m de altitud, lindero a un bosque de pinos y hayas, frente al Pic du Midi de Bigorre, punto de partida de senderos a pie hacia los lagos del Néouvielle, por las pistas de esquí de Barèges/Tourmalet, el Auberge (rústico chalet de piedra y madera creado en 1905) perpetúa una acogida y una cocina tradicional.

In 1600 m Höhe, gegenüber des Pic du Midi, am Anfang der Wanderwege zu den Seen von Néouvielle, auf den Skipisten Barèges/Tourmalet, lässt dieses Gasthaus (rustikale Stein- u. Holzhütte von 1905) den guten Empfang und die traditionelle Küche weiterbestehen.

CASTELNAU MAGNOAC (65230) (P8-E12) — HÔTEL DUPONT ★★

D 929 entre Auch et Lannemezan (20 km). - Place de l'Eglise - Pierre DUPONT - Tél. : 05 62 39 80 02 - Fax : 05 62 39 82 20
Fermeture : Ouvert toute l'année. - Menus de 60 F à 150 F. Menu enfant : 45 F. Petit déjeuner : 25 F.
32 chambres de 200 F à 250 F. Demi pension : 240 F. Etape VRP : 240 F

Au coeur d'une bourgade typique, venez découvrir le charme d'une maison familiale (ancien Relais de Poste). Vue agréable sur les Pyrénées et sur les côteaux du Gers. La famille DUPONT vous fera partager art de vivre et gastronomie et préparera pour vous des spécialités à base de produits du terroir : confit de canard, magret en cocotte, aiguillettes aux échalottes, escalope de saumon aux asperges, jambon de porc gascon. Vins du pays : Madiran, Buzet... Chambres avec bain ou douche +WC+TV : Toutes. Terrasse, jardin, piscine d'été, salle restaurant de caractère, salle de séminaires, tennis, animaux, accès handicapés

In the heart of a typical small town, come to discover the charm of a familial house (ancient postal's relay). The Dupont family will let you enjoy an art of living and gastronomy and will offer you its regional specialities. Local wines.

En el corazón de un lugar típico, venga a descubrir el encanto de una casa familiar (anciana Parada del Correo). Agradable vista de los Pirineos y de los viñedos de Gers. La familia DUPONT, que une el arte de vivir a la gastronomía, preparará para usted sus especialidades a base de productos locales. Vinos del país.

Mitten in einem typischen Marktflecken entdecken Sie den Scharm eines familiären Hauses (ehemalige Poststation). Dort teilt Familie Dupont mit Ihnen Lebenskunst und Gastronomie.

TABLES & AUBERGES DE FRANCE

Charme & Authenticité

HAUTES PYRENEES

CAUTERETS (65110) (P8-E12) — HÔTEL LE SACCA ★★

A 28 km au Sud de Lourdes (D920). - 11 Boulevard Latapie-Flurin - Jean-Marc et Michelle CANTON - Tél. : 05 62 92 50 02 Fax : 05 62 92 64 23 - hotel.le.sacca@wanadoo.fr - http://perso.wanadoo.fr/hotel.le.sacca Fermeture : 10/10-20/12. - Menus de 78 F à 165 F. Menu enfant : 50 F. Petit déjeuner : 35 F.44 chambres de 250 F à 320 F. Demi pension de 210 F à 265 F. Etape VRP de 280 F à 300 F

Michelle CANTON se réjouit à l'idée de vous recevoir et Jean-Marc, Chef de cuisine, met toute son imagination au service de la gastronomie pour que vous soyez comblés. Pour votre détente : sauna, salle fitness. Spécialité : magret de canard au miel d'acacia et à la lavande.
Chambres avec bain ou douche +WC+TV : Toutes. Parking privé, salle restaurant de caractère, salle de séminaires, chèques vacances, climatisation, ascenseur, TV satellites, Menu Tables & Auberges de France, animaux hôtel, accès handicapés hôtel

Michelle CANTON is glad to have the idea of welcomming you. Jean-Marc, the Chef, put all his imagination in the gastronomic cuisine, that way you will be satisfied. For your leisures : sauna, fitness room.

Michelle CANTON se alegra de poder recibirle y Jean-Marc, Jefe de cocina, pone toda su imaginación al servicio de la gastronomía para que usted quede satisfecho. Para sus ratos de ocio : sauna, sala de fitness.

M. CANTON freut sich, Sie begrüßen zu dürfen und Jean-Marc, der Chefkoch, widmet seine ganze Phantasie der Gastronomie...zu Ihrem Genuss.

JUILLAN-TARBES (65290) (P8-E12) — RESTAURANT LA CARAVELLE

Aéroport d'OSSUN - Tél. : 05 62 32 99 96 - Menus de 140 F à 250 F. Membre Eurotoques

LOURDES (65100) (P8-E12) — LE RELAIS DE SAUX ★★★

SAUX - Route de Tarbes - Tél. : 05 62 94 29 61 - Menus de 140 F à 310 F. Menu enfant : 70 F. 7 chambres de 440 F à 580 F

LOURDES (65100) (P8-E12) — LA TAVERNE DE BIGORRE - HÔTEL D'ALBRET ★★

En centre ville proche des halles et du Palais des Congrès. - 21 Place du Champ Commun - Claude MOREAU - Tél. : 05 62 94 75 00 Fax : 05 62 94 78 45 - albret.taverne.lourdes@libertysurf.fr - Fermeture : 2/01-10/02, 19/11-21/12 et lundi hors saison (restaurant) ; 2/01-9/03, 11/11-21/12 (hôtel). - Menus de 70 F à 145 F. Menu enfant : 52 F. Petit déjeuner : 33 F.27 chambres de 196 F à 289 F. Demi pension de 195 F à 242 F. Etape VRP de 272 F à 276 F

Venez retrouver le goût de la bonne cuisine régionale, parfumée de tradition. Spécialités : garbure du pays au manchon de canard, escalope de saumon braisée au vin de Jurançon, escalope de foie gras frais aux pommes caramélisées.
Chambres avec bain ou douche +WC+TV : 102-103-104-105-203-204-205-303-304-403-404-405. Salle de séminaires, ascenseur, animaux, accès handicapés restaurant

Come to discover the taste of a good regional cooking flavored of tradition.

Encuentre el gusto de la buena cocina regional, aromatizada de tradición.

Genießen Sie den Geschmack der guten regionalen Küche mit den wohlriechenden Düften der Tradition.

HAUTES PYRENEES

ST LARY SOULAN (65170) (P8-E12) — LA PERGOLA ★★

Table gastronomique

25 Rue Principale - Tél. : 05 62 39 40 46 - Menus de 100 F à 250 F. Menu enfant : 60 F. 22 chambres de 280 F à 600 F

STE MARIE DE CAMPAN (65710) (P8-E12) — LE CHALET HÔTEL ★★

Table de Terroir

A 10 km de Bagnères de Bigorre. D935. - Martine NOEBES - Tél. : 05 62 91 85 64 - Fax : 05 62 91 86 17 - chalet-hotel@sudfr.com - www.campan-pyrenees.com/chalethotel - Fermeture : 20/10-20/12 ; 20/04-10/05. - Menus de 70 F à 120 F. Menu enfant : 50 F. Petit déjeuner : 30 F. 24 chambres de 170 F à 290 F. Demi pension de 190 F à 259 F. Etape VRP de 250 F à 320 F

Situé au pied du Pic du Midi de Bigorre, des Cols d'Aspin et du Tourmalet, à 12 km de la station de ski de la Mongie, de Barèges, le Chalet Hôtel vous offre une hospitalité familiale et une cuisine bigourdane. Situé dans un parc arboré, il permet aux enfants de jouer en toute sécurité et aux parents de profiter des nombreuses activités sportives. Spécialités : garbure, cassoulet, omelette aux cèpes... Chambres avec bain ou douche +WC+TV : 7-11-12-14 à 20-A1 à A5. Terrasse, jardin, parking privé, piscine d'été, salle restaurant de caractère, tennis, chèques vacances, animaux

Situated at the foot of the Pic du Midi, the Col of Aspin and of Tourmalet,12 km from the skiing station of Mongie, of Barèges, the Chalet Hôtel will reserve you a family's hospitality, a regional cooking. Located in a park, it allows children to play alone and parents to enjoy numerous sportive activities.

Al pie del Pic du Midi de Bigorre, de los pasos de Aspin y del Tourmalet, a 12 km de la estación de esquí de la Mongie, de Barèges, Le Chalet Hôtel le ofrece una hospitalidad familiar y una cocina local. Situado en un parque arbolado, permite a los niños jugar con toda seguridad y a los padres aprovechar de las numerosas actividades deportivas.

Am Fuße des Pic du Midi, bei den Skigebieten La Mongie und Barège erwartet Sie das Chalet-Hotel mit einer familiären Gastfreundschaft und seiner lokalen Küche. In einem bebauten Park gelegen, können Kinder in Sicherheit spielen und Eltern die zahlreichen Sportmöglichkeiten nutzen.

TARBES (65000) (P8-E12) — L'AMBROISIE

Table de prestige

48 Rue Abbé Torne - Tél. : 05 62 93 09 34 - Menus de 180 F à 290 F. Menu enfant : 60 F

TARBES (65000) (P5-E12) — HÔTEL HENRI IV ★★★

Direction centre ville ou Place de Verdun. - 7 Avenue Bertrand Barère - Tél. : 05 62 34 01 68 - 23 chambres de 310 F à 600 F

Tourisme & Gastronomie

PYRENEES ORIENTALES

ARGELES SUR MER (66700) (P9-H13) — HÔTEL LA BELLE DEMEURE/AUBERGE DU ROUA ★★★ Table gastronomique

A 20 km de Perpignan. N114. - Chemin du Roua - Riccardo DANESI - Tél. : 04 68 95 85 85 - Fax : 04 68 95 83 50 - belle.demeure@little-france.com - www.little-france.com/demeure Fermeture : 1/11-22/12 ; 1/01-14/02 ; dimanche soir et lundi hors saison. - Menus de 165 F à 295 F. Menu enfant : 65 F. Petit déjeuner : 50 F. 14 chambres de 300 F à 580 F. Demi pension de 335 F à 475 F. Etape VRP : 375 F

Située dans un magnifique mas restauré du XVIIème siècle, notre Belle Demeure séduira les amateurs d'authenticité. Dans une ambiance conviviale, vous savourerez une cuisine gastronomique de qualité. Spécialités : ravioles d'épinard à la féta à l'huile de truffe blanche, lotte cuite à l'arête jus de viande à l'orange et aux amandes, carré d'agneau rôti en croûte, biscuit de chocolat coulant.
Chambres avec bain ou douche +WC+TV : Toutes. Terrasse, jardin, parking privé, piscine d'été, salle restaurant de caractère, salle de séminaires, chèques vacances, climatisation, ascenseur, TV satellites, animaux, accès handicapés

🇬🇧 In this beautiful restored farmhouse 17th C. our guests will be delighted. You will be able to savour traditional and refined cooking, in a convivial ambiance.

🇪🇸 Nuestra Belle Demeure, magnifica casa de Provenza del siglo XVII, restaurada, encantará a los amantes de lo auténtico. Usted podrá saborear en un cálido ambiente, una cocina gastronómica de calidad.

🇩🇪 Das Hotel Belle Demeure, aus dem 17.Jh., verführt die Liebhaber von Echtheit. In freundlicher Atmosphäre genießen Sie eine Küche von Qualität.

ARGELES SUR MER (66700) (P9-H13) — HÔTEL LES MOUETTES / RESTAURANT LA CORNICHE ★★★ Table gastronomique

A 50 km au Sud de Perpignan. - Route de Collioure la Corniche - Patrice LECOURT - Tél. : 04 68 81 82 83 - Fax : 04 68 81 32 73 - les-mouettes@logis-de-france-66.com - Fermeture : 22/10-31/03 ; mardi hors saison (restaurant). - Menus de 180 F à 260 F. Menu enfant : 75 F. Petit déjeuner : 60 F. 26 chambres de 300 F à 650 F. Demi pension de 320 F à 520 F. Etape VRP de 390 F à 450 F

A quelques minutes du centre historique de Collioure, découvrez dans un oasis de verdure, 27 chambres et suites offrant une vue sur le Golfe du Lion. Venez goûter une cuisine aux parfums et couleurs de la Méditerranée dans notre restaurant panoramique de la Corniche. Spécialités : ravioles de tourteaux au jus de crustacés, pavé de loup de méditerranée à la vanille, chèvre pané au miel.
Chambres avec bain ou douche +WC+TV : Toutes. Petit déjeuner buffet Terrasse, jardin, parking privé, piscine d'été, salle de séminaires, chèques vacances, climatisation, TV satellites, animaux, accès handicapés

🇬🇧 From few minutes away of the historic centre of Collioure, come to discover a green oasis, 27 bedrooms and suites offering a view on the Golfe du Lion. Come to savour cooking full of mediterranean' colours and flavors in our panoramic restaurant of La Corniche.

🇪🇸 A algunos minutos del centro histórico de Collioure, descubra en un oasis de verdor, 27 habitaciones y suites con vista al Golfo de Lion. Venga a saborear en nuestro restaurante panorámico de la Corniche, una cocina con perfumes y colores del Mediterráneo.

🇩🇪 Einige Minuten vom historischen Zentrum von Collioure, entdecken Sie eine grüne Oase, 27 Zimmer und Suiten mit Blick auf den Golf von Lion. Kosten Sie eine Küche mit dem Duft und den Farben des Mittelmeers in unserem Panoramarestaurant von Corniche.

CÉRET (66400) (P9-H13) — LA TERRASSE AU SOLEIL ★★★★ Table de prestige

A 30 km de Perpignan. - Route de Fontfrède - Tél. : 04 68 87 01 94 - Menus de 240 F à 290 F. Menu enfant : 120 F. Petit déjeuner : 80 F. 21 chambres de 840 F à 1535 F. Demi pension de 1340 F à 2235 F

PYRENEES ORIENTALES

CÉRET (66400) (P9-H13) — LES FEUILLANTS

Table gastronomique

A 30 km de Perpignan. - 1 Boulevard Lafayette - Robert & Lyliane ABRAHAM - David TANGUY - Tél. : 04 68 87 37 88 Fax : 04 68 87 44 68 - contact@les-feuillants.com - Fermeture : 20/12-27/12 ; vacances de février ; dimanche soir et lundi (restaurant). - Menus de 190 F à 450 F. Brasserie : 125 F + carte. Menu enfant : 120 F. Petit déjeuner : 75 F.6 chambres de 400 F à 800 F. Demi pension de 450 F à 900 F

Cette villa de charme début du siècle est située à l'ombre des platanes de la place Picasso et donne sur le vieux Céret, à deux pas du musée d'arts modernes. Des chambres de grand confort vous sont proposées pour un séjour des plus agréable avec une cuisine gastronomique de qualité. Spécialités : terrine de foie gras aux abricots moelleux et poivre séchuan, tournedos de saumon et crème de persil pommes écrasées à l'huile d'olive, civet de sanglier, brioche perdue aux figues de pays glace aux noix.
Chambres avec bain ou douche +WC+TV : Toutes.Terrasse, garage fermé, salle de séminaires, climatisation, ascenseur, animaux, accés handicapés

This charming house is situated under the shaded plane trees of the Picasso place and looks onto the old Céret, at 2 steps from the museum of modern arts. Rooms very comfortable are proposed for a very pleasant stay with a gastronomic cooking of quality.

Este encantador chalet de principios de siglo está situado en la plaza Picasso, bajo la sombra de pláTtanos, en el viejo Céret, a dos pasos del museo de artes modernas. Usted pasará una agradable estancia en sus confortables habitaciones y podrá saborear su cocina gastronómica de calidad.

Diese charmante Villa unter dem Schatten der Platane des Place Picasso, liegt zum alten Céret hin, ganz in der Nähe des Museums für moderne Kunst. Um Ihren Aufenthalt so angenehm wie möglich zu gestalten, werden Ihnen komfortable Zimmer und eine erstklassige Feinschmeckerküche geboten.

ENVEITG (66760) (P8-G13) — LE TRANSPYRÉNÉEN ★★

Table de Terroir

A 15 km de Font Romeu. N20 et N116. - 14 Avenue Belvédère - Jean-François CASAMITJANA - Tél. : 04 68 04 81 05 Fax : 04 68 04 83 75 - Fermeture : 1/10-20/12, 10/01-5/02, 1/05 -30/05. - Menus de 78 F à 170 F. Menu enfant : 50 F. Petit déjeuner : 38 F. 30 chambres de 200 F à 320 F. Demi pension de 250 F à 350 F. Etape VRP de 280 F à 295 F

L'établissement est situé dans un écrin de verdure, avec vue panoramique sur la chaîne des Pyrénées, au carrefour de Font Romeu, de l'Espagne et d'Andorre. C'est le point de départ idéal pour vos randonnées hiver comme été. Spécialités boles de Picoulat, confit de canard maison, bras de gitan, truite au Banyuls, gambas flambées au marc de Banyuls, crème catalane. Vins des différentes régions de France.
Chambres avec bain ou douche +WC+TV : 5 à 12 , 17à 30 , 33 à 37 , 43.
Terrasse, jardin, parking privé, garage fermé, chèques vacances, ascenseur, animaux, accés handicapés

Close to Font Romeu, Spain and Andorra, with panoramic view on the ranges of mountains Pyrénées, this establishment is an ideal starting place for your hiking.

Este establecimiento está situado en un espacio verde, con vista panorámica de los Pirineos, en la encrucijada de Font Romeu, de España y de Andorra. Punto de partida ideal para senderismos en invierno como en verano. Usted podrá saborear las especialidades de la Casa. Vinos de diferentes regiones de Francia.

Mitten im Grünen, unweit von Font-Romeu, Spanien und Andorra, entdecken Sie dieses Haus, das ein idealer Ausgangspunkt für Ihre Ausflüge ist, im Winter wie im Sommer.

Saveurs & Sites de France

PYRENEES ORIENTALES

FONT ROMEU (66120) (P8-G13) — CARLIT HÔTEL ★★★

RN 116 Perpignan / Puigcerda. A 90 km de Perpignan. - Avenue du Docteur Capelle - Jean-Pierre FORNES - Tél. : 04 68 30 80 30 Fax : 04 68 30 80 68 - carlit.hotel@wanadoo.fr - www.carlit-hotel.fr Fermeture : 1/10-30/11. - Menus de 100 F à 180 F. Menu enfant : 60 F. Petit déjeuner : 45 F. 58 chambres de 305 F à 470 F. Demi pension de 310 F à 425 F. Etape VRP : 300 F

La liberté d'un choix de formules. Le charme d'un hôtel de montagne. L'accueil d'une équipe à votre service. La cuisine soignée élaborée par un chef qui fait chanter les meilleurs produits régionaux. Le jardin belvédère avec piscine. Pour déguster la région : un montagnard vous guidera dans vos choix. Spécialités courriolettes de nos prés sur l'escalope de veau au Maury. Vins catalans, des Pyrénées, d'Espagne.
Chambres avec bain ou douche +WC+TV : Toutes. Petit déjeuner buffet
Terrasse, jardin, piscine d'été, , salle restaurant de caractère, salle de séminaires, chèques vacances, ascenseur, animaux

🇬🇧 The freedom of different menus. The charm of an hotel in the mountains. The welcome of a team at your disposal. The carefully-done cooking made by a chef who makes the best regional products sing. The garden has a swimming-pool . To discover the region a local guide will help you. Catalans wines from Pyrenées and Spain.
🇪🇸 La libertad en la elección de fórmulas. El encanto de un hotel de montaña. La acogida de un equipo a su disposición. La esmerada cocina elaborada por un jefe, que hace cantar los mejores productos regionales. El jardín mirador con piscina .Para saborear la región : un montañés le guiará en su elección. Vinos catalanes, de los Pirineos, de España.
🇩🇪 Freie Wahl verschiedener Möglichkeiten. Der Scharm eines Berghotels. Der Empfang durch ein Team, das Sie betreut.. Die gepflegte Küche von einem Küchenchef ausgearbeitet, der die besten lokalen Produkte singen lässt. Garten mit Rundblick und Schwimmbad. Kosten Sie die Region: ein Bergführer berät Sie.

Table de Terroir

LA LLAGONNE (66210) (P8-G13) — HÔTEL CORRIEU ★★

A 10 km de Font Romeu, 3 km de Mont Louis. - Brigitte & Alain CORRIEU - Tél. : 04 68 04 22 04 - Fax : 04 68 04 16 63 hotel.corrieu@wanadoo.fr - www.perso.wanadoo.fr/hotel.corrieu Fermeture : 26/03-8/06 ; 25/09-22/12. - Menus de 98 F à 170 F. Menu enfant : 52 F. Petit déjeuner : 42 F. 25 chambres de 175 F à 440 F. Demi pension de 205 F à 350 F. Etape VRP de 240 F à 460 F

En bordure du pittoresque village de La Llagonne, départ de nombreuses randonnées, au coeur du domaine de ski de fond et carrefour de 8 stations, cette ancien relais de diligences entièrement rénové vous offre des chambres au confort douillet, une cuisine traditionnelle à base des produits du terroir et fera de votre séjour un moment privilégié. Spécialités tourte au jambon et banyuls, coq braisé au vieux byrh, crème catalane.
Chambres avec bain ou douche +WC+TV : 3-4-5-14-15-16-20-21-22-28-29-38.
Terrasse, parking privé, salle restaurant de caractère, salle de séminaires, tennis, chèques vacances, animaux hôtel

🇬🇧 With view of the Pyrénées, this marvelous former house refurnished (relay of stage-coaches) will offer cosy bedrooms and a traditional cooking that will make your stay a privileged moment.
🇪🇸 Lindera a un pintoresco pueblo de la Llagonne, punto de partida de numerosas excursiones, en el centro de pistas de esquí de fondo y en la encrucijada de 8 estaciones, esta anciana parada de diligencias totalmente renovada, le brindará una agradable estancia con sus cómodas habitaciones y su cocina tradicional a base de productos locales.
🇩🇪 Mit Blick auf die Pyreneengipfel, bietet Ihnen dieses wunderschöne, renovierte Haus gemütliche, bequeme Zimmer und eine traditionelle Küche mit ländlichen Produkten, die Ihnen großartige Momente bescheren.

Table de Terroir

LLO-SAILLAGOUSE (66800) (P8-G13) — L'ATALAYA ★★★

Llo - A 2 km de Saillagouse - Tél. : 04 68 04 70 04 - Menus de 168 F à 368 F. Menu enfant : 80 F.
13 chambres de 510 F à 790 F

Table gastronomique

PERPIGNAN (66000) (P9-H12) — PARK HÔTEL - RESTAURANT LE CHAPON FIN ★★★

18 Boulevard Jean Bourrat - Tél. : 04 68 35 14 14 - Menus de 130 F à 300 F. Menu enfant : 70 F.
67 chambres de 250 F à 480 F

Table gastronomique

PYRENEES ORIENTALES

PERPIGNAN (66000) (P9-H12) — VILLA DUFLOT ★★★★

Table gastronomique

Rond Point Albert Donnezan - Tél. : 04 68 56 67 67 - Carte de 200 F à 250 F. Menu enfant : 80/120 F. 24 chambres de 640 F à 840 F

PRATS DE MOLLO LA PRESTE (66230) (P8-G13) — HÔTEL-RESTAURANT RIBES ★★

Table de Terroir

A9 D115 - La Preste - Alain RIBES - Tél. : 04 68 39 71 04 - Fax : 04 68 39 78 02 - hotel.ribes@free.fr - www.hotel.ribes.free.fr
Fermeture : 28/10-31/03. - Menus de 60 F à 150 F. Menu enfant : 40 F. Petit déjeuner : 35 F.
24 chambres de 165 F à 345 F. Demi pension de 185 F à 270 F

A 1130 m d'altitude, dans un cadre naturel exceptionnel avec vue panoramique sur la vallée du Tech, l'Hôtel-Restaurant RIBES vous réserve un accueil familial et une cuisine traditionnelle du terroir. Spécialités : assiette montagnarde (charcuterie du Haut Vallespir), carré d'agneau Catalan, rosé des Pyrénées au Banyuls, truite du Haut Vallespir aux amandes, tarte maison aux myrtilles.
Chambres avec bain ou douche +WC+TV : 1 à 8 ; 14 à 17. Terrasse, jardin, parking privé, garage fermé, salle restaurant de caractère, chèques vacances, animaux hôtel

In an exceptional natural's setting at 1130 metres of altitude with panoramic scene of Valley of Tech, the hotel-restaurant RIBES will reserve you a familial welcome as well as a traditional cooking.

A 1130 metros de altitud, en un lugar excepcional con vista panorámica al valle del Tech, el Hotel-Restaurante RIBES le propone una acogida familiar y una cocina tradicional-regional.

In 1130 m Höhe, in einem außergewöhnlichen natürlichen Rahmen mit Rundblick ins Tal des Tech, bereitet Ihnen das Hotel-Restaurant Ribes einen familiären Empfang und eine traditionelle ländliche Küche.

ST CYPRIEN SUD (66750) (P9-H13) — HÔTEL L'ILE DE LA LAGUNE-RESTAURANT L'ALMANDIN ★★★★

Table de prestige

A 14 km de Perpignan - Boulevard de l'Almandin - Tél. : 04 68 21 01 02 - Menus de 195 F à 390 F. Menu enfant : 80 F.
20 chambres de 730 F à 1450 F

ST CYPRIEN PLAGE SUD (66750) (P9-H13) — MAR I SOL ★★

Table de Terroir

Sur N9 à 15 km de Perpignan. - Rue Rodin - Jean-Luc PADROS - Tél. : 04 68 37 31 00 - Fax : 04 68 37 03 11
Fermeture : 1/01-1/03 ; Mercredi. - Menus de 65 F à 140 F. Menu enfant : 35 F.
45 chambres de 200 F à 320 F

Cet établissement moderne et confortable, situé sur le littoral, vous accueillera chaleureusement et vous fera partager sa cuisine traditionnelle. Spécialités : poissons, fruits de mer, anchois, boullinade, spécialités catalanes.
Chambres avec bain ou douche +WC+TV : Toutes.
Chèques vacances, animaux

This modern and comfortable establishment situated on the littoral welcomes you cordialy and make you taste its specialities.

Este establecimiento moderno y confortable, ubicado en el litoral, le acogerá cálidamente y le hará compartir su cocina tradicional.

Dieses moderene und komfortable Haus an der Küste, heißt Sie herzlich willkommen und läßt Sie an ihrer traditionellen Küche teilhaben.

BAS RHIN

ITTERSWILLER (67140) (P7-L4) — HÔTEL-RESTAURANT ARNOLD ★★★

Table gastronomique

A 30 km de Strasbourg. - 98 Route des Vins - Tél. : 03 88 85 50 58 - Menus de 130 F à 365 F. Menu enfant : 65 F. 30 chambres de 440 F à 650 F

LA PETITE PIERRE (67290) (P6-L3) — HÔTEL-RESTAURANT AU LION D'OR ★★★

Table gastronomique

A 25 km de Saverne et 60 km de Strasbourg.-15 Rue Principale - Philippe VELTEN - Tél. : 03 88 01 47 57 - Fax : 03 88 01 47 50 phil.lion@liondor.com - www.liondor.com Fermeture : 3/01-3/02 ; 2/07-11/07. - Menus de 120 F à 350 F. Menu enfant : 65 F. Petit déjeuner : 55 F.40 chambres de 300 F à 480 F. Demi pension de 375 F à 420 F. Etape VRP : 350 F

Situé au coeur du Parc Naturel Régional des Vosges du Nord, Au Lion d'Or, dirigé par la même famille depuis plusieurs générations,   est le cadre idéal pour passer vos vacances, fêtes de famille, séminaires. Vous y apprécierez une cuisine traditionnelle dans une salle à manger avec vue panoramique. Spécialités : foie gras, gibier. Chambres avec bain ou douche +WC+TV : Toutes. Petit déjeuner buffet
Terrasse, jardin, parking privé, garage fermé, , piscine d'hiver, salle restaurant de caractère, salle de séminaires, tennis, chèques vacances, ascenseur, TV satellites, animaux, accés handicapés

Situated in the heart of the Regional Parc of the Vosgos du Nord. Au Lion d'Or run by the same family forseveral generations, the Lion d'Or is an ideal setting to spend your holidays, family vaccations, seminars. You will appreciate a traditional cooking in the living room which has a panoramic view.

En el corazón del Parque Natural Regional de los Vosgos del Norte, dirigida por la misma familia desde hace varias generaciones, Au Lion d'Or es el marco ideal para sus vacaciones, fiestas de familia, seminarios. Usted apreciará una cocina tradicional en un comedor con vista panorámica.

Seit Generationen von der gleichen Familie betrieben, ist der Lion d'Or ein idealer Ort für Urlaub, Familienfeste, Seminare. Sie genießen dort eine traditionelle Küche in einem Speisesaal mit Rundsicht.

LA PETITE PIERRE (67290) (P6-L3) — RESTAURANT - HÔTEL DES VOSGES ★★

Table gastronomique

A 22 km de Saverne. - 30 Rue Principale - Jean WEHRUNG - Tél. : 03 88 70 45 05 - Fax : 03 88 70 41 13 Fermeture : Février ; 23/07-3/08 ; mardi (restaurant). - Menus de 120 F à 315 F. Menu enfant : 65 F. Petit déjeuner : 55 F. 33 chambres de 295 F à 960 F. Demi pension de 320 F à 470 F. Etape VRP de 320 F à 360 F

Cette maison créée en 1924 et tenue depuis 4 générations par la même famille est située au centre du village et bénéficie d'une vue panoramique sur la vallée et les forêts environnantes. Winstub, salons, salle de séminaires, espace de remise en forme, restaurant de tradition connu dans la région. Spécialités : écrevisses, truites du vivier, foie gras, coq au riesling, gibier.
Terrasse, jardin, parking privé, garage fermé, salle restaurant de caractère, salle de séminaires, chèques vacances, ascenseur, TV satellites, petit déjeuner buffet, animaux, accés handicapés

This house created in 1924 and run for 4 generations by the same family is situated in the center of the village and has a panoramic view of the valley and the neighbouring forests. Winstub, meeting rooms, traditional restaurant well-known in the region.

Esta casa creada en 1924 y dirigida desde hace 4 generaciones por la misma familia, está ubicada en el centro del pueblo y posee una vista panorámica del valle y de los bosques circundantes. Usted podrá aprovechar de sus salones, sala para seminarios, un espacio para estar en forma y un restaurante tradicional conocido en la región.

Dieses Haus, erbaut im Jahre 1924, ist seit 4 Generationen in Familienbesitz und befindet sich in der Dorfmitte mit Panorama auf das Tal und die umliegenden Wälder. Veranstaltungsräume, Konferenzräume und tradionelles Restaurant mit regional bekannter Küche.

LA WANTZENAU (67610) (P7-M4) — RESTAURANT A LA BARRIÈRE

Table de prestige

A 12 km de Strasbourg - 3, route de Strasbourg - Tél. : 03 88 96 20 23 - Menus de 150 F à 400 F. Menu enfant : 65 F

www.tables-auberges.com ➞ réservation gratuite (0% de commission)

# BAS RHIN

MARLENHEIM (67520) (P7-L4) — LE CERF ★★★

Table de prestige

A 15 km de Strasbourg. - 30 Rue du Général de Gaulle - Tél. : 03 88 87 73 73 - Menus de 320 F à 685 F. Menu enfant : 95 F. Petit déjeuner : 95 F. 15 chambres de 550 F à 1200 F

MOLSHEIM (67120) (P7-L4) — HÔTEL-RESTAURANT DIANA ★★★

Table gastronomique

14 Rue Sainte Odile - Tél. : 03 88 38 51 59 - Menus de 205 F à 315 F. Menu enfant : 90 F. 58 chambres de 420 F à 460 F.

OBERNAI (67210) (P7-L4) — A LA COUR D'ALSACE ★★★★

Table gastronomique

3 Rue de Gail - Tél. : 03 88 95 07 00 - Menus de 165 F à 365 F. Menu enfant : 80 F. Petit déjeuner : 80 F. 44 chambres de 650 F à 900 F. Demi pension de 930 F à 990 F

OBERNAI (67210) (P7-L4) — LE PARC ★★★★

Table gastronomique

169 Route d'Ottrott - Tél. : 03 88 95 50 08 - Menus de 220 F à 400 F. Menu enfant : 90 F. 56 chambres de 690 F à 1065 F

OBERNAI (67210) (P7-L4) — HÔTEL LE COLOMBIER ★★★

A 25 km de Strasbourg. - 6/8 Rue Dietrich - Tél. : 03 88 47 63 33 - 44 chambres de 395 F à 580 F. Petit déjeuner : 50 F

OTTROTT LE HAUT (67530) (P7-L4) — HOSTELLERIE DES CHÂTEAUX ★★★★

Table gastronomique

A 4 km d'Obernai. - 11 Rue des Châteaux - Tél. : 03 88 48 14 14 - Menus de 160 F à 450 F. Menu enfant : 100 F. 66 chambres de 650 F à 1800 F (appartements)

OTTROTT LE HAUT (67530) (P7-L4) — LE CLOS DES DÉLICES ★★★

Table gastronomique

A 3 km d'Obernai. - 17 Route de Klingenthal - Tél. : 03 88 95 81 00 - Menus de 160 F à 380 F. Menu enfant : 85 F. 22 chambres de 380 F à 680 F

SELESTAT (67600) (P7-L4) — RESTAURANT JEAN FRÉDÉRIC EDEL

Table de prestige

7 Rue des Serruriers - Tél. : 03 88 92 86 55 - Menus de 188 F à 490 F

SELESTAT (67600) (P7-L4) — AUBERGE A L'ILLWALD

Table de Terroir

Le Schnellenbuhl - A 6 km de Sélestat - Tél. : 03 88 85 35 40 - Menus de 165 F à 210 F. Menu enfant : 45 F

 **BAS RHIN**

STRASBOURG (67000) (P7-M4) — RESTAURANT FESTIN DE LUCULLUS Table gastronomique

A 100 m de la cathédrale. - 18 Rue Saint Hélène - Tél. : 03 88 22 40 78 - Menu à 170 F

STRASBOURG (67000) (P7-M4) — LA VIEILLE TOUR Table de Terroir

1 Rue Adolphe Seyboth - Tél. : 03 88 32 54 30 - Menus de 120 F à 195 F

STRASBOURG (67300) (P7-M4) — HÔTEL BEAUCOUR-BAUMANN ★★★

5 Rue des Bouchers - Tél. : 03 88 76 72 00 - 49 chambres de 380 F à 950 F

WANGENBOURG-OBERSTEIGEN (67710) (P7-L4) — HOSTELLERIE BELLE-VUE ★★★ Table gastronomique

A 15 km de Saverne et 38 km à l'Ouest de Strasbourg. - 16 Route de Dabo - Jean-Paul URBANIAK - Tél. : 03 88 87 32 39
Fax : 03 88 87 37 77 - hostellerie.belle-vue@wanadoo.fr - Fermeture : 5/01-5/04 ; lundi hors saison. - Menus de 98 F à 200 F.
Menu enfant : 60 F. Petit déjeuner : 50 F. 35 chambres de 350 à 600 F. Demi pension de 350 F à 500 F. Etape VRP de 400 F à 500 F

Situé au pied du plus grand massif forestier des Vosges, cet établissement de tradition familiale où il fait bon s'arrêter se fera un plaisir de vous recevoir. Spécialités : foie gras de canard, poitrine de pintade farcie aux pruneaux, filet de sandre rôti au Gewurtztraminer sur petits légumes, civet de chevreuil.
Chambres avec bain ou douche +WC/TV : Toutes. Petit déjeuner buffet Terrasse, jardin, parking privé, garage fermé, piscine d'été, salle restaurant de caractère, salle de séminaires, chèques vacances, ascenseur, animaux hôtel

🇬🇧 In the heart of the most biggest forested massive, this establishment of family's tradition, is a nice place to stop and were the best welcome will be reserve for you.

🇪🇸 Al pie del más grande macizo forestal de los Vosgos, este establecimiento de tradición familiar, donde es bueno detenerse, tendrá el placer de recibirle. Usted podrá saborear las especialidades de la casa.

🇩🇪 Im Herzen des größten Waldmassifs der Vogesen erwartet Sie dieses familiäre Haus, wo am so gerne anhält und die Spezialitäten des Hauses genießt.

Le Goût de l'Authenticité

 **HAUT RHIN**

BALDERSHEIM (68390) (P7-M5) AU CHEVAL BLANC ★★

A 7 km de Mulhouse. A36 sortie 32 ; CD422 ou CD201. - 27 Rue Principale - Jean & Pierre LANDWERLIN - Tél. : 03 89 45 45 44 Fax : 03 89 56 28 93 ; cheval-blanc@wanadoo.fr - www.hotel-cheval.blanc.com Fermeture : 23/12-4/01 ; dimanche soir (restaurant). - Menus de 92 F à 250 F. Menu enfant : 54 F. Petit déjeuner : 45 F. 81 chambres de 260 F à 385 F. Demi pension de 270 F à 415 F. Etape VRP de 360 F à 415 F

Exploité de père en fils depuis plus de 100 ans, Au Cheval Blanc vous offre le confort de ses chambres personnalisées et un restaurant qui met à votre disposition une cuisine soignée et une cave de qualité.
Spécialités : jarret de porc sur choucroute, civet de marcassin spaetzli, tournedos aux morilles et sa garniture, kougelhopf glacé, tarte aux mirabelles.
Chambres avec bain ou douche +WC+TV : Toutes. Petit déjeuner buffet Parking privé, piscine d'hiver, salle de séminaires, chèques vacances, canal+, ascenseur, TV satellites, animaux, accés handicapés

Handed down from father to son for more than 100 years, Au Cheval Blanc is offering comfortable bedrooms with a personal touch as well as a restaurant that places at your disposal a carefully done cooking and a great wine list of quality.

Explotado de padre a hijo desde hace más de 100 años, Au Cheval Blanc le ofrece el confort de sus habitaciones personalizadas y un restaurante que pone a su disposición una esmerada cocina y una bodega de calidad.

Seit 100 Jahren von Generation zu Generation bewirtschaftet, bietet Ihnen das Cheval Blanc den Komfort seiner personalisierten Zimmer und ein Restaurant mit gepflegter Küche und hehrorragendem Weinkeller.

BERGHEIM (68750) (P7-L4) WISTUB DU SOMMELIER

A 2 km de Ribeauvillé. - 51 Grand Rue - Patrick SCHNEIDER - Tél. : 03 89 73 69 99 - Fax : 03 89 73 36 58 Fermeture : 23/12-15/01 ; mardi soir et mercredi. - Menus de 135 F à 250 F. Menu enfant : 45 F

Situé dans un village médiéval du XVIème siècle, cet établissement, authentique, avec kaecheloffen en faïence, vous proposera des produits du terroir accompagnés de grands vins d'Alsace.
Spécialités : sandre poché au pinot noir, joues de boeuf braisées grand-mère.
Salle restaurant de caractère, animaux

Situated in a medieval village of the XVI century, this establishment, authentic with eartenware kaecheloffen, will offer you traditional products with Alsacian wine.

Este auténtico establecimiento, situado en un pueblo medieval del siglo XVI, le propone productos regionales acompañados con grandes vinos de Alsace.

Dieses authentische Haus mit Kachelofen, in einem mittelalterlichen Dorf des 16 Jh. gelegen , bietet Ihnen regionale Produkte in Verbindung mit renommierten Weinen des Elsasses.

Tourisme & Gastronomie

HAUT RHIN

COLMAR (68000) (P7-L5) — HÔTEL SAINT MARTIN ★★★

Centre vieille ville. - 38 Grand-Rue - Jean & Odile WINTERSTEIN - Tél. : 03 89 24 11 51 - Fax : 03 89 23 47 78
colmar@hotel-saint-martin.com - www.hotel-saint-martin.com Fermeture : 1/01-28/02. - 24 chambres de 390 F à 750 F. Petit déjeuner : 55 F

Situé à 50 m de l'Ancienne Douane et 80 m de La cathédrale St Martin, cet hôtel vous accueille au coeur du vieux Colmar historique dans le cadre d'une ancienne demeure joliment rénovée. La majesté de son architecture vous séduira… authentique façade Louis XVI, tourelle Renaissance sur cour intérieure ornée d'un superbe escalier en colimaçon. Vous serez sous le charme de ses chambres chaleureuses et calmes offrant chacune une ambiance différente et un décor de caractère.
Chambres avec bain ou douche +WC+TV : Toutes. Petit déjeuner buffet Chèques vacances, ascenseur, animaux hôtel

50 yd from the Old Customs House and 80 yd from St Martin's Cathedral, this hotel welcomes you to a genuine old residence at the very heart of the historical centre of Colmar. You will be enchanted by the warm, quiet guest rooms, each one individually appointed and offering a different character.

A 50 m de la Antigua Aduana y a 800 m de la catedral St.Martin, este hotel le acoge en el corazón del histórico Colmar, en el ambiente de una antigua morada renovada con gusto. Las calmas habitaciones, ofrecen cada una un ambiente diferente y un decorado original.

50 m von der alten Zollstation und 80 m von der Kathedrale St Martin entfernt, empfängt Sie dieses geschichtsträchtige, nett restaurierte Hotel inmitten des historischen Colmars. Die ruhigen Zimmer bieten individuellen Charme und ein unterschiedliches Ambiente mit charaktervollem Dekor.

EGUISHEIM (68420) (P7-L5) — HOSTELLERIE DU PAPE ★★★   *Table gastronomique*

A 5 km de Colmar. - 10 Grand Rue - Menus de 98 F à 310 F. Menu enfant : 60 F.
33 chambres de 330 F à 530 F

EGUISHEIM (68420) (P7-L5) — RESTAURANT AU VIEUX PORCHE   *Table gastronomique*

A 5 km de Colmar. - 16 Rue des 3 Châteaux - Betty & Pascal FEUERMANN - Tél. 03 89 24 01 90 - Fax : 03 89 23 91 25
Fermeture : 28/02-20/03 ; 26/06-3/07 ; 13/11-20/11 ; Mardi et Mercredi midi. - Menus de 105 F à 350 F. Menu enfant : 60 F

Dans un cadre coquet entièrement rénové et typiquement alsacien, nous vous proposons une cuisine régionale et gastronomique des plus convaincantes privilégiant les spécialités de poissons, plats du terroir et produits frais de saison. Grande carte des vins : 250 références dont vins d'Alsace de notre propre récolte.
Terrasse, parking privé, salle restaurant de caractère, animaux

In a pretty environment typical of Alsace, we propose to you traditional and gastronomic cooking that is based on fish. Card of wine : 250 references , Alsacian wines of our harvest.

En un ambiente coqueto completamente renovado y típicamente alsaciano, le proponemos una cocina regional y gastronómica, una de las más convincentes, la cual privilegia las especialidades de pescados, los platos locales y los productos de estación. Gran carta de vinos : 250 referencias, vinos de Alsace de nuestra cosecha.

In einem hübschen und typisch elsässer Rahmen bewirten wir Sie mit bester regionaler und gastronomischer Küche, hauptsächlich mit Fischspezialitäten und Frischprodukten der Saison. Große Weinkarte, teilweise aus eigener Weinlese.

FROENINGEN (68720) (P7-L5) — AUBERGE DE FROENINGEN ★★★   *Table gastronomique*

A 7 km de Mulhouse. - 2 Route d'Allfurth - Tél. : 03 89 25 48 48 - Menus de 80 F à 350 F. Menu enfant : 65 F. Petit déjeuner : 45 F.
7 chambres de 350 F à 400 F

HAUT RHIN

GUEBWILLER (68500) (P7-L5) — HÔTEL-RESTAURANT DE L'ANGE ★★★

A 20 km au nord de Mulhouse. - 4 Rue de la Gare - Alain RIETHMULLER - Tél. : 03 89 76 22 11 - Fax : 03 89 76 50 08 - www.alsanet.com/ange Fermeture : Dimanche soir et lundi (restaurant). - Menus de 65F à 300 F. Menu enfant : 50 F. Petit déjeuner : 42 F. 36 chambres de 235 F à 370 F. Demi pension : 310 F. Etape VRP : 310 F

Table de Terroir

Situé au pied du Grand-Ballon, à proximité de Colmar et Mulhouse, sur la Route des Vins, l'Hôtel-restaurant de l'Ange allie la modernité et la tradition alsacienne. Spécialités : gibier en saison, pragelfleisch à l'ancienne, ravioles d'escargots, mousse glacée au marc de Gewurztraminer. Vins d'Alsace. Chambres avec bain ou douche +WC+TV : Toutes. Petit déjeuner buffet
Terrasse, parking privé, salle de séminaires, chèques vacances, ascenseur, animaux, accés handicapés

🇬🇧 At the foot of the Grand-Ballon, close to Colmar and Mulhouse, on the Route des Vins. This hotel restaurant mixes modernity and Alsacian's tradition. Alsacian wines stocked.

🇪🇸 Al pie del Grand-Ballon, cerca de Colmar y Mulhousse, por la ruta de los vinos, el hotel-restaurante l'Ange une la modernidad y la tradición alsaciana. Vinos de Alsace.

🇩🇪 Auf der Weinstraße, in der Nähe von Colmar und Mühlhausen verbindet das Hotel-Restaurant die moderne Küche mit der elsäßer Tradition.

HAGENTHAL LE HAUT (68220) (P7-L5) — RESTAURANT ANCIENNE FORGE

A 15 km de Saint Louis. - 52 Rue Principale - Tél. : 03 89 68 56 10 - Menus de 190 F à 390 F

Table de prestige

HEGENHEIM (68220) (P7-M5) — AUBERGE AU BOEUF ROUGE

A 8 km de Saint Louis et 8 km de Bâle. - 9 Rue de Hésingue - Martin DIRRIG - Tél. : 03 89 69 40 00 - Fax : 03 89 67 78 69 Fermeture : 25/12-31/12 ; fin Juillet/début Août ; Mardi soir et Mercredi. - Menus de 58 F à 220 F. Menu enfant : 50 F

Table de Terroir

Dans la pure tradition de cette auberge, la qualité et la convivialité sont au quotidien. Une équipe jeune et engagée vous offriront un très bon moment alsacien. Spécialités : choucroute au Crémant, baeckoaffa de poissons, entrecôte boeuf rouge aux deux sauces. Belle carte des vins, Alsace et Bordeaux.
Terrasse, parking privé, salle de séminaires, climatisation, animaux

🇬🇧 In the pure tradition of this inn, the quality and conviviality are daily present. A young commited team will offer you a great alsacian moment.

🇪🇸 La auténtica tradición de esta posada es su cotidiana calidad y conviabilidad. Un equipo joven y prometedor le hará pasar un excelente momento alsaciano. Atractiva carta de vinos, Alsace y Bordeaux.

🇩🇪 In der puren Tradition dieses Gasthauses sind Qualität und Gastfreundschaft der Alltag. Ein junges und engagiertes Team bieten Ihnen sehr schöne Elsässer Stunden.

68. HAUT RHIN

HUSSEREN LES CHATEAUX (68420) (P7-L5) — HÔTEL HUSSEREN-LES-CHÂTEAUX ★★★

Table de Terroir

A 6 km au Sud de Colmar. - Rue du SCHLOSSBERG - Lucas de JONG - Tél. : 03 89 49 22 93 - Fax : 03 89 49 24 84 - lucas@calixo.net - www.alsanet.com/huss-chateau ou www.visit-alsace.com/husseren - Ouvert toute l'année. - Menus de 120 F à 335 F. Menu enfant : 60 F. Petit déjeuner : 68 F. 38 chambres de 490 F à 990 F. Demi pension : 620 F. Etape VRP : 487 F.

Situé en bordure de la route du vin, à l'orée de la forêt, cet établissement de construction moderne avec magnifique vue sur la plaine d'Alsace vous réservera le meilleur accueil. Spécialités : poissons, buffet danois. Vins : blancs de Husseren les Châteaux. Chambres avec bain ou douche +WC+TV : Toutes. Petit déjeuner buffet
Terrasse, jardin, parking privé, piscine d'hiver, salle de séminaires, tennis, chèques vacances, climatisation, ascenseur, TV satellites, animaux, accès handicapés

🇬🇧 Situated beside the Road of Wine at the edge of the forest, at the foot of ruins of three castles, this modern establishment with magnificient view on the plain of Alsace will reserve the best welcome for you.

🇪🇸 Este moderno establecimiento ubicado en el borde de la carretera del vino, lindero a un bosque y con una magnífica vista de la llanura de Alsace, le brindará una cálida acogida.

🇩🇪 Am Waldrand, neben einer Weinstraße und am Fuß von drei Schlossruinen empfängt man Sie bestens in dem neugebauten Hotel mit wunderschönem Blick auf elsässer Ebene.

INGERSHEIM (68040) (P7-L5) — RESTAURANT-HÔTEL GÉRARD KUEHN ★★★

Table gastronomique

A 2 km de Colmar. - Quai de la Fecht - Tél. : 03 89 27 38 38 - Menus de 160 F à 400 F. Menu enfant : 65 F. 28 chambres de 270 F à 450 F

ISSENHEIM (68500) (P7-L5) — AUBERGE JEAN-LUC WAHL

Table gastronomique

A 2 km de Guebwiller. - 58 Route de Rouffach - Tél. : 03 89 76 86 68 - Menus de 130 F à 410 F

JUNGHOLTZ (68500) (P7-L5) — LES IRIS ★★★

Table de Terroir

A 3 km de Soultz. - Hostellerie de Thierenbach - Tél. : 03 89 76 93 01 - Menus de 75 F à 220 F. Menu enfant : 58 F. 16 chambres de 350 F à 530 F

KIENTZHEIM (68240) (P7-M5) — HÔTEL DE L'ABBAYE D'ALSPACH ★★★

A 2 km de Kaysersberg. - 2/4 Rue Foch - Tél. : 03 89 47 16 00 - 29 chambres de 300 F à 465 F. Petit déjeuner : 52 F

TABLES & AUBERGES DE FRANCE
Tourisme & Gastronomie

www.tables-auberges.com → réservation gratuite (0% de commission)

68. HAUT RHIN

LAPOUTROIE (68650) (P7-L5)

HÔTEL-RESTAURANT DU FAUDÉ ★★★

Table gastronomique

A 20 km au Nord-Ouest de Colmar. - 28 Rue du Général Dufieux - Thierry BALDINGER - Tél. : 03 89 47 50 35 Fax : 03 89 47 24 82 - info@faude.com - www.faude.com Fermeture : 11/03-30/03 ; 4/11-29/11. - Menus de 90 F à 420 F. Menu enfant : 60 F. Petit déjeuner : 55 F.31 chambres de 340 F à 510 F. Demi pension de 355 F à 470 F. Etape VRP : 350 F

En plein coeur du pays welche, la famille Baldinger vous accueille en costume alsacien. Vous apprécierez sa table et sa gastronomie régionale ainsi que sa cave . L'hôtel vous offre calme et détente avec sa piscine, son jacuzzi et son espace forme avec sauna, hammam ... Possibilité d'apéritif à la cave. Spécialités : cordon bleu de cochon au duo de munster, salade de truitelles. Chambres avec bain ou douche +WC+TV : Toutes. Petit déjeuner buffet Terrasse, jardin, parking privé, garage fermé, piscine d'été, piscine d'hiver, salle restaurant de caractère, salle de séminaires, chèques vacances, climatisation, ascenseur, TV satellites, animaux, accès handicapés

🇬🇧 In heart of Welche land, the family Baldinger welcomes you in local costume,. You will appreciate its regional gastronomy as well as its wine that are representative of the region. The hotel offers you calm and rest with its swimming pool, jacuzzi and its grounds crossed by a river. Possibility of having an aperitif in the cellar.

🇪🇸 La familia Baldinger, en indumentaria alsaciana le acogerá y le hará apreciar su mesa, su gastronomía regional, así como su bodega, digna representante de vinos locales. El hotel le ofrece tranquilidad con su piscina, jacuzzi, sauna, baño turco, solario y un parque atravesado por un río.

🇩🇪 Dieses Haus liegt in einem hübschen Garten von einem Bach durchquert. Genießen Sie dort die regionale Gastronomie sowie die süffigen Landweine. Aperitif im Weinkeller möglich. Bedienung in elsässischen Kostümen.

MULHOUSE (68100) (P7-L5)

HÔTEL BRISTOL ★★★

Au centre ville, proche des rues piétonnes. - 18 Avenue Colmar - Léon GUTZWILLER - Tél. : 03 89 42 12 31 - Fax : 03 89 42 50 57 www.hotelbristol.com - Ouvert toute l'année. - 70 chambres de 280 F à 650 F. Petit déjeuner : 45 F. Demi pension de 230 F à 280 F. Etape VRP de 360 F à 400 F

L'hôtel Bristol vous propose un accueil chaleureux et familial, des chambres modernes meublées avec goût, toutes desservies par un ascenseur. Sa situation privilégiée vous donne un large éventail de possibilités de loisirs (12 musées prestigieux à proximité, centre historique de la vieille ville). Restaurant Alsacien à proximité. Menus de 70 F à 200 F. Chambres avec bain ou douche +WC+TV : Toutes. Petit déjeuner buffet Parking privé, garage fermé, salle de séminaires, chèques vacances, ascenseur, TV satellites, animaux

🇬🇧 The hotel Bristol offers you a warm and familial welcome. Roomsare tastefull and modern all of them served by elevator. The privileged situation of the hotel gives you great possibilities of leisure (12 prestigious museums, historic centre of the old town). Near Alsacian restaurant. Menus from 70 to 200 F.

🇪🇸 El Hôtel Bristol, con su cálida y familiar acogida le propone modernas habitaciones amuebladas con gusto (todas con acceso a un ascensor). Gracias a su situación privilegiada, existen numerosas distracciones para sus ratos de ocio (12 prestigiosos museos en las cercanías, centro histórico de la vieja ciudad). Restaurante alsaciano a proximidad. Menús de 70 F a 200 F.

🇩🇪 Das Hôtel Bristol bietet Ihnen einen herzlichen und familiären Empfang, moderne, geschmackvoll möblierte Zimmer und Aufzug für alle zugänglich. Durch seine privilegierte Lage haben Sie eine große Auswahl an Freizeitmöglichkeiten.

MUNSTER (68140) (P7-L5)

VERTE VALLÉE ★★★

Table gastronomique

A 18 km de Colmar - 10, rue A. Hartmann - Tél. : 03 89 77 15 15 - Menus de 100 F à 270 F. Menu enfant : 70 F. 107 chambres de 400 F à 460 F

www.tables-auberges.com ● réservation gratuite (0% de commission)

HAUT RHIN

NEUF-BRISACH (68600) (P7-M4) — RESTAURANT LA PETITE PALETTE

*A 15 km de Colmar. - 16 Rue de Bale - Henri GAGNEUX - Tél. : 03 89 72 73 50 - Fax : 03 89 72 61 93 - ppalette@caramail.fr
Fermeture : 1/08-15/08 ; dimanche soir, lundi et mardi soir. - Menus de 68 F à 450 F. Menu enfant : 75 F*

Situé en centre ville, cet établissement au décor contemporain vous réservera le meilleur accueil et saura vous régaler de ses spécialités : foie gras chaud au kougelhoff, aumônière de Berawecka.
Chèques vacances, climatisation, animaux, accés handicapés

🇬🇧 Situated in the town centre, this establishment with a modern decorate will reserve the best welcome and will offer its specialities;

🇪🇸 Situado en el centro de la ciudad, este establecimiento con su decoración contemporánea le brindará una excelente acogida y le hará saborear sus especialidades.

🇩🇪 Dieses Restaurant in zeitgenössigem Dekor, im Stadtzentrum gelegen, bereitet Ihnen einen herzlichen Empfang und versteht es, Sie mit den Spezialitäten des Hauses zu erfreuen.

ORBEY (68370) (P7-L5) — AU BOIS LE SIRE ★★★

*A l'ouest de Colmar (20 km) et à 10 km de Kaysersberg. - 20 Rue Charles de Gaulle - Mme SAULNIER Isabelle - Tél. : 03 89 71 25 25
Fax : 03 89 71 30 75 - boislesire@bois-le-sire.fr - www.bois-le-sire.fr Fermeture : 2/01-5/02 ; lundi (sauf juillet/août) et dimanche soir hors saison.
Menus de 95 F à 320 F. Menu enfant : 50 F. Petit déjeuner : 50 F. 35 chambres de 285 F à 375 F. Demi pension de 315 F à 365 F. Etape VRP : 360 F*

Au pied de la ligne bleue des Vosges, cette maison chaleureuse vous attend. Isabelle et son équipe sauront vous faire apprécier leur cuisine gastronomique ainsi que le confort et le charme de l'établissement. Spécialités : foie gras maison, filet de sandre à la crème de raifort, carré d'agneau jus au basilic.
Chambres avec bain ou douche +WC+TV : Toutes. Petit déjeuner buffet
Terrasse, parking privé, piscine d'hiver, salle de séminaires, chèques vacances, TV satellites, animaux

🇬🇧 A the foot of the Vosges, the Florence family will let you appreciate its gastronomic cooking and the comfort and quietness of their cosy house.

🇪🇸 Al pie de los Vosgos, esta cálida casa le espera. Isabelle y su equipo le harán apreciar su cocina gastronómica en un encantador y confortable ambiente.

🇩🇪 Am Fuße der blauen Linie der Vogesen, erwartet Sie ein herzliches Haus. Isabelle und ihr Team verwöhnen Sie mit Ihrer erlesenen Küche sowie dem Komfort und dem Scharm ihres Hauses.

RIBEAUVILLE (68150) (P7-L4) — LE CLOS SAINT VINCENT ★★★★

*A 14 km de Colmar - Tél. : 03 89 73 67 65 - Menus de 185 F à 255 F. Menu enfant : 70 F.
15 chambres de 850 F à 1250 F. Petit déjeuner compris. Demi pension de 680F à 880 F*

RIQUEWIHR (68340) (P7-L4) — AUBERGE DU SCHOENENBOURG

A 12 km de Colmar. - 2 Rue de la Piscine - Tél. : 03 89 47 92 28 - Menus de 190 F à 420 F

HAUT RHIN 68

ROUFFACH (68250) (P7-L5) — CHÂTEAU D'ISENBOURG ★★★★

Table gastronomique

A 15 km de Colmar - Tél. : 03 89 78 58 50 - Menus de 290 F à 750 F. Menu enfant : 125 F. Petit déjeuner : 90/140 F. 41 chambres de 720 F à 2500 F. Demi pension de 1190 F à 3440 F

ST HIPPOLYTE (68590) (P7-L4) — HOSTELLERIE MUNSCH AUX DUCS DE LORRAINE ★★★

Table gastronomique

A 7 km de Sélestat et 18 km de Colmar. - 16 Route du Vin - Christophe MEYER - Tél. : 03 89 73 00 09 - Fax : 03 89 73 05 46 Fermeture : 8/01-16/02 ; 30/07-4/08 ; 13/11-30/11Rest. : vendredi midi, lundi et dimanche soir (1/11-15/05) - Menus de 135 F à 345 F. Petit déjeuner : 75 F. 36 chambres de 310 F à 750 F. 4 appartements de 950 F à 1100 F. Demi pension de 495 F à 650 F. Etape VRP de 390 F à 400 F

Au coeur du vignoble alsacien, au pied du château du Haut-Koenigsbourg, point de départ idéal pour tout circuit touristique, cet établissement vous fera découvrir une cuisine régionale traditionnelle de qualité. Spécialités : escalope de foie de canard poêlée au marc de gewurztraminer, saint pierre poêlé aux petits légumes sauce carottes, souvaroff de ris de veau, croustillant aux griottines à la fleur d'oranger sur une soupe de fruits rouges. Chambres avec bain ou douche +WC+TV : Toutes. Petit déjeuner buffet Terrasse, jardin, parking privé, garage fermé, salle restaurant de caractère, salle de séminaires, chèques vacances, ascenseur, animaux restaurant, accès handicapés restaurant

🇬🇧 In the heart of the Alsacian vineyards, at the foot of the Haut-Koenigsbourg's castle, ideal start for visits, this establishemnt offers you regional and traditional cooking of quality.

🇪🇸 Este establecimiento, situado en el corazón del viñedo alsaciano, al pie del castillo del Haut-Koenigsburg, punto de partida ideal para todo circuito turístico, le hará descubrir una cocina regional tradicional de calidad.

🇩🇪 Dieses Haus im Herzen der elsässischen Weinberge, am Fuße des Schlosses Haut-Koenigsbourg, ist ein idealer Ausgangspunkt für jegliche touristische Rundfahrt. Kosten Sie hier eine erstklassische, traditionelle Küche.

ST HIPPOLYTE (68590) (P7-L4) — HÔTEL-RESTAURANT LE PARC ★★★

Table gastronomique

A 7 km de Ribeauvillé. - Grande Rue du Parc - Tél. : 03 89 73 00 06 - Menus de 125 F à 350 F. Menu enfant : 65 F. Petit déjeuner : 60 F. 32 chambres de 480 F à 800 F. Demi pension de 425 F à 600 F. Etape VRP : 425 F

ST LOUIS (68300) (P7-M5) — RESTAURANT LE TRIANON

Table gastronomique

A 1 km de la frontière suisse, 2 km de la frontière allemande - 46 Rue de Mulhouse - Bernard MULLER - Tél. : 03 89 67 03 03 Fax : 03 89 69 15 04 - Fermeture : 8/01-23/01 ; 16/07-7/08 ; lundi & mardi. - Menus de 140 F à 360 F. Menu enfant : 100 F

Dans un cadre chaleureux et convivial, Bernard MULLER et son épouse se feront un plaisir de vous recevoir et de vous faire partager une cuisine élaborée au fil des saisons et du marché. Spécialités : terrine de foie gras parfumée au miel d'alsace, mariage de veau et de homard, crêpe fin du siècle. Parking privé, salle de séminaires, climatisation, accès handicapés

🇬🇧 In a warm and friendly setting, Bernard Muller and his wife will be glad to welcome you and make you share a cooking created following the seasons and the market.

🇪🇸 En un ambiente caluroso y sociable, Bernard MULLER y su esposa tendrán el placer de recibirle y de hacerle compartir una cocina de mercado, elaborada al ritmo de las estaciones.

🇩🇪 In herzlichem und geselligem Ambiente, heißen Sie Bernard MULLER und seine Frau herzlich willkommen und freuen sich, Ihnen eine jahreszeitenangepasste Küche zuzubereiten.

www.tables-auberges.com ➔ réservation gratuite (0% de commission)

 # HAUT RHIN

THANN (68800) (P7-L5)

HÔTEL DU PARC ★★★

23 Rue Kléber - Tél. : 03 89 37 37 47 - Menus de 175 F à 350 F. Menu enfant : 80 F. Petit déjeuner : 95 F.
20 chambres de 485 F à 1260 F. Demi pension de 400 F à 800 F. Etape VRP de 485 F à 685 F

Table gastronomique

WESTHALTEN (68250) (P7-L5)

AUBERGE DU CHEVAL BLANC ★★★

20 Rue de Rouffach - Tél. : 03 89 47 01 16 - Menus de 190 F à 460 F. Menu enfant : 80 F.
12 chambres de 440 F à 520 F

Table de prestige

ZELLENBERG (68340) (P7-L4)

RESTAURANT MAXIMILIEN

A 1 km de Riquewihr. - 19 A, Route d'Ostheim - Tél. : 03 89 47 99 69 - Menus de 185 F à 460 F. Menu enfant : 120 F

Table de prestige

Le Guide des quatre Saisons

 # RHÔNE

ALIX (69380) (P9-J8)
RESTAURANT LE VIEUX MOULIN

A 29 km au Nord de Lyon, 12 km de Villefranche/Saône. - Gérard UMHAUER - Tél. : 04 78 43 91 66 - Fax : 04 78 47 98 46
Fermeture : 13/08-12/09 ; lundi et mardi sauf jours fériés et groupes. - Menus de 125 F à 290 F. Menu enfant : 60 F

Dans un vieux moulin du XVIIème siècle, en pleine campagne, en plein coeur du Beaujolais sud et des pierres dorées, nous vous offrons une cuisine traditionnelle de terroir avec des spécialités régionales : pintade fermière de l'Ain aux morilles, andouillette sauce moutarde, lotte à la fondue de poireaux, foie gras, grenouilles. Membre Eurotoques. Terrasse, parking privé, salle restaurant de caractère, salle de séminaires, animaux, accés handicapés

🇬🇧 Gérard UMHAUER and his team will reserve you the best welcome and will make you savour their traditional specialities in their old mill of the XVIIth Century in the heart of the Beaujolais' country.

🇪🇸 En un viejo molino del siglo XVII, en pleno campo, en el corazón del Beaujolais sur y de las piedras doradas, le ofrecemos una cocina tradicional con especialidades regionales.

🇩🇪 In einer alten Mühle aus dem 17.Jh., mitten auf dem Land im Süden des Beaujolais und seinen goldbraunen Steinen bieten wir Ihnen eine traditionelle, lokale Küche.

CHAMPAGNE AU MONT D'OR (69410) (P9-J8)
RESTAURANT LES GRILLONS

A 3 km de Lyon. N6 ou A6 sortie Champagne. - 18 Rue Dominique Vincent - Tél. : 04 78 35 04 78 - Menus de 118 F à 295 F. Menu enfant : 70 F

CHASSELAY (69380) (P9-J8)
RESTAURANT GUY LASSAUSAIE

A 15 km de Lyon. - Rue de Bellecize - Tél. : 04 78 47 62 59 - Menus de 200 F à 420 F. Menu enfant : 80 F

Charme & Authenticité

 # RHONE

CONDRIEU (69420) (P9-J8)

HÔTELLERIE BEAU RIVAGE ★★★★

Table de prestige

A 8 km de Vienne. - 2 Rue du Beau Rivage - Famille HUMANN/DONET - Tél. : 04 74 56 82 82 - Fax : 04 74 59 59 36
infos@hotel-beaurivage.com - http://www.hotel-beaurivage.com - Ouvert toute l'année. - Menus de 210 F à 450 F. Menu enfant : 100 F. Petit déjeuner : 80 F. 25 chambres de 550 F à 850 F

Douceur et lumière des bords du Rhône, terrasses à fleur d'eau, magie d'un jardin et de ses ombrages secrets, charme particulier d'une ancienne maison de pêcheurs... autant de sensations qui font de l'Hôtellerie Beau Rivage un lieu d'art de vivre. Spécialités : quenelle de brochet au salpicou de homard, croustillant d'agneau à la fleur de thym, pavé de sandre sauce vioguier.

Chambres avec bain ou douche +WC+TV : Toutes.

Terrasse, jardin, parking privé, garage fermé, salle de séminaires, climatisation, TV satellites, animaux, accés handicapés restaurant

🇬🇧 A mellow atmosphere bathed in light on the banks of the Rhône, terraces overhanging the water, the enchantment of a garden and its secret shady nooks, the particular charm of a former fishermen's house... so many sensations, making the Beau Rivage just the place to enjoy a very special life-style.

🇪🇸 Dulzura y luz de los bordes del Ródano, terrazas a flor de agua, magia de un jardín y de sus sombras secretas, encanto particular de una antigua casa de pescadores... tantas sensaciones que hacen de la Hostelería Beau Rivage un lugar del arte de vivir.

🇩🇪 Genießen Sie das milde Licht des Rhôneufers, die Terrassen direkt am Wasser, die Magie eines Gartens und seinen geheimnisvollen Schatten, den besonderen Zauber eines ehemaligen Fischerhauses ; all diese Genüsse machen das Hotel Beau Rivage zu einem Ort der Lebenskunst.

JONS (69330) (P9-J8)

AUBERGE DE JONS ★★★

Table gastronomique

A 4 km de Meyzieu, 17 km de Lyon. - Route du Pont - Tél. : 04 78 31 29 85 - Menus de 130 F à 250 F. Menu enfant : 100 F. Petit déjeuner : 50 F. 25 chambres de 450 F à 1000 F

LE PERRÉON (69460) (P9-J8)

CHÂTEAU DES LOGES ★★★

Table de Terroir

Les Loges - A 14 km de Villefranche sur Saône et 45 km de Lyon - Tél. : 04 74 03 27 12 - Menus de 100 F à 290 F. Menu enfant : 65 F. Petit déjeuner : 40 F. 10 chambres de 340 F à 490 F

LYON (69005) (P9-J8)

LA TOUR ROSE ★★★★

Table de prestige

22, rue du Boeuf - Tél. : 04 78 37 25 90 - Menus de 295 F à 595 F. 12 chambres de 1200 F à 3200 F

www.tables-auberges.com • réservation gratuite (0% de commission)

 # RHÔNE

LYON (69001) (P9-J8) — LE PETIT FLORE (BOUCHON LYONNAIS)

Métro Hôtel de Ville, 50 mètres de l'Opéra. - 19 Rue du Garet - Hélène & Michel SOMONIAN - Tél. : 04 78 27 27 51
Fermeture : 22/12-8/01, 14/07-1/08 ; samedi et dimanche. - Menus de 70 F à 99 F

Dans un cadre agréable et chaleureux (bouchon lyonnais), Michel & Hélène SOMONIAN vous proposent leurs spécialités quenelle de brochet, tablier de sapeur, croustillant de boudin aux pommes, escalope au Saint Marcelin, desserts maison. Climatisation, animaux

🇬🇧 Come and taste Michel and Hélène SOMONIAN'S specialities in a warm and pleasant restaurant.

🇪🇸 En un ambiente cálido y agradable, Michel & Hélène SOMONIAN le proponen saborear sus especialidades.

🇩🇪 In einem angenehmen und herzlichen Rahmen erwarten Sie Michel & Hélène SOMONIAN mit ihren Spezialitäten.

MEYZIEU (69330) (P9-J8) — LA PETITE AUBERGE DU PONT D'HERBENS

A 15 km de Lyon (rocade Est). - 32 Rue Victor Hugo - Le Grand Large - Philippe BERTHET - Tél. : 04 78 31 41 09
Fax : 04 78 04 34 93 Fermeture : 1/03-31/03 ; dimanche soir et lundi sauf jours fériés. - Menus de 80 F à 250 F. Menu enfant : 60 F

Dans un cadre de verdure, face au lac, cette auberge chaleureuse vous fera partager ses spécialités élaborées essentiellement à partir de produits frais : foie gras fait maison, volaille fermière au vinaigre de framboise, civet de gibier, saumon frais mariné à l'aneth, grenouilles fraîches. Belle carte des vins (plus de 100 références).
Terrasse, jardin, parking privé, salle restaurant de caractère, salle de séminaires, chèques vacances, animaux, accès handicapés

🇬🇧 In a greenery setting, in front of a lake, this warm inn will let you savour their specialities made especially with fresh products. Good wine list (more than 100 classified).

🇪🇸 En el verdor de este ambiente, frente al lago, esta cálida posada le hará descubrir sus especialidades, preparadas esencialmente con productos frescos. Bella carta de vinos (más de 100 referencias).

🇩🇪 In diesem gemütlichen Gasthaus im Grünen, bei einem See gelegen, entdecken Sie Spezialitäten, die speziell mit frischen Produkten zubereitet werden.

RILLIEUX LA PAPE (69140) (P9-J8) — RESTAURANT LARIVOIRE

A 6 km de Lyon. - Chemin des Iles - Tél. : 04 78 88 50 92 - Menus de 180 F à 440 F. Menu enfant : 90 F

VILLEFRANCHE SUR SAONE (69400) (P9-J8) — LA FONTAINE BLEUE

18 Rue Jean Moulin - Tél. : 04 74 68 10 37 - Menus de 130 F à 220 F. Menu enfant : 75 F

 # HAUTE SAÔNE

FOUGEROLLES (70220) (P6-K5)   **RESTAURANT AU PÈRE ROTA**

A 10 km de Luxeuil. - 8 Grande Rue - Tél. : 03 84 49 12 11 - Menus de 103 F à 350 F. Menu enfant : 85 F

GRAY (70100) (P6-K6)   **CHÂTEAU DE RIGNY ★ ★ ★**

Rigny - A 4 km de Gray - Tél. : 03 84 65 25 01 - Menus de 190 F à 350 F. Petit déjeuner : 60 F. 29 chambres de 400 F à 1200 F. Etape VRP : 420 F

VAUCHOUX (70170) (P6-K5)   **CHÂTEAU DE VAUCHOUX**

A 3 km de Port sur Saône - Tél. : 03 84 91 53 55 - Menus de 260 F à 480 F. Menu enfant : 120 F

Saveurs & Sites de France

SAÔNE ET LOIRE

AUTUN (71400) (P6-I6)
HÔTEL SAINT LOUIS ET DE LA POSTE ★★★★
6 Rue de l'Arbalète - Tél. : 03 85 52 01 01 - Menus de 120 F à 260 F. Menu enfant : 65 F.
39 chambres de 450 F à 1500 F

AUTUN (71400) (P6-I6)
HÔTEL URSULINES ★★★
14 Rue Rivault - Tél. : 03 85 86 58 58 - Menus de 90 F à 285 F. Menu enfant : 85 F. Petit déjeuner : 60 F.
43 chambres de 350 F à 820 F. Demi pension de 490 F à 710 F. Etape VRP : 395 F

CHAGNY (71150) (P6-J6)
LAMELOISE ★★★★
A 15 km au sud de Beaune - 36, place d'armes - Tél. : 03 85 87 65 65 - Menus de 410 F à 630 F.
16 chambres de 750 F à 1600 F

CHALON SUR SAÔNE (71100) (P6-J7)
LE SAINT GEORGES ★★★
32 Avenue Jean Jaurès - Tél. : 03 85 90 80 50 - Menus de 115 F à 350 F. Menu enfant : 75 F.
48 chambres de 300 F à 600 F

CHASSEY LE CAMP (71150) (P6-J6)
AUBERGE DU CAMP ROMAIN ★★★
Le Bourg - A 5 km de Chagny - Tél. : 03 85 87 09 91 - Menus de 140 F à 280 F.
40 chambres de 320 F à 460 F

CLUNY (71250) (P6-J7)
HÔTEL DE BOURGOGNE ★★★
1 Rue Porte des Prés - Tél. : 03 85 59 00 58 - Menus de 130 F à 220 F. Menu enfant : 60 F.
15 chambres de 470 F à 950 F

DIGOIN (71160) (P6-I7)
RESTAURANT JEAN-PIERRE MATHIEU HÔTEL DE LA GARE ★★★
79 Avenue du Général de Gaulle - Tél. : 03 85 53 03 04 - Menus de 99 F à 360 F. Menu enfant : 60 F. Petit déjeuner : 40 F.
13 chambres de 250 F à 380 F. Etape VRP : 350 F

Charme & Authenticité

 # SAÔNE ET LOIRE

MACON (71000) (P6-J7) — RESTAURANT LE POISSON D'OR

A proximité du centre ville, sur les bords de la Saône. - Allée du Parc Port de Plaisance - Pascal CALLOUD - Tél. : 03 85 38 00 88 Fax : 03 85 38 82 55 - Fermeture : Vacances scolaires de novembre et février ; mardi soir et mercredi. Menus de 98 F à 250 F. Menu enfant : 55 F

Sur les bords verdoyants de la Saône, Le Poisson d'Or vous accueille dans un univers de calme et de douceur. Dans le cadre chaud et raffiné de ses salles avec vue panoramique sur le port de plaisance et la Saône, ou sur la magnifique terrasse ombragée, Pascal CALLOUD, Chef de cuisine et son épouse vous réserveront un accueil chaleureux pour un moment privilégié. Spécialités : salade périgourdine, tarte fine d'escargots, suprême de volaille aux raisins, sandre au jus de viande et girolles.
Terrasse, jardin, parking privé, salle restaurant de caractère, salle de séminaires, chèques vacances, animaux, accés handicapés

🇬🇧 Beside the Saône, in a haven of peace, Le Poisson d'Or welcomes you. Pascal CALLOUD and his wife invite you to relax and to savour ; on the shady terraces, at the border of the river, or in one of the two dining-room wich a warm setting, a regional cooking.

🇪🇸 A las orillas verdeantes del Saône, Le Poisson d'Or le acoge en un universo de tranquilidad y dulzor. En el ambiente cálido y fino de sus salas con vista panorámica del puerto deportivo y del Saône, o en la magnifica terraza sombreada, Pascal CALLOUD, Jefe de cocina y su esposa le harán pasar un momento privilegiado.

🇩🇪 An den grünen Ufern der Saône, einem Zufluchtsort, laden Sie das Ehepaar CALLOUD ein, sich zu entspannen und die köstlichen Speisen zu genießen, auf den schattigen Terrassen, am Wasser, oder in einem der zwei Speisesäle mit warmem Dekor. Behindertengerecht.

MARTAILLY LES BRANCION (71700) (P6-J7) — LA MONTAGNE DE BRANCION ★★★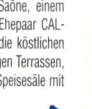

A 13 km de Tournus. - Col de Brancion - Tél. : 03 85 51 12 40 - Menus de 190 F à 380 F. Menu enfant : 90 F. 18 chambres de 580 F à 1100 F

MERCUREY (71640) (P6-J6) — HÔTELLERIE DU VAL D'OR ★★★

A 13 km de Châlons sur Saône. - 140 Grande Rue - Tél. : 03 85 45 13 70 - Menus de 120 F à 365 F. Menu enfant : 85 F. 13 chambres de 350 F à 450 F

ROMANÈCHE THORINS (71570) (P6-J7) — LES MARITONNES ★★★

A 16 km de Mâcon. - Route de Fleurie - Tél. : 03 85 35 51 70 - Menus de 195 F à 400 F. Menu enfant : 75 F. Petit déjeuner : 65 F. 20 chambres de 470 F à 570 F. Demi pension : 620 F

ST GERVAIS EN VALLIÈRE (71350) (P6-J6) — MOULIN D'HAUTERIVE ★★★

A 16 km de Beaune - Tél. : 03 85 91 55 56 - Menus de 160 F à 240 F. Menu enfant : 90 F. 18 chambres de 650 F à 950 F

TOURNUS (71700) (P6-J7) — LE REMPART ★★★

A 30 km de Mâcon. - 2/4 Avenue Gambetta - Tél. : 03 85 51 10 56 - Menus de 175 F à 430 F. Menu enfant : 110 F. Petit déjeuner : 60 F. 37 chambres de 400 F à 1000 F. Demi pension de 440 F à 800 F. Etape VRP de 440 F à 500 F

VERDUN SUR LE DOUBS (71350) (P6-J6) — HOSTELLERIE BOURGUIGNONNE ★★★

A 20 km de Beaune. - 2 Avenue du Président Borgeot - Tél. : 03 85 91 51 45 - Menus de 175 F à 430 F. Menu enfant : 95 F. Petit déjeuner : 55 F. 9 chambres de 390 F à 550 F. Demi pension de 400 F à 635 F. Etape VRP : 450 F

www.tables-auberges.com ➔ réservation gratuite (0% de commission)

SARTHE

LA FLÈCHE (72200) (P5-E5) — LE MOULIN DES QUATRE SAISONS

Table gastronomique

Rue Galliéni - Tél. : 02 43 45 12 12 - Menus de 92 F à 245 F. Menu enfant : 69 F

LA FLECHE (72200) (P5-E5) — RELAIS CICERO ★★★

18 Boulevard d'Alger - Tél. : 02 43 94 14 14 - 21 chambres de 425 F à 675 F

LE LUDE (72800) (P5-E5) — HOSTELLERIE DU MAINE ★★

Table de Terroir

A 40 km de Saumur, 50 km de Tours. - 17 Avenue de Saumur - Hélène DE BACKER - Tél. : 02 43 48 31 31 - Fax : 02 43 94 19 74 Fermeture : 23/12-6/01 ; samedi hors saison. - Menus de 75 F à 215 F. Menu enfant : 45 F. Petit déjeuner : 35 F. 22 chambres de 170 F à 265 F. Etape VRP de 240 F à 305 F

Hélène DE BACKER et son équipe se feront un plaisir de vous accueillir et de vous proposer une cuisine traditionnelle et raffinée élaborée à base de produits sélectionnés. Spécialités : rillettes de la Sarthe, foie gras frais de canard, sandre au beurre blanc, éventail de magret de canard. Vins de la vallée de la Loire.
Chambres avec bain ou douche +WC+TV : 1-2-3-4-10-11-12-14-17-19-20-22-23-24-26-28-29.
Terrasse, jardin, parking privé, salle restaurant de caractère, salle de séminaires, chèques vacances, Menu Tables & Auberges de France, animaux, accès handicapés

Hélène DE BACKER and her team will be glad to welcome you and to offer you an original and creative cooking made of fresh products.

Hélène DE BACKER y su equipo estarán encantados de recibirle, le propondrán una cocina tradicional y delicada elaborada a base de productos seleccionados. Vinos del valle del Loire.

Hélène DE BACKER und ihre Mitarbeiter freuen sich, Sie empfangen zu dürfen und bieten Ihnen eine originale und ideenreiche Küche an, mit Frischprodukten zubereitet.

LE MANS (72000) (P5-E5) — CHEZ JEAN RESTAURANT

Table de Terroir

9/11 Rue Dorée - Tél. : 02 43 28 22 96 - Menus de 159 F à 170 F. Menu enfant : 54 F

VIVOIN (72170) (P5-F5) — HÔTEL DU CHEMIN DE FER ★★

Table de Terroir

1 km de Beaumont /Sarthe. N138 et 6 mn A28 sortie 21. - Place de la Gare - Tél. : 02 43 97 00 05 - Menus de 90 F à 245 F. Menu enfant : 60 F. Petit déjeuner : 32 F. 14 chambres de 230 F à 380 F

CROSMIERES (72200) (P5-E5) — HARAS DE LA POTARDIÈRE ★★★

A 9 km de La Flèche. - Route de Bazouges - Tél. : 02 43 45 83 47 - 17 chambres de 400 F à 950 F. Petit déjeuner : 50 F. Etape VRP de 400 F à 500 F

LE MANS (72000) (P5-E5) — HÔTEL CHANTECLER ★★★

50 Rue de la Pelouse - Tél. : 02 43 14 40 00 - 35 chambres de 360 F à 620 F

www.tables-auberges.com ➔ réservation gratuite (0% de commission)

SAVOIE

AIX LES BAINS (73100) (P10-K8) — LE MANOIR ★★★

31 Rue Georges 1er - Tél. : 04 79 61 44 00 - Menus de 138 F à 250 F. Menu enfant : 65 F. 73 chambres de 395 F à 695 F

ALBERTVILLE (73200) (P10-L8) — HÔTEL MILLION ★★★

8 Place de la Liberté - Tél. : 04 79 32 25 15 - Menus de 150 F à 550 F. Menu enfant à partir de 80 F. Petit déjeuner : 55 F. 26 chambres de 350 F à 850 F. Demi pension de 485 F à 1195 F

AUSSOIS (73500) (P10-L9) — HÔTEL DU SOLEIL ★★★

Vallée de la Maurienne. N6 et A43. A 7 km de Modane. - 15 Rue de l'Eglise - Pascal MONTAZ - Tél. : 04 79 20 32 42 Fax : 04 79 20 37 78 - - http://www.hotel-du-soleil.com Fermeture : 25/04-15/06 ; 20/09 -17/12. - Menus de 118 F à 259 F. Menu enfant : 78 F. Petit déjeuner : 48 F. 22 chambres de 280 F à 720 F. Demi pension de 310 F à 375 F. Etape VRP de 310 F à 340 F

Aux portes de la Vanoise, dans une station village été/hiver (ski alpin et fond) . A proximité : Val Thorens. L'Hôtel du Soleil vous propose : jacuzzi, sauna, hammam, solarium, lit de massage programmable, salle de cinéma, prêt de VTT... Son restaurant vous fera découvrir ses spécialités : filet de sandre vapeur sauce à l'aubépine et au jasmin ; croquelines glacées sur une crème de whisky.
Chambres avec bain ou douche +WC+TV : Toutes. Petit déjeuner buffet
Terrasse, jardin, parking privé, garage fermé, canal+, climatisation, ascenseur, TV satellites, animaux restaurant, accès handicapés hôtel

🇬🇧 This establishment, situated at the gates of the National Park of the Vanoise, offers several activities (outdoor, jacuzzi, big check game...) and its restaurant will make you appreciate its specialities.

🇪🇸 A las puertas de la Vanoise, en una estación turística, de verano/invierno (esquí alpino y de fondo) y en las cercanías de Val Thorens, el Hôtel du Soleil le propone : jacuzzi, sauna, baño turco, solario, cama con masaje programable, alquiler de BTT. Usted podrá descubrir las especialidades de su restaurante.

🇩🇪 Nahe des Nationalparks der Vanoise, bietet Ihnen l'Hôtel du Soleil zahlreiche Aktivitäten : Jacuzzi im Freien, Riesenschachspiel... In seinem Restaurant Le Matafan können Sie seine Spezialitäten entdecken.

BONNEVAL SUR ARC (73480) (P10-L8) — AUBERGE LE PRÉ CATIN

A 25 km au Sud de Val d'Isère. A 20 km de Val Cenis. - Au village - Josiane & Daniel DELAPLACE - Tél. : 04 79 05 95 07 Fax : 04 79 05 88 07 - Fermeture : 02/05-24/06 ; 24/09-20/12 ; lundi et dimanche soir. Menus de 128 F à 160 F. Menu enfant : 55 F

L'Auberge Le Pré Catin située dans un cadre de verdure et de calme vous réservera le meilleur accueil et vous fera partager sa cuisine savoyarde traditionnelle à base de produits frais. Spécialités : farcement, diots au chignin, potée savoyarde. Décor rustique superbe.
Terrasse, jardin, salle restaurant de caractère, chèques vacances, animaux

🇬🇧 Situated in a green setting, Le Pré Catin welcomes you to a very beautiful rustic setting and lets you appreciate its traditional savoyard cooking made of fresh products, and will reserve you the best welcome.

🇪🇸 El Auberge Le Pré Catin, ubicado en un paisaje verde y calmo, le brindará una cálida acogida y le hará compartir su tradicional cocina savoyana a base de productos frescos. Magnífico ambiente rústico.

🇩🇪 Das Gasthaus, Le Pré Catin, in ruhiger und grüner Lage, bereitet Ihnen den besten Empfang und teilt mit Ihnen die traditionelle savoyardische Küche, nur mit Frischprodukten zubereitet.

SAVOIE

CHAMBERY LE VIEUX (73000) (P10-K8) — CHÂTEAU DE CANDIE ★★★★

Rue du bois de candie - Tél. : 04 79 96 63 00 - Menus de 150 F à 380 F. Menu enfant : 80 F.
20 chambres de 600 F à 1200 F

CHAMOUSSET (73390) (P10-K8) — HÔTEL CHRISTIN ★★

A 20 km d'Albertville. A3 sortie 23. - La Lilette - Gilles CHRISTIN - Tél. : 04 79 36 42 06 - Fax : 04 79 36 45 43
Fermeture : 15/09-3/10 ; 2/01-10/01 ; dimanche soir et lundi. - Menus de 70 F à 180 F. Menu enfant : 50 F. Petit déjeuner : 28 F.
18 chambres de 200 F à 250 F. Demi pension : 260 F. Etape VRP : 260 F

Non loin des grandes stations de sport d'hiver, venez découvrir la chaleur et l'authenticité de cet établissement traditionnel. Des chambres coquettes, un parc bordé par une rivière et une table de qualité vous y attendent. Spécialités : terrine au foie de porc et au genièvre, grenouilles au beurre, poularde au Vermouth, morilles, vacherin maison. Vins de Savoie.
Chambres avec bain ou douche +WC+TV : Toutes.
Terrasse, jardin, parking privé, garage fermé, salle de séminaires, chèques vacances, climatisation, TV satellites, animaux hôtel

🇬🇧 Close to the skiing stations, come to discover the warmth and the authenticity city of the establishment. Cosy rooms, a park at the edge of a river and meals of quality are waiting for you. A wine list well balanced.

🇪🇸 No lejos de las grandes estaciones de deportes de invierno, venga a descubrir la calidez y la autenticidad de este establecimiento tradicional. Bonitas habitaciones, un parque bordeado por un rio y una mesa de calidad le esperan. Carta de vinos bien equilibrada.

🇩🇪 Unweit der großen Wintersportplätze, entdecken Sie die Wärme und Echtheit dieses traditionellen Hauses. Hübsche Zimmer, ein Park mit Bach und eine ausgezeichnete Küche erwarten Sie dort.

COURCHEVEL (73120) (P10-L8) — ANNAPURNA ★★★★

A 50 km d'Albertville - Tél. : 04 79 08 04 60 - Menus de 295 F à 350 F. Menu enfant : 150 F.
70 chambres de 1385 F à 2000 F

COURCHEVEL 1850 (73120) (P10-L8) — HÔTEL BELLECÔTE ★★★★

A 50 km de Moutiers - Tél. : 04 79 08 10 19 - Menus : demi pension uniquement.
56 chambres de 1320 F à 2960 F (par jour, par personne en demi-pension)

COURCHEVEL 1850 (73120) (P10-L8) — LA SIVOLIÈRE ★★★

A 25 km de Moutiers et Tarentaise. - Rue des Chenus - Tél. : 04 79 08 08 33 - Menus de 120 F à 320 F.
32 chambres de 890 F à 2600 F

GRÉSY SUR ISÈRE (73460) (P10-K8) — LA TOUR DE PACORET ★★

Montailleur - A 9 km d'Albertville - Tél. : 04 79 31 91 59 - Menus de 95 F à 320 F. Menu enfant : 110 F.
9 chambres de 280 F à 450 F

LE BOURGET DU LAC (73370) (P10-K8) — OMBREMONT LE BATEAU IVRE ★★★

A 10 km d'Aix les Bains et Chambéry. - RN 504 - Tél. : 04 79 25 00 23 - Menus de 260 F à 690 F. Menu enfant : 120 F.
Petit déjeuner compris. 17 chambres de 930 F à 1850 F. Demi pension de 1450 F à 2370 F

# SAVOIE

MERIBEL (73550) (P10-L8) — HÔTEL ALBA ★★★

Table gastronomique

Rond Point des Pistes - Tél. : 04 79 08 55 55 - Menus de 140 F à 390 F. Menu enfant : 110 F.
20 chambres

MÉRIBEL (73550) (P10-L8) — HÔTEL ALLODIS ★★★

Table gastronomique

Le Belvédère - A 20 km de Moutiers - Tél. : 04 79 00 56 00 - Menus de 170 F à 380 F. Menu enfant : 95 F.
44 chambres de 800 F à 2200 F

TIGNES (73320) (P10-L8) — LE SKI D'OR ★★★★
Table gastronomique

A 30 km de Bourg Saint Maurice. - Val Claret - J.C. BRÉCHU - Tél. : 04 79 06 51 60 - Fax : 04 79 06 45 49
ski.dor@laposte.fr - Fermeture : 1/05-1/12. - Menus à 245 F. Menu enfant : 100 F. Petit déjeuner : compris.
22 chambres à 900 F hors saison. Demi pension de 750 F à 1050 F

Au coeur du plus beau domaine skiable du monde, cet établissement vous offre des chambres douillettes et confortables, un espace forme bien équipé (sauna, jaccuzzi, hammam) et une ambiance de fête, la fête de l'amitié devant un bon feu de cheminée avec un peu de jazz. A table, c'est la fête des sens devant une cuisine légère et raffinée qui vient en grande partie de l'océan. Spécialités : charlotte de poivrons et langoustines, crustacés. Chambres avec bain ou douche +WC+TV : Toutes. Petit déjeuner buffet
Parking privé, salle restaurant de caractère, salle de séminaires, ascenseur, chaînes satellites, Menu Tables & Auberges de France, animaux

🇬🇧 In the heart of the best skiing domain of the world, this establishment offers you cosy and comfortable rooms, a spa well equipped (sauna, jacuzzi) and a party atmosphere, feast of friendship in front of a chimney fire listening to jazz.

🇪🇸 Este establecimiento situado en el corazón del mejor terreno del mundo para practicar esquí, le propone confortables habitaciones, un espacio bien equipado para estar en forma (sauna, jacuzzi, baño turco) y un ambiente festivo, la fiesta de la amistad delante de un fuego de chimenea con un poco de jazz. En la mesa, la fiesta de los sentidos delante de una cocina fina y ligera que viene sobre todo del océano.

🇩🇪 Im Herzen des schönsten Skigebietes der Welt, erwarten Sie in diesem Haus behagliche und komfortable Zimmer, ein gut ausgestattetes Fitnesscenter (Sauna, Wirlpool) und eine feierliche Stimmung bei Kaminfeuer und Jazzklängen.

VALLOIRE-LA SETAZ (73450) (P10-L9) — HÔTEL LA SETAZ RESTAURANT LE GASTILLEUR ★★★
Table gastronomique

Avenue de la Vallée d'Or - Tél. : 04 79 59 01 03 - Menus de 128 F à 220 F. Menu enfant : 80 F.
22 chambres de 350 F à 540 F

Saveurs & Sites de France

 **HAUTE SAVOIE**

ANNECY (74000) (P10-K8) — L'ATELIER GOURMAND

2 Rue Saint Maurice - Tél. : 04 50 51 19 71 - Menus de 195 F à 450 F

CHAMONIX MONT BLANC (74402) (P10-L8) — LE HAMEAU ALBERT 1ER ★★★★

119 Impasse du Montenvers - Tél. : 04 50 53 05 09 - Menus de 190 F à 500 F.
42 chambres de 690 F à 3800 F

CRUSEILLES-LES AVENIÈRES (74350) (P10-K8) — CHÂTEAU DES AVENIÈRES ★★★★

Les Avenières - A 20 km d'Annecy et de Genève - Tél. : 04 50 44 02 23 - Menus de 150 F à 450 F. Menu enfant : 150 F.
12 chambres de 600 F à 1500 F

HABERE POCHE (74420) (P7-L7) — RESTAURANT LE TIENNOLET

Au Sud de Thonon les Bains (20 km). 30 km de Genève - Centre du Village - Pierre & Josette BONNET - Tél. : 04 50 39 51 01
Fax : 04 50 39 58 15 - Fermeture : 15/10-15/11 ; 30/05-30/06 ; mardi soir, mercredi hors vacances scolaires.
Menus de 95 F à 215 F. Menu enfant : demi tarif

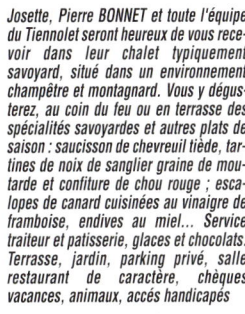

Josette, Pierre BONNET et toute l'équipe du Tiennolet seront heureux de vous recevoir dans leur chalet typiquement savoyard, situé dans un environnement champêtre et montagnard. Vous y dégusterez, au coin du feu ou en terrasse des spécialités savoyardes et autres plats de saison : saucisson de chevreuil tiède, tartines de noix de sanglier graine de moutarde et confiture de chou rouge ; escalopes de canard cuisinées au vinaigre de framboise, endives au miel... Service traiteur et patisserie, glaces et chocolats. Terrasse, jardin, parking privé, salle restaurant de caractère, chèques vacances, animaux, accès handicapés

Josette and Pierre BONNET and the whole team will be glad to welcome you at the Tiennolet, their typical chalet located rustic and highland environment. You will savour all kinds of locals specialities near the fireplace as well as on terrace.

Josette y Pierre BONNET así como todo su equipo, estarán encantados de recibirle a Le Tiennolet, casa de madera típicamente saboyana, en un entorno campestre y montañés. Usted podrá saborear al amor de la lumbre o en terraza, las especialidades saboyanas y otros platos de estación.

Josette und Pierre BONNET sowie ihre Mitarbeiter freuen sich, Sie im Tiennolet, einer typisch lokalen Hütte in ländlicher und gebirgiger Umgebung zu empfangen. Sie kosten am Kamin oder auf der Terrasse die einheimischen Spezialitäten.

LA CHAPELLE D'ABONDANCE (74360) (P7-L7) — L'ENSOLEILLÉ ★★

A 35 km de Thonon les Bains - Tél. : 04 50 73 50 42 - Menus de 115 F à 280 F. Menu enfant : 65 F. Petit déjeuner : 45 F.
35 chambres de 250 F à 400 F

LES HOUCHES (74310) (P10-L8) — CHRIS-TAL ★★★

A 6 km de Chamonix. - 242 Avenue des Alpages - Tél. : 04 50 54 50 55 - Menus de 95 F à 145 F. Menu enfant : 50 F. Petit déjeuner : 48 F.
23 chambres de 385 F à 470 F. Demi pension de 330 F à 395 F

MEGÈVE (74120) (P10-L8) — LE FER À CHEVAL ★★★★

36 Route du Cret d'Arbois - Tél. : 04 50 21 30 39 - 47 chambres de 650 F à 980 F par personne en demi pension

www.tables-auberges.com • réservation gratuite (0% de commission)

HAUTE SAVOIE

MEGÈVE (74120) (P10-L8) — LES FERMES DE MARIE ★★★★ Table gastronomique

A 13 km de Sallanches. - 169 Chemin de Riante Colline - Tél. : 04 50 93 03 10 - Menus de 250 F à 280 F. 69 chambres de 1020 F à 2220 F

MEGÈVE (74120) (P10-L8) — AU COEUR DE MÉGÈVE ★★★ Table de Terroir

A 12 km de Sallanches. - 46 Avenue Charles Feige - Tél. : 04 50 21 25 30 - Menus de 98 F à 155 F. Menu enfant : 55 F. Petit déjeuner : 50 F. 38 chambres de 300 F à 1660 F. Demi pension de 720 F à 1670 F

MORZINE (74110) (P7-L7) — LES AIRELLES - LES JARDINS D'ULYSSE ★★★ Table gastronomique

A 30 km de Thonon - Tél. : 04 50 74 71 21 - Menus de 120 F à 350 F. Menu enfant : 45 F. 55 chambres de 350 F à 950 F

SAMOËNS (74340) (P7-L7) — EDELWEISS ★★ Table de Terroir

A 20 km de Cluses. - La Piaz - Maryse SIMOND - Tél. : 04 50 34 41 32 - Fax : 04 50 34 18 75 - hotel-edelweiss@wanadoo.fr ; www.hoteledelweiss.fr Fermeture : 23/04-28/04 ; 8/05-22/05 ; 23/09-22/12. - Menus de 90 F à 150 F. Menu enfant : 50 F. Petit déjeuner : 38 F. 20 chambres de 250 F à 360 F. Demi pension de 245 F à 320 F. Etape VRP à 295 F

L'établissement, de style chalet savoyard est situé sur les hauteurs du versant sud de Samoëns. Sa terrasse panoramique offre une vue superbe sur le village et la vallée. Spécialités : noix de Saint Jacques aux girolles, rillettes de truites, foie gras maison, tartiflette, raclette et fondue savoyardes. Réservation conseillée. Très grand choix de vins.
Chambres avec bain ou douche +WC+TV : Toutes.
Terrasse, jardin, parking privé, chèques vacances, Menu Tables & Auberges de France, animaux

🇬🇧 The establishment in Savoyard style is situated on the heights of the Samoëns' south side. Its panoramic terrace has a magnific view on the village and the valley. Better to reserve. Large range of great wines.

🇪🇸 El establecimiento, de estilo chalet saboyano está ubicado en la calma de las alturas de Samoëns. Su terraza panorámica le ofrece una magnífica vista del pueblo y del valle. Se aconseja reservar. Gran variedad de vinos.

🇩🇪 In ruhiger Lage bietet dieses Gasthaus im Stil einer Berghütte, einen wunderbaren Blick auf Dorf und Tal und erwartet Sie mit seinen Spezialitäten.

Tourisme & Gastronomie

HAUTE SAVOIE 74

SEVRIER (74320) (P10-K8) — RESTAURANT TOURNETTE PLAGE

*A 5 km d'Annecy. - Les Avollions - Hervé RICHARD - Tél. : 04 50 52 40 48 - Fax : 04 50 52 68 09
Fermeture : 31/12-10/03 ; dimanche soir et lundi hors saison. - Menus de 110 F à 200 F. Menu enfant : 52 F*

Venez découvrir cet établissement situé au bord de l'eau, vous découvrirez sa terrasse tranquille et ombragée et dégusterez une cuisine de tradition. Spécialités : gran buffet de hors d'oeuvre en saison, poissons (lac et mer), marmite de la mer, filets de perches, petite friture, sauces fines et légères, coupe glacée aux fruits rouges.
Terrasse, jardin, parking privé, salle de séminaires, chèques vacances, animaux, accés handicapés

This pleasant establishment located on the sea shore will cordialy welcome you and offer its traditional cooking to savour on its calm and shady terrace.

Venga a descubrir este establecimiento situado a orillas del agua, usted descubrirá una terraza tranquila, a la sombra y podrá saborear una cocina tradicional.

Entdecken Sie dieses Gasthaus am Wasser, mit seiner ruhigen und schattigen Terrasse und kosten Sie die traditonelle Küche des Hauses.

TALLOIRES (74290) (P10-K8) — L'ABBAYE DE TALLOIRES ★★★★

*A 12 km d'Annecy. - Chemin des Moines - Tél. : 04 50 60 77 33 - Menus de 220 F à 580 F.
29 chambres de 750 F à 1 900 F*

THONON LES BAINS (74200) (P7-L7) — LES TOURNESOLS - HÔTEL CÔTÉ SUD LÉMAN ★★

*Au bord du lac Léman, près de Genève. - Route de Genève - Marie-Claire DAREYS & François OLASZ (Chef) - Tél. : 04 50 70 36 70
Fax : 04 50 70 31 05 - Ouvert toute l'année. - Menus de 110 F à 150 F. Menu enfant : 50 F. Petit déjeuner : 40 F.
50 chambres de 295 F à 330 F. Demi pension de 260 F à 280 F. Etape VRP de 330 F à 360 F*

M. et Mme DAREYS et leur équipe sont heureux de vous recevoir chaleureusement et vous proposent une cuisine raffinée avec des spécialités régionales : fondue, raclette, tartiflette, poissons du lac, buffets de hors d'oeuvre et desserts maison.
Chambres avec bain ou douche +WC+TV : Toutes. Petit déjeuner buffet
Terrasse, jardin, parking privé, salle de séminaires, chèques vacances, canal+, ascenseur, TV satellites, animaux, accés handicapés

Mr and Mrs DAREYS and their team will be glad to welcome you and offer you refined cooking made from regional recipes.

El Sr. y la Sra. DAREYS y su equipo estarán encantados de recibirle y de hacerle descubrir una fina cocina con especialidades regionales.

Das Ehepaar DAREYS und ihre Mitarbeiter freuen sich, Sie ganz herzlich mit ihren feinen lokalen Spezialitäten zu empfangen.

HAUTE SAVOIE 74

YVOIRE (74140) (P6-K7) — LE VIEUX LOGIS ★ ★ ★

Table gastronomique

A 15 km de Thonon et 25 km d'Evian et Genève - Rue centrale - Serge JACQUIER - Tél. : 04 50 72 80 24 - Fax : 04 50 72 90 76 - vieuxlogishot@wanadoo.fr - Fermeture : 15 Décembre au 15 Février ; Lundi - Menus de 140 F à 250 F. Menu enfant : 65 F. Petit déjeuner : 42 F. 12 chambres à 350 F à 370 F

Le Vieux Logis, plus qu'un hôtel-restaurant, un lieu convivial et chaleureux où, depuis 4 générations, la famille Jacquier met tout en oeuvre pour que vous soyez heureux chez elle. Vous y dégusterez des produits du terroir et dès la belle saison, les repas pourront être servis dans le jardin ou sur la terrasse. Chef de Cuisine : Serge Salero. Spécialités : poissons du Lac Léman, omble chevalier, truite saumonée, fera, gibier en automne.
Chambres avec bain ou douche +WC+TV : Toutes.
Terrasse, jardin, parking privé, salle restaurant de caractère, salle de séminaires, chèques vacances, accès handicapés restaurant

🇬🇧 Le Vieux Logis an hotel restaurant in a pleasant setting, is where the Family Jacquier will give you a warm welcome. You will enjoy traditional products and appreciate the garden and the terrace.

🇪🇸 Le Vieux Logis, más que un hotel-restaurante, un lugar caluroso y convivial donde, desde hace 4 generaciones la familia Jacquier pone todos los medios necesarios para que se sienta satisfecho. Usted podrá saborear los productos de la región y disfrutar del jardín o la terraza, durante la buena temporada. Jefe de Cocina : Serge Salero.

🇩🇪 Le Vieux Logis - ein geselliges und gemütliches Hotel-Restaurant, wo die Familie Jacquier seit 4 Generationen alles daran setzt, damit Sie sich bei ihnen wohlfühlen. Kosten Sie hier die regionalen Produkte. In der Sommersaison kann das Essen im Garten und auf der Terrasse serviert werden.

Le Goût de l'Authenticité

www.tables-auberges.com ➔ réservation gratuite (0% de commission)

 # PARIS

| PARIS (75001) (P5-G4) | **CHEZ PAULINE** | |

5 Rue Villedo - Tél. : 01 42 96 20 70 - Menus à 220 F

| PARIS (75001) (P5-G4) | **LE POQUELIN** | |

17 Rue Molière - Tél. : 01 42 96 22 19 - Menus à 189 F

| PARIS (75005) (P5-G4) | **LA TOUR D'ARGENT** | |

15/17 Quai de la Tournelle - Tél. : 01 43 54 23 31 - Menus : 350 F/1400 F

| PARIS (75005) (P5-G4) | **LE PETIT NAVIRE** | |

14 Rue des Fossés Saint Bernard - Tél. : 01 43 54 22 52 - Menus à partir de 160 F

| PARIS (75005) (P5-G4) | **RESTAURANT AU PACTOLE** | |

44 Boulevard Saint Germain - Tél. : 01 46 33 31 31 - Menus : 160 F/179 F. Carte : 230 F/250 F

| PARIS (75006) (P5-G4) | **CHEZ DUMONET JOSÉPHINE** | |

117 Rue du Cherche Midi - Tél. : 01 45 48 52 40 - Carte : 200 F/350 F

| PARIS (75006) (P5-G4) | **RELAIS LOUIS XIII** | |

8 Rue des Grands Augustins - Tél. : 01 43 26 75 96 - Menus : 240 F/380 F

| PARIS (75007) (P5-G4) | **LE VIOLON D'INGRES** | |

135 Rue Saint Dominique - Tél. : 01 45 55 15 05 - Menus : 400 F/500 F

| PARIS (75007) (P5-G4) | **LE BOURDONNAIS - LA CANTINE DES GOURMETS** | |

113 Avenue de la Bourdonnais - Tél. : 01 47 05 16 54 - Menus : 240 F/480 F

PARIS

PARIS (75008) (P5-G4) — HÔTEL VERNET - RESTAURANT LES ELYSÉES ★★★★

Table de prestige

25 Rue Vernet - Tél. : 01 44 31 98 98 - Menus : 350 F/850 F. Menu enfant : 300 F.
57 chambres : 1950 F/4600 F

PARIS (75008) (P5-G4) — RESTAURANT TAILLEVENT

Table de prestige

15 Rue Lamennais - Jean-Claude VRINAT - Tél. : 01 44 95 15 01 - Fax : 01 42 25 95 18 - Fermeture : 24/07-18/08 ; week-end.
Menus : 800 F/1000 F

Jean-Claude VRINAT n'a eu de cesse de développer le rayonnement de cette Maison, tout en lui gardant son originalité qui en fait un restaurant à part, reflet de l'art de vivre à la française. Ceci est d'autant plus vrai qu'aujourd'hui, Michel DEL BURGO rayonne avec passion grâce à un savoir-faire exceptionnel qui participe pleinement au prestige de la gastronomie française.

🇬🇧 Jean-Claude VRINAT has forever developing radiance of this house, being careful not take off its originality that makes of it an unique restaurant, reflecting the french art of living. It is nonetheless true that Michel DEL BURGO shines with passion with his exceptional knowledge. Pets non admitted.

🇪🇸 Jean-Claude VRINAT no ha dejado de incrementar el resplandor de esta casa, conservando la originalidad de este particular restaurante que refleja el arte de vivir a la francesa. Michel DEL BURGO brilla con su pasión gracias a su excepcional habilidad.

🇩🇪 Jean-Claude VRINAT hört nicht auf, die Ausstrahlung seines Hauses zu entwickeln, wobei er trotzdem seine Originalität bewahrt. Sein ganz besonderes Restaurant spiegelt die französische Lebenskunst wider. Heute verwirklicht Michel DEL BURGO seine Leidenschaft dank seines außerordentlichen Könnens.

PARIS (75008) (P5-G4) — RESTAURANT MARIUS ET JANETTE

Table gastronomique

4 Avenue George V - Tél. : 01 47 23 41 88 - Menus à partir de 300 F

PARIS (75009) (P5-G4) — RESTAURANT OPÉRA

Table de prestige

2 Rue Scribe - Tél. : 01 40 07 30 10 - Menus : 280 F/600 F

PARIS

PARIS (75012) (P5-G4) — LA FLAMBÉE - LE BISTROT DU SUD-OUEST

Table de Terroir

4 Rue Taine - Michel ROUSTAN - Tél. : 01 43 43 21 80 - Fax : 01 43 47 32 04
Fermeture : 3 premières semaines d'août ; dimanche. - Menus : 139 F/235 F (vin compris)

Ce restaurant Bistrot, rustique, comme on n'en fait plus à Paris, vous propose dans une ambiance chaleureuse des mets du sud-ouest, une cuisine généreuse avec des produits du terroir accompagnés des meilleurs vins du sud-ouest. Spécialités : confit de canard avec ses pommes sautées à l'ail, magret de canard aux pêches (en saison), morue fraîche aux lentilles, joues de lotte au chorizo sans oublier le cassoulet et la glace aux pruneaux et à l'armagnac.
Terrasse, salle restaurant de caractère, animaux, accés handicapés

🇬🇧 This rustic restaurant offers a warm atmosphere, meals of south west, traditional cooking with good wines of south west.

🇪🇸 Esta taberna, rústica, como no las hacen más en París, le propone en un ambiente caluroso platos del sudoeste, una cocina generosa con productos regionales acompañados de los mejores vinos del sudoeste.

🇩🇪 Dieses rustikale Bistro-Restaurant, wie man es kaum noch in Paris findet, bietet Ihnen in herzlichem Ambiente großzügige Gerichte des Südwestens, mit regionalen Produkten zubereitet, einhergehend mit den besten Weinen dieser Region.

PARIS (75013) (P5-G4) — PETIT MARGUERY

Table gastronomique

9 Boulevard du Pont Royal - Tél. : 01 43 31 58 59 - Menus : 165 F/215 F

PARIS (75013) (P5-G4) — AUBERGE ETCHEGORRY-HÔTEL VERT GALANT ★★★

Table de Terroir

Quartier des Gobelins, près de la place d'Italie. - 41/43 Rue Croulebarbe - Henri LABORDE-BALEN - Tél. : 01 44 08 83 51
Fax : 01 44 08 83 69 - Fermeture : 6/08-22/08, dimanche soir et lundi (restaurant). - Menus : 155 F/190 F. Menu enfant : 45 F.
Petit déjeuner : 45 F. 15 chambres : 450 F/550 F

Ne manquez pas de venir goûter aux spécialités du Sud-Ouest dans cette auberge rustique (ancien cabaret) où vous serez les bienvenus. Les chambres, au calme, donnent sur un grand jardin privatif et sur un jardin public. Spécialités : piperade, foie gras, pimientos farcis à la morue, cou d'oie farci au boudin noir caramélisé.
Chambres avec bain ou douche +WC+TV : Toutes. Petit déjeuner buffet Terrasse, jardin, parking privé, garage fermé, salle restaurant de caractère, TV satellites, animaux restaurant, accés handicapés

🇬🇧 Do not miss tcoming to savour the south-west specialities in this rustic inn (ancient cabaret) where you will welcome.

🇪🇸 No deje de venir a saborear las especialidades del Sudoeste en esta rústica posada (antiguo cabaret), usted será bienvenido. En un lugar tranquilo, las habitaciones dan a un jardín privado y a un jardín público.

🇩🇪 Versäumen Sie nicht, die Spezialitäten aus dem Südwesten in diesem rustikalen Gasthaus (altes Kabarett) zu kosten, wo Sie herzlich willkommen sind.

# PARIS

PARIS (75014) (P5-G4) — RESTAURANT LA RÉGALADE

49 Avenue Jean Moulin - Tél. : 01 45 45 68 58 - Menu unique à 185 F

PARIS (75016) (P5-G4) — LE PRÉ CATELAN

Bois de Boulogne - Tél. : 01 44 14 41 14 - Menus : 295 F/690 F

PARIS (75016) (P5-G4) — RESTAURANT L'ETOILE

12 Rue de Presbourg - Tél. : 01 45 00 78 70 - Menus : 350 F/850 F

PARIS (75017) (P5-G4) — RESTAURANT AMPHYCLÈS

Métro Ternes ou porte Maillot. - 78 Avenue des Ternes - Philippe GROULT - Tél. : 01 40 68 01 01 - Fax : 01 40 68 91 88
Fermeture : Lundi midi, mercredi midi, vendredi midi, samedi midi, dimanche. - Menus : carte 500 F hors saison

Dans un cadre élégant et feutré, souligné par un service de classe, Philippe GROULT propose une merveilleuse cuisine, moderne à la lumière du passé, opposée aux exotismes à la mode. Tombez sous le charme de son araignée de mer décortiquée en carapace, de son gros turbot au risotto de champignons, de son canard laqué aux zestes d'orange et vous ne serez pas prêt de l'oublier. Belle carte des vins. Parking gratuit 27 Rue Brunel.
Parking privé, salle restaurant de caractère, salle de séminaires, accès handicapés

🇬🇧 In a refined dining room with a first-class service, Philippe Groult offers you a marvelous modern cooking which embraces the glow of the past, opposite of fashionably exotic food.

🇪🇸 En un ambiente elegante, con un servicio de clase, Philippe GROULT propone una cocina maravillosa, moderna con la luz del pasado, contraria a los exotismos de la moda. Usted quedará encantado con sus especialidades.

🇩🇪 In eleganter und gedämpfter Atmosphäre, bietet Philippe Groult eine fantastische, moderne Küche mit einem Hauch von Tradition, entgegen aller exotischen Modererscheinungen, verstärkt durch einen hervorragendem Service.

PARIS (75017) (P5-G4) — RESTAURANT GUY SAVOY

18 Rue Troyon - Tél. : 01 43 80 40 61 - Menus à 980 F. Membre Eurotoques

PARIS (75017) (P5-G4) — RESTAURANT LE SORMANI

4 Rue du Général Lanrezac - Tél. : 01 43 80 13 91 - Menus à 250 F (midi)

262

www.tables-auberges.com ➤ réservation gratuite (0% de commission)

PARIS

PARIS (75017) (P5-G4)

LA TOQUE
Table gastronomique

16 Rue de Tocqueville - Tél. : 01 42 27 97 75 - Menus : 180 F/250 F

PARIS (75116) (P5-G4)

RESTAURANT FAUGERON
Table de prestige

52 Rue de Longchamp - Tél. : 01 47 04 24 53 - Menus : 620 F/880 F

PARIS (75002) (P5G4)

HÔTEL EDOUARD VII ★★★★

39 Avenue de l'Opéra - Tél. : 01 42 61 56 90 - 69 chambres de 1200 F à 2600 F

PARIS (75002) (P5G4)

HÔTEL STENDHAL ★★★★

22 Rue Danielle Casanova - Tél. : 01 44 58 52 52 - 20 chambres de 1470 F à 2050 F

PARIS (75002) (P5-G4)

HÔTEL CYRNOS ★★★

154 Rue Montmartre - Tél. : 01 42 33 54 23 - 20 chambres de 300 F à 600 F. Petit déjeuner : 40 F

PARIS (75002) (P5-G4)

HÔTEL ILE DE FRANCE OPÉRA ★★★

26 Rue Saint Augustin - Tél. : 01 47 42 40 61 - 20 chambres : 480 F/830 F

PARIS (75002) (P5-G4)

HÔTEL LOUVRE MARSOLLIER OPÉRA ★★★

13 Rue Marsollier - Tél. : 01 42 96 68 14 - 28 chambres de 560 F à 900 F

PARIS (75003) (P5-G4)

HÔTEL LE PAVILLON DE LA REINE ★★★★

28 Place des Vosges - Tél. : 01 40 29 19 19 - 55 chambres : 2200 F/4200 F

PARIS (75003) (P5-G4)

HÔTEL DES CHEVALIERS ★★★

30 Rue de Turenne - Tél. : 01 42 72 73 47 - 24 chambres : 640 F/854 F

PARIS

PARIS (75004) (P5-G4)
HÔTEL DES DEUX ILES ★★★

59 Rue Saint Louis en l'Ile - Tél. : 01 43 26 13 35 - 17 chambres : 760 F/890 F

PARIS (75005) (P5-G4)
HÔTEL RELAIS SAINT JACQUES ★★★★

3 Rue de l'Abbé de l'Epée - Tél. : 01 53 73 26 00 - 23 chambres : 970 F/1400 F

PARIS (75006) (P5-G4)
HÔTEL DE BUCI ★★★★

Au coeur de Saint Germain des Prés. - 22 Rue de Buci - Jacques MAYOR - Tél. : 01 55 42 74 74 - Fax : 01 55 42 74 44
hotelbuci@wanadoo.fr - www.hotelbuci.fr - Ouvert toute l'année. - 24 chambres : 1200 F/1950 F. Petit déjeuner : 90 F

L'Hôtel de Buci est un très heureux mariage d'histoire et de discrète modernité. Quand les vieilles pierres d'un immeuble de Paris du XVIème siècle rencontrent les exigences du confort actuel, elles donnent le meilleur d'elles-même. La réception et le bar de l'hôtel, chaleureux et accueillants, en sont la meilleure preuve. L'endroit est unique. Les meubles, tableaux et objets qui l'habitent ne sont pas là par hasard. Provenant de différentes époques, et souvent acquis par coup de coeur, ils sont tous à leur place. Chambres avec bain ou douche +WC+TV : Toutes.
Canal+, climatisation, ascenseur, TV satellites

The Hôtel de Buci is a marriage of history and modernity. When old stones meet the actual comfort, they give the best of themselves. The reception and the bar, warm and welcoming are the best proof.
El hotel de Buci une la historia a un discreto modernismo, cuando las viejas piedras de un edificio de París del siglo XVI se fusionan con las exigencias del confort actual. La recepción y el bar del hotel le brindarán una acogida calurosa. Los muebles, cuadros y objetos que lo habitan no están aquí por casualidad. Provenientes de diferentes épocas.
Das Hôtel de Buci harmonisiert Geschichte und diskrete Moderne. Wenn die alten Steine eines Pariser Gebäudes des 16. Jh. auf den heutigen Komfort treffen, zeigen sie das Beste von sich. Rezeption und Hotelbar, gemütlich und einladend, sind der beste Beweis dafür. Möbel und Gegenstände, aus verschiedenen Epochen stammend, tragen zum einzigartigen Charme dieses Ortes bei.

PARIS (75116) (P5-G4)
HÔTEL MAJESTIC ★★★★

29 Rue Dumont d'Urville - Tél. : 01 45 00 83 70 - 30 chambres : 1155 F/2420 F

PARIS (75116) (P5-G4)
HÔTEL LE BELMONT ★★★

30 Rue de Bassano - Tél. : 01 53 57 75 00 - 79 chambres : 810 F/1040 F

 # SEINE MARITIME

ETRETAT (76790) (P5-E2) — DORMY HOUSE ★★★ Table gastronomique

A 17 km de Fécamp et 30 km du Havre. - Route du Havre - Tél. : 02 35 27 07 88 - Menus de 110 F à 260 F. Menu enfant : 95 F. Petit déjeuner : 75 F. 54 chambres de 475 F à 950 F. Demi pension de 870 F à 1270 F. Etape VRP de 425 F à 565 F.

ETRETAT (76790) (P5-E2) — LE GALION Table gastronomique

A 20 km de Fécamp. - Boulevard René Coty - Tél. : 02 35 29 48 74 - Menus de 125 F à 235 F. Menu enfant : 78 F

EU (76260) (P5-G2) — DOMAINE DE JOINVILLE ★★★ Table gastronomique

Route du Tréport - Tél. : 02 35 50 52 52 - Menus de 95 F à 450 F. 26 chambres de 450 F à 1280 F

FÉCAMP (76400) (P5-F2) — RESTAURANT LA PLAISANCE Table gastronomique

A 40 km du Havre. - 33 Quai Vicomté - Tél. : 02 35 29 38 14 - Menus de 98 F à 205 F. Menu enfant : 55 F

LE BOURG DUN (76740) (P5-F2) — AUBERGE DU DUN Table de prestige

A 15 km de Dieppe et Saint Valéry en Caux. - Route de Dieppe - Tél. : 02 35 83 05 84 - Menus de 155 F à 370 F. Menu enfant : 155 F

LE HAVRE (76600) (P5-E3) — HÔTEL LE MARLY ★★★

121 Rue de Paris - Tél. : 02 35 41 72 48 - 37 chambres de 375 F à 470 F

LE TREPORT (76470) (P5-G2) — RESTAURANT LE SAINT LOUIS

Table gastronomique

Au Nord de Dieppe (D925). - 43 Quai François 1er - Tél. : 02 35 86 20 70 - Menus de 95 F à 320 F.

La passion de notre métier

SEINE MARITIME

MONTIGNY (76380) (P5-F3) — LE RELAIS DE MONTIGNY ★★★

A 7 km de Rouen. - Rue du Lieutenant Aubert - Jean FRANçOIS - Tél. : 02 35 36 05 97 - Fax : 02 35 36 19 60 le.relais.de.montigny.76 - Fermeture : 26/12-30/12 ; samedi midi. - Menus de 140 F à 220 F. Menu enfant : 80 F. Petit déjeuner : 55 F. 22 chambres de 280 F à 435 F. Demi pension de 380 F à 400 F. Etape VRP de 400 F à 420 F

A quelques kilomètres du centre historique de Rouen, au coeur d'un petit village sur la Route des Abbayes, l'hôtel vous accueille dans un cadre de verdure et vous propose une cuisine légère et inventive au gré des saisons agrémentée de vins sélectionnés. Spécialités : sauté de veau au cidre et morilles, cassolette d'escargots à la tomate.
Chambres avec bain ou douche +WC+TV : Toutes.
Terrasse, jardin, parking privé, garage fermé, salle de séminaires, canal+, accés handicapés

🇬🇧 Few kilometers from the historical center of Rouen, in the heart of a little village on the Route des Abbayes, the hotel welcomes you in a surroundings of greenery and proposes light and inventive cooking following the seasons, with selected wines.

🇪🇸 A algunos kilómetros del centro histórico de Rouen, en el corazón de un pequeño pueblo por la carretera de las Abadías, el hotel recibe en un marco de follaje y le propone una cocina ligera e inventiva según la estación, acompañada de vinos seleccionados.

🇩🇪 Dieses Hotel im Grünen befindet sich einige Kilometer vom historischen Zentrum Rouens, inmitten eines kleinen Dorfes auf der Route des Abbayes. Hier wird Ihnen eine leichte und einfallsreiche Küche nach Saison angeboten, einhergehend mit ausgewählten Weinen.

ROUEN (76000) (P5-F3) — HÔTEL DE DIEPPE RESTAURANT LES QUATRE SAISONS ★★★

Place Bernard Tissot - Tél. : 02 35 71 96 00 - Menus de 138 F à 218 F.
41 chambres de 400 F à 650 F

Le Goût de l'Authenticité

SEINE MARITIME

ROUEN (76100) (P5-F3) — RESTAURANT LE CATELIER

A deux pas du Jardin des Plantes. - 134 bis Avenue des Martyrs de la Résistance - Marie-France & Daniel ATINAULT - Tél. : 02 35 72 59 90
Fax : 02 35 73 96 64 - daniel.atinault@fnac.net - www.lecatelier-restaurant.fr Fermeture : 1/08-15/08 ; dimanche et lundi.
Menus de 145 F à 295 F. Menu enfant : 65 F

Bienvenue au Catelier. A l'entrée sud de Rouen, à deux pas du Jardin des Plantes, goûtez au plaisir d'une excellente table avec une cuisine de femme et une cave exceptionnelle. Très bon rapport qualité/prix (menus et vins compris à partir de 185 F). Spécialités civet de turbot à l'andouille de Vire et au pommeau, duo de sole et ris de veau à la crème et aux morilles, crêpe normande. Vins : Plus de 300 références.

Terrasse, parking privé, salle de séminaires, animaux

🇬🇧 Welcome to the Catelier. At the entrance of the south Rouen, two steps away from the Jardin des Plantes the pleasure of an excellent table and an exceptional cellar. Wine : more than 300 classified in stock. Good return quality and price (menus and wine included from 185 F).

🇪🇸 Bienvenido al Catelier. A la entrada sur de Rouen, a dos pasos del Jardín de Plantas, el placer de una excelente mesa con una cocina femenina y una bodega excepcional. Muy buena relación calidad/precio (menús y vinos inclusive a partir de 185 F). Vinos : más de 300 referencias.

🇩🇪 Willkommen im Catelier. An der Südeinfahrt von Rouen, gleich beim Park, genießen Sie eine hervorragende Tafel, eine Küche der Frau und einen außergewöhnlichen Weinkeller.

Tourisme & Gastronomie

 # SEINE MARITIME

ROUEN (76000) (P5-F3) — RESTAURANT LE ROUENNAIS

Centre ville, face au musée Corneille. - Place du Vieux Marché - Gérard et Pierre COUDRAY - Tél. : 02 35 07 55 44 - Fax : 02 35 71 96 38
Fermeture : Dimanche soir et Lundi. - Menus de 89 F (midi) à 240 F

Venez découvrir le cadre agréable et convivial de cet établissement. Vous y dégusterez une cuisine traditionnelle. Spécialités : rotissoire en salle, votre canard cuit devant vous ou canard à la Rouennaise. Vins de Loire et vins de Bordeaux. Terrasse

🇬🇧 Come and discover the pleasant setting of this establishment where you will be able to enjoy a traditionnal cooking.

🇪🇸 Venga a descubrir el ambiente agradable y sociable de este establecimiento. Usted podrá saborear una cocina tradicional. Vinos del Loire y vinos de Bordeaux.

🇩🇪 Entdecken Sie die angenehme und gesellige Atmosphäre dieses Restaurants und genießen Sie die traditionelle Küche.

ST MARTIN DU VIVIER (76160) (P5-F3) — LA BERTELIÈRE ★★★

A 5 km de Rouen - Tél. : 02 35 60 44 00 - Menus de 129 F à 179 F. Menu enfant : 90 F.
44 chambres de 510 F à 750 F

ST VIGOR D'YMONVILLE (76430) (P5-F3) — AUBERGE DES FALAISES

A 11 km du Havre - D982 - Tél. : 02 35 20 06 97 - Menus de 120 F à 215 F. Menu enfant : 105 F

YVETOT - VAL AU CESNE (76190) (P5-F2) — AUBERGE DU VAL AU CESNE

Le Val au Cesne - A 3 km d'Yvetot - Tél. : 02 35 56 63 06 - 5 chambres à 480 F

Le Guide des quatre Saisons

# SEINE ET MARNE

BARBIZON (77630) (P5-H4)
HÔTELLERIE DU BAS-BRÉAU ★★★★

A 8 km de Fontainebleau. - 22 Rue Grande - Tél. : 01 60 66 40 05 - Menus de 380 F à 450 F. 12 chambres de 950 F à 2800 F

BARBIZON (77630) (P5-H4)
LA CLÉ D'OR ★★★

73 Rue Grande - Tél. : 01 60 66 40 96 - Menus de 170 F à 230 F. Menu enfant : 100 F. 17 chambres de 250 F à 850 F

CHAILLY EN BIERE (77390) (P5-H4)
CHALET DU MOULIN

A 7 km de Fontainebleau. - 20 RN 7 - Tél. : 01 60 66 43 42 - Menus de 188 F à 390 F. Menu enfant : 60 F

CHAUMES EN BRIE (77390) (P5-H4)
LA CHAUM'YERRES ★★★

A 17 km de Marne La Vallée, 18 km de Melun. - Pont de l'Yerres - Christian BERTON - Tél. : 01 64 06 03 42 - Fax : 01 64 06 36 15 chaumyerre@wanadoo.fr - www.chaumyerre.fr Fermeture : 3ème semaine de janvier, 2ème quinzaine de novembre, dimanche soir et lundi hors saison. - Menus de 170 F à 210 F. Menu enfant : 50 F. Petit déjeuner : 45 F.10 chambres de 300 F à 650 F. Demi pension de 400 F à 600 F. Etape VRP de 420 F à 600 F

Pelotonné au coeur de la vallée de l'Yerres, Chaumes en Brie, village authentique, berceau de la musique classique, contemple la rivière. A son rivage réside une coquette hostellerie, vivante aquarelle d'un paysage magique, le charme d'autrefois allié au confort d'aujourd'hui. Vous y découvrirez une cuisine de saison élaborée à base de produits frais. Spécialités : grenadin de veau au miel d'acacia et amandes, noix de Saint Jacques au nid flambées à l'anis... Chambres avec bain ou douche +WC+TV : Toutes. Petit déjeuner buffet. Terrasse, jardin, parking privé, salle restaurant de caractère, salle de séminaires, canal+, TV satellites, animaux, accès handicapés restaurant

🇬🇧 Tucked snugly away in the heat of the Yerres valley, Chaumes en Brie, on old village home of musical and cultural tradition. La Chaum'Yerres, the charm of the olden days married to the confort of today. You will discover a seasonal cooking made with fresh products.

🇪🇸 Acurrucado en el corazón del valle de la Yerres, Chaumes en Brie, pueblo típico, cuna de la música clásica, contempla el río. A sus orillas, esta bonita hostelería, que surge de este mágico paisaje, une el encanto de otro tiempo al confort de hoy día. Usted descubrirá una cocina de estación elaborada a base de productos frescos.

🇩🇪 Im Herzen des Tals Yerres an einem Bach, liegt Chaumes en Brie, ein authentisches Dorf und Wiege der klassischen Musik. Entdecken Sie das entzückende Gasthaus, das den ehemaligen Scharm mit dem heutigen Komfort verbindet. Sie entdecken dort eine saisonale Küche aus Frischprodukten.

FLAGY (77940) (P5-H4)
HOSTELLERIE DU MOULIN ★★★

A 23 km de Fontainebleau. - 2 Rue du Moulin - Tél. : 01 60 96 67 89 - Menus de 160 F à 250 F. Menu enfant : 75 F. 10 chambres de 360 F à 600 F

FONTAINEBLEAU (77300) (P5-H4)
HÔTEL DE L'AIGLE NOIR ★★★★
27 Place Napoléon Bonaparte - Tél. : 01 60 74 60 00 - Menus de 145 F à 250 F. Menu enfant : 80 F. Petit déjeuner : 110 F. 56 chambres de 990 F à 2500 F. Demi pension : 1490 F / 2 Pers

GERMIGNY (77910) (P5-H3)
LE GONFALON ★★★
A 5 km de Trilport. - 2 Rue de l'Eglise - Tél. : 01 64 33 16 05 - Menus de 198 F à 350 F. Menu enfant : 50 F. 8 chambres de 300 F à 380 F

SEINE ET MARNE

LA FERTÉ SOUS JOUARRE (77260) (P5-H3) — CHÂTEAU DES BONDONS ★★★★

A 20 km de Meaux. - 47/49 Rue des Bondons - Tél. : 01 60 22 00 98 - 14 chambres de 550 F à 1200 F. Petit déjeuner : 60 F

MELUN (77000) (P5-H4) — RESTAURANT LE FABLIER

*A 100 mètres de la place Saint Jean. - 8 Rue Eugène Briais - Carla AUVIN - Tél. : 01 64 52 78 78 - Fax : 01 60 68 63 37
Fermeture : 24/12-25/12 ; 1/05 ; 6/08-3/09 ; dimanche soir et lundi. - Menus de 165 F à 225 F. Menu enfant : 110 F*

Une cuisine de tradition, à base de produits exclusivement frais, vous est proposée dans un cadre convivial et chaleureux. Spécialités : foie gras frais de canard au torchon, feuilleté d'escargots aux pleurottes, nage de homard, de lotte et de Saint Jacques en cocotte lutée, pâtisserie et pain maison. Très large carte des vins.
Piscine d'hiver, salle restaurant de caractère, animaux

🇬🇧 Cooking of tradition, mostly made from strach, this ideal place is cosy as well as warm. Large list of great wine.

🇪🇸 En un ambiente cálido y convivial venga a descubrir una cocina tradicional, hecha exclusivamente con productos frescos. Amplia carta de vinos.

🇩🇪 Eine traditionelle Küche, wo Sie ausschließlich mit Frischprodukten bewirtet werden, in einem freundlichen und warmen Rahmen.

MELUN (77000) (P5-H4) — RESTAURANT LA MAROTTE

*A 100 mètres de la place Saint Jean. - 9 Boulevard Gambetta - Carla AUVIN - Tél. : 01 64 52 79 79 - Fax : 01 60 68 63 37
Fermeture : 1/05 ; 24/12- 25/12. - Menus de 78 F à 144 F. Menu enfant : 57 F*

Dans un cadre authentique, venez découvrir une cuisine de tradition lyonnaise et une rôtisserie à base de produits exclusivement frais. Spécialités : andouillette à la fraise de veau, brochette mixte de poissons à la Choron, cochon de lait laqué au miel, pâtisserie et pain maison. Vins : Mâcon et Beaujolais.
Salle restaurant de caractère

🇬🇧 In an authentic setting, come and discover the traditional cooking from Lyon made from exclusives fresh products.

🇪🇸 En un típico ambiente, venga a descubrir la cocina tradicional lyonesa y una parrilla hecha exclusivamente con productos frescos.

🇩🇪 In einem authentischen Rahmen, entdecken Sie eine traditionelle Küche von Lyon und ein Grillrestaurant, wo ausschließlich Frischprodukte verwendet werden.

SEINE ET MARNE

MORET SUR LOING (77250) (P5-H4)

HOSTELLERIE DU CHEVAL NOIR ★★

Table gastronomique

A 7 km de Fontainebleau. - 47 Avenue Jean Jaurès - Gilles DE CRICK - Tél. : 01 60 70 80 20 - Fax : 01 60 70 80 21 - chevalnoir@chateauxhotels.com - Fermeture : Lundi et jeudi (restaurant). - Menus de 180 F à 280 F. Menu enfant : 80/100 F. Petit déjeuner : 40/95 F. 15 chambres de 280 F à 500 F. Demi pension de 420 F à 650 F. Etape VRP : 420 F

Cet ancien Relais de Poste est un merveilleux lieu de quiétude et de romantisme, au coeur de la cité médiévale. Autrefois résidence des Rois de France, il est devenu célèbre grâce à l'impressionniste Alfred Sisley. Vous profiterez de son cadre exceptionnel entre forêt et rivière où se mêlent avec harmonie, passion, art, culture et gastronomie. Spécialités : dos de sandre rôti sur peau, pommes fruits dans leur jus et granité à la cannelle ; canard cuit à la broche, parfumé aux épices douces.
Chambres avec bain ou douche +WC+TV ; Toutes. Terrasse, jardin, parking privé, salle restaurant de caractère, salle de séminaires, animaux, accès handicapés

🇬🇧 This ancient post Relay is a marvellous place full of romanticism and peace in the heart of the medieval town. You will enjoy its exceptionnal surroundings between river and forest.

🇪🇸 Esta antigua Parada del Correo es un maravilloso lugar de quietud y romanticismo, en el corazón de la ciudad medieval. Usted podrá aprovechar de su ambiente excepcional entre bosque y río en el cual se mezclan con armonia, la pasión, el arte, la cultura y la gastronomía.

🇩🇪 Dieses alte Postgebäude, inmitten einer mittelalterlichen Stadt, ist ein wunderbarer Ort der Ruhe und Romantik. Genießen Sie einzigartige Atmosphäre zwischen Wald und Fluß, wo Leidenschaft, Kunst, Kultur und Gourmetküche harmonisch ineinander übergehen.

Charme & Authenticité

SEINE ET MARNE

PRINGY-PONTHIERRY (77310) (P5-H4) — AUBERGE DU BAS PRINGY

A 40 km de Paris (A6 Sortie 27). A 10 km de Melun sur RN7. - 20 Avenue de Fontainebleau - Claude HOUDAYER - Tél. : 01 60 65 57 75 Fax : 01 60 65 48 57 - Fermeture : 18/02-28/02 ; 1/08-31/08, Lundi soir et mardi sauf veille et jours de fêtes. - Menus de 130 F à 260 F. Menu enfant : 60 F

Située au coeur du triangle Fontainebleau, Melun et Corbeil Essonnes, cette auberge gastronomique agréablement fleurie vous réserve, en terrasse l'été, ou dans sa salle à manger rustique (cheminée) l'hiver, une cuisine traditionnelle personnalisée de produits frais. Spécialités : pot au feu de foie gras de canard, sole poêlée aux champignons des bois, Saint Jacques en saison, pigeons aux deux cuissons foie gras et champignons. Vins : Chablis, Sancerre, Saumur, Champigny.

Terrasse, jardin, parking privé, salle restaurant de caractère, salle de séminaires, animaux

🇬🇧 Situated in the triangle, Fontainebleau, Melun and Corbeil Essonnes, this gastronomic inn reserves you its own traditional cooking made with fresh products either on its beautiful terrace in summer or in its rustic dinning-room (fireplace).

🇪🇸 Situada en el corazón del triángulo Fontainebleau, Melun y Corbeil Essonnes, esta posada gastronómica agradablemente florida, le brinda en su terraza, durante el verano o en su rústico comedor (chimenea), en invierno, una cocina tradicional personalizada con productos frescos. Vinos : Chablis, Sancerre, Saumur, Champigny.

🇩🇪 Mitten im Dreieck zwischen Fontainebleau, Melun und Corbeil Essonnes liegt dieses gastronomische Gasthaus angenehm blühend mit seiner traditionellen, personalisierten Küche. Im Sommer auf der Terrasse, im Winter im rustikalen Speisesaal mit Kamin.

PROVINS (77160) (P5-H4) — HOSTELLERIE AUX VIEUX REMPARTS ★★★

3 Rue Couverte - Tél. : 01 64 08 94 00 - Menus de 145 F à 360 F. Menu enfant : 95 F. Petit déjeuner : 55 F. 25 chambres de 380 F à 750 F. Demi pension de 490 F à 590 F. Etape VRP : 455 F

SANCY LES MEAUX (77580) (P5-H4) — DEMEURE DE LA CATOUNIÈRE ★★★

A 12 km de Meaux. - 1 Place de l'Eglise - Tél. : 01 60 25 71 74 - Menus de 180 F à 290 F. Menu enfant : 100 F. 21 chambres de 380 F à 550 F

 **SEINE ET MARNE**

THOMERY (77810) (P5-H4)

HOSTELLERIE LE VIEUX LOGIS ★★★

 Table gastronomique

A 6 km de Fontainebleau et 50 km de Paris. - 5 Rue Sadi Carnot - Antonia PLOUVIER - Tél. : 01 60 96 44 77 Fax : 01 60 70 01 42 - Ouvert toute l'année. - Menus de 155 F à 240 F. Menu enfant : 100 F. Petit déjeuner : 55 F. 14 chambres à 400 F. Demi pension de 580 F (1pers) à 800 F (2 pers).

Blotti entre la vallée de la Seine et la forêt de Fontainebleau, à 50 mn de Paris, un restaurant gourmand dans une véranda lumineuse pour goûter les saveurs d'une table toquée sous la direction de Sophie VAN DE MERT. Remarquable sélection de vins de M. PLOUVIER à prix très raisonnables.
Chambres avec bain ou douche +WC+TV : Toutes.
Terrasse, jardin, parking privé, piscine d'été, salle de séminaires, tennis, animaux, accés handicapés restaurant

🇬🇧 The Hostellerie Le Vieux Logis is an excellent restaurant situated between the Seine and the forest of Fontainebleau. You will be welcome in a refined setting to taste a delicate gastronomic cooking. Great wine list of Mr. PLOUVIER reasonably priced.

🇪🇸 Ubicado entre el valle del Seine y el bosque de Fontainebleau, a 50 min. de Paris, un restaurante para golosos, con un luminoso mirador para descubrir los sabores de una encantadora mesa dirigida por Sophie Van de Mert. Notable selección de vinos de M. PLOUVIER a precios muy razonables.

🇩🇪 Kosten Sie in diesem feinschmeckerrestaurant, zwischen dem Seinetal und dem Wald von Fontainebleau, 50 Min. von Paris, die geschmackvolle Küche von Sophie VAN DE MERT. Bemerkenswerte Weinauswahl von M. PLOUVIER zu vernünftien Preisen.

VARREDDES (77910) (P5-H3)

AUBERGE DU CHEVAL BLANC ★★★

Table gastronomique

A 5 km de Meaux. - 55 Rue Victor Clairet - Tél. : 01 64 33 18 03 - Menus de 198 F à 380 F. Menu enfant : 98 F. 8 chambres de 480 F à 598 F

Saveurs & Sites de France

YVELINES 78

JEUFOSSE (78270) (P5-G3) — HOSTELLERIE AU BON ACCUEIL

A 2 km de Bonnières sur Seine sur RN15. - 5 Route de Rouen - Serge MARO - Tél. : 01 30 93 01 00 - Fax : 01 30 93 01 00
Fermeture : 2ème quinzaine de janvier et d'août ; mardi soir et mercredi ; lundi soir hors saison. - Menus de 70 F à 265 F. Menu enfant : 50 F

A 500 mètres à peine de la Seine (pêche, promenades), dans un cadre agréable et chaleureux, venez retrouver un accueil personnalisé et le plaisir d'une bonne table préparée au gré des saisons. Spécialités : foie gras maison, trilogie de poisson, tête de veau sauce gribiche, steack au poivre, gibier en saison.
Terrasse, parking privé, salle restaurant de caractère, salle de séminaires, chèques vacances, animaux, handicapés

🇬🇧 Just a few meters from the Seine (fishing and walks), in a pleasant and warm setting, come and discover a personnalised welcome and the pleasure of a good cooking prepared following the seasons.

🇪🇸 A sólo 500 m del Seine (pesca, paseos), en un ambiente agradable y caluroso, venga a encontrar la acogida personalizada y el placer de una buena mesa que sigue el ritmo de las estaciones.

🇩🇪 Kaum 500 m von der Seine entfernt (Angeln, Spaziergänge), stehen in diesem Haus persönlicher Empfang und gute Küche nach Saison an der Tagesordnung.

La passion de notre métier

YVELINES

LES LOGES EN JOSAS (78350) (P5-E4)

RESTAURANT LE RELAIS DE COURLANDE

Table gastronomique

A 20 km de Paris et 6 km de Versailles. - 23 Rue de la Division Leclerc - Alain GRANCHAMP - Tél. : 01 30 83 84 04
Fax : 01 30 83 84 05 - relais.de.courlande@mail.dotcom.fr - www.relais-de-courlande.com Fermeture : 1/05.
Menus de 179 F à 360 F. Menu enfant : 120 F

Dans un cadre Jolie Campagne où il fait bon vivre, venez découvrir une cuisine de création mettant en valeur les goûts et les couleurs de produits naturels. Spécialités : escalope de ris de veau de lait panée aux truffes, rigatonis d'épinard lasagne d'asperges, jambon italien au reggiano, nid de roquette

Terrasse, jardin, parking privé, salle restaurant de caractère, salle de séminaires, chèques vacances, animaux, accès handicapés

🇬🇧 At this establishment situated in the country side and 20 km from Paris, come and taste creative cooking made from natural products.

🇪🇸 En un ambiente Lindo Campo donde se vive bien, venga a descubrir una cocina creativa que pone en valor los gustos y los colores de productos naturales.

🇩🇪 In einem Rahmen Schönes Land, wo das Leben lebenswert ist, entdecken Sie eine erfinderische Küche, die die Geschmäcker und Farben der natürlichen Produkte hervorhebt.

MAISONS LAFITTE (78600) (P5-G3)

LE TASTEVIN

Table de prestige

9 Avenue Egle - Tél. : 01 39 62 11 67 - Menus de 240 F à 400 F

YVELINES 78

MONTIGNY LE BRETONNEUX (78180) (P5-G4) AUBERGE DU MANET ★★★

Table gastronomique

A 10 km de Versailles. - 61 Avenue du Manet - Gérard BIANCHI - Tél. : 01 30 64 89 00 - Fax : 01 30 64 55 10 mail@aubergedumanet.com - www.aubergedumanet.com - Ouvert toute l'année. - Menus de 140 F à 215 F. Menu enfant : 50 F. Petit déjeuner : 60 F. 31 chambres de 520 F à 590 F. Demi pension : 700 F/1pers. et 900 F/2pers. 4 appartements.

Située au calme, en bordure d'un petit étang, cette auberge de caractère vous propose des chambres confortables et une cuisine gastronomique de qualité. Vous pourrez profiter également de la terrasse, bâtie sur pilotis. Spécialités : unilatérale de saint jacques, lard croustillant ; escalope de bar cuit sur la peau, tarte fine aux deux tomates et crème chantilly à la tapenade ; artichaut fondant et tomates confites gratinées .
Chambres avec bain ou douche +WC+TV : Toutes.
Terrasse, jardin, parking privé, salle restaurant de caractère, salle de séminaires, chèques vacances, canal+, climatisation, TV satellites, animaux, accès handicapés hôtel

Situated in calm, at the edge of a little pond. This inn offers you comfrtable rooms and a gastronomic cooking of quality. You will enjoy the terrace, build on stilt.

En un lugar calmo, a orillas de un pequeño estanque, este típico hostal le propone habitaciones confortables y una cocina gastronómica de calidad. Usted podrá disfrutar de una terraza construída sobre pilotes.

Dieses charaktervolle Gasthaus der Ruhe, an einem kleinen Teich gelegen, bietet Ihnen komfortable Zimmer und eine erstklassische Feinschmeckerküche. Profitieren sie ebenfalls von der auf Pfählen erbauten Terrasse.

Le Goût de l'Authenticité

YVELINES

MONTIGNY LE BRETONNEUX (78180) (P5-G4) — AUBERGE DES IV PAVÉS DU ROY

Table gastronomique

CD36 Lieu-dit du Manet. A 10 km de Versailles. - 55 Avenue du Manet - Jacques BURDEYRON - Tél. : 01 30 44 20 21 Fax : 01 30 96 01 79 - Fermeture : Samedi sauf réceptions. - Menus à 180 F et 220 F (carte 300 F). Menu enfant : 60 F.

Au sein d'un vaste parc avec plan d'eau, basse cour, Jacques BURDEYRON et son équipe vous réserveront le meilleur accueil et sauront vous régaler de leurs spécialités : ris de veau, champignons, tournedos de canard, gratin de fruits au Grand Marnier... Ouvert le midi (les soirs uniquement pour les groupes et réceptions).

Terrasse, jardin, parking privé, salle restaurant de caractère, salle de séminaires, animaux

🇬🇧 In a large garden with water area, Jacques DURDEYRON reserves you the best welcome and will let you savour his specialities.

🇪🇸 En el seno de un gran parque con estanque, corral, Jacques BURDEYRON y su equipo le brindarán una cálida acogida. Usted podrá regalarse con sus especialidades. Abierto al mediodía (por la noche únicamente para grupos y recepciones).

🇩🇪 J. BURDEYRON und seine Mitarbeiter bereiten Ihnen den besten Empfang und verwöhnen Sie mit ihren Spezialitäten.

ORGEVAL (78630) (P5-G3) — MOULIN D'ORGEVAL ★★★★

Table gastronomique

A 7 km de Poissy. - Rue de l'Abbaye - Tél. : 01 39 75 85 74 - Menus de 220 F à 370 F. Menu enfant : 140 F. Petit déjeuner : 75 F. 14 chambres de 650 F à 800 F

YVELINES

POISSY (78300) (P5-G3) — RESTAURANT L'ESTURGEON

Table gastronomique

A13 Paris/Rouen sortie Poissy-A14 sortie Poissy - 6 Cours du 14 Juillet - Olivier & Isabelle GREMILLET - Tél. : 01 39 65 00 04
Fax : 01 39 79 19 94 - olivier.gremillet@wanadoo.fr - Fermeture : 1/08-31/08 ; jeudi et dimanche soir.
Menus de 200 F à 300 F. Menu enfant : 70 F

Dans un décor paisible, bercé par la Seine et les impressionnistes, Isabelle et Olivier GREMILLET vous accueilleront pour vous préparer une cuisine gastronomique qu'ils font évoluer au rythme des saisons et selon les arrivages du marché. Spécialités : foie gras de canard en gelée de Porto, sole soufflée à la mousse de saumon, esturgeon grillé casamance sauce béarnaise, canard aux cerises, crêpes pisciacoises.
Terrasse, salle restaurant de caractère, salle de séminaires, animaux, accés handicapés

In a quiet setting, rocked by the river Seine and the impressionists, Isabelle and Olivier GREMILLET will welcome you and prepare a gastronomic cooking that evoluates all year long depending on arrivals of market's products.

En un lugar tranquilo, acunado por el Seine y los impresionistas, Isabelle y Olivier GREMILLET le acogerán para prepararle una cocina gastronómica que cambia con las estaciones y con la llegada del mercado.

In einem friedlichen Rahmen, umgeben von der Seine und den Impressionisten, empfangen Sie Isabelle und Olivier GREMILLETT mit ihrer geschmackvollen Küche nach Saison und Markt gestaltet.

ROLLEBOISE (78270) (P5-G3) — CHÂTEAU DE LA CORNICHE ★★★

Table gastronomique

A 3 km de Bonnière sur Seine. - 5 Route de la Corniche - Tél. : 01 30 93 20 00 - Menus de 160 F à 360 F. Menu enfant : 95/130 F.
Petit déjeuner : 60 F. 35 chambres de 350 F à 1100 F. Demi pension de 490 F à 810 F. Etape VRP : 490 F

ST GERMAIN EN LAYE (78100) (P5-G3) — CAZAUDEHORE ET LA FORESTIÈRE ★★★★

Table gastronomique

A 20 km de Paris. - 1 Avenue Kennedy - Tél. : 01 30 61 64 64 - Menus de 190 F à 390 F. Menu enfant : 130 F.
30 chambres de 850 F à 1500 F

ST GERMAIN EN LAYE (78100) (P5-G3) — PAVILLON HENRI IV ★★★★

Table gastronomique

21 Rue Thiers - Tél. : 01 39 10 15 15 - Menus de 240 F à 380 F.
42 chambres de 750 F à 1280 F

Tourisme & Gastronomie

www.tables-auberges.com ➔ réservation gratuite (0% de commission)

YVELINES

ST RÉMY LES CHEVREUSE (78470) (P5-G4)   RESTAURANT LA CRESSONNIÈRE

Table gastronomique

A 18 km de Versailles. - 46 Rue de Port Royal - Bernard BROSSERON - Tél. : 01 30 52 00 41 - Fax : 01 30 47 28 31 - j.brosseron@free.fr
Fermeture : Dimanche soir, mardi soir et mercredi. - Menus de 205 F à 295 F. Menu enfant : 75 F

Au coeur de la vallée de Chevreuse, cette belle auberge vous réservera le meilleur accueil. Vignes vierges sur la façade, baies vitrées donnant sur le jardin ombragé. Spécialités : cassolette au rythme des saisons, foie gras en terrine, sabayon de fruits frais.

Terrasse, jardin, salle de restaurant de caractère, salle de séminaires, animaux

🇬🇧 In the heart of the Chevreuse valley, this beautiful inn will offer you a warm welcome. Virginia creepers, picture windows looking onto the shaded garden.

🇪🇸 En el corazón del valle de Chevreuse, este lindo hostal le brindará una excelente acogida. Viñas locas en la fachada, ventanales que dan a un jardín sombreado.

🇩🇪 Dieses nette Gasthaus, im Herzen des Chevreuse Tals, bereitet Ihnen einen herzlichen Empfang. Wilder Wein an der Fassade, großes Fenster zum schattigen Garten hin.

Charme & Authenticité

YVELINES

TRIEL SUR SEINE (78510) (P5-G3) — RESTAURANT SAINT MARTIN

Au Sud de Cergy Pontoise, à 7 km de Poissy. - 2/4 Rue Galande - Christophe LEMETAYER - Tél. : 01 39 70 32 00
Fax : 01 39 74 30 34   Fermeture : 6/08-29/08 ; mercredi, dimanche soir et lundi soir. - Menus de 109 F à 200 F. Menu enfant : 60 F.

Dans un cadre chaleureux et convivial, Christophe LEMETAYER et son équipe se feront un plaisir de vous recevoir et vous feront partager leurs spécialités : rouget sur un feuilletage épicé tomates confites et tapenade, lentilles au safran ; assiette d'abats de veau sauce gribiche, gâteau chaud au chocolat, glace figues sèches.
Animaux

🇬🇧 In a convivial and warm setting, Christophe LEMETAYER and his team will be glad to welcome you and make you savour their specialities.

🇪🇸 En un ambiente cálido y convivial, Christophe LEMETAYER y su equipo tendrán el placer de recibirle y de hacerle compartir sus especialidades.

🇩🇪 In einem warmen und freundlichen Rahmen freuen sich Christophe LEMETAYER und sein Team, Sie zu empfangen und ihre Spezialitäten mit Ihnen zu teilen.

Saveurs & Sites de France

 **DEUX SEVRES**

MELLE (79500) (P5-E7) — LES GLYCINES ★★

5 Place René Groussard - Tél. : 05 49 27 01 11 - Menus de 82 F à 200 F. Menu enfant : 55 F. Petit déjeuner : 38 F.
7 chambres de 215 F à 300 F. Demi pension de 224 F à 249 F. Etape VRP de 310 F à 350 F

NIORT (79000) (P5-E7) — LA BELLE ETOILE

115 Quai Métayer - Tél. : 05 49 73 31 29 - Menus de 100 F à 435 F. Menu enfant : 75 F

THOUARS (79100) (P5-E6) — LE CLOCHER SAINT MÉDARD

14 Place Saint Médard - Tél. : 05 49 67 90 50 - Menus de 135 F à 235 F. Menu enfant : 65 F. Petit déjeuner : 40 F.
4 chambres de 260 F à 360 F. Demi pension de 380 F à 410 F. Etape VRP de 380 F à 410 F

Tourisme & Gastronomie

SOMME

ALBERT (80300) (P5-H2) — ROYAL PICARDIE ★★★

Avenue du Général Leclerc - Tél. : 03 22 75 37 00 - Menus de 78 F à 260 F. Menu enfant : 65 F. 21 chambres de 315 F à 350 F

AMIENS (80000) (P5-G2) — RESTAURANT LES MARISSONS

Pont de la Dodane - Quartier Saint Leu - Tél. : 03 22 92 96 66 - Menus de 120 F à 295 F

ARGOULES (80120) (P5-G1) — AUBERGE DU GROS TILLEUL ★★★

28 km d'Abbeville (RN1) ou A16 sortie 24. - Place du Château - Marie-Christine & Patrick BEUGÉ - Tél. : 03 22 29 91 00 Fax : 03 22 23 91 64 - www. letouquet.com Fermeture : 18/12-25/01 ; lundi hors saison sauf jours fériés. - Menus de 70 F à 235 F. Menu enfant : 50 F. Petit déjeuner : 45 F.16 chambres de 290 F à 550 F. Demi pension de 350 F à 380 F. Etape VRP de 290 F à 350 F

Un environnement chargé d'art et d'histoire entoure cette auberge nichée dans la verdure des rives de l'Authie. Un lieu fort agréable pour découvrir une cuisine de terroir où un parfum de modernisme et un goût de tradition se mêlent savoureusement. Spécialités : papillotte de poissons côtiers en julienne de légumes, poissons et volailles. Chambres avec bain ou douche +WC+TV : Toutes. Terrasse, jardin, parking privé, garage fermé, piscine d'été, salle restaurant de caractère, salle de séminaires, chèques vacances, canal+, TV satellites, animaux, accès handicapés

🇬🇧 This environment is a loaded with art and history, this country inn is surrounded by the valley of Authie Come and discover how traditional and modern influences can be melt savourly.

🇪🇸 Un ambiente lleno de arte y de historia rodea esta posada, encajonada en las verdes orillas del Authie. Un lugar muy agradable para descubrir una cocina local que mezcla los sabores modernos a los tradicionales.

🇩🇪 Das von Kunst und Geschichte umgebene Gasthaus liegt in der Mulde des Tals Authie. Entdecken Sie eine ländliche Küche, wo sich das Aroma des Modernen mit dem Geschmack der Tradition vermischt.

ERONDELLE (80580) (P5-G2) — AUBERGE DU TEMPS JADIS

A 8 km d'Abbeville et 35 km d'Amiens. - Route de Bray - Jean-Louis DESAILLY - Tél. : 03 22 27 92 27 - Fax : 03 22 27 92 27 Fermeture : Septembre ; 26/12-10/01 ; du dimanche soir au mardi soir (hors saison). - Menus de 92 F à 220 F. Menu enfant : 60 F

Située à l'orée d'un bois, au bord du marais d'Erondelle, pays de tourbières et d'étangs aux nombreux oiseaux, cette auberge de campagne vous réservera un accueil personnalisé et saura vous faire partager ses spécialités : charcuteries maison, jarret de porc au feu de bois, cuisine à la bière, gibier en saison, gâteau de grenouilles et cèpes au jus de persil, volailles de ferme et bières du pays. Terrasse, jardin, parking privé, salle restaurant de caractère, salle de séminaires, animaux, accès handicapés

🇬🇧 Come to discover this country inn, located at the edge of a wood, land of lakes and full of birds, that will offer you a warm welcome and let you savour their specialities.

🇪🇸 Esta mesón de campo, lindera a un bosque, al borde del pantano de Erondelle, país de turberas y estanques con numerosos pájaros, le dispensará una acogida personalizada y le hará compartir sus especialidades. Aves del corral y cervezas del país.

🇩🇪 Am Waldessaum ruhig gelegen, erwartet Sie in diesem Landgasthaus ein personalisierter Empfang und die Spezialitäten des Hauses.

SOMME

PERONNE (80200) (P5-H2) — SAINT CLAUDE

A côté de l'historial de la grande guerre. - 42 Place Louis Daudre - Patrick LALOS - Tél. : 03 22 84 46 00 - Fax : 03 22 84 47 57 www.hotel-saintclaude.com Fermeture : Dimanche soir et lundi midi. - Menus de 65 F à 180 F. Menu enfant : 55 F. Petit déjeuner : 35 F. 23 chambres de 170 F à 280 F. Demi pension de 260 F à 310 F. Etape VRP de 260 F à 310 F

Table gastronomique

Dans un cadre chaleureux et convivial, Patrick LALOS et son équipe se feront un plaisir de vous recevoir dans leur établissement fondé en 1653 et de vous faire partager leur cuisine gastronomique, l'hiver au coin de la cheminée, l'été dans le jardin intérieur. Spécialités : ficelle picarde, quiche à l'anguille fumée, filet de canard à la bière de Péronne, bavarois au raffolait.
Chambres avec bain ou douche +WC+TV : 3-6-18-19-28 à 36.
Terrasse, parking privé, salle restaurant de caractère, salle de séminaires, chèques vacances, animaux, accés handicapés restaurant

🇬🇧 In a warm and convivial setting, Patrick LALOS and his team will be glad to welcome you in their establishment build in 1653 and let you taste their traditional cooking, during the winter time near the fireplace and in the summer time in the garden.

🇪🇸 En el ambiente cálido y sociable de este establecimiento fundado en 1653, Patrick LALOS y su equipo tendrán el placer de recibirle y de hacerle descubrir su cocina gastronómica, en invierno al amor de la lumbre, en verano en un jardín interior.

🇩🇪 In freundlicher und warmer Umgebung, freuen sich P. LALOS und sein Team, Sie zu empfangen und ihre gastronomische Küche mit Ihnen zu teilen. Im Winter um den Kamin, im Sommer im Garten.

QUEND (80120) (P5-G1) — AUBERGE LE FIACRE ★★★

A 2 km de Fort-Mahon. - Hameau de Routhiauville - Route de Fort-Mahon - Tél. : 03 22 23 47 30 - Menus de 110 F à 230 F. 16 chambres de 400 F à 450 F

Table gastronomique

ROYE (80700) (P5-H2) — RESTAURANT LA FLAMICHE

A 40 km d'Amiens. - 20 Place de l'Hôtel de Ville - Tél. : 03 22 87 00 56 - Menus de 150 F à 840 F. Menu enfant : 80 F

Table de prestige

ST VALÉRY SUR SOMME (80230) (P5-G2) — LES PILOTES ★★

62 Rue de la Ferté / 37 Quai Blavet - Luc DEGAGEUX - Tél. : 03 22 60 80 39 - Fax : 03 22 60 72 45 - www.lespilotes.com Fermeture : 1/12-31/01 ; dimanche soir et lundi hors saison. - Menus de 80 F à 360 F. Menu enfant : 35/60 F. Petit déjeuner : 35 F. 14 chambres de 350 F à 520 F. Demi pension de 250 F à 420 F. Etape VRP : 350 F

Table de Terroir

Dans un site merveilleux avec vue panoramique sur une baie innondée de lumière, l'hôtel des pilotes vous offre un séjour calme et paisible. Le Chef Luc Degageux vous propose une cuisine riche au goût puissant où les produits de la mer ont une place d'honneur. Spécialités : fruits de mer (vivier de 3000 l), festival de poissons, dégustation de moules.
Chambres avec bain ou douche +WC+TV : Toutes.
Terrasse, salle restaurant de caractère, salle de séminaires, chèques vacances, Menu Tables & Auberges de France, animaux restaurant, accés handicapés restaurant

🇬🇧 In a marvellous site with a panoramic view through a well-lit picture-window, l'Hôtel les Pilotes offers you a calm and peaceful stay. The Chef Luc Dagageux proposes you rich cooking where seafood is in the palce of honour.

🇪🇸 En un lugar maravilloso con vista panorámica a una bahía llena de luz, Les Pilotes le brinda una estancia tranquila. El jefe Luc Degageux le propone una rica cocina, con marcado gusto, en la cual los productos del mar ocupan un sitio de honor.

🇩🇪 Das Hotel Les Pilotes bietet Ihnen in wundervoller Lage, mit Blick auf die Meeresbucht, einen ruhigen Aufenthalt. Der Chefkoch Luc Dagageux bereitet Ihnen eine vielfältige, pikante Küche zu, wo Meeresfrüchte und Fisch einen Ehrenplatz einnehmen.

TARN

ALBI (81000) (P8-G11) — HÔTEL LA RÉSERVE ★★★★

Route de Cordes - Tél. : 05 63 60 80 80 - Menus de 170 F à 320 F. Menu enfant : 60 F. 24 chambres de 550 F à 1450 F

ALBI (81000) (P8-G11) — RESTAURANT L'ESPRIT DU VIN

11 Quai Choiseul - Tél. : 05 63 54 60 44 - Menus de 195 F à 330 F. Menu enfant : 65 F

ALBI (81000) (P8-G11) — HÔTEL CHIFFRE - LE BATEAU IVRE ★★★

50 Rue Séré de Rivières - Tél. : 05 63 48 58 48 - Menus de 125 F à 350 F. Menu enfant : 55 F. 36 chambres de 300 F à 470 F. Membre Eurotoques

---

CORDES SUR CIEL (81170) (P8-G11) — HOSTELLERIE DU VIEUX CORDES ★★★

A 22 km d'Albi. - 21 Rue Saint Michel - Tél. : 05 63 53 79 20 - Menus de 88 F à 200 F. Menu enfant : 50 F. Petit déjeuner : 40 F. 21 chambres de 280 F à 390 F. Demi pension : 656 F/couple. Etape VRP : 353 F

CORDES SUR CIEL (81170) (P8-G11) — RESTAURANT LES ORMEAUX

A 22 km d'Albi. - 3 Rue Saint Michel - Alain TIZIOLI - Tél. : 05 63 56 19 50 - Fax : 05 63 56 23 37 Fermeture : 22/12-31/01 ; mardi. - Menus de 95 F à 195 F. Menu enfant : 40 F. Petit déjeuner : 30 F. 4 chambres de 280 F à 330 F. Demi pension : 250 F.

Cordes sur ciel est un des plus beaux villages de France, une bastide prestigieuse bâtie par le comte de Toulouse Raymond VII. Le restaurant Les Ormeaux se situe dans une maison du XIIIème siècle, entièrement rénovée, avec patio. Spécialités filet de sandre au vin blanc de Gaillac, coq au vin, tripes au safran, gibiers.
Parking privé, salle restaurant de caractère, salle de séminaires, animaux, accès handicapés

Cordes sur Ciel is one of the most beautiful village of France, a prestigious bastide build by the count of Toulouse Raymond VII. The restaurant Les Ormeaux is situated in an house of the XIII century, renovated, with patio.

Cordes sur ciel es uno de los más bellos pueblos de Francia, una prestigiosa bastida fue construida por el conde de Toulouse Raymond VII. El restaurante Les Ormeaux es una casa del siglo XIII, con patio, totalmente renovada.

Cordes sur ciel ist eines der schönsten Dörfer Frankreichs, eine grandiose Bastide erbaut durch den Grafen von Toulouse Raymond VII. Das Restaurant Les Ormeaux befindet sich in einem komplet renovierten Haus aus dem 13. Jh. mit Patio.

LACAUNE (81230) (P9-H11) — HÔTEL FUSIES ★★★

A 40 km de Castres. - 2 Rue de la République - Tél. : 05 63 37 02 03 - Menus de 100 F à 360 F. Menu enfant : 60 F. Petit déjeuner : 45 F. 45 chambres de 270 F à 390 F. Demi pension de 320 F à 350 F. Etape VRP de 330 F à 350 F.

TARN

LES SALVAGES-CASTRES (81100) (P8-G11)   CAFÉ DU PONT

A 5 km de Castres. - 1 Avenue du Sidobre - Jacky BONNOT - Tél. : 05 63 35 08 21 - Fax : 05 63 51 09 82
Fermeture : Février ; dimanche soir et lundi. - Menus de 95 F à 250 F. Menu enfant : 70 F. Petit déjeuner : 35 F.
5 chambres de 180 F à 250 F.

Sur la route du granit, Suzanne et Jacky BONNOT vous accueillent chaleureusement, l'été dans un restaurant entièrement ombragé, l'hiver au coin d'un feu de bois. Cuisine du marché et produits du terroir seront à l'honneur. Cuisine et spécialités en fonction du marché et des saisons.
Terrasse, jardin, salle restaurant de caractère, animaux, accès handicapés

🇬🇧 On the road of granite, it is either by the fire place in winter r on the shady terrace in summer that Suzanne and Jacky BONNOT will welcome you and offer refined cooking made with fresh and traditional products.

🇪🇸 Por la ruta del granito, Suzanne y Jacky BONNOT le brindarán una cálida acogida, durante el verano en un restaurante a la sombra y en invierno al amor de la lumbre de leña. La cocina se destaca con los productos del mercado y del huerto, que siguen el ritmo del mercado y de las estaciones.

🇩🇪 Auf dem Weg zum Granit empfangen Sie Suzanne und Jacky BONNOT ganz herzlich, im Sommer in einem schattigen Restaurant, im Winter um ein gemütliches Kaminfeuer. Die Küche mit frischen Markt- und Regionalprodukten wird den verschiedenen Jahreszeiten angepasst.

Le Guide des quatre Saisons

www.tables-auberges.com ➔ réservation gratuite (0% de commission)

TARN ET GARONNE

MOISSAC (82200) (P8-F10) — HÔTEL RESTAURANT LE PONT NAPOLÉON ★★
Table de prestige

En bordure du Tarn avec vue sur pont Napoléon - 2 Allée Montébello - Tél. : 05 63 04 01 55 - Menus de 190 F à 350 F. Menu enfant : 80 F. Petit déjeuner : 45 F. 12 chambres de 180 F à 350 F. Demi pension de 295 F à 465 F. Etape VRP à 330 F

MOISSAC (82200) (P8-F10) — RESTAURANT LE BISTROT DU CLOÎTRE
Table de Terroir

5 Place Durand de Bredon - Michel DUSSAU - Tél. : 05 63 04 37 50 - Fax : 05 63 04 34 44
Fermeture : Lundi soir, mardi et jeudi soir hors saison. - Menus de 89 F à 149 F. Menu enfant : 49 F

Sur une petite place calme, au pied de l'abbatiale Saint-Pierre et du célèbre cloître d'art roman, venez apprécier l'ambiance chaleureuse d'une salle en brique rose du pays, au coin de la cheminée en hiver, ou en terrasse ombragée dès les beaux jours. Spécialités : foie gras en terrine, garbure gasconne, magret bistrot au foie gras.
Terrasse, salle restaurant de caractère, climatisation

In a quiet place, at the foot of the Saint Pierre's abbey and the famous cloister, come and taste the warm atmosphere of the dining-room, on the fireplace in winter or in the shaded terrace in summer.

En una pequeña plaza tranquila, al pie del abacial Saint-Pierre y del célebre claustro románico, venga a disfrutar del caluroso ambiente de una sala con ladrillos rosa del país, al amor de la lumbre en invierno, o en la terraza sombreada con buen tiempo.

Auf einem kleinen, ruhigen Platz bei der Abteikirche Saint-Pierre und dem berühmten, romanischen Kloster gelegen, kommen und erleben Sie die gemütliche Atmosphäre in einem Speisesaal aus rosa Ziegelstein, am Kaminfeuer oder auf der schattigen Terrasse an schönen Sommertagen.

MONTAUBAN (82000) (P8-F11) — HÔTEL-RESTAURANT LA CUISINE D'ALAIN ★★
Table gastronomique

Face Gare SNCF - Tél. : 05 63 66 06 66 - Menus de 130 F à 320 F. Menu enfant : 70 F. Petit déjeuner : 40 F. 20 chambres de 250 F à 350 F. Etape VRP : 350 F

MONTBETON-MONTAUBAN (82290) (P8-F11) — HOSTELLERIE DES COULANDRIÈRES ★★★
Table de Terroir

A 3 km de Montauban. - Route de Castelsarrasin - Tél. : 05 63 67 47 47 - Menus de 90 F à 190 F. Menu enfant : 60/80 F. 22 chambres de 390 F à 590 F

La passion de notre métier

www.tables-auberges.com ➜ réservation gratuite (0% de commission)

VAR

AGAY (83530) (P10-L11) — HÔTEL SOL E MAR ★★★

Le Dramont Saint Raphaël - Tél. : 04 94 95 25 60 - Menus de 150 F à 210 F. Menu enfant : 90 F. 46 chambres de 400 F à 770 F

AMPUS (83111) (P10-L11) — LA FONTAINE

A 14 km de Draguignan. - Place de la Mairie - Tél. : 04 94 70 98 08 - Menus de 198 F à 280 F

BANDOL (83150) (P10-K12) — HÔTEL ILE ROUSSE - RESTAURANT LES OLIVIERS ★★★★

A 26 km de Toulon. - 25 Boulevard Louis Lumière - Stéphane de ROBIEN - Tél. : 04 94 29 33 00 - Fax : 04 94 29 49 49 - ontact@ile-rousse.com - http://www.ile-rousse.com - Ouvert toute l'année. - Menus de 138 F à 250 F. Menu enfant : 75 F. Petit déjeuner : 90 F. 54 chambres de 640 F à 2800 F. Etape VRP de 490 F à 520 F

L'hôtel L'Ile Rousse **** bénéficie d'une implantation idyllique en bord de plage avec vue exceptionnelle sur la Baie de Rénécros. Des chambres spacieuses, piscine, centre de thalasso, espace beauté, hammam, jaccuzzi, restaurants gastronomiques... rien n'est laissé au hasard pour rendre votre séjour plus agréable. La cuisine ensoleillée et généreuse repose sur les meilleurs produits de Provence. Spécialités : pigeonneau Lou Colombie cuit en feuilles de figuier dans sa cocotte, jus aigre doux . Chambres avec bain ou douche +WC+TV : Toutes. Terrasse, parking privé, garage fermé, piscine d'été, salle restaurant de caractère, salle de séminaires, chèques vacances, , canal+, climatisation, ascenseur, TV satellites, accès handicapés restaurant

🇬🇧 The Hôtel Ile Rousse is perfectly situated right on the protecetd, fine sand beach with a magnificent view of the blue waters of Rénécros Bay .The abundant Mediterranean cooking-a profusion of colours and taste-born of the best freshest produce of Provence.

🇪🇸 El hotel L'isle Rousse **** se encuentra en un lugar idílico al borde de una playa con arena fina y con una vista excepcional de Rénécros. La soleada y abundante cocina es preparada con los mejores productos de la Provenza.

🇩🇪 Einige Schritte vom Zentrum Bandols entfernt, profitiert das Hotel L' ile Rousse **** von einer idyllischen Lage am Meer und einem einzigartigen Blick auf des Baie de Rénécros. Die großzügige, mediterrane Küche aus den besten Produkten der Provence.

BANDOL (83150) (P10-K12) — L'AUBERGE DU PORT

A 26 km de Toulon. - 9 Allée Jean Moulin - Tél. : 04 94 29 42 63 - Fax : 04 94 29 44 59 - www.auberge-du-port.com - Ouvert toute l'année. - Menus de 128 F à 260 F. Menu enfant : 85 F

La cuisine ensoleillée et généreuse est un festival de couleurs et de senteurs qui repose sur les meilleurs produits de Provence. L'Auberge du Port fait la part belle aux produits de la Méditerranée. Spécialités : poisson en croûte de sel, bouillabaisse, bourride. Terrasse, salle restaurant de caractère, salle de séminaires, chèques vacances, handicapés

🇬🇧 The sunny cooking is full of colours based on traditional products of Provence and Mediterranean.

🇪🇸 La cocina soleada y copiosa es un festival de colores y olores con los mejores productos de Provenza. El Auberge du Port da una importante plaza a los productos del Mediterráneo.

🇩🇪 Die südliche und großzügige Küche - ein Festival von Farben und Wohlgeruch, zubereitet aus den besten Erzeugnissen der Provence.

VAR

CARQUEIRANNE (83320) (P10-K12) — LES PINS PENCHÉS

A 7 km de Hyères. - Avenue du Général de Gaulle - Stéphane LELIÈVRE - Tél. : 04 94 58 60 25 - Fax : 04 94 58 69 04 - www.restaurant-pins-penches.com Fermeture : Dimanche soir, lundi, mardi midi. - Menus carte à 215 F. Menu enfant : 80 F

Le mariage de l'azur de notre Provence et de l'or de notre huile d'olive amènera dans votre assiette comme un rayon de soleil. Pour préserver l'authenticité des vrais produits, d'autres passionnés, fidèles au terroir, perpétuent le savoir-faire ancestral. Ainsi, la remontée des filets, les cueillettes du jour vous rappelleront, à notre table, les beaux produits. Comme avant... Spécialités : longe de veau poêlé morilles à la crème et asperges vertes sauvages, risotto d'écrevisses pattes rouges fraîches coulis de crustacé. Terrasse, jardin, salle de séminaires, chèques vacances, climatisation, accès handicapés, animaux

The combination of blues from our Provence with the gold of our olive oil gleams like a sunny day in your plate. Other passionate lovers of this beautiful region work to preserve the authenticity of genuine products and the skills handed down through the generations.

La combinación del azul de nuestra Provenza con el oro de nuestro aceite de oliva, traerá a su plato un rayo de sol. Otros apasionados, fieles al terruño, perpetúan la buena mano ancestral para preservar la autenticidad de los productos..

Das Azurblau unserer Provence zusammen mit dem Goldgelb des Olivenöls, ist wie ein Sonnenstrahl in Ihrem Teller. Um die Echtheit der wahren Produkte zu schützen, überliefern andere, dem Land verbundene Anhänger, das angestammte Wissen. Das

CAVALAIRE/MER (83240) (P10-L12) — LA PERGOLA ★★★

A 45 km de Hyères et Saint Raphael. - Rue du Port - Tél. : 04 94 00 42 22 - Menus de 98 F à 195 F. Menu enfant : 70 F. 25 chambres de 395 F à 525 F

DRAGUIGNAN (83300) (P10-L11) — HÔTEL LE VICTORIA ★★★

52/54 Boulevard Carnot - Tél. : 04 94 47 24 12 - Menus de 68 F à 185 F. Menu enfant : 48 F. 19 chambres de 320 F à 850 F

FAYENCE (83440) (P10-L11) — MOULIN DE LA CAMANDOULE ★★★

A 26 km de Cannes. - Chemin de Notre Dame des Cyprès - Tél. : 04 94 76 00 84 - Menus de 175 F à 295 F. Menu enfant : 75 F. 11 chambres de 550 F à 952 F

GRIMAUD VILLAGE (83310) (P10-L11) — LE COTEAU FLEURI ★★★

A 12 km de Saint Tropez. - Place des Pénitents - Tél. : 04 94 43 20 17 - Menus de 150 F à 250 F. Menu enfant : 95 F. 14 chambres de 275 F à 550 F

ILE DE PORQUEROLLES (83400) (P10-L12) — LE MAS DU LANGOUSTIER ★★★★

A 15 km de Toulon. - Ile de Porquerolles - Tél. : 04 94 58 30 09 - Menus de 340 F à 500 F. 50 chambres de 1083 F à 1856 F

LA MOTTE (83920) (P10-L11) — LES PIGNATELLES

A 20 km de Fréjus, Saint Raphaël, Draguignan. - 726 Route de Bagnols - Tél. : 04 94 70 25 70 - Menus de 140 F à 260 F. Menu enfant : 60 F

VAR

LE LAVANDOU (83980) (P10-L12) — HÔTEL HYDRA ★★★

Aiguebelle - A 25 km de Hyères, 30 km de Saint Tropez - Tél. : 04 94 71 65 46 - 26 chambres de 420 F à 780 F. Petit déjeuner : 50 F

LE LUC EN PROVENCE (83340) (P10-L11) — RESTAURANT LE GOURMANDIN

Table gastronomique

A 30 km de Draguignan, 20 km de Brignoles. - 8 Place Louis Brunet - Patrick & Uta SCHWARTZ - Tél. : 04 94 60 85 92 - Fax : 04 94 47 91 10 - Fermeture : 20/08-20/09 ; 20/02-10/03 ; dimanche soir ; lundi. - Menus de 140 F à 190 F. Menu enfant : 70 F

Ancienne auberge du XIXème siècle entièrement rénovée, construite sur un cours d'eau (Le Coudonnier), sur une place ombragée à 50 mètres du château de Vintimilles, avec cheminée, table ronde et véranda climatisée. Spécialités : fleurs de courgettes farcies, mousse de rascasse coulis d'étrille, carré d'agneau en croûte de tapenade, croustillant au miel et fruits rouges, gratin de fruits rouges au coulis d'abricot… Vins du terroir. Membre Eurotoques.
Salle restaurant de caractère, climatisation, animaux, accès handicapés

Ancient inn of the XIXth century completly renovated, and built in the course of a river (Le Coudonnier), with a fireplace, round table and air-condition veranda.

Esta antigua posada del siglo XIX totalmente renovada, construida a orillas de un río (el Coudonnier), en una plaza sombreada a 50 m del castillo de Vintimilles, con su chimenea, su mesa redonda y su veranda climatizada, le hará descubrir sus especialidades. Vinos de la región.

Altes Gasthaus aus dem 19. Jh. komplett renoviert, auf einem Wasserlauf gebaut (Le Coudonnier), mit Kamin, rundem Tisch und klimatisierter Veranda.

LE PRADET (83220) (P10-K12) — RESTAURANT LA CHANTERELLE

Table gastronomique

A 12 km de Toulon et de Hyères. - Le Port des Oursinières - Didier PERROT - Tél. : 04 94 08 52 60 - Fax : 04 94 08 52 60 Fermeture : 1/01-28/02 ; mercredi d'Octobre à Pâques. - Menus de 195 F à 250 F. Menu enfant : 95 F

Venez découvrir le cadre paisible de ce restaurant gastronomique au décor intérieur tout en bois sculpté du Tyrol et qui dispose d'un ravissant jardin fleuri où coule une fontaine et où vous apprécierez les mets à base de produits frais servis sur une jolie terrasse ombragée. Spécialités : petite bouillabaisse façon chanterelle, mérou grillé à l'anchoïade, croustillant d'agneau aux chanterelles, foie gras maison. Réservation souhaitée.
Terrasse, jardin, parking privé, salle restaurant de caractère, salle de séminaires, animaux

Mr PERROT will make you savour his specialities in the quietness of his establishment. The decoration is made with sculpted wood. You will be able to eat near a garden, that has a fountain, during summer time or on the shady terrace.

Venga a descubrir el ambiente tranquilo de este restaurante gastronómico, con su interior todo esculpido en madera y su encantador jardín florido donde fluye una fuente. Usted apreciará los platos a base de productos frescos, servidos en una bonita terraza sombreada. Se aconseja reservar.

Entdecken Sie den friedlichen Rahmen dieses Restaurants mit geschnitzter Innenausstattung und einem entzückenden blühenden Garten mit Springbrunnen, wo Sie im Sommer auf der überdachten Terrasse die Gerichte aus Frischprodukten genießen können.

LES ISSAMBRES (83380) (P10-L11) — RESTAURANT LA RÉSERVE

Table gastronomique

A 20 km de Saint Raphaël et Sainte Maxime. - RN98 - Tél. : 04 94 96 90 41 - Menus de 150 F à 200 F. Menu enfant : 70 F

 **VAR**

LES ISSAMBRES (83380) (P10-L11)
VILLA SAINT ELME ★★★★ Table gastronomique

Corniche des Issambres BP 42 - Tél. : 04 94 49 52 52 - Menus de 260 F à 480 F. Menu enfant : 80 F. 16 chambres à partir de 750 F

MONTAUROUX (83440) (P10-L11)
AUBERGE DES FONTAINES D'ARAGON Table gastronomique

Quartier Narbonne - Tél. : 04 94 47 71 65 - Menus de 215 F à 380 F. Menu enfant : 70 F

PORT GRIMAUD (83310) (P10-L11)
LE GIRAGLIA ★★★★  Table gastronomique

A 6 km de Saint Tropez - Tél. : 04 94 56 31 33 - Menus de 260 F à 320 F. Menu enfant : 100 F. 49 chambres de 890 F à 2200 F

SIX FOURS LES PLAGES (83140) (P10-K12)
AUBERGE SAINT VINCENT Table gastronomique

A 6 km de Toulon, A50 et D559. - Carrefour du Pont de Brusc - Laurent Sciré - Tél. : 04 94 25 70 50 - Fax : 04 94 07 43 76 Fermeture : Dimanche soir, lundi (hors saison). - Menus de 149 F à 279 F. Menu enfant : 60 F

Découvrez à travers la variété de nos recettes, la manière la plus savoureuse de partager le meilleur de nos terroirs, au fil des saisons. Spécialités : Saint Pierre rôti sur peau crème de potiron compotée de tomates, loup de mer rôti en croûte de sel, bouillabaisse, carré d'agneau en panade de trompettes chanterelles purée de coco sauce poivre vert, giboulée de fruits rouges et granité de fraise…, spécialiste du plateau de coquillages, cuisine des terroirs de Provence et du Dauphiné. Membre Eurotoques. Terrasse, parking privé, salle de séminaires, chèques vacances, climatisation, animaux, accès handicapés

Discover through a wide range of recipes, the most tasty way to share the best of our traditional meal over the seasons.

Descubra a través de nuestras variadas recetas, la manera más sabrosa de compartir lo mejor de nuestra región, según la estación.

Entdecken Sie anhand der Vielfalt unserer Rezepte, die geschmackvollste Art das Beste vom Land 4 Jahreszeiten hindurch zu teilen.

ST TROPEZ (83990) (P10-L11)
BISTROT DES LICES Table gastronomique

A 85 km de Toulon et 120 km de Nice. - 3 Place des Lices - Tél. : 04 94 55 82 82 - Menus de 99 F à 350 F. Menu enfant : 100 F

ST TROPEZ (83990) (P10-L11)
HÔTEL DE LA MANDARINE ★★★★ Table de Terroir

A 35 km de Saint Raphaël - Route de Tahiti - Tél. : 04 94 79 06 66 - 43 chambres de 1030 F à 3300 F

ST TROPEZ (83990) (P10-L11)
LA PONCHE ★★★★ Table de Terroir

Port des pêcheurs - Tél. : 04 94 97 02 53 - Menus de 135 F à 250 F. Petit déjeuner : 100 F. 18 chambres de 850 F à 2000 F

 # VAR

STE MAXIME (83120) (P10-L11) — HOSTELLERIE LA BELLE AURORE ★★★★

5 Boulevard Jean Moulin - Tél. : 04 94 96 02 45 - Menus de 210 F à 450 F. Menu enfant : 100 F. 17 chambres de 800 F à 3300 F

TANNERON (83440) (P10-L11) — LE CHAMPFAGOU

A 12 km de Mandelieu la Napoule. - Place du Village - Claude FONTAINE - Tél. : 04 93 60 68 30 - Fax : 04 93 60 70 60 Fermeture : 1/11-30/11 (sauf le dimanche sur réservation) ; lundi soir, mardi soir et Mercredi hors saison. - Menus de 125 F à 165 F. Menu enfant 65 F. Petit déjeuner : 36 F. 9 chambres à 250 F. Demi pension à 320 F

A quelques kilomètres du lac de Saint Cassieu, dans un cadre chaleureux et convivial avec vue panoramique, Claude Fontaine et son équipe se feront un plaisir de vous recevoir et de vous faire partager leurs spécialités : salade rustique à la fricassée de calamars, panaché de poissons au miel de Tanneron, foie gras aux châtaignes.
Chambres avec bain ou douche +WC+TV : Toutes.
Terrasse, jardin, parking privé, salle restaurant de caractère, chèques vacances, animaux

🇬🇧 At a few kilometers of the Saint Cassieu's lake, in a warm and convivial setting with panoramic view, Claude FONTAINE and his team will be glad to welcome you and to make you savour their specialities.

🇪🇸 A algunos kilómetros del lago de Saint Cassieu, en un ambiente cálido y convivial con vista panorámica, Claude FONTAINE y su equipo tendrán el placer de recibirle y de hacerle descubrir sus especialidades.

🇩🇪 In einem warmen und freundlichen Rahmen, freuen sich Claude FONTAINE und seine Mitarbeiter, Sie zu empfangen und mit Ihnen ihre Spezialitäten zu teilen.

TOULON (83000) (P10-K12) — HÔTEL LA CORNICHE ★★★

17 Littoral Frédéric Mistral - Tél. : 04 94 41 35 12 - Menus de 140 F à 190 F. Petit déjeuner : 60 F. 23 chambres de 420 F à 920 F. Demi pension de 520 F à 1100 F. Etape VRP : 520 F

Tourisme & Gastronomie

VAR

TOURTOUR (83690) (P10-L11) — AUBERGE SAINT PIERRE ★★★

Table de Terroir

A 20 km de Draguignan. - Route d'Ampus - M. & Mme MARCELLIN René - Tél. : 04 94 70 57 17 - Fax : 04 94 70 59 04
http://www.guideprovence.com/hotel/saint-pierre Fermeture : 15/10-1/04 (sauf réveillon nouvel an) ; mercredi (restaurant)
Menus de 150 F à 215 F. Menu enfant : 80 F. Petit déjeuner : 55 F. 16 chambres de 450 F à 530 F. Demi pension de 445 F à 470 F

Dans le cadre authentique d'une demeure du XVIème siècle sur un domaine de 90 ha calme et verdoyant, une famille du terroir vous accueille pour des séjours revitalisants ou reposants (salle de remise en forme, tir à l'arc, VTT, piscine, tennis, pêche...). Le Chef de cuisine, disciple d'Auguste Escoffier propose une cuisine où les produits de la ferme tiennent une place de choix. Spécialités : brouillade aux truffes noires, roulade de volaille au chèvre et basilic, compte de Provence (spécialité à la figue).
Terrasse, jardin, parking privé, piscine d'été, salle restaurant de caractère, tennis

🇬🇧 In an authentic house of the XVI th Century in a green and calm estate of 90 acres, a traditional family is welcoming you for a revitalizing and relaxing. The Chef, disciple of Auguste Escoffier is offering a cooking made with traditional products.

🇪🇸 En el ambiente auténtico de una residencia del siglo XVI, en el verdor y la calma de una hacienda de 90 ha, una familia del terruño le acoge para pasar temporadas llenas de vitalidad o descansadas. El Jefe de cocina, discípulo de Auguste Escoffier, brinda una cocina donde los productos de la granja ocupan un lugar de preferencia.

🇩🇪 In dem authentischem Rahmen in einem Haus aus dem 16.Jh. auf einem ruhigen und blühenden Gut von 90 ha, empfängt Sie eine einheimische Familie zu einen kräftigenden oder erholsamen Aufenthalt. Der Küchenchef, Schüler von Auguste Escoffier, bietet eine Küche, wo Sie ausgesuchte Bauernprodukte erhalten.

TRIGANCE (83840) (P10-L11) — CHÂTEAU DE TRIGANCE ★★★

Table gastronomique

A 18 km de Castellane - Tél. : 04 94 76 91 18 - Menus de 220 F à 350 F. Petit déjeuner : 75 F.
10 chambres de 680 F à 1000 F. Demi pension de 1240 F à 1590 F (2 pers.)

Saveurs & sites de France

 **VAUCLUSE**

ALTHEN DES PALUDS (84210) (P9-J10) — HOSTELLERIE DU MOULIN DE LA ROQUE ★★★

Entre Avignon (15 km) et Carpentras. - Route de la Roque - Tél. : 04 90 62 14 62 - Menus de 120 F à 220 F. Menu enfant : 60 F. Petit déjeuner : 60 F. 28 chambres de 405 F à 650 F. Demi pension de 370 F à 500 F

APT (84400) (P10-K11) — AUBERGE DU LUBÉRON ★★★

8 Place du Faubourg de Buffet - Tél. : 04 90 74 12 50 - Menus de 155 F à 350 F. Menu enfant : 85 F. Petit déjeuner : 50 F. 14 chambres de 295 F à 485 F. Demi pension de 345 F à 440 F. Etape VRP : 350 F

AVIGNON (84000) (P9-J11) — LA MIRANDE ★★★★

4 Place de la Mirande - Tél. : 04 90 85 93 93 - Menus de 240 F à 480 F. Menu enfant : 100 F. Petit déjeuner : 150 F. 19 chambres de 1700 F à 2700 F. 1 suite à 3700 F

AVIGNON-LE PONTET (84130) (P9-J11) — AUBERGE DE CASSAGNE ★★★★

A 5 km d'Avignon. A7 sortie Avignon Nord. - 450 Allée de Cassagne LE PONTET - Sylvie BOUCHER - Tél. : 04 90 31 04 18 Fax : 04 90 32 25 09 - cassagne@wanadoo.fr - www.valrugues-cassagne.com - Fermeture : 7/01-1/02. - Menus de 195 F à 520 F. Menu enfant : 120 F. Petit déjeuner : 110 F. 40 chambres de 650 F à 2980 F. Demi pension de 1710 F à 4040 F

A quelques minutes du centre ville d'avignon, cette ancienne demeure provençale est située dans un magnifique cadre de verdure avec parc, piscine, tennis... Une cuisine variée, empreinte de personnalité et renouvelée au fil des saisons satisfaira les plus fins gourmets. Spécialités : foie gras de canard cuit à la lie de vin de Châteauneuf, petites figues pochées aux épices ; émincé d'agneau et véritables côtelettes de lapereau panées aux petits légumes farcis.
Chambres avec bain ou douche +WC+TV : Toutes. Petit déjeuner buffet. Terrasse, jardin, parking privé, garage fermé, piscine d'été, salle restaurant de caractère, salle de séminaires, tennis, chèques vacances, canal+, climatisation, TV satellites, animaux, accés handicapés

🇬🇧 At a few minutes of the town centre of Avignon, this former house is situated in a magnific setting of greenery with grounds, swimming-pool, tennis court... A varied cooking following the seasons will seduced you.

🇪🇸 A algunos minutos del centro de la ciudad de Aviñon, esta antigua morada provenzal está situada en un magnífico marco de follaje con parque, piscina, tenis... Una cocina variada, llena de personalidad, que se renueva con las estaciones agradará a los más finos gastrónomos.

🇩🇪 Einige Minuten vom Stadtzentrum Avignons entfernt, befindet sich dieses alte, provenzalische Haus in hinreißender Atmosphäre mit Park, Schwimmbad, Tennis... Auch die feinsten Gourmets werden von der vielfältigen, persönlichen und jahreszeitenangepassten Küche zufriedengestellt.

AVIGNON-LE PONTET (84130) (P9-J11) — LES AGASSINS ★★★★

Le Pigeonnier" Le Pontet - Tél. : 04 90 32 42 91 - Menus de 145 F à 380 F. Menu enfant : 90 F. 30 chambres de 490 F à 1200 F

BONNIEUX (84480) (P10-K11) — HOSTELLERIE DU PRIEURÉ ★★★

A 10 km d'Apt - Tél. : 04 90 75 80 78 - Menus de 98 F à 220 F. 10 chambres de 390 F à 700 F

BONNIEUX (84480) (P10-K11) — AUBERGE DE L'AIGUEBRUN ★★★

A 12 km d'Apt. - Domaine de la Tour R.D. 943 - Tél. : 04 90 04 47 00 - Menus de 180 F à 250 F. Menu enfant : 160 F. 10 chambres de 650 F à 1200 F

VAUCLUSE

CRILLON LE BRAVE (84410) (P9-J10) — HOSTELLERIE DE CRILLON LE BRAVE ★★★★

A 9 km de Carpentras. - Place de l'Eglise - Tél. : 04 90 65 61 61 - Menus de 250 F à 460 F. Menu enfant : 80 F. Petit déjeuner : 95 F. 31 chambres de 950 F à 2800 F

GORDES (84220) (P9-J11) — HÔTEL-RESTAURANT LES BORIES ★★★★

Au nord de Cavaillon. - Route de l'Abbaye de Sénanque - Françoise GALLON - Tél. : 04 90 72 00 51 - Fax : 04 90 72 01 22 - lesbories@wanadoo.fr - www.les-bories.com - Fermeture : 2/01-15/03. - Menus de 195 F (midi uniquement) à 520 F. Menu enfant : 120 F. Petit déjeuner : 110 F. 29 chambres de 960 F à 2580 F. Demi pension de 2020 F à 3640 F (2 pers.).

Plusieurs hectares de garrigue où se cache une magnifique demeure dotée de 2 piscines intérieure et extérieure, tennis, terrasse ombragée. Environnement de quiétude et détente, SPA forme et beauté. Spécialités : carré d'agneau cuit à l'étouffée dans la cateplena sur un bouquet d'herbes de la garrigue macaroni aux champignons.
Chambres avec bain ou douche +WC+TV : Toutes.
Terrasse, jardin, parking privé, piscine d'été, piscine d'hiver, salle restaurant de caractère, salle de séminaires, tennis, canal+, climatisation, ascenseur, TV satellites, animaux, accès handicapés

Several hares garrigue where is hidden a magnificient house bestowed with 2 swimming-pool (one inside the other outside), tennis, shady terrace. Quiet and relaxing environment, beauty salon, spa.

Varias hectáreas de carrascal donde se esconde una magnifica residencia dotada de 2 piscinas, interior y exterior, tenis, terraza sombreada. Un medio ambiente de sosiego y de esparcimiento, instituto de belleza y mantenimiento.

Mehrere Hektar Strauchheide, wo sich ein wunderschönes Haus versteckt, mit 2 Schwimmbädern, innen und im Freien, Tennis, schattige Terrasse. Umgebung der Ruhe und Entspannung, Schönheitsinstitut und Fitness.

JOUCAS-GORDES (84220) (P9-J11) — HOSTELLERIE LE PHEBUS ★★★★

A 4 km de Gordes, 10 km de Cavaillon, 30 km d'Avignon. - Route de Murs - JOUCAS - Tél. : 04 90 05 78 83 - Menus de 180 F à 380 F. Menu enfant : 100 F. Petit déjeuner : 95 F. 26 chambres de 665 F à 3500 F. Demi pension de 795 F à 1350 F. Etape VRP de 795 F à 1350 F

LE BEAUCET (84210) (P10-K10) — AUBERGE DU BEAUCET

A 10 km de Carpentras. - Le Village - Tél. : 04 90 66 10 82 - Menus à partir de 175 F. Menu enfant : 80 F

LOURMARIN (84160) (P9-J11) — AUBERGE LA FENIÈRE

A 30 km d'Aix en Provence et 2 km de Cadenet. - Route de Cadenet - Tél. : 04 90 68 11 79 - Menus de 250 F à 580 F. Menu enfant : 130 F. Petit déjeuner : 80 F. 7 chambres de 600 F à 1050 F. Demi pension de 730 F à 955 F

LOURMARIN (84160) (P9-J11) — LE MOULIN DE LOURMARIN ★★★★

A 30 km d'Aix en Provence. - Face au Château - Tél. : 04 90 68 06 69 - Menus de 200 F à 600 F. Menu enfant : 150 F. 20 chambres de 800 F à 3000 F

VAUCLUSE

MENERBES (84560) (P10-K11) — HOSTELLERIE LE ROY SOLEIL ★★★

A 25 km d'Avignon, 10 km de Cavaillon. - Le Fort - Josiane DERINE - Tél. : 04 90 72 25 61 - Fax : 04 90 72 36 55 - HRoysoleil@aol.com - www.roy-soleil.com - Fermeture : 15/11-15/03. - Menus de 160 F à 370 F. Menu enfant : 60 F. Petit déjeuner : 90 F. 19 chambres de 580 F à 1300 F. Demi pension de 690 F à 1030 F. Etape VRP de 820 F à 980 F

Cette authentique demeure du XVIIème siècle blotie dans une oasis de verdure vous propose de grandes et belles chambres chaleureuses, presque toutes avec terrasse ou douche privé, s'ouvrant sur le Lubéron. Une cuisine gastronomique et provençale, généreuse sera servie dans la salle à manger voûtée, ouverte sur le parc, ou en terrasse à l'ombre des muriers. Grande carte des vins. Spécialités : carré d'agneau du pays, dos de loup grillé, pomme écrasée. Chambres avec bain ou douche +WC+TV : Toutes. Petit déjeuner buffet. Terrasse, jardin, parking privé, garage fermé, piscine d'été, salle restaurant de caractère, salle de séminaires, tennis, climatisation, TV satellites, animaux hôtel, accès handicapés

An authentic house of the XVII th century nestled in an oases of greeney offers you large and warm rooms with terrace or private garden looking onto the Luberon. Gastronomic cooking served in a arched dining room, on a terrace, at the shade of fruit trees, close by the park. Spacious bedrooms with terrace and private backyard.

Esta auténtica morada del siglo XVII, agazapada en un oasis de verdor le propone grandes y bellas habitaciones, casi todas con terraza o jardín privado que dan al Lubéron. Una cocina gastronómica y provenzal, será servida en un comedor abovedado abierto a un parque, o en terraza bajo la sombra de moreras.

Authentisches Haus aus dem 17. Jh. im Dekor des Luberon und eines Burgdorfs. Gastronomische Küche der Provence, die in einem gewölbten Speisesaal serviert wird, zum Park hin geöffnet, oder auf der Terrasse im Schatten von Maulbeerbäumen. Große Zimmer mit Terrasse und privatem Garten.

Table gastronomique

ORANGE (84100) (P9-J10) — HÔTEL ARÈNE ★★★

Place des Langes - Tél. : 04 90 11 40 45 - 30 chambres de 440 F à 800 F. Petit déjeuner : 50 F. Etape VRP de 400 F à 500

ROUSSILLON (84220) (P9-J11) — MAS DU GARRIGON ★★★

A 11 km d'Apt. - D2 - Tél. : 04 90 05 63 22 - Menus de 150 F à 360 F. Menu enfant : 110 F. 9 chambres de 650 F à 800 F

Table gastronomique

SERIGNAN DU COMTAT (84830) (P9-J10) — HOSTELLERIE DU VIEUX CHÂTEAU ★★★

A 7 km d'Orange. - Route Sainte Cécile - Tél. : 04 90 70 05 58 - Menus de 150 F à 250 F. Menu enfant : 65 F. 7 chambres de 360 F à 800 F

Table de Terroir

SORGUES (84700) (P9-J10) — RESTAURANT PATRICK DAVICO

A 12 km d'Avignon. - 12 Rue du 19 Mars 1962 - Tél. : 04 90 39 11 02 - Menus de 130 F à 300 F

Table gastronomique

ST DIDIER-CARPENTRAS (84210) (P9-J10) — LES 3 COLOMBES ★★★

A 5 km de Carpentras. - 148 Avenue des Garrigues - Tél. : 04 90 66 07 01 - Menus de 120 F à 240 F. Menu enfant : 60 F. 32 chambres de 320 F à 450 F

Table de Terroir

VENASQUE (84210) (P9-J11) — AUBERGE LA FONTAINE ★★★★

A 12 km de Carpentras. - Place de la Fontaine - Tél. : 04 90 66 02 96 - Menu-carte à 220 F. Menu enfant : 45 F. Petit déjeuner : 50 F. 5 suites à 800 F

Table de Terroir

VENDEE

CHALLANS (85300) (P4-C6) — HÔTEL DU CHAMP DE FOIRE ★★

Entre la Roche/Yon et Noirmoutier - 10°Place du Champ de Foire - Chantal & Yves SOREAU - Tél. : 02 51 68 17 54 Fax : 02 51 35 06 53 - hotel.champ.foire.@wanadoo.fr - www.hotel-du-champ-de-foire.fr Fermeture : Vendredi soir hors saison. - Menus de 70 F à 265 F. Menu enfant : 55 F. Petit déjeuner : 30 F.12 chambres de 190 F à 280 F. Demi pension de 220 F à 280 F. Etape VRP de 260 F à 290 F

Situé sur la place traditionnelle du Vieux Marché, Le Champ de Foire vous réserve un accueil chaleureux. C'est une étape gastronomique à ne pas manquer pour la qualité de la cuisine traditionnelle proposée. Spécialité : navarins de homard et langoustines, pavé de canard de Challans périgourdine.
Chambres avec bain ou douche +WC+TV : Toutes.
Salle de séminaires, chèques vacances, canal+, TV satellites, animaux restaurant, accés handicapés restaurant

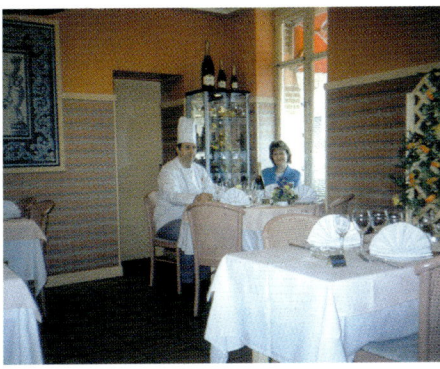

🇬🇧 In the centre of Challans, Le Champ de Foire is situated on the traditional square of the vieux marché (old market). You shouldn't miss that for all the gold because the traditional cooking that is made here is simply a sense of quality.

🇪🇸 Le Champ de Foire, ubicado en la tradicional plaza del Mercado Viejo, le ofrece una cálida acogida. Esta es una etapa a no dejar pasar por la calidad de su cocina tradicional.

🇩🇪 Das Hotel-Restaurant Le Champ de Foire auf dem traditionellen Platz des Vieux Marché empfängt Sie ganz herzlich. Versäumen Sie es nicht, die gute, traditionnelle Küche an diesem gastronomischen Ort zu kosten.

CHANTONNAY (85110) (P4-D7) — LA GOURMANDINE (HÔTEL LE MOUTON) ★★

A 30 km du Puy du Fou, 33 km de la Roche s/Yon. - 31 Rue Nationale - Janine & André COINDREAU - Tél. : 02 51 94 30 22 Fax : 02 51 46 88 65 - Fermeture : 31/12-15/01 ; dimanche soir et lundi. - Menus de 79 F à 229 F. Menu enfant : 65 F. Petit déjeuner : 39 F.11 chambres de 210 F à 365 F. Demi pension de 295 F à 320 F. Etape VRP : 295 F

Au coeur du bocage vendéen, venez découvrir cet établissement où s'associent accueil familial, service de qualité et gastronomie du terroir. Spécialités : fricassée de Lumas à l'ail, agneau en croûte de pomme de terre, tulipe au kamok. Animaux acceptés avec supplément.
Chambres avec bain ou douche +WC+TV : Toutes.
Parking privé, chèques vacances

🇬🇧 In the heart of bocages, come to discover this establishment that mix quality of services and traditional gastronomy. Animals accepted with charge.

🇪🇸 Venga a descubrir este establecimiento, ubicado en medio del bosque vandeano, en donde la acogida familiar, el servicio de calidad y la gastronomía local se unen armoniosamente. Los animales pagan un suplemento.

🇩🇪 Im Herzen der Vendée entdecken Sie dieses Haus, wo sich familiärer Empfang mit hochwertiger Bedienung und ländlicher Gastronomie verbindet. Tiere mit Zuschlag akzeptiert.

NOIRMOUTIER EN L'ILE (85330) (P4-C6) — FLEUR DE SEL ★★★

BP 207 - A 90 km de Nantes. - 500 m derrière l'Eglise - Tél. : 02 51 39 21 59 - Menus de 138 F à 285 F. Menu enfant : 75 F. 35 chambres de 400 F à 720 F

VENDEE

ST HILAIRE DE LOULAY (85600) (P4-D6) — LE PONT DE SÉNARD ★★

A83 sortie Montaigu direction Nantes RN137 (28 km). - Famille BOUDAUD-JAUNET - Tél. : 02 51 46 49 50 - Fax : 02 51 94 11 91 - hotel.pont.senard@wanadoo.fr - www.hotel-pontdesenard.fr Fermeture : 26/12-4/01 ; dimanche soir (restaurant). - Menus de 92 F à 285 F. Menu enfant : 60 F. Petit déjeuner : 37 F. 23 chambres de 250 F à 380 F. Demi pension de 305 F à 350 F. Etape VRP : 360 F

Sur les bords de la Maine, venez découvrir cet établissement de charme très confortable où vous apprécierez le calme de la campagne vendéenne. Vous dégusterez une cuisine traditionnelle soignée élaborée à partir de produits du terroir. Spécialités : langoustines rôties et nage de légumes, cassolette de moules et noix de pétoncles aux pépites de poireaux, Vins : Muscadet sur Lie, Mareuil... Chambres avec bain ou douche +WC+TV : Toutes. Petit déjeuner buffet. Terrasse, jardin, parking privé, salle restaurant de caractère, salle de séminaires, chèques vacances, canal+, TV satellites, Menu Tables & Auberges de France, animaux hôtel, accès handicapés

🇬🇧 At the edge of the river Maine, come and discover this charming and confortable establishment where you will appreciate the calm of the country side of Vendée. You will savour a traditional cooking carefully done with traditional products.

🇪🇸 A las orillas del Maine, venga a descubrir este encantador establecimiento, muy confortable, donde podrá apreciar la tranquilidad del campo vandeano. Usted saboreará una esmerada cocina tradicional, elaborada a partir de productos locales.

🇩🇪 Am Ufer der Maine entdecken Sie dieses reizende und sehr komfortable Haus, wo Sie die Ruhe auf dem Land genießen werden. Sie kosten eine traditionelle und gepflegte Küche aus ländlichen Erzeugnissen.

ST JEAN DE MONTS (85160) (P4-C6) — LE ROBINSON ★★

20 km de l'Ile de Noirmoutier, 15 km de Challans - 28 Boulevard Leclerc - B.P. 211 - Bernard & Arlette BESSEAU - Tél. : 02 51 59 20 20 Fax : 02 51 58 88 03 - hotel-restaurant.lerobinson@wanadoo.fr - www.hotel-lerobinson.com - Fermeture : 1/12-31/01. - Menus de 78 F à 195 F. Menu enfant : 58 F. Petit déjeuner : 39 F. 72 chambres de 250 F à 430 F. Demi pension de 250 F à 325 F. Etape VRP de 295 F à 330 F

Douillettement installé entre la forêt de pins maritimes et le coeur du bourg, à 900 mètres de l'immense plage, proche des commerces, Le Robinson vous offre une table de qualité et vous réserve d'agréables surprises. Spécialités : moules à la crème, brochettes de noix de Saint Jacques, produits de la mer, magret de canard au miel et aux pommes... Animaux acceptés à l'hôtel avec supplément. Chambres avec bain ou douche +WC+TV : Toutes. Petit déjeuner buffet Terrasse, jardin, garage fermé, piscine d'été, piscine d'hiver, salle de séminaires, chèques vacances, canal+, climatisation, ascenseur, accès handicapés

🇬🇧 Snugly situated between a pine forest and the village centre, 900 metres from the large sandy beach, Le Robinson offers cooking of quality.

🇪🇸 Instalado entre el bosque de pinos marítimos y el centro del pueblo, a 900 metros de la inmensa playa, cerca de los comercios, Le Robinson le propone una cocina de calidad. Agradables sorpresas le esperan. Los animales pagan un suplemento.

🇩🇪 Häuslich niedergelassen zwischen den Pinien des Mittelmeers und der Marktmitte, 900 m vom riesigen Sandstrand entfernt, erwarten Sie im Robinson eine hervorragende Küche sowie andere angenehme Überraschungen.

VENDEE

ST JEAN DE MONTS-OROUET (85160) (P4-C6) — AUBERGE DE LA CHAUMIÈRE ★★

D38 direction les Sables d'olonne, 6 km de St Jean de Monts. - Orouët CD38 - Famille BOUCHER - Tél. : 02 51 58 67 44 Fax : 02 51 58 98 12 - chaumiere.sarl@wanadoo.fr - Fermeture : 30/09-1/04. - Menus de 88 F à 250 F. Menu enfant : 60 F. Petit déjeuner : 40 F. 37 chambres de 250 F à 450 F. Demi pension de 280 F à 400 F. Etape VRP de 280 F à 350 F

Dans un cadre verdoyant et reposant, à 3 km de la plage, venez découvrir l'accueil chaleureux de cet établissement. Une cuisine variée et raffinée composée de produits de la mer et du terroir vous sera proposée. Spécialités : fruits de mer, anguille à la provençale, canard de Challans, soufflé au chocolat maison. Vins du pays.
Chambres avec bain ou douche +WC+TV : 116 à 121-128 à 131, 140-141, 143 à 146. Terrasse, jardin, parking privé, garage fermé, piscine d'été, piscine d'hiver, salle restaurant de caractère, salle de séminaires, tennis, chèques vacances, animaux hôtel, accés handicapés hôtel

In a greenery and relaxing setting, from 3 kilometres of the beach, come and discover the warm welcome of this establishment. A refined cooking made from seafood or traditional's products will be offer to you.

En un ambiente verde y calmo, a 3 km de la playa, este establecimiento le brindará una acogida calurosa y le hará descubrir su variada y delicada cocina hecha con productos del mar y de la región. Vinos de la región.

In einer grünen erholsamen Umgebung, 3 km vom Strand, entdecken Sie den herzlichen Empfang dieses Hauses. Freuen Sie sich auf eine abwechslungsreiche, feine Küche aus Meer - und Landprodukten.

ST LAURENT SUR SÈVRE (85290) (P4-D6) — LA CHAUMIÈRE AUBERGE VENDÉENNE ★★★

A 10 km de Cholet. - 15 Route de Poitiers - Tél. : 02 51 67 88 12 - Menus de 99 F à 350 F. Menu enfant : 69 F. Petit déjeuner : 55 F. 20 chambres de 290 F à 699 F. Demi pension de 390 F à 590 F. Etape VRP de 390 F à 490 F

Tourisme & Gastronomie

 # VIENNE

CHATELLERAULT (86100) (P5-F6)

GRAND HÔTEL MODERNE - RESTAURANT LA CHARMILLE ★★★ Table gastronomique

74 Boulevard Blossac - Tél. : 05 49 93 33 00 - Menus de 140 F à 200 F.
24 chambres de 360 F à 650 F

LE VIGEANT (86150) (P5-F7)

HÔTEL VAL DE VIENNE RESTAURANT LA GRIMOLÉE ★★  Table gastronomique

Port de Salles - A 50 km de Poitiers - Tél. : 05 49 48 27 27 - Menus de 95 F à 200 F. Menu enfant : 65 F. Petit déjeuner : 55 F.
22 chambres de 390 F à 760 F. Demi pension de 315 F à 360 F. Etape VRP de 440 F à 480 F

POITIERS (86000) (P5-E7)

LE GRAND HÔTEL ★★★

28 Rue Carnot - Tél. : 05 49 60 90 60 - 47 chambres de 385 F à 680 F. Petit déjeuner : 50 F.
Demi pension : supplément de 80 F

ST BENOIT BOURG-POITIERS (86280) (P5-E7)

LE CHALET DE VENISE ★★★ Table gastronomique

A 5 km de Poitiers. - 6 Rue du Square - Tél. : 05 49 88 45 07 - Menus de 135 F à 315 F. Menu enfant : 90 F. Petit déjeuner : 45 F.
12 chambres de 300 F à 350 F. Demi pension de 500 F à 750 F. Etape VRP : 380 F

Le Guide des quatre Saisons

# HAUTE VIENNE

BESSINES SUR GARTEMPE (87250) (P8-F8) — MANOIR HENRI IV ★★ — Table gastronomique

A 2 km de Bessines, au Nord de Limoges. - La Croix du Breuil - Jean-Marc BROUSSAC - Tél. : 05 55 76 00 56
Fax : 05 55 76 14 14 - Fermeture : Dimanche soir et lundi hors saison. - Menus de 120 F à 265 F. Menu enfant : 60 F. Petit déjeuner : 37 F.
11 chambres de 270 F à 330 F

Dans le cadre de cet ancien manoir du XVIème siècle où séjourna le bon roi Henri afin de chasser avec son ami Sornin de la Plagne, Jean-Marc et son équipe se feront un plaisir de vous recevoir et vous feront partager leurs spécialités : foie gras aux châtaignes, filet de boeuf limousin aux châtaignes, charlotte de magret aux poires.
Chambres avec bain ou douche +WC+TV : Toutes.
Terrasse, jardin, parking privé, salle restaurant de caractère, salle de séminaires

In an ancient manor of the XVI th century, where the good king Henri stayed let to hunt with his friend Sornin de la Plaque, Jean-Marc and his team will be glad to welcome you and make you savour their specialities.

En el ambiente de esta anciana casa de campo del siglo XVI, donde residió el buen rey Henri para cazar con su amigo Sornin de la Plaque, Jean-Marc y su equipo tendrán el placer de recibirle y de hacerle compartir sus especialidades.

Im Rahmen dieses ehemaligen Herrensitzes aus dem 16. Jh., wo sich der gute alte König Heinrich aufhielt, um mit seinem Freund Sornin de la Plaque zu jagen, freuen Sich J. Marc und sein Team, Sie zu empfangen und ihre Spezialitäten mit Ihnen zu teiten.

LA ROCHE L'ABEILLE (87800) (P8-F8) — AU MOULIN DE LA GORCE ★★★ — Table de prestige

A 30 km de Limoges - Tél. : 05 55 00 70 66 - Menus de 275 F à 290 F. Menu enfant : 130 F.
10 chambres de 350 F à 1300 F

LIMOGES (87000) (P8-F8) — RESTAURANT PHILIPPE REDON — Table de prestige

3, rue d'Aguesseau - Tél. : 05 55 34 66 22 - Menus de 110 F à 260 F. Menu enfant : 60 F

LIMOGES (87000) (P8-F8) — LE TROU NORMAND — Table gastronomique

1 Rue François Chenieux - Tél. : 05 55 77 53 24 - Menus de 68 F à 195 F. Menu enfant : 55 F

LIMOGES (87000) (P8-F8) — HÔTEL RICHELIEU ★★★

40 Avenue Baudin - Tél. : 05 55 34 22 82 - 32 chambres de 330 F à 530 F

www.tables-auberges.com ➔ réservation gratuite (0% de commission)

HAUTE VIENNE

NIEUL (87510) (P8-F8)

LA CHAPELLE SAINT MARTIN ★★★★

Table gastronomique

A 9 km de Limoges. - 33 Saint Martin du Fault - Gilles DUDOGNON - Tél. : 05 55 75 80 17 - Fax : 05 55 75 89 50 - chapelle@relaischateaux.fr - Fermeture : 1/01-10/02 ; lundi et mercredi midi (restaurant). - Menus de 235 F à 350 F. Petit déjeuner : 75 F. 13 chambres de 690 F à 1500 F. Demi pension de 750 F à 1100 F

Matins calmes et purs, journées lumineuses, senteurs suaves... La Chapelle Saint Martin respire la verdoyante sérénité de la campagne ou coeur de 40 hectares de futaie, parc, pelouses, jardins, fleurs...
Chambres avec bain ou douche +WC+TV : Toutes.
Terrasse, jardin, parking privé, piscine d'été, salle restaurant de caractère, salle de séminaires, tennis, climatisation, animaux hôtel

🇬🇧 Quiet and pure mornings, bright days, sweet perfumes... La Chapelle St Martin breathes the green serenity of the country in the heart of 40ha of forest, park, lawns, gardens, flowers...

🇪🇸 Mañanas tranquilas y puras, días luminosos, suaves olores... La Chapelle Saint Martin respira la verde serenidad del campo, en el corazón de 40 ha. de oquedal, parque, césped, jardines, flores...

🇩🇪 Ruhige und reine Morgende, leuchtende Tage, liebliche Düfte...Die Chapelle Saint Martin atmet die grüne ländliche Klarheit inmitten eines 40 ha grossen Gebietes von Hochwald, Parkanlagen, Wiesen, Gärten, Blumen....

ROYERES (87400) (P8-G8)

BEAU SITE ★★

Table de Terroir

A 6 km de St Léonard de Noblat - Pont de Brignac - Alain VIGNERON - Tél. : 05 55 56 00 56 - Fax : 05 55 56 31 17 webmaster@lebeausite.com - www.lebeausite.com - Fermeture : 1/01-1/04. - Menus de 110 F à 258 F. Menu enfant : 60 F. Petit déjeuner : 52 F. 13 chambres de 292 F à 392 F. Demi pension de 298 F à 378 F. Etape VRP de 355 F à 405 F

Niché au coeur de la campagne limousine sur un parc de 1 ha, cette auberge de charme vous propose une cuisine traditionnelle.
Spécialités : salade Beau Site coeur du limousin aux noix et marrons, fricassée d'escargots, cèpes, truite au bleu d'Auvergne, tournedos, morilles, sabayon à la châtaigne. Animaux avec supplément.
Chambres avec bain ou douche +WC+TV : Toutes. Petit déjeuner buffet Terrasse, jardin, parking privé, piscine d'hiver, salle de séminaires, chèques vacances, Menu Tables & Auberges de France, accès handicapés restaurant

🇬🇧 Situated in the heart of the limousin's countryside and on the way of Saint Jacques de Compostelle, this establishment offers a gastronomic cooking. Animals accepted with charge.

🇪🇸 Alojado en el corazón del campo lemosina en un parque de 1 ha, el Beau Site le propone una cocina tradicional. Los animales pagan un suplemento.

🇩🇪 IMitten im Limousin, auf einem 1 ha großen Park, erwartet Sie das Hotel-Restaurant Beau Site mit seiner traditionellen Küche.

HAUTE VIENNE

SOLIGNAC (87110) (P8-F8)   LE SAINT ELOI ★★★

Table gastronomique

A 12 km au Sud de Limoges. - 66 Avenue Saint Eloi - Didier PAGANI - Tél. : 05 55 00 44 52 - Fax : 05 55 00 55 56
Fermeture : 1/01-20/01 ; dimanche soir et lundi. - Menus de 85 F à 225 F. Menu enfant : 60 F. Petit déjeuner : 35 F.
15 chambres de 280 F à 360 F. Demi pension de 350 F à 550 F. Etape VRP de 350 F à 430 F

Le Saint Eloi, halte gastronomique dans un véritable havre de paix, vous propose calme, raffinement, bien-être. Cave sympathique, grande terrasse. Chambres avec balnéo, toutes différentes à l'esprit provençal. Spécialités : fricassée de Saint Jacques, filets de caille au vin doux, financier et son duo de chocolats.
Chambres avec bain ou douche +WC+TV : Toutes. Terrasse, salle restaurant de caractère, salle de séminaires, chèques vacances, canal+, TV satellites, animaux, accés handicapés

🇬🇧 The Saint Eloi a gastronomic stop in a real heaven of peace, offering you a refined calm, a well being. Pleasant cave, spacious terrace. Each bedrooms are different in the same spirit of Provence.

🇪🇸 El Saint Eloi, parada gastronómica en un verdadero remanso de paz, le propone calma, refinamiento, bienestar. Simpática bodega, gran terraza. Diferentes habitaciones al estilo provenzal.

🇩🇪 Der Saint Eloi, gastronomische Raststätte in einem echten Zufluchtsort, bietet Ihnen Ruhe, Feinheit und Wohlbefinden. Sehr schönes Café mit Bildern und Skulpturen.

Le Goût de l'Authenticité

VOSGES

GÉRARDMER (88400) (P7-L5) — HOSTELLERIE DES BAS RUPTS ET CHALET FLEURI ★★★★

 Table de prestige

Les Bas Rupts - A 3 km de Gérardmer - Tél. : 03 29 63 09 25 - Menus de 160 F à 480 F. Menu enfant : 100 F. Petit déjeuner : 90 F. 27 chambres de 400 F à 1200 F. Demi pension de 600 F à 1000 F. Etape VRP : 500 F

GÉRARDMER (88400) (P7-L5) — HÔTEL DE LA PAIX RESTAURANT LE BOUQUET DES SAVEURS ★★★

 Table gastronomique

Face au lac. - 6 Avenue de la Ville de Vichy - Tél. : 03 29 63 38 78 - Menus de 90 F à 340 F. Menu enfant : 60 F. 26 chambres de 310 F à 460 F

GÉRARDMER (88400) (P7-L5) — LE GRAND HÔTEL -LE GRAND CERF -L'ASSIETTE DU COQ À L'ANE ★★★

 Table gastronomique

Place du Tilleul - Tél. : 03 29 63 06 31 - Menus de 99 F à 400 F. Menu enfant : 50 F. Petit déjeuner : 65 F. 60 chambres de 950 F à 1600 F. Demi pension de 495 F à 1010 F

GÉRARDMER (88400) (P7-L5) — HÔTEL VIRY - L'AUBERGADE ★★★

Table de Terroir

A 40 km d'Epinal. - 20 Place des Déportés - Tél. : 03 29 63 02 41- Menus de 78 F à 240 F. Menu enfant : 45 F. Petit déjeuner : 39 F. 18 chambres de 250 F à 450 F. Demi pension de 305 F à 340 F. Etape VRP de 330 F à 360 F

GÉRARDMER (88400) (P7-L5) — LA MARMOTTE ★★

Table de Terroir

A 25 km de Saint Dié. - 50 Rue Charles de Gaulle - Robert FUCHS - Tél. : 03 29 63 38 99 - Fax : 03 29 60 99 54 lamarmotte@fr.st. - www.perso.club-internet.fr/didier61 - Fermeture : Dimanche soir, lundi hors saison. Menus de 48 F à 290 F. Menu enfant : 45 F. Petit déjeuner : 40 F.13 chambres de 250 F à 440 F. Demi pension : 270 F. Etape VRP : 295 F

Au coeur de la vallée des lacs et du massif des Hautes vosges, La Marmotte vous accueillera dans une ambiance chaleureuse et reposante. A table, c'est toute la générosité d'une cuisine savoureuse qui séduit. La situation exceptionnelle de l'établissement sera pour vous la garantie de vacances inoubliables. Grand choix de vins. Cave sélectionnée. Spécialités : choucroute, fondue, raclette, braséade, poissons. Vins d'Alsace et de toutes régions.
Chambres avec bain ou douche +WC+TV : Toutes. Petit déjeuner buffet
Terrasse, jardin, salle restaurant de caractère, chèques vacances, canal+, animaux

🇬🇧 Situated in the Valley of Lakes and the Vosges mountains la Marmotte offers a warm and relaxing atmosphere. At table the delicious food will delight you. The exceptional situation of the hotel will guarantee an unforgettable holiday.

🇪🇸 En el corazón del valle de Los Lagos y del macizo de los Altos Vosgos, La Marmotte le acogerá en un ambiente cálido y tranquilo. En la mesa, la generosidad de una sabrosa cocina que cautiva. La situación excepcional del establecimiento será para usted la garantía de unas vacaciones inolvidables. Gran elección de vinos. Bodega seleccionada. Vinos de Alsace y de todas regiones.

🇩🇪 Mitten im Tal der Seen und des Massivs der Hohen Vogesen, empfängt Sie La Marmotte in einer warmen und erholsamen Atmosphäre. Zu Tisch verführt Sie die Ergiebigkeit einer geschmackvollen Küche. Die außergewöhnliche Lage des Hauses garantiert Ihnen einen unvergesslichen Urlaub.

VOSGES

GÉRARDMER (88400) (P7-L5) — LES LOGES DU PARC ★★★

Situé face à un grand parc, à proximité du lac. - 12 - 14 Avenue de la Ville de Vichy - Roger HUART - Tél. : 03 29 63 32 43 - Fax : 03 29 63 17 03 - les.loges.du.parc@wanadoo.fr - http://perso.wanadoo.fr/les.loges.du.parc/ Fermeture : 8/10-21/12 ; 5/03-31/03. - Menus de 120 F à 260 F. Menu enfant : 68 F. Petit déjeuner : 46 F. 30 chambres de 360 F à 540 F. Demi pension de 340 F à 380 F. Etape VRP de 360 F à 380 F

Dans un cadre privilégié, face à un grand parc qui le sépare du lac, venez découvrir un hôtel de charme, une cuisine de saveurs. Le plaisir de la montagne en été et en hiver. Spécialités : filet de truite rose en matelote au pinot rouge d'Alsace et aux airelles, choucroute de poissons à la crème de raifort. Vins d'Alsace. Chambres avec bain ou douche +WC+TV : Toutes. Petit déjeuner buffet Terrasse, parking privé, garage fermé, piscine d'été, chèques vacances, TV satellites, animaux restaurant

In a privileged setting, come to discover a charming hotel, tasty cooking and the pleasure of mountains in summer or winter.

Venga a descubrir este encantador hotel, ubicado en un lugar privilegiado, frente a un gran parque que lo separa del lago, en donde podrá disfrutar de la montaña, en verano como en invierno. Usted podrá saborear las especialidades de su cocina. Vinos de Alsace.

In einem privilegierten Rahmen entdecken Sie dieses reizvolle Hotel und die geschmackvolle Küche. Freuen Sie sich an den Bergen im Sommer wie im Winter.

LA BRESSE (88250) (P7-L5) — AUBERGE DU PÊCHEUR

A 60 km d'Epinal - 76 Route de Vologne - François GERMAIN - Tél. : 03 29 25 43 86 - Fax : 03 29 25 52 59 - aubpecheur@aol.com - Fermeture : 15/06-30/06 ; 1/12-15/12 ; mardi et mercredi hors saison. - Menus de 75 F à 150 F. Menu enfant : 46 F. Petit déjeuner : 30 F. 4 chambres de 190 F à 250 F. Demi pension : 250 F. Etape VRP : 250 F

A 800 mètres d'altitude, au sein d'un grand parc, proche des pistes de ski et de nombreux sentiers de randonnée, ce chalet de montagne vous offre le calme et le confort. Pour votre plus grand plaisir, vous pourrez déguster un grand choix de menus avec des plats typiques de la région. Spécialités : jambon de pays à l'os braisé au whisky sauce crème échalotes, rillettes de filets de truites roses toasts, boudin de truite aux cèpes et à la crème, planchette de fumés des Hautes-Vosges, tarte aux fruits maison. Chambres avec bain ou douche +WC+TV : Toutes. Terrasse, jardin, parking privé, salle restaurant de caractère, salle de séminaires, chèques vacances, animaux, handicapés restaurant

At a height of 800 meters, in a park, near the skiing station and paths, this mountain chalet offers you calm and comfort. For your pleasure, you will enjoy a large choice of menus and typical meals of the region.

Este chalet de montaña situado a 800 m de altitud en el seno de un gran parque, cerca de pistas de esquí y de numerosos senderos le brindará tranquilidad y confort. Para su gran placer una gran elección de menús con platos típicos de la región.

800 m in der Höhe, inmitten eines grossen Parks, in der Nähe von Skipisten und zahlreichen Wanderwegen, bietet Ihnen diese Berghütte Ruhe und Komfort. Kosten Sie die große Auswahl an Menus mit regional typischen Gerichten.

RUPT SUR MOSELLE (88360) (P7-L5) — HÔTEL DU CENTRE ★★

A 200 mètres de la RN 66 sur l'axe Nancy-Mulhouse. - 30 Rue de l'Eglise - Tél. : 03 29 24 34 73 - Menus de 120 F à 360 F. Menu enfant : 65 F. Petit déjeuner : 40 F. 9 chambres de 170 F à 370 F. Demi pension de 230 F à 420 F. Etape VRP de 320 F à 350 F

TAINTRUX-ROUGIVILLE (88100) (P7-L4) — LE HAUT FER ★★

A 6 km de Saint Dié. - 230 Chemin du Port Rougiville - Tél. : 03 29 55 03 48 - Menus de 72 F à 198 F. Menu enfant : 50 F. 16 chambres de 300 F à 320 F

VOSGES

VENTRON (88310) (P7-L5) — HÔTEL LES BUTTES ★★★
A 30 km de Remiremont. - Ermitage Frère Joseph - Tél. : 03 29 24 18 09 - Menus de 135 F à 270 F. Menu enfant : 65 F. 27 chambres de 460 F à 980 F

VITTEL (88800) (P6-K4) — HÔTEL D'ANGLETERRE ★★★
162 Rue de Charmey - Tél. : 03 29 08 08 42 - Menus de 98 F à 220 F. Menu enfant : 55 F. 57 chambres de 375 F à 585 F. Petit déjeuner inclus. Etape VRP de 420 F à 450 F

VITTEL (88800) (P6-K4) — L'ORÉE DU BOIS ★★
Entrée Face Hippodrome - Ghislaine FERRY - Tél. : 03 29 08 88 88 - Fax : 03 29 08 01 61 - oree-du-bois@dial.oleane.com
www.loreeduboisvittel.fr - Ouvert toute l'année. - Menus de 72 F à 195 F. Menu enfant : 46 F. Petit déjeuner : 42 F.
39 chambres de 270 F à 435 F. Demi pension de 296 F à 400 F. Etape VRP de 299 F à 350 F

Au coeur de la campagne vosgienne, venez découvrir cet établissement moderne à l'accueil chaleureux. Pour votre détente, un espace de remise en forme est mis à votre disposition avec piscine couverte et chauffée, jacuzzi, salle de musculation, sauna, solarium, VTT, tir à l'arc, tennis. A l'heure des repas, le restaurant vous propose une carte renouvelée au gré des saisons. Repas diététiques. Spécialités : filet de boeuf cordon rouge, chaud froid de mirabelles. Chambres avec bain ou douche +WC+TV : Toutes. Petit déjeuner buffet Terrasse, jardin, parking privé, garage fermé, salle de séminaires, tennis, chèques vacances, canal+, ascenseur, TV satellites, accès handicapés

In the heart of the country side, this modern establishment offers a hearty welcome. For your meals the restaurant offers you a card following the seasons. For your leasures, a clovered swimming-pool, jacuzzi...

En el corazón del campo de los Vosgos, venga a descubrir la calurosa acogida de este moderno establecimiento. Para su esparcimiento, un espacio para estar en forma se encuentra a su disposición con piscina cubierta y climatizada, jacuzzi... A la hora de la comida, el restaurante le propone una carta que se renueva al ritmo de las estaciones.

Entdecken Sie dieses Haus in den Vogesen, wo Ihnen ein herzlicher Empfang bereitet wird. Zu Ihrer Entspannung stehen Ihnen ein überdachtes und beheiztes Schwimmbad, Wirlpool... zur Verfügung. Das Restaurant bietet Ihnen eine Speisekarte, die der Saison angepasst ist.

WISEMBACH (88520) (P7-L4) — HÔTEL-RESTAURANT DU BLANC RU ★★
A 13 km de Saint Dié. - 19 Rue du 8 Mai 45 - Gérard LONG - Tél. : 03 29 51 78 51 - Fax : 03 29 51 70 67
Fermeture : 5/02-13/03, 18/09-2/10, dimanche soir, lundi et mardi soir. - Menus de 120 F à 220 F. Menu enfant : 70 F. Petit déjeuner : 40 F.
7 chambres de 280 F à 350 F. Demi pension de 280 F à 325 F. Etape VRP : 320 F

Venez découvrir la cuisine gastronomique et les spécialités du terroir de cet établissement élaborées uniquement à base de produits frais. Sauces maisons. Spécialités : tarte forestière, grenouilles, poissons, soufflé glacé au caramel.
Chambres avec bain ou douche +WC+TV : 6-7-8-9-10-11.
Terrasse, jardin, parking privé, salle restaurant de caractère, salle de séminaires, chèques vacances, animaux, accès handicapés restaurant

Come and discover a gastronomic cooking with traditional receipts, made only with fresh products.

Venga a descubrir la cocina gastronómica y las especialidades locales de este establecimiento elaboradas a base de productos frescos, únicamente. Salsas caseras.

Kommen und entdecken Sie in diesem Haus die gastronomische Küche und regionalen Spezialitäten nur mit Frischprodukten zubereitet. Hausgemachte Saucen.

 # YONNE

ANCY LE FRANC (89160) (P6-I5)

HOSTELLERIE DU CENTRE ★★

 Table de Terroir

18 km au Sud-Est de Tonnerre par D905. - 34 Grande Rue, Place du Château - Christophe ROLLET - Tél. : 03 86 75 15 11 - Fax : 03 86 75 14 13 - Fermeture : 20/12-5/01. - Menus de 88 F à 240 F. Menu enfant : 58 F. Petit déjeuner : 45 F. 22 chambres de 240 F à 390 F. Demi pension de 250 F à 350 F. Etape VRP de 280 F à 350 F.

Dans une ambiance sympathique et un cadre fraîchement rénové, Christophe ROLLET a imaginé une gamme de menus, du classique au gastronomique. Recettes de tradition française et spécialités bourguignonnes. Spécialités : jambon à la chablisienne, croustade d'oeufs en meurette. Vins locaux : Chablis, Epineuil... Chambres avec bain ou douche +WC+TV : Toutes. Petit déjeuner buffet Terrasse, parking privé, garage fermé, piscine d'hiver, salle de séminaires, chèques vacances, canal+, climatisation, TV satellites, animaux, accès handicapés

🇬🇧 Christophe ROLLET, welcomes you in a friendly atmosphere, in his renovated establishment, and offers a classic and gastronomic cooking of Burgundy.

🇪🇸 En un ambiente simpático y en un lugar recientemente renovado, Christophe ROLLET ha imaginado una gama de menús, del clásico al gastronómico. Recetas de tradición francesa y especialidades borgoñonas. Vinos locales : Chablis, Epineuil...

🇩🇪 In einer sympathischen Atmosphäre und renovierten Räumlichkeiten, hat sich Christophe ROLLET eine Reihe von klassischen bis hin zu gastronomischen Menüs einfallen lassen.

AUXERRE (89006) (P6-I5)

LE JARDIN GOURMAND

 Table de prestige

56 Boulevard Vauban BP 364 - Tél. : 03 86 51 53 52 - Menus de 180F (midi) à 250 F. Menu enfant : 90 F

AVALLON (89200) (P6-I6)

HOSTELLERIE DU MOULIN DES RUATS ★★★

 Table gastronomique

A6 ou N6 puis D957- Rue des Iles Labaumes - Tél. : 03 86 34 97 00 - Menus de 160 F à 240 F. Menu enfant : 70 F. Petit déjeuner : 60 F. 25 chambres de 400 F à 850 F. Demi pension de 960 F à 1410 F

JOIGNY (89300) (P5-H5)

HÔTEL RIVE GAUCHE ★★★

Table gastronomique

Chemin du Port au Bois - Catherine LORAIN - Tél. : 03 86 91 46 66 - Fax : 03 86 91 46 93 - clorain@dialoleane.com Ouvert toute l'année. - Menus de 168 F à 210 F. Menu enfant : 60 F. Petit déjeuner : 50 F. 42 chambres de 260 F à 480 F. Demi pension de 330 F à 430 F. Etape VRP de 380 F à 395 F

Situé au calme dans un grand parc, au bord de la rivière, cet établissement de charme vous réserve un accueil convivial et chaleureux basé sous le signe de l'amitié. Les chambres, au décor élégant et raffiné, d'un grand confort vous séduiront, et pour les gourmets, une cuisine gastronomique sera conçue spécialement. Spécialités : galette d'escargots et pommes de terre écrasées. Chambres avec bain ou douche +WC+TV : Toutes. Terrasse, jardin, parking privé, salle de séminaires, tennis, canal+, ascenseur, animaux, accès handicapés

🇬🇧 Situated in quiet gardens, at the edge of the river, this charming establishment will give you the best welcome. Rooms have elegant and sophisticated decoration and the gastronomic cooking will seduce you.

🇪🇸 Situado en la calma de un gran parque, a orillas de un río, este encantador establecimiento le brindará una calurosa y amistosa acogida. Usted quedará cautivado con sus confortables habitaciones, su ambiente elegante, delicado y con su cocina gastronómica.

🇩🇪 Dieses charmante Haus, in einer ruhigen Parkanlage, am Flußufer gelegen, bereitet Ihnen einen freundschaftlichen und herzlichen Empfang. Die Zimmer, im eleganten und raffinierten Dekor, überzeugen mit ihrem grossen Komfort. Lassen Sie sich von einer gastronomischen Küche verführen.

YONNE

Table de Terroir

NITRY (89310) (P6-15) — AUBERGE LA BEURSAUDIÈRE

A 25 km d'Auxerre. - 9 Chemin de Ronde - Tél. : 03 86 33 69 69 - Menus de 75 F à 220 F. Menu enfant : 52 F

Table de prestige

QUARRÉ LES TOMBES (89630) (P6-16) — AUBERGE DE L'ATRE

A 22 km d'Avallon. - Les Lavaults - Odile & Francis SALAMOLARD - Tél. : 03 86 32 20 79 - Fax : 03 86 32 28 25
Fermeture : 1/02-28/02 ; mardi soir et mercredi hors saison. - Menus de 145 F à 295 F. Menu enfant : 70 F. Petit déjeuner : 50 F.
7 chambres de 250 F à 600 F. Demi pension de 550 F à 650 F. Etape VRP : 420 F

Tête de berceau du Parc Naturel Régional du Morvan, L'Auberge de l'Atre, véritable havre de paix et de sérénité, vous accueillera dans l'une des 7 chambres de charme, spacieuses et calmes. Le salon de thé ravira vos après midi d'hiver au coin de l'âtre, d'été au jardin arboré. Une cuisine variée, légère et authentique, empreinte de personnalité vous sera proposée. Spécialités : éventail de sandre aux champignons de saisons. Grande cave (plus de 380 références).
Chambres avec bain ou douche +WC+TV : Toutes.
Terrasse, jardin, parking privé, salle restaurant de caractère, salle de séminaires, animaux, accès handicapés

🇬🇧 In the heart of the Regional parc of the Morvan The Auberge de l'Atre, a true heaven of peace and serenity, offers a charming stay in one of its 7 rooms i. Varied, light and authentic cooking will be made especially for you depending on the market's products.

🇪🇸 Cabecera del Parque Natural Regional del Morvan, El Auberge de l'Atre, verdadero remanso de paz y serenidad, le acogerá en una de sus 7 encantadoras habitaciones, espaciosas y tranquilas. Usted sabrá apreciar una cocina variada, ligera y auténtica, impregnada de personalidad. Importante bodega L'Auberge de l'Atre, eine echte

🇩🇪 Insel des Friedens und der Ruhe, bietet Ihnen einen reizvollen Aufenthalt in einer gastfreundlichen Atmosphäre. Eine vielfältige Küche, leicht und authentisch von Persönlichkeit geprägt, wird je nach Saison für Sie zubereitet.

Table de prestige

ST FLORENTIN (89600) (P6-15) — LA GRANDE CHAUMIÈRE ★★★

A 28 km d'Auxerre. - 3 Rue des Capucins - Tél. : 03 86 35 15 12 - Menus de 150 F à 520 F.
10 chambres de 350 F à 850 F

Table gastronomique

VILLEROY (89100) (P5-H5) — RELAIS DE VILLEROY ★★

6 km à l'Ouest de Sens par D81. A 3 km de A19 sortie 2. - Route de Némours - M. & Mme Michel CLEMENT - Tél. : 03 86 88 81 77
Fax : 03 86 88 84 04 - Fermeture : 20/12 -3/01 ; 15/02-15/03 ; dimanche soir et lundi. - Menus de 150 F à 330 F. Menu enfant : 65 F.
Petit déjeuner : 40 F. 8 chambres de 220 F à 275 F. Etape VRP : 360 F

Michel CLEMENT et sa brigade réalisent à partir de produits frais une cuisine pleine de saveur, inspirée du marché, du terroir, et de la grande cuisine classique. Magnifique carte des vins de France (280 références). Spécialités coquilles Saint Jacques au Noilly ou provençale, feuilleté de queues de langoustines et goujons de sole à la crème safranée. Egalement : bistro à la campagne (6 km de Sens) où en semaine : menu à 75 F.
Chambres avec bain ou douche +WC+TV : Toutes Terrasse, jardin, parking privé, salle restaurant de caractère, salle de séminaires, TV satellites, animaux, accès handicapés restaurant

🇬🇧 Michel Clement and his team make from fresh products a cooking full of savour inspired by the market, and classical cooking. Magnificent card of wine. Also a bar in the country side (6 km to Sens) where during week days menus are at 75F

🇪🇸 Michel CLEMENT y su equipo realizan a partir de productos frescos una cocina llena de sabores, inspirada en el mercado, la región y la gran cocina clásica. Magnífica carta de vinos de Francia (280 referencias). Igualmente : una taberna en el campo (a 6 km de Sens). En semana menú a 75 F.

🇩🇪 M. CLEMENT und sein Team bereiten Ihnen eine große geschmackvolle Küche zu, von Land, Märkten und der großen klassischen Gastronomie inspiriert. Herrliche französische Weinkarte.

# TERRITOIRE DE BELFORT

BELFORT (90000) (P7-L5) — HOSTELLERIE DU CHÂTEAU SERVIN ★★★
Table gastronomique

9 Rue Général Négrier - Tél. : 03 84 21 41 85 - Menus de 120 F à 450 F. Menu enfant : 70 F.
8 chambres de 320 F à 360 F

BELFORT (90000) (P7-L5) — LES CAPUCINS ★★
Table de Terroir

Face à l'esplanade de la Maison des Arts. - 20 Faubourg de Montbéliard - Geneviève GIRODS - Tél. : 03 84 28 04 60 - Fax : 03 84 55 00 92 - Fermeture : 28/07-15/08 ; 23/12 -4/01 ; Samedi & Dimanche (restaurant, mais ouvert samedi soir en été). - Menus de 95 F à 198 F. Menu enfant : 60 F. Petit déjeuner : 35 F. 35 chambres de 300 F à 380 F. Demi pension de 290 F à 390 F. Etape VRP de 385 F à 395 F.

Venez apprécier l'élégance citadine d'un immeuble de caractère merveilleusement bien situé au coeur de Belfort près des rues pietonnes. La salle de brasserie style rétro et la salle de restaurant style anglais vous réserveront le meilleur accueil. Le Chef, M. CHRISTMANN vous fera déguster sa cuisine gastronomique. Spécialités : poissons frais, gibier en saison, pavé de sandre aux morilles, timbale de poissons fins au coulis de homard.
Chambres avec bain ou douche +WC+TV : Toutes. Parking privé, garage fermé, chèques vacances, ascenseur, animaux

Les Capucins with its brasserie room in a retro style and its restaurant hall in an english one will give you the best welcome. The Chef, M. CHRISTMANN will make you taste his gastronomic cooking.

Venga a apreciar la elegancia ciudadana de un típico inmueble ubicado en el corazón de Belfort, cerca de calles peatonas. Este establecimiento con su bar-restaurante estilo rétro y su comedor de estilo inglés, le ofrece una buena acogida. El Jefe de cocina, M. CHRISTMANN, le hará descubrir su cocina gastronómica.

In der Retro-Bierstube und im Speisesaal in englischem Stil werden Sie mit der köstlichen, gastronomischen Küche des Chefs, M. CHRISTMANN, bewirtet.

OFFEMONT (90300) (P7-L5) — LE SABOT D'ANNIE
Table gastronomique

A 1 km de Belfort - 5, rue A. Briant - Tél. : 03 84 26 01 71 - Menus de 140 F à 350 F

# ESSONNE

ANGERVILLE (91670) (P5-G4) — HÔTEL DE FRANCE ★★★
Table gastronomique

A 16 km d'Etampes. - 2 Place du Marché - Tél. : 01 69 95 11 30 - Menus de 140 F à 165 F. Menu enfant : 60 F.
18 chambres de 330 F à 550 F

DOURDAN (91410) (P5-G4) — HOSTELLERIE BLANCHE DE CASTILLE
Table gastronomique

A 50 km de Paris - place des halles - Tél. : 01 64 59 90 90 - Menus de 150 F à 290 F. Menu enfant : 75 F.
41 chambres de 400 F à 750 F

ESSONNE

LE COUDRAY MONTCEAUX (91830) (P5-H4) — AUBERGE DU BARRAGE

A 5 km de Corbeil Essonnes. - 40 Voie de Seine - M. et Mme GALAZZO - Tél. : 01 64 93 81 16 - Fax : 01 69 90 41 32
Fermeture : 4/10 -3/11 ; dimanche soir et lundi. - Menus de 150 F à 275 F. Menu enfant : demi tarif

L'Auberge du Barrage et son équipe sont heureux de vous accueillir sur les bords de la Seine, en terrasse couverte ou découverte l'été, au coin de la cheminée en hiver. Spécialités : coquillages, crustacés, poissons et gibiers en saison. Membre Eurotoques.
Terrasse, salle restaurant de caractère, chèques vacances, animaux

🇬🇧 The Auberge du Barrage and its team welcome you in its restaurant situated beside the Seine. You will appreciate your meal either on the terrace during summer time, or next to the fire place in the winter.

🇪🇸 El Auberge du Barrage y su equipo estarán encantados de recibirle a orillas del Seine, durante el verano, en terraza cubierta o al aire libre y en invierno, al lado de una chimenea. Usted podrá saborear las especialidades de la casa.

🇩🇪 Madeleine und Christian BERTHIER und ihr Team freuen sich, Sie an den Ufern der Seine begrüßen zu dürfen, auf offener oder geschlossener Terrasse im Sommer, oder um den Kamin im Winter.

SAVIGNY SUR ORGE (91600) (P5-H4) — RESTAURANT AU MENIL

24 Boulevard Aristide Briand - Tél. : 01 69 05 47 48 - Menus de 168 F à 280 F. Menu enfant : 50 F

HAUTS DE SEINE

MEUDON (92190) (P5-G4) — LA TERRASSE DE L'ETANG

Etang de Villebon - Tél. : 01 46 26 09 57 - Menus de 170 F à 190 F

NEUILLY SUR SEINE (92200) (P5-G3) — LA TRUFFE NOIRE

2 Place Parmentier - Tél. : 01 46 24 94 14 - Menus de 195 F à 380 F

SEINE ST DENIS

AULNAY SOUS BOIS (93600) (P5-H3) — AUBERGE DES SAINTS PÈRES

212 Avenue de Nonneville - Tél. : 01 48 66 62 11 - Menus de 195 F à 360 F

ST OUEN (93400) (P5-G3) — LE COQ DE LA MAISON BLANCHE

A 2 km de Paris. - 37 Boulevard Jean Jaurès - Tél. : 01 40 11 01 23 - Menus : 190 F

 # VAL DE MARNE

CHENNEVIERES (94430) (P5-H4) — L'ECU DE FRANCE

A 19 km de Paris. - 31 Rue de Champigny - Tél. : 01 45 76 00 03 - Menu à la carte : ticket moyen 250 F

LA VARENNE ST HILAIRE (94210) (P5-H4) — LE CHÂTEAU DES ILES ★ ★ ★

A 12 km de Paris. A4 direction Joinville/St Maur. - 85 Quai Winston Churchill - Luc TEYANT - Tél. : 01 48 89 65 65
Fax : 01 42 83 06 63 - le.chateau.des.iles@wanadoo.fr - perso.wanadoo.fr/netpub/chateau/iles.htm Fermeture : Dimanche soir.
Menus de 170 F à 250 F. Menu enfant : 95 F. Petit déjeuner : 45 F.14 chambres de 400 F à 600 F

Dans un grand parc arboré, au bord de la Marne, venez découvrir un lieu de détente confortable et chaleureux. Une restauration de qualité vous sera proposée dans un cadre personnalisé offrant chaleur et intimité. Spécialités : cocotte de coquilles saint jacques au jus de badiane, magret de canard aux figues fraîches, feuillantine au chocolat sauce caramel.
Chambres avec bain ou douche +WC+TV : Toutes.
Terrasse, jardin, parking privé, salle restaurant de caractère, salle de séminaires, animaux

🇬🇧 In a large park planted of trees, at the edge of the river Marne come to discover the comfortable feeling of relaxation. Quality cooking is oferd, in a warm atmosphere.

🇪🇸 Situado en un gran parque arbolado, a orillas del Marne, venga a descubrir la tranquilidad y el confort de este lugar. Usted podrá apreciar, en un cálido e íntimo ambiente, la calidad de su restauración.

🇩🇪 In einem großen bebaumten Park, am Ufer der Marne, entdecken Sie einen angenehmen und komfortablen Ort der Entspannung. Es erwartet Sie hochwertige Küche in einem persönlichen und warmen Rahmen.

LE PERREUX SUR MARNE (94170) (P5-H4) — LES MAGNOLIAS

A 1 km de Nogent sur Marne et de Vincennes. - 48 Avenue de Bry - Tél. : 01 48 72 47 43 - Menus de 185 F à 230 F

SUCY EN BRIE (94370) (P5-H4) — AUBERGE TARTARIN ★ ★ ★

Est de Créteil. A 17 km de Paris. - Carrefour de la Patte d'Oie - Tél. : 01 45 90 42 61 - Menus de 125 F à 275 F.
11 chambres de 295 F à 325 F

VILLENEUVE LE ROI (94290) (P5-H4) — AUBERGE DU BEAU RIVAGE

17 Quai du Halage - Tél. : 01 45 97 16 17 - Menus à partir de 190 F. Menu enfant : demi tarif

VAL D'OISE

CERGY (95000) (P5-G3) — RESTAURANT LES COUPOLES

Route Pontoise / Cergy. A15 sortie 10. - 1 Rue des Chênes Emeraude - Angle Boulevard de l'Oise - Elisabeth LOREY
Tél. : 01 30 73 13 50 - Fax : 01 30 73 46 90 - Fermeture : Samedi ; Dimanche. - Menus de 175 F à 275 F. Menu enfant : 70 F

Venez découvrir cet établissement de grand confort et plein de charme, situé en centre ville. Le meilleur accueil vous sera réservé. Spécialités : cassolette de langoustines aux girolles, Saint Jacques aux cèpes (en saison), veau de lait et viandes de l'Aubrac, poissons de sud Bretagne...
Parking privé, salle de séminaires, climatisation, animaux, accés handicapés

Come and discover this charming establishment situated in the town centre. A warm welcome will be reserved for you.

Venga a descubrir el encanto y el confort de este establecimiento situado en el centro de la ciudad. Le brindaremos una excelente acogida.

Entdecken Sie dieses reizvolle Haus, wo Sie den besten Empfang und ausgezeichnete Küche genießen werden.

ST LEU LA FORET (95320) (P5-G3) — RESTAURANT AU LÉVRIER

RN328. A 5 km de Montmorency. - 19 Rue Gateau - Tél. : 01 39 60 00 38 - Menus de 125 F à 265 F. Menu enfant : 80 F

Le Guide des quatre Saisons

MONACO

| MONACO (98000) (P10-M11) | LE LOUIS XV - ALAIN DUCASSE | Table de prestige |

Hôtel de Paris - Place du Casino - Tél. : 00 377 92 16 29 76 - Menus de 920 F à 1050 F. Menus à la carte : ticket moyen 860 F

| MONACO (98000) (P10-M11) | HÔTEL MIRABEAU RESTAURANT LA COUPOLE ★★★★ | Table gastronomique |

1 Avenue Princesse Grace - Tél. : 00 377 92 16 65 65 - Menus de 280 F à 470 F. Menu enfant : 100 F. 103 chambres de 1220 F à 2500 F

| MONACO (98000) (P10-M11) | RESTAURANT BAR & BOEUF | Table gastronomique |

Le Sporting Monte-Carlo - Tél. : 00 377 92 16 60 60 - Menus à la carte : ticket moyen : 450 F

| MONACO (98000) (P10-M11) | HÔTEL MAISON D'OR ★★★ |

Rue du Portier 21 - Tél. : 00 377 93 50 66 66 - 7 chambres de 700 F à 1600 F

ILE DE LA REUNION

| ST GILLES LES BAINS (97434) | BOUCAN CANOT ★★★ | Table gastronomique |

32, rue de Boucan Canot - Christian Wolff - Tél. : 02 62 33 44 44 - Fax : 02 62 33 44 45 - leboucan@sunnet.com www.boucancanot.com - Menus à partir de 195 F. Menu enfant : 65 F. 50 chambres de 950 à 1250 F. Dermi pension 195 F. Petit déjeuner 75 F

Une des meilleures tables de l'île sur la plage de Boucan. Tous les produits nobles de La Réunion : salade de palmistes frais, lentilles de Cilaos. Spécialités de poissons et crustacés : carri, langouste et crabe, tian de dorade coryphène, carpaccio d'autruche.
Chambres avec bain ou douche +WC+TV : 8 juniors suites. Petit déjeuner buffet
Terrasse, jardin, parking privé, animaux, piscine d'été, animaux restaurant

All the ingredients of the Reunion cooking offered on the Boucan beach, this establishment is one of the best and nice restaurants of the island, with the last roof made in straw. All the noble products of Réunion. The establishment is closed for repairs. Reopening predicts some time in september.

Una de las mejores mesas de la isla, en la playa de Boucan, bajo el último techo de paja típico. Todos los productos nobles de La Réunion : especialidades de pescados y mariscos. Establecimiento cerrado por trabajos. Reapertura prevista en el transcurso de septiembre.

Eine der drei besten Tafeln der Insel, am Strand von Boucan, unter dem letzten Strohdach. Hier bekommen Sie alle edlen Produkte der Insel Réunion auf den Tisch. Haus wegen Renovierungsarbeiten geschlossen. Wiedereröffnung im September.

| ST GILLES LES BAINS (97434) | KING CREOLE |  Table de Terroir |

98, avenue e Beurbon - Tél. : 02 62 33 28 11 - Menus à partir de 120 F (carte). Menu enfant : 48 F

| ST LEU (97436) | ILOHA ★★★ | Table de Terroir |

LPointe des Châteaux - Tél. : 02 62 34 89 89 - Menus 160 F. Menu enfant : 55 F. Petit déjeuner : 65 F 64 chmabres de 350 à 880 F. Demi pension : 220 F

Le Glacier de la Méditerranée

Gourmand !

La gamme Pôle Sud, c'est 137 parfums de glaces et sorbets !

Sorbet romarin en hexagone

Innovant !

Packaging, parfums, textures, matières premières ; l'innovation est constamment présente dans notre gamme !

Superposé de tomates, sorbet tomate à l'huile d'olive et basilic

Créatif !

Parfums, desserts, mélanges de saveurs, l'imagination au service de vos papilles... Imaginez vos desserts et parfums, nous les fabriquons pour vous dans notre atelier pilote. Du "sur mesure" !

Glace confiture de lait fleur de sel

Contact

Vous avez l'eau à la bouche ?
Pour en savoir plus,
contactez Delphine,
Emmanuelle ou Marie
au 04 68 27 62 88 ou
Fax : 04 68 27 69 54
www.polesud.org

Livraisons partout en France en 24h - Offre réservée aux adhérents des T.A.F. et Auberges de Pays

Pôle Sud - Chemin des Romains - 11200 LEZIGNAN-CORBIERES (France)

VOS COMMENTAIRES ET VOS APPRÉCIATIONS, LES PLUS OBJECTIFS, SONT LES BIENVENUS

Your comments and appreciations, the most objective, are welcome - Sus comentarios y sus apreciaciones, los más objetivos, son bienvenidos Ihre Kommentare und Beurteilungen, so objektiv wie möglich, sind uns willkommen.

	Table de prestige	Table gastronomique	Table de Terroir		
	Très satifaisant Excellent Muy satisfactorio Sehr Zufriedenstellend	**Satisfaisant** Good Satisfactorio Zufriedenstellend	**Peu satisfaisant** Unsatisfactory Poco satisfactorio wenig Zufriedenstellend	**Pas du tout satisfaisant** Bad No satisfactorio ganz und gar nicht Zufriedenstellend	
Accueil *Reception - Acogida - Empfang*	❏	❏	❏	❏	
Service en salle *Service Staff - Servicio en sala - Bedienung*	❏	❏	❏	❏	
Cuisine: qualité de la Table *Cooking/quality : - Cocina : calidad de la Comida : - Küche : Qualität der Tische :*	❏	❏	❏	❏	
Qualité / Prix *Quality/price - Calidad/Precio - Qualität/Preis*	❏	❏	❏	❏	
Aménagements, cadre, Agrément et calme *Fitting out, laying out, quietness - Instalaciones, ambiente, atracción y calma - Einrichtungen, Rahmen - Annehmlichkeiten, Ruhe*	❏	❏	❏	❏	
Propreté générale *Hygiene - Limpieza general - Sauberkeit*	❏	❏	❏	❏	

Le classement national du restaurant Table de Terroir, Table Gastronomique ou Table de Prestige vous semble-t-il cohérent et correspondre aux prestations offertes ?   ❏ oui   ❏ non

Nom de l'établissement - ....
Name of the establishment - Nombre del establecimiento - Name des Hauses :

Ville .... **Code Postal** ....
City - Ciudada - Stadt   Post Code - Código postal - Postleitzahl

Date de votre passage dans cet établissement ....
Date of the visit to the establishment - Fecha de su paso por este establecimiento - Datum Ihres Aufenthalts

Votre adresse - *Your address - Su dirección - Ihre Adresse*

Nom Prénom .... **N°/Rue** ....
Name Firstname - Apellido nombre- Name Vorname   Road - Calle - Straße/Nr

Ville .... **Code Postal** .... **Pays** ....
City - Ciudad - Stadt   Post Code - Código postal - Postleitzahl   Country - País - Land

Fédération des Tables & Auberges de France - 2, rue Lanternières BP 47 - 31 012 Toulouse cédex 0

Tables & Auberges de France se réserve le droit d'exploiter les informations collectées conformément à la loi Informatique et Liberté du 6 01 1978. Droit d'accès, de retrait et de modifications garant

www.tables-auberges.com ➡ réservation gratuite (0% de commission)

Votre coup de coeur
sélection dans le Guide 2001
TROPHEE

Catégorie **TABLE DE PRESTIGE**

Table de Prestige

Nom de l'établissement : ....
Code postal : ....
Ville : ....

Vos appréciations et commentaires (entrée, plat et dessert) sont les bienvenus
....
....
....

Catégorie **TABLE GASTRONOMIQUE**

Table Gastronomique

Nom de l'établissement : ....
Code postal : ....
Ville : ....

Vos appréciations et commentaires (entrée, plat et dessert) sont les bienvenus
....
....
....

Catégorie **TABLE DE TERROIR**

Table de Terroir

Nom de l'établissement : ....
Code postal : ....
Ville : ....

Vos appréciations et commentaires (entrée, plat et dessert) sont les bienvenus
....
....
....

Votre adresse - *Your address - Su dirección - Ihre Adresse*

Nom Prénom .... **N°/Rue** ....
Name Firstname - Apellido nombre - Name Vorname   *Road - Calle - Straße/Nr*

Ville .... **Code Postal** .... **Pays** ....
City - Ciudad - Stadt   *Post Code - Código postal - Postleitzahl*   *Country - País - Land*

Remerciements : Crédit photos : le CDT Haute-Garonne, CRT Midi-Pyrénées, P Journou, D.Viet, J. Sierpinski CDTHG. **Traductions** : Mmes V. Theau, L. Darenes, S. Rasponi, Mme Garaud et Mme Van der Spek. Malgré les soins apportés à l'édition de ce guide et conformément à la Jurisprudence, la responsabilité de l'éditeur ne saurait être engagée en cas d'erreur ou d'omission involontaire ; tous les tarifs indiqués n'engagent en aucun cas la responsabilité de la Fédération des Tables & Auberges de France.

Guide National édité à l'initiative de la Fédération Nationale des Tables & Auberges de France 2, rue Lanternières BP 47 - 31012 Toulouse cedex 06
Directeur de la publication : Jean Lanau - Responsable de la rédaction : Michel Garnier
Conception, réalisation et fabrication : FNTAF - Métropole Médias - Toulouse - Tél. : 05 61 62 15 00
Dépôt légal : février 2001
TVA Intracommunautaire : FR514031188758-30750672-ISBN 2-95109055-2

QUATREM, une équipe de professionnels au service des hôteliers et restaurateurs.

QUATREM
Assurances Collectives

■ **Fidéliser le personnel.**

■ **Optimiser les charges salariales.**

■ **Gérer la mise en place des 35 heures.**

QUATREM vous propose les réponses adaptées à votre établissement.

QUATREM, partenaire des Tables et Auberges de France
www.quatrem.fr

Votre interlocuteur
Daniel Barcelo
Tél. 01 53 32 67 06
e-mail : daniel.barcelo@quatrem.fr